华中科技大学"青春力行"系列丛书
HUST Youth Power Social Practice Series

编委会

主　编：罗　迪　岳　奎
副主编：李文龙　陈文超　周　浪　沈昊驹
　　　　王明飞
编　委：张　卓　刘丁如　王贝贝　孙海洋
　　　　卢孝巍　陈　欢　吴学兵　贺新龙
　　　　姚　磊　叶　涛　侯博瀚

青春力行之国情观察
行走在基层治理一线的思政课堂

主编 罗迪 岳奎

华中科技大学出版社
http://press.hust.edu.cn
中国·武汉

图书在版编目(CIP)数据

青春力行之国情观察.行走在基层治理一线的思政课堂/罗迪,岳奎主编.—武汉:华中科技大学出版社,2023.6
ISBN 978-7-5680-9669-0

Ⅰ.①青… Ⅱ.①罗… ②岳… Ⅲ.①华中科技大学-思想政治教育-社会实践-调查报告 Ⅳ.①G641

中国国家版本馆 CIP 数据核字(2023)第 108881 号

青春力行之国情观察
——行走在基层治理一线的思政课堂

罗　迪　岳　奎　主编

Qingchun Lixing zhi Guoqing Guancha
——Xingzou zai Jiceng Zhili Yixian de Sizheng Ketang

策划编辑：周清涛　杨　玲
责任编辑：唐梦琦
封面设计：廖亚萍
责任监印：周治超

出版发行：华中科技大学出版社(中国·武汉)　　电话：(027)81321913
　　　　　武汉市东湖新技术开发区华工科技园　　邮编：430223
录　　排：华中科技大学惠友文印中心
印　　刷：湖北恒泰印务有限公司
开　　本：710mm×1000mm　1/16
印　　张：29.5　插页:2
字　　数：498千字
版　　次：2023年6月第1版第1次印刷
定　　价：88.00元

本书若有印装质量问题,请向出版社营销中心调换
全国免费服务热线：400-6679-118　　竭诚为您服务
版权所有　侵权必究

序 言

"'大思政课'我们要善用之,一定要跟现实结合起来。"这是习近平总书记对思想政治理论课教师提出的期许。作为在新中国朝阳中诞生的高校,华中科技大学牢记"为党育人、为国育才"的初心使命,把立德树人作为教育的根本任务,明确提出以建设立德树人体系为抓手,全面落实立德树人根本任务,建立起了思想道德教育体系、科学知识教育体系、实践能力教育体系、综合素质教育体系、创新创业教育体系有机构成的"五位一体"立德树人体系。其中,社会实践就是实践能力教育体系的重要载体,为此,学校积极调动校内外社会资源,推动思政小课堂与社会大课堂相结合。

在学校党委的统一领导和全面部署下,学校团委持续推进社会实践育人工作,将实践育人质量建设纳入学校"双一流"建设整体规划,开展各类社会实践活动,打造出一系列品牌响亮的优质实践项目。学校把社会实践作为人才培养的重要手段落到实处,在实践中培养学生胸怀"国之大者",在实践中培养学生做到"真学真懂真信真用",在实践中培养学生向党看齐的行动自觉,与党同心同向同行,真正做到"让学生在亲身参与中认识国情、了解社会,受教育、长才干",充分发挥了党旗领航作用,取得了良好成效。

2022年,学校精心组织部署社会实践,强化引领支撑,横向设立12个实践选题,纵向组织25个重点专项实践,形成了"纵横兼具""化整聚零""点、线、面"结合的社会实践工作格局,在各级各类实践总结工作中硕果累累,获得多项全国级别荣誉。其中,"行走的思政课"——大学生暑期"三下乡"社会实践活动是我校"新时代党旗领航工程"中一个重要的育人项目,是具有华中科技大学特色的实践育人品牌。学校获评2022年暑期"三下乡"社会实践优秀单位,并在《中国青年报》主办的"2022年第八届全国大学生暑期实践展示活动"中再次获评"全国暑期实践大学TOP10"。

习近平总书记指出,"要了解实际,就要掌握调查研究这个基本功"。2022年暑假,学校持续深化校地合作,推进协同育人,组织学生向家乡报到、向英雄城市武汉报到、向定点帮扶地报到、向祖国和人民最需要的地方报到。共有1500余支队伍、12000余名师生从学校出发到基层一线,共上一堂"行走的思政课",社会实践足迹覆盖全国31个省、自治区、直辖市。在实践活动中,师生坚持问题导向,紧紧围绕党和人民所关心的问题深入一线,躬身实践,开展调研,取得了丰硕的成果,展现了新时代青年的责任与担当。

在专业老师的指导下,结合对调研问题的深入分析,实践师生孜孜以求、笔耕不辍,形成了一批优秀调研报告。为突出成果运用,深化育人实效,校团委和马克思主义学院从众多调研报告中遴选了以"基层治理"为主题的报告20篇,汇编成《青春力行之国情观察——行走在基层治理一线的思政课堂》一书,这是我校开展学习贯彻习近平新时代中国特色社会主义思想主题教育的生动成果,是大兴调查研究之风的具体体现。

本书收录的报告以新时代"中国之治"为观照,以"围绕中心、服务大局"为导向,以"顶天立地,青春力行"为理念,内容涵盖了乡村治理、产业发展、社会建设、技术治理和卫生健康五大板块。每一篇报告都展现了青年学子对于基层社会治理问题的观察和思考,每一篇报告都使用一手资料、经验总结和案例分析相结合的方法进行深入分析,阐述了新时代基层社会发展的现状和有关建议,充分体现了新时代青年深度的实践思考和浓烈的家国情怀。

本书的出版具有重要的意义。它展现了我校人才培养中,积极构建"大思政"格局,推进"大思政课"建设,以"思政+实践"育人的丰硕成果,为回答"培养什么人、怎样培养人、为谁培养人"提供了经验材料,同时也成为见证和记录国家和社会发展的生动载体。

社会实践是青年与祖国的"双向奔赴",华中科技大学坚持将论文写在中国大地上,让青年大学生"在实践锻造中不断增强做中国人的志气、骨气、底气",真正为党和国家培养出一批堪当民族复兴重任的时代新人。在强国建设、民族复兴的新征程上,华中科技大学将继续完善构建立德树人体系,持续深化实践育人成效,引导青年"立志做有理想、敢担当、能吃苦、肯奋斗的新时代好青年",谱写新时代立德树人的绚丽华章!

2023 年 6 月

目 录

第一部分　乡村治理　　1

后疫情时代的网格党建理论研究与实践探索　　3
　　——以江苏省常州市武进区湖塘镇为例　　3
乡村振兴战略背景下的返贫预警机制建构研究　　18
　　——基于云南省临翔区四乡八村的调查分析　　18
疫情冲击下乡村经济社会发展的现状、问题与建议　　51
　　——基于对湖北省黄冈市横车镇的调查　　51
"激发型"自治背景下村民小组在纠纷调解中的作用机制　　92
　　——以湖北省黄石市阳新县王英镇为例　　92

第二部分　产业发展　　109

文旅融合模式下的都市乡村田园综合体建设研究　　111
　　——以武汉市仓埠紫薇都市田园景区为例　　111
乡村振兴背景下田园综合体发展成果与困境调查　　124
　　——以浙江省瑞安市曹村镇田园综合体为例　　124
地方特色"三产"融合助推产业振兴的路径分析　　144
　　——以湖北省蕲春县艾草产业为例　　144
地方特色茶产业的发展现状、困境及对策研究　　171
　　——基于湖北省恩施两类茶企业的对比调查　　171

第三部分　社会建设　　199

全面发展视域下乡村儿童的成长现状、问题与对策　　201
　　——基于湖北省洪湖市沙口镇的调查　　201

城市志愿服务工作开展现状及困境分析 222
　　——基于湖北武汉、江西南康两地的实践调研 222
大运河文化带沿线城市的建设思路与发展路径分析 236
　　——以江苏省扬州、苏州两地为例 236
乡村振兴背景下"都市驱动型"乡村发展模式研究 266
　　——基于云南省昆明市万溪冲村的经验分析 266

第四部分　技术治理 287

中国居民生活能源消费总体特征和地方差异化的调查研究 289
　　——基于全国 16 个典型城市相关数据的分析 289
智能驾驶技术的社会效益发展最大化路径分析 310
　　——基于对东风汽车集团有限公司的调研 310
智能手机使用对农村儿童社会关系的影响分析 333
　　——基于吉安市城上乡、昆山市周庄镇和嘉兴市姚庄镇的调查 333
乡村振兴背景下数字乡村建设的可行路径研究 347
　　——基于重庆市恒合乡和大盛镇青龙村的调查 347

第五部分　卫生健康 367

"互联网＋医疗"发展思路与建设差异化态势研究 369
　　——基于鄂、浙、陕、赣、皖、桂六省八地的比较分析 369
健康乡村视野下基层医疗卫生机构信息化建设状况研究 394
　　——基于武汉、通辽、安庆地区心脑血管疾病防治情况的调查 394
分级诊疗制度的民众认知及影响因素分析 421
　　——基于武汉市江汉区、硚口区和武昌区的调查 421
乡村振兴背景下中小学生"互联网＋健康教育"的思考 448
　　——基于湖北、云南两省八地的实践调研 448

后记 461

第一部分 乡村治理

后疫情时代的网格党建理论研究与实践探索

——以江苏省常州市武进区湖塘镇为例①

 摘 要

网格党建可以理解为"把党组织建立在网格上",即将基层党建与社区治理有机融合,通过党建引领网格化治理从而实现党建与社会治理的高效协同。后疫情时代来临,疫情防控常态化使得基层网格治理面临新的挑战。本文拟通过常州市武进区湖塘镇的实地调研探索党组织在网格中如何发挥领导核心作用,并对党建与网格化管理深度融合的可行路径提出思考。

关键词

后疫情时代;网格党建;基层治理;网格管理

一、绪论

"郡县治,天下安",社区是城市治理的基本单元,也是社会治理体系的基础。基层不仅是党联系群众的"最后一公里",也是群众感知党的执政能力的"最近一公里",但同时也是社会矛盾的集聚点、社会问题的集中区。

加强社区服务型党组织建设,充分发挥党组织在基层社会治理中的领导核心作用,党建工作下沉网格,可以有效扩大基层党组织的辐射范围,拉近党群关系。充分发挥社区中居民和社会组织的力量,有利于提高社区自治能力,形成并完善以基层党组织为核心,以居民为主体,业主委员会、物业公司和社会组织共同参与

---

① 社会实践团队名称:华中科技大学"星青年"常州实践队。
团队成员:贺子欣、罗苗苗、舒云聪、梁博淼、李海慧、温馨、欧阳冲、张雨昕、崔兴、毛明凤、李同之、史韫琪、刘泓利、孔维知、刘订均。
报告执笔人:史韫琪、毛明凤、温馨、孔维知、崔兴。

的基层治理架构。因此,如何在社区网格化治理中实现基层党建与社区自治的双重目标成为新时代社区治理变革问题的关键。①

(一) 研究背景

2004年,北京东城区首创"网格化城市管理新模式",以"万米单元网格管理法"开全国之先河,探索出了城市管理新模式,从此网格化管理逐渐在全国各地基层推广和普及。② 2013年党的十八届三中全会也明确提出要把网格化作为社会治理的重要方式。

2015年12月,中共中央国务院印发了《关于深入推进城市执法体制改革改进城市管理工作的指导意见》,指出随着我国城镇化建设的深入推进和城镇规模的扩大,城市管理工作日益重要,要进行"网格管理"和"发挥社区作用",充分发挥党组织在基层社会治理中的领导核心作用。③

为了应对城市管理、社会管理和公共服务事务各方日渐复杂的挑战,依托基层综合管理服务平台,全面加强对人口、住房、社会组织等基本情况的精准把控,建立健全各级网格单元,对城市进行常态化、精细化、制度化管理日益成为基层治理改革的重要方向。党的十九大以来,各级政府政策文件多次强调"创新社会治理,深化网格化管理"的战略意义,网格化将城市和社区进行精准划分,提高社区清晰度,将社区中复杂的治理事务进行拆分,让精细化治理成为可能。

疫情以来,面对复杂的防控形式,基层治理中以党建为引领、以网格为基础的工作模式将基层党建和网格管理相结合,党建融入网格化管理突破基层封闭式的条块结构,将新的力量引入社区内,为基层党建与党员行动提供了广阔的空间。④ 疫情防控的具体工作中,构建网格管理单元,联合社区物业、党员志愿者和楼栋长等进行重点人员摸排、组织核酸检测、宣传防疫政策等,实现了基层党建与网格管

---

① 沈迁.党建嵌入社区网格化治理:实践形态、运行机制与内在逻辑[J].中共福建省委党校(福建行政学院)学报,2022(1):63-73.
② 刘浩.菏泽市数字化城市管理问题研究[D].济南:山东师范大学,2016.
③ 中共中央国务院关于深入推进城市执法体制改革改进城市管理工作的指导意见[EB/OL].(2015-12-24).www.gov.cn/gongbao/content/2016/content-5033850.htm.
④ 许凯博.新时期依托网格党建提升基层党组织力的践行思路探索[J].中外交流,2019,26(32):74-75.

理的有机融合,全面推进"党建+网格"深度融合防疫模式,有利于充分发挥基层党组织战斗堡垒作用,充分发挥制度优势。

湖塘镇是武进区城关镇,区域内发展不均衡,辖区内既有现代化的城市社区,也有传统的农村社区,如何解决农村社区以及城镇社区管理中出现的新问题已经成了湖塘镇必须要面对的新问题。湖塘镇自2018年初开始进行网格化管理,并被确定为武进区网格化管理试点镇。

党建引领的农村社会治理是时代赋予农村党建的重要使命[①],推进城市基层党建创新发展,也是顺应社会形态变化发展的必然要求。[②] 在这样的情况下,湖塘镇在实践中逐渐将党建下沉至网格,并基于各社区的情况探索出了独具特色的工作模式,开创了网格管理和网格党建新模式,有必要对其建设经验进行总结归纳,以便供其他地区参考借鉴。

(二)研究意义

国家治理体系和治理能力的基础在基层,重点、难点也在基层。在当前基层治理现代化的工作背景下,开展网格党建有助于提高基层网格的治理能力,进一步打造有效的网格管理方法,网格党建与网格管理相辅相成、互相促进。

1. 理论意义

我国网格治理和网格党建发展时间较短,理论研究滞后于实践探索。后疫情时代常态化疫情防控工作对基层社区网格党建提出了新的要求,需要发展出新模式,但现有研究缺少对近期实践的归纳和总结。同时,现有理论主要集中于大中型城市,对于乡镇社区存在的问题关注较少。因此,本文通过对湖塘镇网格党建现有方式的总结和介绍,希望能够对目前研究做一定的补充。

2. 实践意义

湖塘镇社区形态多样,既存在城市社区问题,也存在乡镇治理问题,具有很强

[①] 李鸿渊.网格党建与农村社会治理融合的实践探索——以上海市松江区为例[J].上海党史与党建,2022(2):91-94.

[②] 上海市静安区静安寺街道党工委.新时期依托网格党建提升基层党组织力的实践与思考[J].上海党史与党建,2019(1):39-42.

的代表性。针对网格党建现有方式的总结和思考有助于推动湖塘镇网格化管理的改革进程,探索具有湖塘特色的社会治理和基层党建新模式,提高政府服务水平,为社区居民提供更加优质的服务。同时,对湖塘镇现有模式的总结也能为其他地区提供现实经验和参考借鉴。

(三) 研究方法

1. 深度访谈法

访谈法是社会调查中的常用方法,调研者与访谈对象进行谈话,通过适当的提问,全面深入地了解访谈对象对相关问题的观点,具有较强的现实性和直观性。为具体了解后疫情时代基层网格党建的实际状况,本实践团队根据调研规划和访谈提纲,对湖塘镇永定社区书记和两位网格员以及星河社区副主任兼网格员进行了半结构化访谈,了解两个社区在网格党建工作中的具体情况和工作困境,获得了宝贵的第一手资料。

2. 实地观察法

实地观察是实践者有目的、有计划地进入调研场域,用自己的感官对调研对象进行实际体验、挖掘和辨别的研究方法,能够对调研对象产生更加直观、真实的认知。本次调研中,实践队伍深入湖塘镇政府组织部、永定社区和星河社区,重点观察了当地在后疫情时代基层社区网格党建的发展和建设状况,为进一步分析问题提供了帮助。

3. 资料分析法

调研资料分析是后续深入了解后疫情时代网格党建实践探索的前提。在实地调研结束后,实践团队将搜集到的资料进行归类整理,建立资料库,为后续调研分析提供坚实的基础资料支撑。本调研分析问题时,主要采用质性研究分析方法,结合前期取得的材料和调研资料,深入探讨湖塘镇网格党建的机制、存在的问题以及发展路径。

(四) 样本选择

在资料搜集方面,实践团队在湖塘镇45个社区之中,根据网格化党建的发展程度,选择永定社区和星河社区作为典型案例进行实地调研,通过深度挖掘个案来展开研究,在个案研究中主要采用访谈法和资料分析法。

湖塘镇星河社区成立于2017年8月,辖区范围东至武宜路,南至何留路,西至长沟河,北至定安西路,总面积0.68平方千米,辖区总建筑面积220万平方米,人口约5万。星河社区区位优势明显,南临春秋淹城5A级景区,南延长虹路高架外接江宜高速,建有COCO City商业综合体、麦德龙超市及526家沿街商铺,拥有星河小学、星河幼儿园等学校,是一个基础条件较好的现代化都市社区。

永定社区党总支以党建引领为核心,在构筑党建格局、拓展党建实务、探索党建机制上勇于实践,搭建全域化党建架构,发挥社会组织、驻区单位等社会力量的作用,党员群众争当志愿者,党旗在各个网格飘扬,"红色物业"突出政治功能和服务功能,形成社区治理合力,汽车城专业市场党建扩大覆盖面,促进经济发展,离退休干部为社区增添正能量,银发生辉,滋养温暖的"家"文化,并打造出"永定之光"党建品牌。

本文的资料主要来源如下:调研前期在网络上有针对性地查阅报道和介绍;调研过程中湖塘镇政府提供的政策文件和总结文件;调研过程中收集的文献资料和访谈记录。

二、现状分析

湖塘镇网格化管理与党建工作已经形成了一定的模式,现将其模式进行总结梳理,为后续分析问题与提出对策建议创造条件。

(一) 制度建设

1. 党内组织架构

永定社区现有社区支部、汽车城支部、物业党支部及银辉党支部四个党支部,以社区网格为基础,与在职党员队伍并行,构建了多层次复合型支部党员队伍。星河社区设有中心党支部、第一党支部、第二党支部和星河物业党支部四个支部,建立了"1+4"党内组织架构。第一党支部下设三个网格党小组,第二党支部下设两个网格党小组,形成"1个社区+4个党支部+5个党小组"的三级网格党建体系(见图1),将党旗牢牢立在网格上。

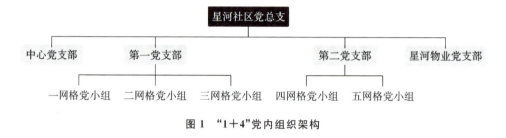

图1 "1+4"党内组织架构

2. 网格互助体系

以星河社区为例,社区创新"一核四梁八柱"的社区大党建治理方法,以星河社区党总支为核心,星河社区居委会、专职社工、专业物业为三社联建,与星河物业这一红色物业相并行,形成四梁支撑。再以居民小组、业主治理小组、志愿者组织、德善文化组织为内生力量,两新组织、警务、学校、共建单位为外协力量,构成八柱,并在单个网格内配备专职网格员和兼职网格员协同各方开展工作(见图2)。

3. 考评考核机制

星河社区拓展党员考核加分维度,三会一课、主题党日、学习强国、党建云平台、志愿服务和加分项分别赋以20、30、15、15、15和1~5分的加分权重,多维度开展党建学习教育(见表1)。规范党员考核评定,再以奖励与批评的形式反馈给网格内部,推动网格党建工作规范化发展,以此实现组织架构简约化、流程再造最优化、管理服务高效化、民生服务便捷化和社会治理精确化。

表1 考评考核机制表

规定考核项目	附加考核项目				
三会一课	主题党日	学习强国	党建云平台	志愿服务	加分项
20	30	15	15	15	1~5

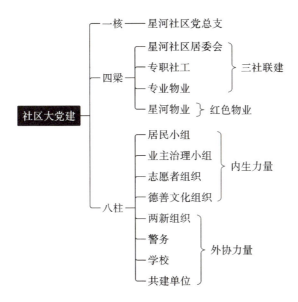

图 2 "党建+"社区组织架构

（二）工作方法

1. 优化工作内容

在后疫情时代，常态化疫情防控也成为网格员日常重点工作之一。根据手机端呈现出的居民行程状况智能筛选，及时反馈，排查到个人，定时定点上报当日工作情况，尽可能确保疫情不出现，出现不扩散，一旦有疫情发生，能迅速反应，控制局面。日常核酸检测工作中，需要网格员多方配合，积极联系群众，确保工作高效有序完成。

2. 搭建多维平台

党建引领网格治理既包括政治方向的引领，也包括社会动员、资源整合的引领，网络化的信息共享平台和大数据支撑是网格党建工作方式的一个重要特点。[①] 通过科技手段提升网格党建的信息化水平，共同推动社区网格治理体系和治理能

---

① 吴涛,陈正芹.上海北蔡镇网格党建工作的实践考察[J].红旗文稿,2018(21):34-35.

力的现代化,构建"互联网＋网格服务"的治理模式,高效整合信息资源,通过便捷高效的服务提升网格数字化治理的效率。永定社区和星河社区创新使用微信平台紧密联系群众,高效开展工作,同时通过线上推文进行宣传引导,配合线下开展党建活动,建成线上线下多渠道、全覆盖的党建引领平台。

(三) 工作落实

1. 明确方向

永定社区党建引领分为五个层面。(1)思想引领上,主动作为,主动发声,聚焦群众,引领意识形态建设及核心价值观培育,形成多元治理的良好格局。在疫情背景下,思想引领做到准确判断、及时反馈、稳定民心、和谐共度。(2)组织引领上,基层党组织和党员坚持落实好主体责任,成为基层党建平台建设、参与共建共享事项的活跃因子,强化基层党组织的政治功能和服务功能,有效提升组织能力,激发党员的主体意识、责任意识、参与意识,让党员成为积极的行动者,把党的工作及组织建设的影响力落在网格上。(3)行动引领上,党员积极发挥表率作用,身先士卒,遇难则上,走在群众前面。(4)方法引领上,从摸着石头过河到建立规范制度,制定疫情期间的居民公约,不断总结经验教训,形成体系化的可推广的实行办法。(5)服务引领上,做到亲力亲为,政社联动,协同推进,从小事做起,切实解决居民诉求。

2. 总结成果

网格工作需要以心换心,把群众的事情当成自己的事情。(1)制定服务基层的具体策略,要将传统的基层党支部组织方式适度调整,以此提高基层党组织服务群众的有效性,同时在组织工作时结合当前的实际情况进行综合治理,进而提高为群众服务的实际水平,发挥网格党建的优势,确保党内政治文化建设落到实处。(2)结成同心,把服务对象变成服务力量。永定社区提出口号"携手共创幸福,共享和谐安宁",面对困难问题,动员群众力量,共同解决问题。(3)秉持初心,让网格治理深入人心。做好"家门口服务"的社区治理品牌,切实解决网格内居民遇到的实际问题,共创和谐社区。开展文化教育工作时,将文化作为奠定党建工作的重要契机和落脚点。时刻不忘初心,将自身的发展与网格党建有机结合,开拓创新,不断前进。

3. 打造品牌

星河社区打造"八至"品牌。(1)至强:围绕"固本强基",选好书记头雁,搭好领导班子,建好组织架构,规范党建工作,追求至强目标。(2)至清:围绕"清正廉洁",加强廉政教育,提高廉政意识,培育廉政文化,形成廉洁氛围,追求至清目标。(3)至真:围绕"为民服务",推行"全科社工"服务模式,实现"一窗受理、全员通办、一次办结"的目标,追求至真服务。(4)至善:围绕"共建共治",实现"一网解决、多元共建、融合善治"目标,追求至善精神,打造融合治理"星"模式。(5)至德:围绕"文化引领",传承红色文化、传统文化、经典文化、国学文化、家庭文化,提升文化修养,建设文化强区,追求至德理念。(6)至美:围绕"文明实践",以文化人,追求至美目标,打透文明实践"星"风尚。(7)至享:围绕"终身学习",搭建八大学习平台,引进优质师资力量,开展普惠学习教育,追求至享理念。(8)至悦:围绕"社会协同",建设社会组织孵化基地,培育专业社会组织,按照"社区搭台、社团主导、群众唱戏"的方法增强创新活力,追求至悦目标。

三、存在的问题

虽然湖塘镇的基层党建与网格管理融合发展态势良好,且已经取得一定成效,但在发展过程中仍存在一些问题,如基层社区负担重、社会力量参与不够充分等,依然需要对党建引领下的多元治理模式进行不懈探索。

(一)网格划分有待优化

从实施的情况来看,湖塘镇大部分网格划分主要考虑户数、管理是否方便,过程中存在以下几点问题:(1)受历史遗留等诸多因素影响,一些网格的界限划分不清,网格的边界不如理论上那般清晰,沦为网格化治理中的"盲区""盲点",故而难以形成有效管理效能;(2)部分网格管理规模过大,例如,永定社区一个网格大多

200~700户不等,但是较大的网格多达1000余户,网格员的工作负担大,精细化管理的难度大。

(二)多元主体协调水平有待提升

在网格化治理中,应充分发挥党建引领作用,构建大党建格局。党组织一方面要主动与各单位开展合作交流,另一方面要积极化身为物业、业委会等各组织之间的桥梁纽带,协商解决各类矛盾问题,要主动搭建平台,以民主协商的形式对存在的异议、疑问加以解决。

但就湖塘镇的实际状况来讲,各类主体参与网格化治理的程度还不高,具体体现在以下两点:(1)网格党组织和党员的作用还未达到最大化,虽然目前党组织承担着服务群众、引领发展的主要作用,党员也基本进入网格中担任管理员和协管员,但党组织在推动村社发展、督促工作落实等方面的作用发挥还未达到最大化,尤其是对基层治理工作的监督力度不够,党员也未尽到自己的带头职责;(2)群众、社会组织等各类主体参与的程度还不够,群众在社区治理中的主人翁意识不强,共建共治共享理念还未深入人心,社会组织对社区事务的参与不足,难以产生治理合力。

从现实情况可以看出,群众及各类社会组织在治理方面的积极性较低、参与度不足,两点尤为明显:一是不支持、不配合,比如,网格工作人员在信息排查、平安巡逻的过程中,有的群众不予支持、配合,"闭门羹""入户难"现象时有发生;二是被动多、主动少,部分群众依旧认为网格治理是政府的事,事不关己高高挂起,没有树立起主人翁意识,当家做主的意愿不强烈,导致很多工作被动应付的多,主动参与的少,甚至不愿"掺和",主体意识淡薄也使得群众监督更是无从谈起。

(三)驻区单位党组织联系不够紧密

在长期发展的历程中,我国城镇建设往往由县(市区)一级政府统一规划并指导,资源分配的流向是自上而下向基层社区分配的。湖塘镇在开展红色引擎工作时很早便建立了联合各单位和支部的党政联席机制,并依此成立了社区大党委。但实际上驻区单位间真正的交流与合作比较有限,没有真正形成高效的治理格局,社区驻区单位党组织间缺少协商联系,且极易流于形式化,发挥的实质功能不足。在大多数情况下,日常的行政工作加重了社区党组织的负担,驻区各单位、组织间仍以行政关系和行政工作的交流为主,对于有关社区治理展开协作的重视程度不够。虽然各个驻区单位并不缺少资源,但内部仍相对封闭,资源利用率不高。未来,如何盘活各驻区单位的资源,促进驻区单位积极参与社区建设,促进驻区单位和社区居民间的交流沟通,消除误解仍是社区工作需要探索的方向。

(四) 智慧治理水平有待提高

以大数据、智慧治理为代表的新型数字化管理技术的到来,加快了社会发展进入数字时代的进程。中共中央办公厅国务院办公厅于2019年5月发布的《数字乡村发展战略纲要》中,明确提出了乡村振兴的战略方向,即打造网络化、信息化、数字化的乡村经济社会。网格化模式旨在通过信息技术手段与组织体系进行融合的精细化管理,但目前湖塘镇的网格治理结合信息技术手段进行协调共治能力还有待提高,网格员安全管理意识较低,容易忽视信息安全漏洞,对信息技术的掌握能力不足,利用信息技术改善社区治理、提高治理效率和水平的能力不足,同时还存在平台数据数量较多、各领域数据标准不同、数据权属有待厘清、数据尚未实现互联互通互享的问题。

四、后疫情时期网格党建的湖塘路径

新冠疫情给我国基层治理改革带来了新的挑战,如何在疫情防控常态化的背景下推进基层治理现代化成了一个重要课题。通过对湖塘镇的网格党建经验进行总结,归纳出后疫情时代基层社区党建结合网格治理的湖塘经验,并对其网格党建现状提出对策建议,以期能为其他地区实现基层治理现代化提供参考借鉴。

(一) 强化党建引领

党组织是基层治理体系中的领导核心,加强党建引领对构建新时代基层治理体系具有决定性作用,强化党的领导是推动基层治理现代化的关键。

1. 纵横一体,健全网格

通过把党建嵌入社区网格化治理,把党建资源集中到网格,推动基层治理精细化、多元化、可感化。把"支部建在网格上",形成"社区党组织—网格党支部—楼道党小组"的一体多元社区党组织体系,把组织网格嵌入社区治理的每个角落。通过细化网格划分、公示网格员个人信息、完善相关奖评举措,推动形成党员干部下网格、发现问题在网格、服务群众到网格的治理格局。

2. 树立典型,优化队伍

形成党组织联系党员、党员联系群众的工作机制,以党员带动示范和直接联系服务群众为有效抓手,发挥党代表工作室、党支部书记工作室、党员先锋岗等功能。积极培育示范典型,并通过多种途径进行有效宣传。通过组织选配和社会招募相结合的办法,建立一支以基层党员干部为主,志愿者、社区居民为辅的网格工作队伍,形成社区党组织书记兼任总网格长、党员网格员100%全覆盖的"一格多员"网格党建格局。将社区治理权力、治理责任和治理激励下沉,激发党支部治理主体性和治理动力。

(二)凝聚社会资源

1. 共建多方联动

以党建引领为核心,联合以警务城管为主的治理网格员队伍和以物业为主的服务网格员队伍,因地制宜,整合社区力量,下沉到每个网格当中,助力网格治理。以全域化党建为媒介,架起社区党总支与驻区各单位党组织之间的桥梁与纽带,融合多方思想、资源等,进行资源整合,并下沉到网格,促进社区微治理,让党务、政务、事务得以交互助力,实现需求在网格发现、资源在网格整合、问题在网格解决。

2. 整合惠及于民

以网格党建助力党政融合,促进各类资源力量在网格中的深度融合盘活。以众筹式思维联合机关和"两新"党组织及社会各方红色资源,推出"党建+"服务,依托"政社联动、民社合作、警社行动、校社联动、社社共建、物社配合"的工作方法,激发驻区单位、两代表一委员、离退休干部、社区居民、志愿者等多方力量,覆盖居家养老、矛盾调解、安置帮教、法律援助等方面。积极吸纳敬老助学、法律咨询、医疗健康、爱心捐助等公益项目进社区,不断完善区域化群防群治的治安防范体系,实现公益联办、治安共防。

(三)推进品牌建设

1. 打造品牌

工作品牌是工作水平和创新成效的集中体现,是党组织引领改革创新、永葆先进性的成果展示。以党建品牌培育为抓手,通过理念创新和方法创新,协同联动各方资源,大力推动组织优势、服务资源、服务功能最大化。打造多种社区平台倾听民情、关注民生,实现社区服务功能从"粗放"到"精细",服务主体从"单一"到"多元",服务内容从"包办"向"需求",服务方法从"给予"向"参与",如通过"红色物业"模式探索"党建+物业管理"的基层治理模式;通过"老娘舅"工作室、七点钟议事厅、党群服务站等平台阵地,形成多方参与的共建共治格局;变"坐等群众上门"为"主动出门服务",既服务了群众又切实加强了实有人口服务和管理工作。

2. 动员社区

基层党员要坚持落实好主体责任,成为引领基层党建平台建设、参与共建共享事项的活跃因子。推动党员"入网",激发社区党员主体意识、责任意识、参与意识,让党员成为积极的行动者,把党的工作及组织建设的影响力落在网格,发挥党组织的战斗堡垒作用。同时,整合社区内生治理资源,充分调动包括社区志愿者组织和社区积极分子在内的社区力量,"把社区里最能干的人选出来当家",打通城市基层服务"最后一百米"的道路壁垒,形成多元共治有效的格局。

（四）构建共治格局

1. 构建共商平台

社区居民既是网格化管理的服务对象，也是服务主体。通过形式多样的社区服务和活动，增强居民的归属感和认同感，形成向心力，才能激发居民参与社区治理的热情。组织社区内热心居民、退休干部、志愿者等成立各类协会和群众自治组织；推广联席会议和共建项目机制，鼓励居民对社区建设提出合理化意见建议，激发其参与议事的热情；建立党员代表提议制度、民意反馈制度、网格民情联系机制、党员共管机制等，进一步推进共建共商，把问题解决在基层、矛盾化解在基层、感情融洽在基层。

2. 引导群众参与

"群众参与"是社区治理能否有效的核心变量，本质上也是党的群众路线的内在要求。只有真正激发群众参与，社区党建才具有生命力，社区治理才能实现多元主体协同的善治格局。群众只有产生了"当家作主"的观念，才会主动地解决社区治理事务，更好地回应居民需求的同时也有助于降低社区治理难度。通过积极吸纳社区积极分子参与社区治理，动员社区居民协商公共事务，营造社区公共性，也有助于社区居民形成对于基层党组织良好的身份认同。

五、致谢

本篇调研报告是团队在常州武进区实习时借助实习单位的便利条件完成的，在报告的选题、资料搜集、联系访谈、修改意见等方面得到了实习单位的帮助，谨在此向提供这次机会的武进区组织部、湖塘镇组织办表示衷心感谢。同时，非常感谢华中科技大学就业指导与服务中心的老师们为团队提供了这次宝贵的实习机会，并在报告起草、修改阶段提出了很多建设性意见，此行收获良多。

指导教师评语

后疫情时代来临,疫情防控常态化使得基层网格治理面临新的挑战。毛明凤等同学通过对常州市武进区湖塘镇的实地调研,探索后疫情时代的党组织在网格如何发挥领导核心作用,并对党建与网格化管理深度融合的可行路径提出思考。社会实践是学校人才培育的重要环节,本次社会实践调研问题意义重大,实践团队善于发现问题,并对问题的分析较为深刻。调研报告内容翔实、逻辑清晰、观点创新。从整体上讲,这是一篇优秀的社会实践调研报告,该社会实践团队是一支优秀的社会实践团队。

(吕洪良　华中科技大学马克思主义学院副教授)

乡村振兴战略背景下的返贫预警机制建构研究

——基于云南省临翔区四乡八村的调查分析[①]

---------- 摘 要 ----------

实现巩固拓展脱贫攻坚成果同乡村振兴的有效衔接,是新时代"三农"工作的重点。本团队关注社会热点,对云南省临沧市临翔区4个乡镇下的8个村庄开展了为期15天的返贫预警专项入户调研,共计获得问卷436份,其中有效问卷336份。此外,团队从各调研乡镇政府、村委会、区政府相关部门收集到监测对象6万多条数据,覆盖2014—2021年8年间的脱贫攻坚历程。数据包含了家庭成员的健康情况、各类收入、生产经营支出、家庭住房情况等指标。基于丰富的数据样本,团队进行了初步的统计特征分析,得出以下结论:存在家庭文化水平不高、家庭整体抚养负担较重、家庭整体收入水平仍处于较低水平等消极影响和家庭在向中型化规模过渡、帮扶政策落实情况良好等积极影响。基于前期所构建的监测对象可持续发展指数体系,团队运用 XGBoost、LightGBM、CatBoost 等算法对所建指标的重要性进行排序。从多轮结果来看,劳动力人数、农业种植面积、健康状况等8项指标对监测对象可持续发展能力的影响较为显著。分析发展指数的统计特征得知,临翔区易返贫的监测对象样本数占比较低(18.91%),稳定脱贫的监测对象占比较高(42.93%),监测对象整体可持续发展能力较好,具有一定的自主持续发展能力,但四个不同层次的监测对象在可持续发展能力上差异性较大。基于筛选出的重要影响指标,团队使用6万多条数据训练逻辑(logistic)回归模型实现可持续发展能力等级分类和返贫概率值预测。通过检验19989条数据得知,经学习训练后得到的逻辑回归模型,预测监测对象是否会返贫的正确率高达95.24%,能够较好地为政府脱贫攻坚工作提供帮助。

[①] **社会实践团队名称**:华中科技大学数学与统计学院"算法工厂"数愿团队。
团队成员:李佳阳、杨璐璇、陈俊杰、李鹏博、张鹏、柴鹏俊、赵毅炜、周妍敏、姬庆、辛晨毓、唐美琳、郭瑾、上官士轩、周格平、李承宇、郑逸显、孙天同、周骏、张之坤、张恪(建规学院)、徐杰(人文学院)、柏杨万洁(公管学院)。
报告执笔人:李佳阳、杨璐璇、陈俊杰、李鹏博、张鹏、柴鹏俊。

———— 关键词 ————

乡村振兴;可持续发展指数;机器学习;返贫概率

一、引言

经过8年的共同努力,中国脱贫攻坚战取得了全面胜利,完成了消除绝对贫困的艰巨任务。习近平总书记在中央农村工作会议上指出:"党中央决定,脱贫攻坚目标任务完成后,对摆脱贫困的县,从脱贫之日起设立5年过渡期。"

围绕脱贫攻坚过渡期,从中央到地方,各级政府都实施了一系列措施确保政策稳定。已有部分学者对脱贫地区创新发展路径[①]、可持续创新路径[②]进行了深入研究。本团队对脱贫政策全面梳理、科学评估、分类优化后发现主要形成了三类政策:第一类是完善后继续执行的政策[③],可转为乡村振兴的常态化政策;第二类是升级合并的政策[④],需要在统筹农业农村发展的大结构内与有关政策整合;第三类是完成历史使命后退出的政策[⑤]。

农业要振兴,乡村必振兴。由于支出过高、生计能力脆弱以及因病因灾因疫等苗头性问题,我国农村在5年过渡期内还存在着脱贫人口返贫的风险。2022年中央一号文件[⑥]指出:"坚决守住不发生规模性返贫底线。"2022年云南省委一号文件[⑦]指出,要抓牢防止返贫监测和帮扶。构建常态化预警体系,确保动态监测、动态帮扶、动态清零,继续开展巩固脱贫成果后评估工作。受资源禀赋、区位差异、可获得性等要素综合影响,如何准确建立返贫预警识别机制,优化调整相关政策,避免帮扶政策"脱钩",是做好新时代巩固脱贫攻坚成果的重要研究内容。

---

① 郑有贵.脱贫地区创新发展路径研究——以5年过渡期支持政策为重点[J].人民论坛·学术前沿,2021(13):77-83.
② 王艳龙,戴祥玉.衔接过渡期脱贫地区全面乡村振兴的可持续创新路径[J].中共青岛市委党校.青岛行政学院学报,2021(6):50-55,65.
③ 如基础设施、公共服务、人居环境整治、扶贫公益性岗位、控辍保学等。
④ 如产业扶贫、扶贫就业车间等。
⑤ 如贫困户危房改造扶贫政策等。
⑥ 《中共中央、国务院关于做好2022年全面推进乡村振兴重点工作的意见》。
⑦ 《中共云南省委、云南省人民政府关于做好2022年全面推进乡村振兴重点工作的实施意见》。

在后精准扶贫时代,专家学者对防返贫模型建立问题的研究主要集中在机制[1]、算法[2]、系统三个方面,主要研究了定性讨论贫困识别[3]、产业扶贫[4]、稳定脱贫存在的问题以及解决对策[5]等问题。罗丽[6]等人基于可持续生计的多维贫困指标体系,建立了包括人力资本、社会资本、自然资本、物资资本、金融资本等大类的生计资本和生计环境在内的多维贫困识别指标体系,运用随机森林算法提出了多决策树的联合决策方法,部分地解决了我国贫困人口识别机制中可能存在"识别脱靶"的问题,实现了贫困人口识别由定性到定量、由单维瞄准向多维瞄准的转变。王鑫[7]等人针对返贫测量标准多维化、返贫致贫因素多元化、行政管理机制条带化、农村数字化发展不足等方面原因导致防返贫原始数据整合不到位的问题,面向为防返贫监测家庭用户画像与知识图谱、瞄准对象的识别与预测、精准帮扶策略的设计、脱贫时间预测与动态退出评估等方面建立了防返贫监测大数据融合框架。

此外,乡村要振兴,产业必振兴。张超、熊长江、房俊东等人先后对美丽乡村建设[8]、特色产业扶贫[9]、政府扶贫能力建设对产业扶贫绩效的影响[10]等问题开展了深入研究。上述研究提供了建立返贫预警模型的思路,但在深入研究家庭收入情况的基础上,如何准确划分监测对象的脱贫状况,结合产业发展情况建立有效的可持续发展指数体系并较好地开展验证评估,尚且没有较好的实践成果。

基于此,结合前文提到的 5 年脱贫过渡期内的三类政策,本团队于 2022 年 7

---

[1] 梁传波,焦世奇.苏北地区脱贫户返贫的阻断机制研究[J].山西农经,2022(10):23-26.
[2] 丁洪.农户返贫预警测度研究[D].长春:吉林大学,2022.
[3] 贺海波.贫困文化与精准扶贫的一种实践困境——基于贵州望谟集中连片贫困地区村寨的实证调查[J].社会科学,2018(1):75-88.
[4] 巫林洁.产业扶贫对贫困户收入影响研究[D].南昌:江西农业大学,2020.
[5] 周海玲.防止脱贫人口返贫监测预警和帮扶机制建设研究[J].理论探讨,2022(4):100-104.
[6] 罗丽.基于随机森林算法的贫困精准识别模型研究[J].华中农业大学学报(社会科学版),2019(6):21-29,160.
[7] 王鑫,郭雷风.防返贫监测大数据融合框架的构建与应用——数据、模型和应用的系统化视角[J].农业大数据学报,2022,4(2):108-118.
[8] 张超.返贫预警机制下美丽乡村建设实效评价模型构建与应用研究[J].农业与技术,2022,42(9):147-155.
[9] 熊长江,赵向豪,姚娟.边境贫困县特色产业扶贫的经济效应研究——以阿合奇县沙棘产业为例[J].中国农业资源与区划,2019,40(11):243-249.
[10] 房俊东,张伊雯,罗敏.政府扶贫能力建设对产业扶贫绩效的影响研究——以农户能力建设为中介变量[J].华南理工大学学报(社会科学版),2019,21(6):111-120.

月前往云南省临沧市临翔区开展了为期 15 天的"返贫预警——巩固脱贫攻坚成果、开启乡村振兴新时代"专项调研。在实地调研走访的基础上,通过双重验证实地采集数据与已有帮扶监测数据,从多个维度选取 28 个变量,构建监测对象的可持续发展指标评价体系。同时,运用随机森林、XGBoost 等算法建立模型,对获取到的包括"劳动力人数"等在内的指标特征进行重要性排名,并检验该模型对新的监测对象数据的泛化和预测分类能力。最后,运用逻辑回归模型得出可持续发展能力等级分类和进行返贫概率值预测,实现返贫预警,帮助地方政府及时、有针对性地介入,为实现乡村振兴提供决策参考。

二、指标体系与模型简介

作为涉及我国"三农"发展的两个重大决策部署,有效衔接脱贫攻坚与乡村振兴的工作是我国农村发展的必要阶段。由于不同区域的内源本质不同,受外源影响不一,准确把握有效衔接的理论内涵,建立分级分类帮扶政策能加速计生结构的优化和乡村的转型发展。

(一)指标体系

目前,有关致贫因素分析的相关成果颇多,已形成了一套较为成熟的理论体系。基于英国国际发展署提出的可持续生计分析框架[①],本文建立了一个能够反映各个发展要素协调性,且又能衡量脱贫户可持续发展状态的指标评价体系。

本文根据之前湖北省孝昌县的研究基础,针对云南省临沧市临翔区现状,主要从以下几个方面来考虑返贫风险:一是户主个人情况;二是重点户的家庭基本情况;三是重点户所在村庄的整体情况。本文选取设计了 28 个变量(见表 1)来衡量贫困家庭的特征。

---

① DFID. Sustainable Livelihoods Guidance Sheets [M]. London:Department for International Development Press,2000.

表 1　可持续发展指标评价体系

	指　　标	指标性质	指　标　释　义
户主个人情况	户主年龄	负	家庭成员年龄(岁)
	健康状况	正	1＝残疾,2＝患有大病, 3＝慢性病,4＝健康
	文化程度	正	1＝文盲及半文盲,3＝小学,4＝初中, 5＝高中,6＝大专,7＝本科及以上
	户主是否党员	正	0＝否,1＝是
	劳动能力	正	1＝丧失劳动力,2＝弱劳动力或半劳动力, 3＝普通劳动力
	普通话能力	正	0＝否,1＝是
家庭基本情况	家庭人均年收入	正	家庭年总收入/家庭总人口数(万元)
	家庭负债	负	0＝否,1＝是
	家庭年龄结构	正	60岁以上老年/40～60岁中年/ 18～40岁青壮年/1～18岁未成年(人)
	工资性收入	正	务工劳动获得的收入(万元)
	经营性收入	正	经营生意获得的收入(万元)
	财产性收入	正	财产投资获得的收入(万元)
	转移性收入	正	国家补助获得的收入(万元)
	政府补贴金	正	政府补贴的收入
	家庭医疗支出	负	家庭每年医疗方面支出(万元)
	房屋面积	正	居住房屋的占地面积(平方米)
	房屋类型	正	0＝不是危房,1＝是危房
	经营面积	正	经营的土地面积
	健康人数占比	正	家庭健康人数占总家庭人数比重
	劳动力人数	正	家庭具有劳动力的人数(人)
	家庭净收入	正	家庭年净收入(万元)
	贫困户属性	正	0＝低保贫困户,1＝一般贫困户
	是否参加农业合作社	正	0＝否,1＝是
	饮水、厕所、用电保障、广播电视	正	0＝否,1＝是

续表

指标		指标性质	指标释义
村庄整体情况	村庄道路	正	村庄水泥道路条数（条）
	公共场所	正	村庄中小学、卫生站公交站、公共健身器材等公共基础设施数目（所）
	村庄距离	正	村庄距城镇距离（千米）
	政府财政补助	负	政府补助金额（万元）

注："正"和"负"分别表示该指标与可持续发展能力为正相关和负相关的关系。

（二）模型简介

建立可持续发展评价体系后，获取特征重要性排名并筛选出代表特征是本文进行可持续发展等级划分的关键步骤。本文立足于利用深度学习技术和数学概率论知识，从筛选特征原理、降低样本维度和回归聚类分析三个方向进行建模，最终通过手肘法科学确定四个发展等级，即低层次（易返贫）、边缘层级（边缘脱贫）、一般层次（一般脱贫）和高层次（稳定脱贫），以及对应返贫概率。

1. 筛选特征原理

考虑到可持续发展评估指标数量较多，有的指标携带特征信息丰富，有的指标则是无关特征信息。如果所有指标不经筛选全部作为训练特征，会出现维度灾难问题，甚至会降低模型的准确性。本文主要利用随机森林模型、XGBoost模型、LightGBM模型和CatBoost模型。

随机森林模型的原理主要是先利用袋外数据[1]计算袋外数据误差[2]，然后随机加入干扰噪声改变袋外数据样本在特征X处的值并再次计算袋外数据误差，从而根据两次的数据误差得到特征X的重要性。XGBoost构建决策树的思想则主要基于预排序，其所需基学习器是通过初始化为一个常数，然后根据一阶导数和二阶导数迭代生成。LightGBM却是直接选择最大收益的节点来展开，在更小的计

---

[1] 所谓袋外数据是指，每次建立决策树时，通过重复抽样得到一个数据用于训练决策树，这时还有大约1/3的数据没有被利用，没有参与决策树的建立。

[2] 用袋外数据对决策树的性能进行评估，计算模型的预测错误率，称为袋外数据误差。

算代价上去选择需要的决策树控制树的深度和每个叶子节点的数据量,从而减少过拟合。而CatBoost作为一种能够很好地处理类别特征[①]的梯度提升算法,它实现了对称树,且其性能会优于其他增强学习算法。结合四类算法各自的优点(见表2)有利于提升本文模型在特征工程上的性能,进而更好地应用于实际场景之中。

表 2　四种算法各自优点

算　　法	优　　点
随机森林	准确率高;能够处理高维特征;对异常值、缺失值不敏感
XGBoost	算法的效率高;可自定义损失
LightGBM	占用内存更小;运算速度更快
CatBoost	有通用性;避免过拟合

2. 降低样本维度

自编码器在优化过程中无须使用样本的标签,本质上是把输入的样本同时作为神经网络的输入和输出,通过最小化重构误差以此学习到样本的抽象特征表示。通过使用自编码器模型,本文将原本含有多个维度特征信息的原始数据进行压缩降维,并且最大限度地保留原始数据中的重要信息,得到浓缩信息的低维向量表示,从而可以用这些低维向量做后续的可视化分析(见图1)。

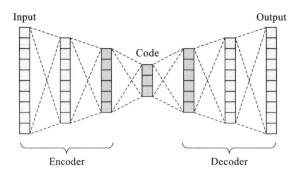

图 1　自编码器网络结构

---

① 类别特征是指特征不是数值型特征,而是离散型特征,比如性别,天气等。

3. 回归聚类分析

利用自编码得到的低维数据将影响可持续发展能力的重要特征进行了浓缩，从而提高了聚类的效果。本文将利用 K-means 聚类方法，对特征进行聚类分析，得到可持续发展等级，同时利用已有的高维数据特征通过分类和回归得到未来可持续发展等级和未来返贫概率。

（1）K-means 算法

K-means 算法是一种迭代求解的聚类分析算法。它尝试将数据集划分为 K 个定义的不同非重叠子组[①]，其中每个数据点仅属于一个组且同组数据尽可能相似，异组尽可能不同。同时迭代计算数据点和群集质心[②]之间的平方距离之和，使之达到最小并趋于稳定。同时，考虑到 K 值的选择也会影响聚类效果，因此本文采用手肘法来选取聚类个数，其中聚类的个数即代表着可持续发展等级的个数。手肘法的核心指标为误差平方和（SSE），其计算公式为：

$$SSE = \sum_{i=1}^{k} \sum_{p \in C_i} |p - m_i|^2$$

其中，C_i 是第 i 个簇，p 是 C_i 中的样本点，m_i 是 C_i 的质心（C_i 中所有样本的均值），SSE 是所有样本的聚类误差，代表了聚类效果的好坏。其与聚类数 k 的关系为：当 k 小于真实聚类数时，SSE 的下降幅度会很大；当 k 大于真实聚类数时，SSE 的下降幅度会骤减，然后随着 k 值的继续增大而趋于平缓。这也就是说 SSE 和 k 的关系图是一个手肘的形状，而这个肘部对应的 k 值就是数据真实合理的聚类数，这也是该方法被称为手肘法的原因。

（2）逻辑回归模型

对于特征筛选后得到的高维特征将会通过逻辑回归模型实现监测户返贫风险预测与返贫等级划分两个目标。逻辑回归是一种广义线性模型，适合数值型的二值型输出的拟合。它假设因变量 y 服从伯努利分布，利用 Sigmoid 函数进行分类。Sigmoid 函数的形式如图 2 所示。

Sigmoid 函数衡量的是输入数据 x 归属于类别 1 的概率，当 $x<0$ 的时候，$\text{Sigmod}(x)<0.5$，可以认为 x 归属于类别 0 的概率较大，反之则认为 x 归属于类

---

① 非重叠子组又称为群集。
② 群集质心即属于该群集的所有数据点的算术平均值。

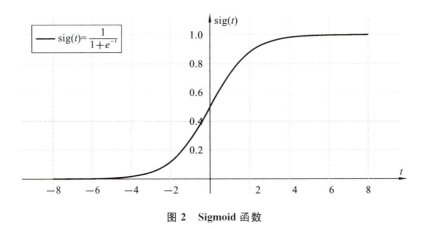

图 2　Sigmoid 函数

别 1 的概率较大。正是这个特性使得逻辑回归模型的返回值也可以作为分类的概率依据,且模型有可操作性和解释性。

三、调研内容

(一) 研究区域概况

调研小组内的成员分别选取云南省临沧市临翔区章驮乡、蚂蚁堆乡、博尚镇、南美拉祜族乡这 4 个乡镇下的 8 个村庄作为调研对象。8 个村庄各具异同:相同之处在于 8 个村庄均涉及种植业,且基本均涉及茶叶、核桃的种植;不同之处是章驮乡和蚂蚁堆乡的农民主要收入源于畜牧业,但博尚镇和南美拉祜族乡则分别包括养殖业和农业,且由于地理位置的不同决定了各地适宜种植的农作物不同,进而导致各村计划发展的特色产业也各不相同,比如南美拉祜族乡大力发展农业产业,但章驮乡则计划发展茶产业。调研小组通过横向对比各村落之间的相似性,得到其共同特征以辅助政府制定统一政策,再通过纵向分析各村的异质性,帮助政府针对性"治病"。同时,借鉴发展速度较快的村落的发展模式,对发展较为缓慢的村落给出有效建议。

（二）调研成果

本文的调研数据有两个来源，第一个来源于团队 2022 年 7 月前往云南省临沧市临翔区对章驮乡的塘房村、邦福村，蚂蚁堆乡的曼毫村、蚂蚁堆村，博尚镇的勐准村、永泉村，南美拉祜族乡的南美村、南华村这 8 个村庄开展的入户抽样调查。调查采取"乡—村—农户"三级分层抽样与随机抽样相结合的方式，共抽取 4 个乡镇 436 户，回收有效问卷 336 份，有效

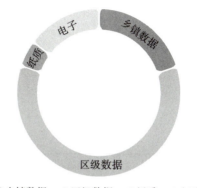

图 3　数据来源比例

率 77%。第二个来源于项目组在调研过程中分别从各调研乡镇政府、村委会、区政府相关部门收集到的近几年村内统计的关于脱贫户、边缘易致贫户等监测对象的约 6 万多条数据（见图 3）。

1. 入户调研样本总体情况

整合入户调研获得的 336 份有效问卷，统计调查 254 户脱贫户，占总体样本的 75.6%，非脱贫户 82 户，占总体样本的 24.4%（见表 3）。各村抽样数占总体比例在 6%~20% 之间，样本分布情况与当地实际总人口数和总脱贫户数对应，符合多阶段抽样方法的精度和效度要求。

表 3　入户调研样本分布

村　名	脱　贫　户	非脱贫户	总数（份）	各村总体占比（%）
塘房村	24	0	24	7.1
邦福村	33	0	33	9.8
曼毫村	54	5	59	17.6
蚂蚁堆村	27	0	27	8.0
勐准村	55	4	59	17.6
永泉村	21	0	21	6.3

续表

村　　名	脱 贫 户	非脱贫户	总数(份)	各村总体占比(%)
南美村	5	60	65	19.3
南华村	35	13	48	14.3
总数(份)	254	82	336	100.0

从年龄分布上看,受访农户年龄分布在16~87岁之间,平均年龄为53岁。其中,"46~60"岁受访者居多,共计148人,占比44.0%,其次为"61~75"岁的受访者,占比24.4%,"16~30"岁的受访者仅占总数2.1%(见表4)。

表4　入户调研样本年龄指标的数字特征

类　　别	样本量	均　值	最小值	中位数	最大值
受访农户年龄	336	53	16	53	87

受教育程度方面,81.3%的受访农户受教育程度仅为小学,16.1%的受访农户受教育程度为初中,大专及以上文化程度的农户寥寥无几(见图4)。这表明当前该地脱贫农户受教育程度整体较低。

政治面貌方面,受访农户中有8%为党员,其余为群众(见图5),党员群众比约为1∶11。

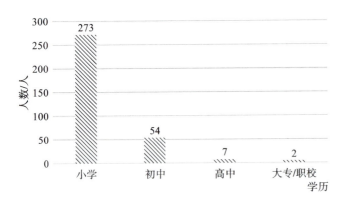

图4　入户调研样本学历分布

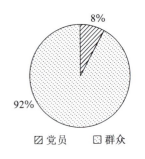

图5　入户调研样本政治面貌分布

2. 入户调研样本家庭成员情况

分析受访农户的家庭规模、抚养比、家庭成员健康状况,可以看到,受访的336户农户家庭中,家庭规模最小为1人户家庭,最大为9人户家庭(见表5)。

表5 受访农户家庭结构指标的数字特征

	样本量	均值	标准差	最小值	中位数	最大值
家庭规模	336	3.90	1.61	1	4	9

根据受访农户家庭规模分布直方图,可以看到家庭人口数为1～3人的小规模家庭占比42.3%,4～6人的中等规模家庭占比52.1%,7人及以上的大规模家庭占比5.7%(见图6)。结合数据可以看出,农村家庭规模偏向中小型化,大规模家庭数量明显偏少。

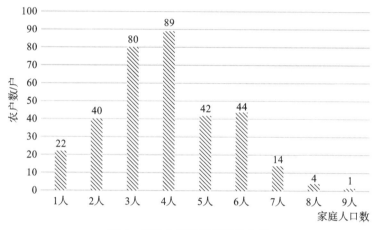

图6 受访农户家庭规模分布图

为了了解受访农户家庭扶养老人、抚育孩子这类无劳动力者的负担情况,本文利用了抚养比这一概念。

$$抚养比 = \frac{家庭无劳动力人数}{家庭劳动力人数} = \frac{家庭总人口数 - 家庭劳动力人数}{家庭劳动力人数}$$

通过分析受访农户的家庭抚养比,团队发现有78户家庭的家庭成员均为劳动力,故不存在抚养负担,有19户家庭因不具备劳动力使得家庭抚养比趋于无穷大,这些家庭存在严重的抚养负担。除此之外,家庭抚养比小于等于1的家庭占比46.4%,且其平均抚养比为0.72,即这些家庭1个劳动力平均承担0.72个无劳动力的抚养责任,相对而言家庭抚养负担较轻,具有可持续发展的潜能较大。24.7%的家庭抚养比均超过1,且其平均抚养比为2.07,即1个劳动力平均承担2.07个无劳动力的抚养责任(见表6)。总之,受访农户家庭整体抚养负担仍然较重。

从受访农户家庭成员是否患有疾病统计结果来看,家庭成员中有残疾的占比16.4%,患有长期慢性病的占比26.8%,患有严重疾病的占比7.1%(见图7)。这说明，脱贫户的身体健康问题仍需要重点关注。

表6 受访农户家庭抚养比指标的数字特征

不存在抚养比	家庭抚养比≤1			家庭抚养比＞1			无穷大
无压力	较小压力			压力较大			严重压力
样本量	样本量	均值	中位数	样本量	均值	中位数	样本量
78	156	0.72	1	83	2.07	2	19

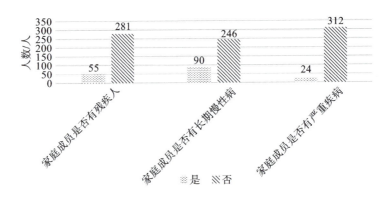

图7 受访农户家庭成员患有疾病情况

3. 入户调研样本被帮扶受益情况

在研究农户被帮扶受益情况时，本文给出了五个具有代表性的帮扶政策，分别为安置房补贴、低保、医保、养老保险和公益岗位政策，并统计农户从哪些精准扶贫政策中受益。从数据来看，受访农户中受到安置房补贴政策帮扶的最多，有212人，占整体样本比重63.1%，受到低保、医保和养老保险政策帮扶的占整体样本的比重分别为28.6%、53.3%、31.5%，受到公益岗位政策帮扶的有56人，占整体样本比重16.7%（见图8）。

从受访农户居住条件情况来看，受访农户中有284人家中房屋进行过改建/改造，约占受访总人数的84.5%。在有改建/改造房屋的受访农户中，首先受到国家/银行补贴3万~6万的占比最多，达到66%，约三分之二，其次是政府免费建造/异地搬迁，占比18%，无任何补贴的最少，仅占比3%（见图9）。说明当地政府对改善农户的居住情况非常重视。

从受访农户是否参加过政府举办的特色产业技能培训情况来看，在受访农户中有258人参加过此类培训，约占受访总人数的76.8%（见图10）。在参加过此类培训的农户中，本文就"您觉得此类技能培训对您作用如何"这一问题进行采访，

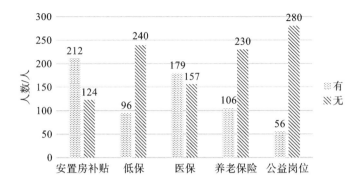

图8　受访农户家庭成员受益到的精准扶贫政策情况

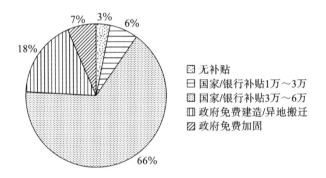

图9　有改建/改造房屋的受访农户受补贴情况

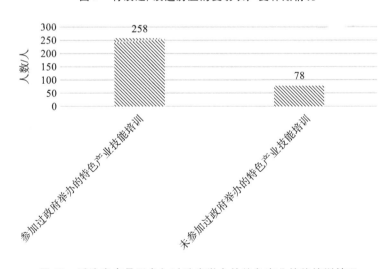

图10　受访农户是否参加过政府举办的特色产业技能培训情况

其中有91%的人认为培训有作用,有9%的人认为培训无作用或者意义不大(见图11)。说明当地政府技能培训在取得一定成绩的同时,仍需有针对性地改进。

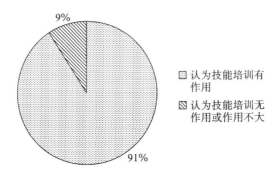

图 11 受访农户对培训班作用认知情况

4. 入户调研样本保险拥有情况

从受访农户的保险拥有情况来看,医保覆盖率达到了 96.7%,拥有低保、五保金或者养老保险金的占比达到了 75.6%,还有 19 人购买了其他商业保险,占样本比重为 5.7%(见图 12),说明当地政府的民生保障工作效果较好。

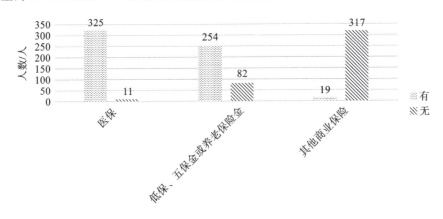

图 12 受访农户保险拥有情况

5. 政府整理样本家庭结构情况

调研小组从各调研乡镇政府、村委会、区政府相关部门收集到了 63280 户家庭在人口规模、住房面积、普通话掌握程度以及家庭收入等方面的数据,数据量十分充足,经过筛选共计获得有效数据 44982 条。

从农户家庭的人口规模分布上看,家庭人口数为 1~2 人的小规模家庭占 11%,3~5 人的中等规模家庭占比最多,比重为 73%,6 人及以上规模家庭只占

16%(见图13)。结合数据可以看出,临翔区农户家庭正在向中小型化规模过渡。

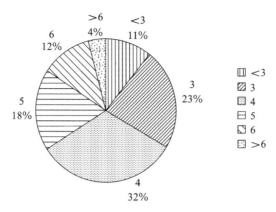

图 13 政府提供家庭人员情况

对于监测对象的年龄结构,按照国家最新年龄结构标准进行划分,分为青年组(29岁以下)、中青年组(30～39岁)、中年组(40～49岁)和中老年组(50岁以上)。从图14中可以看到,整个区绝大部分都是40岁及以上人口,其中中老年组占比最大,达到了36%。根据数据可以判断临翔区人口正在朝着老龄化方向发展。

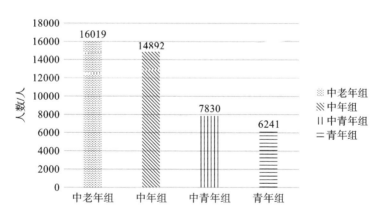

图 14 政府提供人员年龄情况

对于监测对象的家庭劳动力情况,可以看到绝大多数家庭都拥有2～3位劳动力,劳动力人数超过5位的家庭仅195户,占0.43%(见图15)。而根据图13知,6人及以上规模家庭占16%,侧面反映了人口基数大但劳动力仍不足,这当然也可从存在1465户家庭没有劳动力的情况得到正面反映。

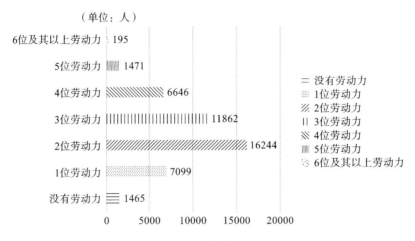

图 15　政府提供家庭劳动力人数情况

对于监测对象的家庭健康状况,可以得知绝大部分家庭都高于 2/3 的健康率①,但是仍有 5.6% 的家庭健康率低于 1/3(见图 16),这也是导致家庭劳动力缺失的一个主要原因。因此,这表现针对人员健康状况的检测是重要的。

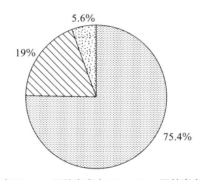

图 16　政府提供家庭健康人数占比情况

从农户家庭的住房面积情况上看,临翔区各调研村的人均住房面积约 50.4 平方米,其单人占有面积最大可达到 560 平方米,但单人占有面积最小仅 3 平方米(见图 17)。由此可得,在所调查的区域里,住房面积两极分化严重,居住条件具有显著差异性。

---

① 健康率=家庭健康人数/家庭总人数

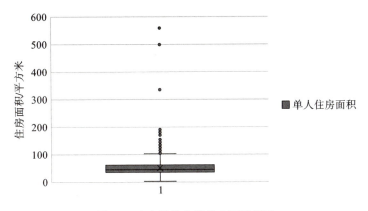

图 17　政府提供家庭住宅面积情况

- 6. 政府整理样本家庭收入情况

关于农户可支配收入方面,按照收入的来源,将可支配收入分为四项统计,分别为工资性收入、经营净收入、财产净收入和转移净收入。可支配收入与这四种收入之间的关系为:

可支配收入＝工资性收入＋经营净收入＋财产净收入＋转移净收入

从表 7 得知,临翔区人均可支配收入平均水平在 8645 元,已接近全国居民人均可支配收入但还存在一定距离。在调研中,团队得知整个临翔区约有五分之一的人口常年在外务工,其他人员绝大部分主要靠第一产业增收,第二三产业缺乏发展。同时人均财产净收入较低,这表明家庭拥有的动产(如银行存款、有价证券)和不动产(如房屋、车辆、收藏品等)所获得收入较低(见图 18、图 19)。

表 7　政府提供样本收入结构数字特征

收　　入	均　　值	中 位 数	最 大 值
人均可支配收入	8645	7608	105587
人均工资性收入	3653	2220	80000
人均经营净收入	3972	3000	104450
人均财产净收入	175	0	50500
人均转移净收入	845	463	28993

- 7. 调研小结

通过对调研成果的分析,发现受访农户存在以下几个总体特征。

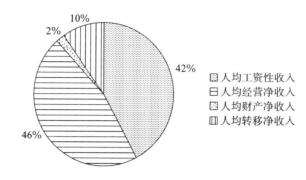

图 18 政府提供样本收入结构

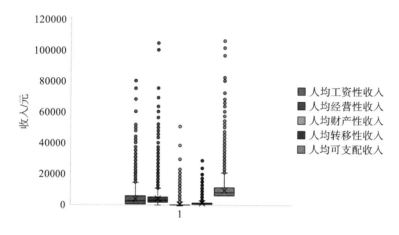

图 19 政府提供样本收入分布情况

①家庭文化水平不高。336 户受访农户中,81.3%的受访农户受教育程度仅为小学,16.1%的受访农户受教育程度为初中,大专及以上文化程度的农户寥寥无几。

②家庭整体抚养负担较大。336 户受访农户中,24.7%的家庭抚养比均超过 1,且其平均抚养比为 2.07,也就是说,1 个劳动力平均承担 2.07 个无劳动力的抚养责任,甚至有 19 户家庭不具备劳动力,存在严重抚养负担。

③被帮扶收益情况良好。从帮扶政策看,分别有 63.1%、28.6%、53.3%、31.5%和 16.7%的受访家庭,受到政府安置房补贴、低保、医保、养老保险和公益岗位等不同政策的帮扶。从居住条件情况看,84.5%的受访农户有对房屋进行改建/改造,其中,受到国家/银行补贴 3 万～6 万的最多(66%),政府免费建造/异地搬迁次之(18%),无任何补贴的最少(3%)。从产业技能培训情况看,76.8%的受访农户曾参加过此类培训,其中,91%的人认为培训有作用。

④保险拥有情况良好。336户受访农户中,医保覆盖率达到了96.7%,拥有低保、五保金或者养老保险金的占比达到了75.6%,还有19人购买了其他商业保险,占样本比重为5.7%。

⑤家庭在向老龄化转变中。政府提供的样本数据中,整个区的人口年龄绝大部分都是40岁及以上,且家庭人口数与家庭劳动力人数不成正比,其中包括了1465户家庭没有劳动力。同时,约25%的家庭健康人数占比低于2/3。因此,作为致贫的因子之一的家庭健康状况需要重视。

⑥整体收入水平仍处于较低水平。政府提供的样本数据中,各调研村人均可支配收入为8644元,其中,人均工资性收入为3653元,占可支配收入的42%。虽然摆脱了绝对贫困,但仍处于低收入水平。

四、模型成果分析

(一)数据预处理流程

对收集的原始数据,本文采用如下的数据预处理流程(见图20)。

图20　预处理流程

由于原始数据中存在一些缺失值和数值异常值,首先对缺漏值进行查补删减,然后对于异常值,采用拉依达准则进行处理。拉依达准则又称为3σ准则(见图21),即先假设一组数据只有随机误差,对它进行计算处理得到标准偏差,再按一定的概率确定一个范围,凡是超过了这个范围的误差,就不属于随机误差,含有该误差的数据就应该被删除掉。在正态分布里面,σ表示的标准差,μ表示均值,$x=\mu$是图像的对称轴。

本文筛选出具有异常值的5个特征变量并求得均值μ、标准差σ。考虑到数据服从正值分布,所以只除掉$v>3\sigma+\mu$的值。

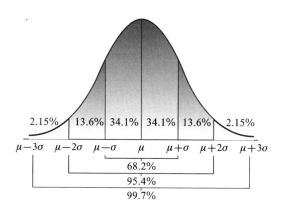

图 21　3σ 准则

由于每年的数据的特征项个数不同,本文将这些年中的公共特征进行抽取,并且删除一些无关特征后,最终得到 40 个数据特征(见表 8)。

表 8　主要特征

数据特征	经营性收入	转移性收入	财产性收入	工资性收入	经营性支出
均值 μ	14932.44	3332.10	582.27	14605.53	4587.39
标准差 σ	15977.47	3937.57	2379.33	17654.17	6941.36
$\mu+3\sigma$	62864.85	15144.82	7720.26	67568.05	25411.46

(二) 监测对象的可持续发展指数评价体系

可持续发展指数(sustainable development index,SDI)评价体系的建立步骤如下。

Step1:数据预处理。所获取的数据特征有数值型和非数值型两种类别,其中非数值类型的特征如有"健康状况""文化程度""劳动技能"等(见图 22)。对于类别特征,本文综合采用了独热编码、标签编码、目标编码对类别特征进行数值化,从而便于后续模型的量化分析。

此外,为了消除各指标量纲不同而可能对评价结果带来的影响,在使用样本的特征数据计算可持续发展指数前,本文对各个特征进行标准化处理。公式为:

$$T_{i,j} = \begin{cases} \dfrac{x_{i,j} - \min(x_j)}{\max(x_j) - \min(x_j)} & 正指标 \\ \dfrac{\max(x_j) - x_{i,j}}{\max(x_j) - \min(x_j)} & 负指标 \end{cases}$$

图 22　返贫风险主要特征

其中 $T_{i,j}$ 为无量纲化处理后的指标值；n 为评价对象个数；m 为评价指标个数；$X_{i,j}$ 为通过调研采集的第 i 个样本第 j 项评价指标的原始数据，$\max(x_j)$、$\min(x_j)$ 分别为第 j 项评价指标的最大值和最小值。

Step2：利用熵值法确定指标权重。熵值法是一种依据各指标值所包含的信息量的多少确定指标权重的客观赋权法。若某个指标的熵值越小，表示该指标值的变异程度越大，提供的信息量也就越多，在综合评价中起的作用越大，因此赋予该指标的权重也应越大。

为计算各个指标的熵值，首先计算每个样本下的各个指标的比重 p_{ij}：

$$p_{ij} = \frac{x_{ii}}{\sum_{i=1}^{m} x_{ij}}, (i = 1, 2, \ldots, m)$$

随后计算每项指标的熵值 e_j：

$$e_j = -\frac{1}{\ln m} \sum_{i=1}^{m} p_{ij} \ln p_{ij}, (j = 1, 2, \ldots, n)$$

最终根据计算得到的每个指标的熵值，计算每个指标的权重值 w_j：

$$w_j = \frac{1 - e_j}{m - \sum_{j=1}^{n} e_j}, (j = 1, 2, \ldots, n)$$

Step3：计算可持续发展指数（SDI）。将利用熵值法得到的各指标权重与各个脱贫户样本的对应指标数值相乘累加，则可以计算得到各脱贫户样本的可持续发展指数值：

$$\text{SDI} = \sum_{j=1}^{n} \sum_{i=1}^{m} W_{ij} \times T_{ij}$$

其中 W_{ij} 为第 i 个脱贫户样本的第 j 个指标特征的权重值，m 为评价指标特征的个数。可持续发展指数的大小范围在 0 到 1 之间,并且指数值结果越大,表示该脱贫户的可持续发展能力越强。

(三) 筛选特征案例分析

考虑非收入特征对脱贫户属性划分的影响,例如"文化程度""是否为党员""劳动力人数""健康状况""家庭人口数"等(见图 23),本文分别采用随机森林模型、XGBoost 模型、CatBoost 模型、LightGBM 模型计算每个指标特征重要度(见图 24)。为了进一步提高模型的泛化能力和稳健性,本文对多个模型的结果进行平均,最终得到如表 9 所示的特征重要性排序表。

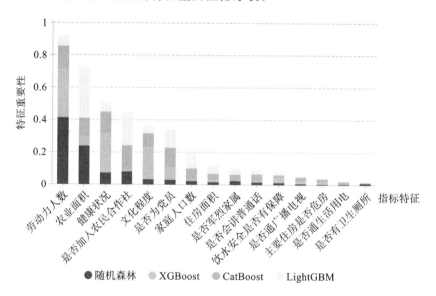

图 23　模型特征重要性对比(重要性从左到右依次降低)

表 9　四个模型的指标特征重要性排序结果(前八项)

指标名称	随机森林	XGBoost	CatBoost	LightGBM	平均预测结果
劳动力人数	0.4161	0.2931	0.1480	0.0632	0.2301
农业种植面积	0.2360	0.0623	0.1150	0.3113	0.1812
健康状况	0.0753	0.2420	0.1350	0.0530	0.1263
是否加入农业合作社	0.0820	0.0103	0.1512	0.2020	0.1114

续表

指标名称	随机森林	XGBoost	CatBoost	LightGBM	平均预测结果
文化程度	0.0323	0.2024	0.0821	0.0402	0.0893
是否为党员	0.0305	0.0808	0.1195	0.1090	0.0850
家庭人口数	0.0241	0.0101	0.0694	0.0921	0.0489
住房面积	0.0189	0.0158	0.0357	0.0483	0.0297

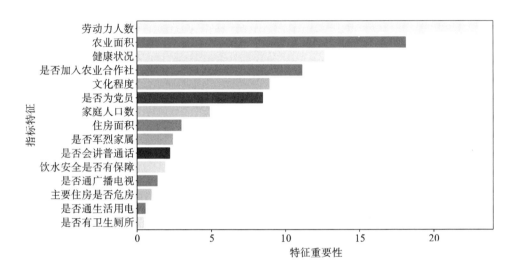

图 24　可持续发展影响特征的重要性排序柱状图(重要性从上到下依次降低)

这些特征从侧面影响到监测对象的可持续发展能力,例如劳动力人数、是否加入农业合作社、文化程度、是否为党员,侧面反映了监测对象进取向上的程度,以及其靠自身能力持续发展的基础面。另外居住环境与条件也会直接影响到监测对象的状态,居住条件的恶化从生理、心理上都会给居民带来负面作用,并反馈到其可持续发展能力上。

从随机森林、XGBoost、CatBoost、LightGBM 模型集成的结果看,在对监测对象可持续发展能力的影响指标因素中,劳动力人数、农业面积、健康状况、是否加入农业合作社、文化程度、是否为党员、家庭人口数、住房面积这 8 项指标的影响较为显著。这些特征在整体特征重要性中占比达到了 90% 以上(见图 25),侧面反映了筛选出来的 8 项特征具有较强的代表性和影响可持续发展的重要性。

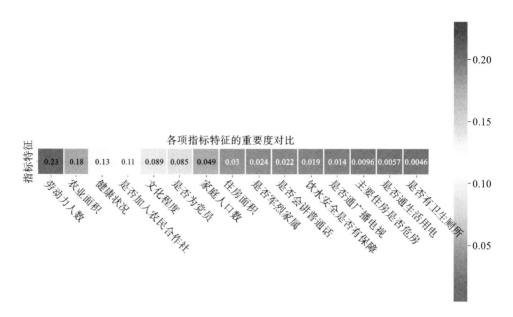

图 25 可持续发展影响特征的重要性热力图(重要性从左到右依次降低)

(四) 数据可视化分析

本文经过使用自编码器模型压缩特征后,采用 K-means 算法对降维数据进行聚类分级,并结合手肘法与自然断点分类法来确定类别个数 K,以此表示脱贫户的可持续发展能力的分类。从如下平均成本函数的下降折线图(见图 26)也可以看出,当聚类类别数 $K=4$ 时,成本函数曲线达到一个拐点处,因此选取聚类个数为 4 类。

根据聚类的结果,将脱贫户的可持续发展等级划分为:低层次(易返贫)、边缘层次(边缘脱贫)、一般层次(一般脱贫)、高层次(稳定脱贫),即"红橙黄绿"四色分级预警信号灯。低层次表示脱贫户的生计能力较难维持生存,可持续发展能力弱,处于极容易返贫的状态;边缘层次表示脱贫户的生计能力仅能维持生存,处于返贫的边缘状态;一般层次表示脱贫户的生计状态基本达到稳定,具有一定的可持续性;高层次表示脱贫户的生计状态良好,并具有较强的可持续性。

从可视化三维聚类结果图(见图 27)可以看出,对自编码器降维后的数据可以很好地将四个可持续发展类别的数据点给分隔开,并且每个类别内数据点都相对

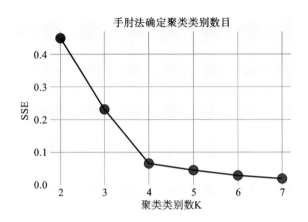

图 26　手肘法确定聚类个数

集中,不同类别的数据点较为分散,由此反映了最终聚类效果较为良好。

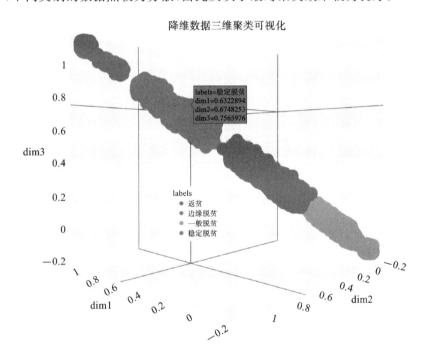

图 27　降维可视化

为了更好地描述四个可持续发展等级的分布情况,本文对降维数据上的每一个维度都使用箱线图来直观分析四个类别的数据分布(如图 28 所示)。

通过采用熵值法计算得到各个发展影响因子的权重,对每个监测对象的数据进行加权平均和,得到对应的可持续发展指数值。经过对发展指数进行统计特征

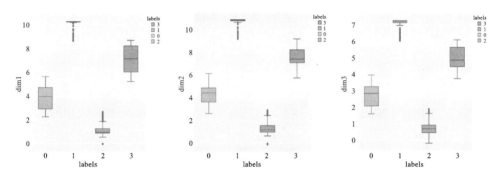

图 28　数据分布箱线图

后,发现调研的监测对象可持续发展指数的均值为 0.5133,最小值为 0.3628,最大值为 0.7348,指数的分布标准差为 0.1652(见表 10)。在四个可持续发展等级中,低层次的监测对象样本数占总体样本的 19.00%。通过分析低层次样本的统计特征,发现他们的工资性收入、经营性收入占总收入的比重较低,劳动力缺失,身体健康状况不理想。这一结论也进一步支撑了使用随机森林、XGBoost、CatBoost、LightGBM 集成的影响可持续发展指标因素的筛选结果。

边缘层次、一般层次和高层次的监测对象,分别有 11213 户、11849 户和 26006 户,以及分别占总体样本的 18.51%、19.56% 和 42.93%(见图 29)。从整体上来看,临翔区的易返贫监测对象占比较低,一般脱贫和稳定脱贫的监测对象占比较高,因此临翔区的监测对象整体可持续发展能力较好,具有一定的自主持续发展能力。此外,四个不同层次的监测对象在可持续发展能力上差异化较大,若能带动低层次的监测对象可持续发展,缩小与高层次监测对象之间的差距,则临翔区的整体发展情况可进一步提升。

表 10　监测对象可持续发展指数统计特征(基于临翔区各乡镇)

	总样本量	均　值	标准差	最小值	最大值
监测对象	60571	0.5133	0.1652	0.3628	0.7348

(五)预测监测对象可持续发展等级的分类案例分析

本文将监测对象的数据按照 3∶1∶1 的比例随机划分为训练集、验证集和测试集。在训练集上,本文分别训练了随机森林模型、集成学习中的 XGBoost 模型、

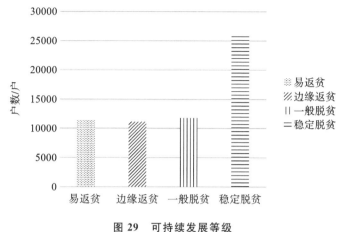

图 29　可持续发展等级

注:易返贫即低层次,边缘返贫即边缘层次,一般脱贫即一般层次,稳定脱贫即高层次。

CatBoost 模型和 LightGBM 模型,并且在验证集上评估超参数的效果,以及采用 5 折交叉验证以保证模型有效性,从而降低预测误差。最后,计算各模型的准确率、精准率、召回率以及 F1 得分,对模型的性能进行评估。模型在测试集上的预测效果如表 11 所示。

表 11　四种模型的预测结果

模　　型	准　确　率	精　确　率	召　回　率	F1 得分
随机森林	88.63%	88.90%	88.63%	0.8874
XGBoost	91.27%	91.29%	91.27%	0.9127
CatBoost	94.68%	94.71%	94.68%	0.9469
LightGBM	89.37%	89.31%	89.37%	0.8933
平均效果	90.99%	91.05%	90.99%	0.9101

从预测结果来看,采用四个模型的平均预测精度均达到 90% 以上,故模型对新的监测对象数据也具有较好的泛化能力和预测分类能力,可以达到基本准确预测监测对象的可持续发展能力等级的效果。

(六) 返贫的概率预测案例分析

本文考虑了对监测对象返贫可能性的量化度量,并且采用逻辑回归模型对返贫概率值进行预测。为了避免模型过拟合现象,本文采用了 L2 正则化算法来缓解。经模型训练后,得到对脱贫户的返贫预测精度如表12所示。

表12 逻辑回归模型预测返贫概率结果表

	精确率	召回率	F1得分	测试样本(个数)
预测易返贫	85%	90%	0.83	3674(个)
预测稳定脱贫	98%	97%	0.97	16315(个)
共计	95.6%	95.7%	0.94	19989(个)
	预测正确率	95.24%	加权预测正确率	95%

在共计19989条用于测试模型效果的监测对象数据中,经学习训练后得到的逻辑回归模型预测监测对象是否会返贫的正确率达到95.24%。从预测结果上来看,模型的实际效果较优。

此外,为了更清晰地表示逻辑回归模型分类的结果,本文对分类的决策边界进行了可视化。从可视化图(见图30)中可以看出,经过逻辑回归训练学习得到的决策边界很好地将贫困和非贫困两个属性分割开来。

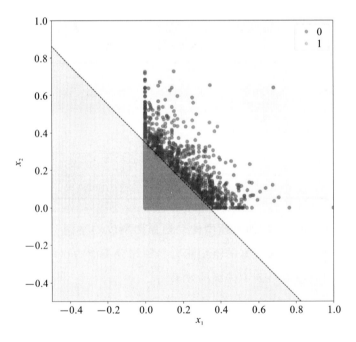

图30 逻辑回归模型决策边界可视化

（七）模型小结

通过建模小组在前期准备阶段调研整理的专业论文资料以及政府相关报告的成果，确立了模型建立所需的监测对象数据指标项，共计28个影响指标。

为了进一步对影响指标进行筛选，并对监测对象的发展能力进行建模，团队采用机器学习中XGBoost、LightGBM、CatBoost等集成模型对发展能力指标的重要性进行排序。通过模型计算，筛选出重要度最高的8个指标，并将其作为判断监测对象自身发展能力的解释因素。考虑到原始数据本身维度较多，团队使用自编码器模型对多维指标数据降维，并采用K-means算法对降维数据进行聚类分级。此外，团队还结合手肘法与自然断点分类法来确定类别个数，以此表示监测对象的可持续发展能力的分类。

为进一步预测发展能力等级以及量化对新监测对象的返贫风险程度，本文分别采用所建集成模型预测发展等级并利用逻辑回归模型对返贫概率值建模（见图31）。通过对预处理后数据训练模型，在测试集上，集成模型的分类平均预测精度均达到90%以上，逻辑回归模型通过预测返贫概率值，进一步反映监测对象是否会返贫，最终模型预测正确率达到95.24%。经过多轮的数据测试，模型的返贫识别准确率稳定在95%左右，初步达到了产品上线的要求。后续，团队将模型服务打包，建立网站、开发App，通过互联网向奋斗在一线的基层干部提供服务，使得对重点户的返贫风险预测得更快、更准、更便捷。

五、建议与展望

在"后脱贫时代"，依托大数据平台，提高脱贫户的生计可持续性是重中之重，采取"红橙黄绿"四色信号灯分级预警是帮助政府科学执政的途径。根据调研和建模结构，结合实际和理论分析，本文从宏观和微观上给出以下建议和展望。

（一）建议

（1）保持已有脱贫政策稳定落实，持续完善各村基础设施建设。从调研的结

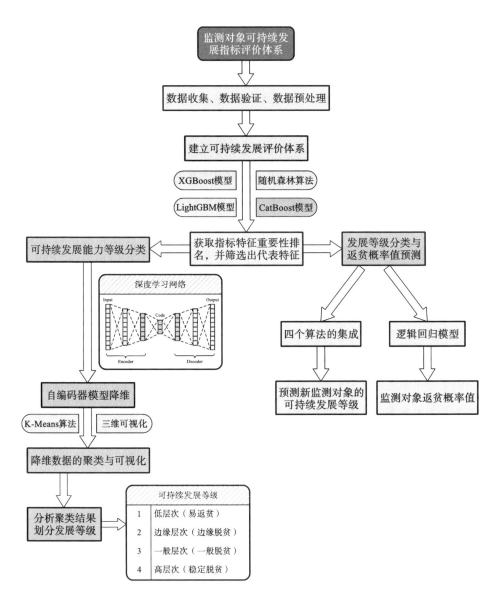

图 31　模型框架图

果上来看,监测对象对于当地政府已有的政策反馈比较好。此外,通过微观数据分析,"住房面积"是致易返贫的因素之一,从侧面印证了政府之前保障住房的政策的正确性。同时在前往各乡镇村调研的过程中发现,各村之间交通不畅、道路条件较差也是制约农户发展的一项重要因素。

（2）加大力度留住青年,提高家庭劳动力人数。从团队调研的结果上看,相当一部分家庭整体抚养负担较大,平均每一个劳动力需承担 2.07 个无劳动力的抚养责任。从整体数据分析上来看,劳动力人口数的重要性排名第一。因此建议通过加大力度促进青年就业创业、加大相应帮扶政策、丰富青年人就业岗位、吸引更多产业入驻等举措,吸引更多的青年留乡建设,以便形成"保障自家产业种植不落下+闲时外出打工赚收入"的多元化收入模式。此外,还应多支持第二三产业发展,比如可以以旅游业为牵头拉动服务业和制造业的发展,吸引企业入驻后完善售后维护等行业的发展。

(3) 规范农作物种植生产技术,逐渐形成扩大产业规模。建立"传帮带"机制,以村或区域分组为单位,以具有种植、生产、加工等经验的农户作为组长,帮助其他农户统一规范种植技术、提高生产水平,在提高产量的同时保证高质量。此外,贯彻先进的生产技术和以市场为导向的发展理念,建立标准化发展新模式,逐渐形成符合区域特点的产业品牌。

(4) 加强重点人群健康监测,做到重大疾病早发现早治疗。从调研数据看,家庭健康人数占比低于 2/3 的家庭数占 25%,且全区人口年龄绝大部分都是 40 岁及以上,老龄化的趋势比较严重,因此保障监测对象的健康至关重要。建议持续铺开医保入户,与各对接医院或高校医学院合作,开展"下乡义务坐诊"活动,帮助监测对象定期进行体检,预防突发疾病。

(5) 因时因地因材因需施教,着力解决农民教育培养问题。乡村振兴,人才是关键,面对现如今农业规模化、产业化的发展趋势,培养高素质、高水平的农民意义重大。可依托周边高校,综合考虑区域特点和学员实际需求来编制灵活的教学计划等,并在策划培训项目、搭建课程体系的时候结合地方经济建设特点,增强技能与地方需求的适切性。此外,也应注重幼、小、中、高等学校学生的培养,从根本上解决问题。

(6) 创新思路不断发展农民党员,强化农村党员队伍建设。农村党员既是推进乡村振兴的排头兵,又是参与者,更是农村基层工作的中坚力量,因此建议政府应加强基层党组织建设,积极吸纳优秀村民加入党组织,做到"家里家外"两头抓,选好"苗子"壮队伍,摸实一批口碑良好、综合素质较高的农民工党员后备力量,以更好发挥党员的先锋带头作用和凝聚力。

（二）展望

本文立足于脱贫攻坚取得全面胜利的背景下，综合考虑了脱贫户返贫情况以及产业振兴建设情况。脱贫攻坚任务全面完成并不意味着贫困被彻底消灭，而是反贫困工作进入全新阶段，面临新挑战和新命题。团队所做的模型可以有效地判断脱贫户返贫的概率情况，实时更新脱贫户生计状态，有利于更加精准地帮扶脱贫户，助力反贫困工作的持续稳定推进。作为新时代青年党员，团队将不忘数学初心，勇担时代使命，继续深入探索，将个人发展融入国家发展，为助力"十四五"规划和实现 2035 年远景目标贡献青春力量。

指导教师评语

民族要复兴，乡村必振兴。在打赢脱贫攻坚战、全面建成小康社会后，进一步巩固拓展脱贫攻坚成果，接续推动脱贫地区发展和乡村全面振兴，是"十四五"期间农村工作特别是脱贫地区农村工作的重点任务。华中科技大学数学与统计学院"算法工厂"数愿团队以乡村振兴战略背景下的返贫预警机制研究为主要目标，两年里分别前往湖北孝感、云南临沧进行实地调研及相关验证，提出了"可持续发展指数"，并基于此搭建了返贫预警模型，形成了数据动态监测的可行方案。"没有调查就没有发言权，没有调查就没有决策权"，该调研过程经历了"理论分析—实地调研—理论分析—实地验证—理论分析—结果反馈"等环节，内容翔实、逻辑严谨，最终形成相关报告反馈给当地有关部门，为当地巩固脱贫攻坚成果推动乡村振兴提供了有力的理论支撑。总之，该团队聚焦当前"三农"工作重点，发挥专业优势，积极主动作为，助力基层治理，形成了一些优秀的调研成果，是一支优秀的实践队伍。

（王黎　华中科技大学数学与统计学院党委副书记）

疫情冲击下乡村经济社会发展的现状、问题与建议

——基于对湖北省黄冈市横车镇的调查①

摘　要

新冠疫情对横车镇经济造成了极大的影响。本次调研通过座谈会议、实地走访等方式,以政府、乡村和企业为研究对象,研究发现疫情对横车镇的农业发展、集体经济、电商物流、精神文化、乡村规划和政府履职等方面具有深刻影响。一方面,疫情对横车镇经济社会发展带来严峻挑战;另一方面,横车镇地方发展也迎来了新的契机。未来,横车镇需在后疫情时代统筹城乡发展,稳住农业基本盘,推动改革创新,促进数字技术赋能乡村服务和经济发展,不断提升民众安全感、幸福感和获得感,提高地区综合影响力。

关键词

疫情;横车镇;经济;社会;发展

2022年7月7日至14日,华中科技大学马克思主义学院教师吕洪良、周浪带领本院5名研究生(含1名博士生)、2名建筑与城市规划学院高年级本科生到湖北省蕲春县横车镇进行了为期8天的调研。这次调研的主题是"疫情下的横车镇乡村经济社会发展",调研采取总体和部分相结合的方式进行,一方面通过召开座谈会、单独访谈等方式在镇级层面进行了总体调研,另一方面选择九棵松村、长石村、拢船头村、蒋山村、大柳村以及明秀银杏合作社、银兴米业、美为食品、蕲仁堂公司等企业进行了重点走访调研。本次调研主要以召开座谈会和实地走访的形式展开,并结合参与教师的专业知识背景,重点围绕农业发展、电商物流、集体经济、精神文化、乡村规划和政府履职等方面进行调研。

---

① **社会实践团队名称**:华中科技大学马克思主义学院赴蕲春县横车镇进行疫情冲击下的乡村经济社会发展调查研究暑期社会实践队。
团队成员:郝慧欣、黄丽芬、罗艺、胡凤泉、付雷孟娇、李晓华(建筑与城市规划学院)、王君仪(建筑与城市规划学院)。
报告执笔人:郝慧欣、黄丽芬、罗艺、胡凤泉、付雷孟娇、李晓华、王君仪。

一、总体状况

2022年7月7日下午,调研组一行首先在横车镇政府会议室参加了座谈会,镇党委书记熊勇和镇相关领导以及参加调研的师生共同出席了座谈会,座谈会重点围绕疫情对当地经济社会发展的影响及应对展开。熊勇书记及相关职能部门负责人做了重点发言,参加调研的师生与镇村及有关企业负责人进行了深入互动和交流。

(一)疫情带来的问题及影响

(1)疫情反复、持续时间长,给基层治理造成了沉重负担。基层干部有限及事务繁忙、志愿者不足,而数据要求高,导致政策硬性与软服务之间存在冲突。

(2)疫情给经济社会发展带来多方面冲击:一是企业的原材料价格上涨;二是物流不畅、库存压力大;三是乡村就业压力增大;四是招商引资压力增大;五是直接影响到脱贫攻坚成果的巩固。

(二)横车镇克服疫情不利影响,保持经济社会较快发展和民生改善

2022年一季度,全镇完成规上农产品加工业产值24.2708亿元,增速79.77%;完成规上工业总产值4.07亿元,增速44.69%;完成农林牧渔业总产值1.5498亿元,增速9.83%;完成固定资产投资1.2亿元,增速78.2%。新签约长石农产品加工等招商引资项目4个,总投资4.2亿元;在库500万元以上项目8个;已开工项目4个。

1. 积极应对疫情带来的冲击

2021年,横车镇打好脱贫攻坚后评估突击战,全力做好脱贫攻坚与乡村振兴衔接工作,守住"两不愁三保障"这一硬性底线,全镇共发放易地扶贫搬迁房产证

227户,发放637名脱贫人口春季雨露计划资金95.85万元;着力增强脱贫人口内生动力,先后帮助脱贫劳动力返岗复工总人数6141人,发放省外务工人员交通补贴2543人次,补贴50.86万元,安排公益性岗位267个;发挥产业脱贫作用,推进14个脱贫村产业发展与基础设施建设项目15个,投入资金750万元。2021年固定资产增速全县第一,限上商贸业入库4家企业,规上工业入库2家。

2. 坚持以投资驱动增长

工业龙头持续高昂,实施筑园引凤,进一步放大聚集工业规模效应,统筹盘活原燕加隆厂房,合并成立九棵松众创科技园,引进湖北悠贝休闲用品有限公司、湖北美为食品加工项目等投资过亿元项目4家,过千万元项目16家,实现"满园工程"。2021年全年实现固定资产投资8.7亿元,增长93.3%;规上工业总产值26.02亿元,增长32.38%,工业基础和规模产值继续保持在全县前列。加快企业培育和创新工作,持续加快推进神风公司"煤改气"和板簧生产自动化等新兴技术应用,启用智能机器人作业;指导船王焊材由焊条向焊丝升级,实现船王向"猴王"竞发。现代农业蒸蒸日上。正邦集团落地建成、美为食品生产加工、翁堑蕲艾食品加工、富冲苗圃生态农业等项目开工达效。大力发展中药材种植产销一体,全年发展蕲艾种植基地5273亩,其中100亩以上的连片基地9个,巩固提升连片老基地2000亩,积极与蕲艾收购企业对接,做好蕲艾收购工作,收购干艾近2000吨。全镇生猪和家禽养殖规模不断壮大,饲养产量达到了全县十分之一。建设3000亩绿色高质高效再生稻示范基地和300亩高产油菜种植示范基地,带动辐射全镇10000亩再生稻、5000亩油菜种植生产。聚力高标准农田建设,规划实施面积13200亩,总投资1475万元,覆盖8个行政村,900多户农民受益。

横车镇党委坚持工业强镇、产业兴镇,为入驻的企业和项目提供最佳环境、最优政策和最暖服务。全力支持湖北神风汽车弹簧有限公司做大做强,成功与央企中信特钢集团签订增资重组协议;协调各方资源,仅用四个月时间,建成占地面积10000平方米的饼干和坚果生产车间,确保计划总投资1.1亿元的湖北美为食品有限公司顺利落户。2022年以来,2家工业企业和6个重点项目入驻横车镇,打响了全镇产业品牌,带动群众就业增收。

3. 扎实推进民生建设

全镇夯实民政兜底政策,扎实做好全镇1646户低保、农村低保及五保供养工作,全年发放救助金1833.4万元。及时开展救灾核灾,申报临时救助148户,发放金额38.8万元。深入开展"三留守"和高龄老人清查普查工作,对全镇留守老人3375人、留守妇女418人、留守儿童409人、困境儿童206人逐一建立台账,对全镇25户困难及失能的独居老人进行适老化工程改造。加强福利院日常管理,镇福利院被评定为省三星福利院,马畈卫生院被省卫健委评定为湖北省老年友善基层卫生医疗机构。运用"大数据"开展乡村振兴和民生领域政策落实情况核查,共"查实"整改问题线索129条,及时追回和督促发放到位民生资金2.46万元。

横车镇党委班子成员带头深入基层调研走访,反复听取群众意见建议,梳理民生问题7大类45项,着眼群众"急难愁盼"问题,确定在全镇开展亮化工程、道路拓宽刷黑、高质量农田改造、修渠清淤、环境整治、修建文体活动中心等12个民生实事项目,明确镇村干部包保责任,全力推进落实,真真正正把群众放在心中,把关乎群众的实事做到实处。

4. 积极推动生态文明建设

近年来,横车镇矿山开发对经济发展起了促进作用,但也导致了环境破坏、水土流失等突出问题,严重影响了居民健康,制约了长远发展。横车镇党委围绕绿色发展目标,通过消除地质灾害隐患、修复地形地貌、实施覆土绿化等方式,强力推进矿山整治工程。九棵松村灵虬山矿山一方面采取边开采边复绿的方式,以入矿道路为界建设两个占地7.85万平方米的复垦区,还绿色于民;另一方面通过建设排水沟渠、挡土墙,利用污泥防渗膜、喷淋降尘设施,极大地降低和缓解了粉尘弥漫和水土流失等环境污染问题,还健康于民。花皇矿山、白石山矿山、麻寨矿山等也在抓紧施工推进,2021年底完成整治任务。

5. 积极解决乡村急需人才

近年来,横车镇认真落实党建引领乡村治理促进乡村振兴任务清单,在"党建+"上下足绣花功夫,积极探索人才工作新模式、新载体,为乡村振兴注入"红色动能"。建立村级后备人才"蓄水池",以引育、培养、服务青年人才回村工作、回乡创业为着眼点,坚持"党建+青年人才",引导农村青年积极参与"一村多名大学生"学习计划,开展学习观摩、技能培训等方式,为青年创造"走出去"学习的机会,储备村级后备干部力量。2021年村"两委"换届,部分村"两委"干部青黄不接,镇党委通过本人自荐、村级选拔、党委把关的方式,注重从入党积极分子、致富能手、退伍军人中选拔优秀青年到村挂职锻炼,选拔近 30 名 45 岁以下的年轻干部到村任职,为村级干部队伍建设和乡村振兴提供了人才支撑。

通过实施"乡贤回归助力发展"工程,织密乡贤人士网,探索"党建＋乡贤人才"模式,把品行好、有能力、受敬重、能奉献的乡贤凝聚起来。富冲村 2021 年积极联系在外乡贤能人,流转闲置山林 1300 亩、耕地 130 亩,打造苗圃基地,现已栽种绿化景观苗木 400 亩,带动贫困户和非贫困户就业 50 人,人均增收 5000 元,年产值 500 万元,利润 80 万元。

全镇共回归乡贤人士 10 多名,发展村集体经济项目 8 个,为镇村发展带来了蓬勃活力、不竭动力和强大推力,共同推动家乡建设和城镇发展,带领广大农民迈向更加美好的生活。

二、疫情对农业发展的影响及对策建议

(一) 基本情况和发展现状

据横车镇副镇长介绍,横车镇农业基本以种粮食为主,全镇虾稻种植面积10000 多亩。但是改革开放 40 多年来,粮食价格上涨幅度较小,农药、化肥这些产品的价格却持续上涨,种粮的经济效益越来越低,而且还费时费力,因此大多数农民都选择外出务工,或选择其他经济收入更多的行业,导致农村现行大量土地抛荒,传统农业受到严峻挑战。

据乡镇干部、村干部以及村民反映,疫情给农村农业发展带来了巨大挑战。这种挑战主要体现在以下几个方面。

一是疫情影响农业正常生产种植。一年之计在于春,此次病毒容易滋生于阴冷潮湿的环境,所以其在冬季中蛰伏、在春季中暴发的特点较明显,这个规律在近两年的疫情防控中也得到了深刻验证。尤其是 2020 年疫情暴发最严重之时,交通管制、居家隔离、延迟复工等防疫措施使得生产物资和劳动力供应不足,给农村春耕生产带来了巨大的不便。虽然部分农民的田地或种植基地就分布在本村,生

产活动范围与疫情防控区域大致相同,受疫情影响较小,但在后期销售环节依然有所亏损。

二是疫情影响农产品正常运输加工。由于疫情具有蔓延范围广、传播能力强的特点,若某地遭遇疫情冲击,为防范疫情传播扩散,各级政府部门以及其他相关部门出于防范公共卫生危机风险,限制人员和物资流动,使得交通运输不便,成本增加,影响后续运输加工环节。

三是疫情影响农产品的销售环节。面对疫情冲击,一方面,一些刚性需求的农产品,城市库存匮乏、物价较高,亟待补充,而农村农产品积压较多、价格较低,亟待销售;另一方面,其他一些产品国内外需求减少,再加上原本就存在的复工复产难问题,导致农产品供给骤降,从而出现了两方面的供需关系失衡问题。这种失衡在销售价格、流通渠道、市场需求等方面都有所体现。

在分析上述疫情对农村农业发展造成的挑战时,一些干部提到,疫情对农村的农业发展可能也是一个机遇,这主要体现于:

一是为农村留下了部分劳动力。由于疫情的不稳定性和不确定性,农民外出务工受阻,因而会选择留在农村,在附近寻找就业机会,这就为农村农业发展注入了一定的劳动力。这部分劳动力由于自身谋生技能以及眼界的提升和开阔,已经不局限于传统的种植业和养殖业,进而从城市中借鉴更多的特色产业,使得农村产业得到进一步延伸及拓展。

二是为农业提供了更多的优惠政策。"三农"问题一直是党和国家高度重视的问题,在疫情对农村、农业、农民的生产生活造成如此重大影响的情况下,党和国家为农业生产、农村消费、农民社会保障等出台了一系列优农惠农政策,有助于促进农村经济的全面恢复。

三是为农村发展提供了新平台。疫情虽然影响了线下的运输与市场,但同时网络购物的热潮持续不断,一些电子商务平台(如淘宝、天猫、京东、拼多多等)以及直播视频平台(如抖音、快手等)打通了农产品的线上销售渠道,促进了农产品的多元化与高效化销售。

在上述发展背景下,在乡镇政府积极地引导与鼓励下,各村党委书记以及村干部带领广大群众各显神通,积极应对疫情对农村农业产生的负面影响,并结合自身地理位置优势及种植条件,进行了各具特色的农业结构调整,为农村农业发展注入了新活力。

一是从品种上,种植更具经济效益的农作物。很多干部反映传统粮食作物种植成本高、经济效益低,农民种植积极性不高。为解决此困难,一些村选择了市场前景广阔、符合农民种植习惯且易接受、适合种植的作物,如横车镇长石村积极种植瓜蒌和丝瓜,带动农民脱贫致富,带领乡村振兴走在前列。

二是从规模上,利用大棚、种植基地等形成规模效益。无论是长石村的瓜蒌、丝瓜种植田,还是拢船头村的果蔬基地,都是典型案例。在这一次的调研和实地参观走访过程中,实践队了解到一些村和企业比较成功的做法或后续发展的想法,就是要扩大种植面积,形成规模效应,确保产品供应链稳定。

三是从资金上,通过与企业合作发展养殖业。土地、资金问题是各干部普遍反映的发展经济面临的两大难题。一方面,大量土地抛荒使土地闲置;另一方面,国家规定了永久基本农田底线和生态红线,这些土地即使被闲置,但要更改土地性质对其开发利用也依旧要经过一系列复杂的审批和手续。在资金上,村级集体经济收入薄弱,造血功能差;乡镇一级的资金项目支持"粥少僧多",无法各个兼顾。因此,各村只有想方设法引进项目或资金来帮助村里开发建设。

蒋山村地理位置偏,交通困难,村里既无资金又无特色产业支撑,在乡镇政府的扶持和村干部的努力下,村里与振邦集团签约发展生猪养殖行业。目前养殖场及其他配套设施已经建设完成。虽然后续发展面临一定的困难,但这正是村庄为应对疫情下农村农业发展挑战的积极尝试。

综上,疫情给农村农业发展既造成了困难,又提供了一定的发展机遇。虽然面临各种方面的困难,但是各村在乡镇政府的带领下积极应对,以实际行动践行乡村振兴的理念,带领人民群众稳定增收,让人民生活得更加幸福。

(二)存在的主要问题

农业发展的自身规律加上疫情的冲击影响,使得各村的农业结构调整也面临一定的困难和问题。

1. 有产品,无加工

据村干部介绍,上面提到的各种种植基地(如瓜蒌和丝瓜等),这些农作物品种成熟采摘后都要运输到外地进行再加工,本地只负责原材料的供应。在这种情况下,种植户只能勉强收回种植成本,因无法进行深加工和再加工而损失了部分经济利益。究其原因和影响主要有两点。

一是因为本地无法加工而造成损失。由于缺乏资金、技术等支持,农户只需经营好田间作物,待成熟后统一运输到与其合作的企业进行深加工,经包装后再运送回来。设想如果当地有龙头企业可以进行产品的深加工,那么就可以节省一定的运输费用和成本,获取更高的经济效益。

二是因为疫情影响物流而造成损失。在疫情严重阶段,部分地区的原材料无法运输到外省,会造成一定的产品浪费或因积压而额外支出一笔贮存费用;有的运输司机会因为疫情恐慌选择居家不外出或因相关政策原因导致的误工要求涨工资,从而使整体运输费用上涨,成本上升,也会损失一定的收益。

2. 有产品,无市场

在传统农业面临严峻挑战的情况下,各村及时进行了农业结构调整,但是对于这些农副产品的销售市场前景是否有准确的把握和合适的渠道?尤其是以线下销售为主的小规模经营,如果在销售环节产品无法变现,则是竹篮打水一场空。疫情影响下一些农作物的销售价格下跌、流通渠道变难和市场需求下降,最根本原因就是供需关系失衡。

一是作物品种原因导致供需关系失衡。有的农作物成熟周期比较短,如拢船头村大规模种植的火龙果,其在短短一个周期内会有大量果子同时成熟,且果子储存时间不长,此时若市场不能及时消化,会导致农产品的供给大于需求。

二是疫情影响市场导致供需关系失衡。在疫情严重阶段,城市居民基本生活物资有时由社区或其他单位统一订购,集中消费区域居民会选择一次性购置大量水果蔬菜而减少外出次数,对于地方特色农产品的需求则有所减少,如蕲春县的艾产品在此期间订单量明显下降,国内外市场需求量缩小,导致产品挤压,从而供大于需。

3. 有场地,无资金

正如上述所言,农村现在有大量闲置土地。蒋山村干部在座谈中提到,该村有闲置土地1000多亩,而且每亩出租价格在100～200元之间,属于比较优惠的价格。对于这部分闲置土地,村干部的想法是将土地流转或招商引资。但是这也存在一些问题。

一是政府政策倾斜导致资金不到位。乡镇基层政府的职能权力有限，它所起到的大部分作用在于上传下达，即向上传达民意，向下传达政策。为了乡镇的稳定发展和统筹考虑，乡镇干部不可能做到各个村平分一锅粥。在招商引资和项目支持中，由于各地区发展水平和发展条件差异，乡镇政府的政策肯定会有所倾斜，比如横车镇的生猪养殖项目就落在了地理位置较偏僻的蒋山村，这一项目既帮助开发了偏远地区，又实现了环境保护和经济发展的共同需求。同时，乡镇政府职能权责有限，对于一些项目资金的使用和分配需要听取上级部门的建议，即虽有资金支持，但支配能力有限，则会影响政策的长期性和稳定性。

二是疫情影响企业经济运作导致资金不到位。就拿蒋山村和振邦集团的合作来说，受疫情影响，振邦集团的各种项目投资亏损严重，海内外市场也受到严重影响，使得企业资金周转困难。因此，虽然蒋山村的养猪场以及道路硬化等各项基础设施建设已经配套完成，但是由于企业亏损，资金不到位，使得后续投资生产成为问题。

当然，疫情对农村农业发展造成的影响，以及各村在发展过程中遇到的困难和问题绝不止上述三点，本文只是选取了其中几个比较具有代表性的问题进行论述，也希望在乡镇干部的带领下，各地区的农业结构调整能取得成功。

（三）对策建议

疫情暴发期间，疫情防控工作一直是各级政府工作的重中之重。因此在农村农业发展过程中，首要的应当是做好防疫措施，完善疫情应急管理体制机制，在遵守疫情防控常态化根本原则的基础上优化农业结构来提升农业生产的经济效益，增加农民收入。

1. 从政策角度讲，要高度重视，加强技术指导和服务

农民受传统自然经济自给自足心态的影响，对于政府主导推动的农业结构调整大多抱有怀疑和观望的态度，没有政府的大力推动，在分户经营的状况下，缺乏资金、技术与信息的农户是很难进行大规模产业结构调整的。而且一旦将作物种植下去，若调整之后的政府服务与指导不到位，那么多半会面临调整失败的结局。

因此在乡村振兴的背景下,政府要高度重视农村农业结构调整,给予农户全方位、全过程的指导与帮助。

以长石村的丝瓜种植为例,要对这个品种的丝瓜的营养和经济价值做出系统评估,提出发展村级合作社、扩大种植面积的一揽子计划,如建设育种基地、创办龙头企业、开发多个品种等。

2. 从作物品种角度讲,要结合本地实际,确定发展定位

农副产品种类丰富多样,上级政府应根据镇里的地理和资源条件以及县的发展特点,确立发展定位,在进行农业结构调整过程中,打好地方特色农业这张牌,扶持和发展品牌项目,做大本地的产品生产。如蕲艾可以算是当地特色产品之一,由于土地性质,本土艾草与外地品种相比具备上佳的品质,还有横车镇特色酸米粉,作为一种非物质文化遗产,也可以算是当地的特色产品之一。

在市场经济的条件下,名声与影响、市场、效益、政绩是挂钩的。在此背景下推进农村农业的发展,乡镇基层政府要积极为推动地方经济做出规划,利用这些历史品牌做好地方特色农业这篇大文章,在竞争激烈的市场上为本镇的农产品杀出一条路来。地方政府可以邀请有关部门的工作人员参观本镇的特色农产品,通过宣传进一步扩大影响,从而争取更多的关注和支持。同时既要突出本镇农产品的营养价值,也要突出其历史品牌,做好品牌溯源。

3. 从种植户角度讲,要做好农民工作,调动农民积极性

一是利用闲置劳动力。前面提到了疫情背景下,农村劳动力不足的问题有所缓解。这部分人返乡后可以作为农村农业发展的"后备人才"。同时本地贫困人口也是农业发展的潜在力量支撑,要做好这部分人的思想工作,调动其参与支持农村农业发展的积极性。农业结构调整是否成功,老百姓是否配合是关键,如果得不到农户的支持,是不会有长久的成功的。面对疫情,部分农户会担心种植农作物后难以售卖,一定程度影响了其生产的积极性。由政府牵头与贫困户以及一些有意愿参与的农户合作,既能缓解无人种植的困境,还能带动贫困户就业,稳定增收。

二是要用好能人,形成规模种植。鼓励具有丰富种植经验的农民积极投入,重点培养打造出一批业务熟练、高素质的职业农民人才队伍,通过与高校合作和

加强职业培训等途径,完善职业农民人才培养机制。同时还要通过一些新技术、新方法,扩大种植规模。因为如果种植的规模和档次上不去,长期局限在仅几家农户的小规模水平,依靠政府的收购和支持,在竞争激烈的市场上是很难长期生存下去的,没有成为乡村振兴支柱性产业的可能。只有扩大规模,将产品打入市场,变为卖得出去的商品,才会有出路。如作为蕲春县能人回乡创业样板工程的"蕲之阳"果蔬基地,建设有大棚蔬菜基地、特色水果基地、生态养殖基地等,通过"合作社+贫困户+电商"的产业化经营扶贫新模式,将合作社种植的农副产品销往全国各地,产生了良好的经济和社会效益,不失为一种优秀的借鉴范例。

4. 从销售角度讲,要将原料变为产品,实现价值增值

农产品深加工是传统农业向市场农业转化的重要环节。政府要指导农户加强农作物生产种植区和加工流通区的信息沟通,建立稳定的双向对接关系;鼓励种植户同农产品加工企业或销售企业之间签订长期采购协议,尽可能最大化地降低疫情对本土农作物生产和销售的影响;还可以通过培育和推广农村发展新模式,鼓励农户采取农村电商、"种植基地+乡村旅游"等方式,拓宽收入渠道;加大资金投入或引进企业经营,上规模,添设备,办好农产品加工企业,形成特色农业生产链条,以确保农产品最终能进入城市市场,实现从产品到餐桌的价格增值,将"传统种植+市场"联系互动起来。

三、疫情下乡村电商发展的问题及对策建议

蕲春县位于湖北省东陲、大别山南麓、长江中游下段北岸,地形多样,物产丰富,但交通物流一直是蕲春县委、县政府关切的核心问题。为此,蕲春县委、县政府以发展农村电商为突破口,与"阿里巴巴"进行战略合作,建成了面积3000平方米的县级电子商务公共服务中心。到2021年底,实现了县有电子商务公共服务中心,乡镇建有邮递快件分拣中心,全县500多个村,村村都有快递员,实现了全县电商网络全覆盖。与此同时,为适应农村电商产业的迅猛发展,蕲春县整合全县物流快递资源,组建了蕲春蜂网共配物流服务有限公司,建立冷链仓储体系,实现了全县"统一分拣、统一派送、统一路线、统一核算",月处理上行快递8万件、下

行快递 10 万件。不断完善的农村电商配套基础设施，奠定了蕲春县农村电商销售额取得斐然成绩的基础。据统计，2020 年蕲春县电商销售额 51 亿元，2021 年增长到 62 亿元。蕲春县先后获得"全国电商十佳消贫县""中国电商百佳示范县""国家电商进农村优秀示范县"等称号。但随着市场的发展，传统农村电商领域逐步显现出新的风险与危机，如何应对风险，化解危机，成为政府、农村电商参与者无法回避的问题。

（一）存在的主要问题

1. 风口转移：小微企业的没落

小微企业是国民经济与社会发展的生力军，在扩大就业、改善民生、促进创业等方面发挥着重要作用。小微企业对市场变化适应性强，在市场中拥有"小而专"和"小而活"的优势。小微企业由于自身规模小，在人、财、物等方面资源相对有限，既无力经营多种产品以分散风险，也无法在某一产品的大规模生产上与大企业竞争。因而，往往将有限的人力、财力和物力投向那些被大企业所忽略的细小市场，专注于某一产品细小市场的经营，不断改进产品质量，提高生产效率，以求在市场竞争中站稳脚跟，进而获得更大的发展。但小微企业"小而专"和"小而活"的优势在疫情期间存在较大的经营风险，尤其是依赖平台生存的小微企业更是如此。

疫情前，以短视频、直播等为代表的经济方式，提供了大量线上线下相结合的开放式应用场景，对部分人群产生了生活生产方式的冲击与变革。而疫情的发生直接催生直播站上风口，改变了消费者原有的消费模式，从而给企业的经营模式带来了全新的机遇与挑战。许多小微企业顶住了压力，成功实现了转型。但调研发现，蕲春县部分小微企业由于丧失了对风口的把握，未能实现转型，逐渐被市场淘汰。直播风口的错失，暴露出小微企业在管理、社会化思维层面的短板。直播经济时代要求平等、共享、去中心化的管理者思维，而小微企业多为家族产业，管理架构主要是金字塔式。该管理方式存在一定的信息时间差，可能会对市场风向把握产生延后，加大企业决策的失误风险。比如蕲春县银杏生产就存在类似问题。

此外，小微企业缺乏"社会化思维"，由于资金、规模等因素的限制，无力参与数字化时代营销，比如利用抖音的流量进行直播变现等手段，这也加剧了它的没落。

2. 无奈变通：项目推动下的电商发展

中央通过向地方财政转移支付来为地方提供资金。"相较于一般性转移支付，国家更加倾向于依赖各部门的专项转移支付以使公共服务最大化，'项目制'应运而生。"比如为了规范、加强县电子商务专项资金的使用和管理，充分发挥专项资金效益，有效推动全县电子商务发展，根据省商务厅、省财政厅、省扶贫办《关于下发〈2016年度湖北省电子商务进农村综合示范实施方案〉的通知》（鄂商务发〔2016〕64号），以及《蕲春县创建全国电子商务进农村综合示范县工作实施方案》等有关文件规定，蕲春县制定相关资金使用管理办法就是运用"项目制"促使公共服务效能最大化的典型之一。

实际上，"项目制"在运作过程中，由于中央政府、地方政府、基层政府以及社会参与企业和受益主体之间关系的不对等和利益的侧重点不同，一度遭遇了项目目标偏离、项目重复投资和项目申请难等问题。调研组成员在与蕲春县商务局相关负责人交谈后，发现项目推动下的电商存在上述问题，具体表现为项目推动下的电商规划与实际执行之间存在一定张力。比如按照蕲春县农村电商相关制度条例，需要搭建电商培训和人才培育体系，开展多元化、不同层次、多种类别的电商精准培训，进一步促进电商创新创业，提升电商企业运营管理水平；培养本地电商人才队伍，建立可持续的、有梯次的电商人才育成体系，充分服务保障全县电商产业发展。项目申请前，人才培训相关工作就已进行或完成，项目申请后，为了不重复培训，浪费社会资源，当地负责人通过调整项目规划顺序等手段，变通资金使用，弥合规划与实际之间的张力。

3. 抱团抗力：物流工会抱团"取暖"

蕲春县为了更好地发展物流业，打通不同快递之间的合作，建立了物流工会。物流工会成立初衷是为了各快递之间共享丰富的行业经验，强化产品的核心竞争力，实现优势互补，全面满足客户综合化的需求，进一步加强双方规模效应，最终达到互利共赢目的。但调研组通过对银兴米业（电商）的调研，物流工会的成立似乎与初衷背道而驰，甚至形成行业抗力。

银兴米业主打蕲春县农副产品销售,但快递费不断上涨成为他们十分烦恼的问题之一。该企业老板多次与地方各大快递物流公司商议,能否对快递价格进行优惠,但均得到较为负面的回应。调研组成员也提出是否可以使用邮政快递,但企业老板也袒露邮政快递对于发货量较大的电商来说,存在限单的情况。如此一来,电商为了尽快发出货物,势必会向物流公司妥协,造成成本挤压。物流成本上升,电商势必会将成本压力转嫁至农民,压缩农民的利益,以此保证自身既得利润。那么本该在农村电商项目中获利的农民,却成为被层层剥削、压迫后的"失利者"。

从短期看,物流公司的抱团行为,是行业竞争加剧的必然导向。但从长期来看,物流行业抱团的行为,不利于当地电商长期发展。作为一个健康成长中的行业,理应杜绝这种集体涨价现象,即便企业有成本上涨的压力,也应先从控制不合理成本着手。物流公司应该通过对内部管理挖潜和调整优化,把更多的红利让渡给电商,形成电商和物流之间的良性循环、互动,共同提升双方盈利空间,这才是未来的可持续发展之路。

(二)产生原因

1. 逻辑对冲:政府逻辑 vs 市场逻辑

农村电商中出现的问题,其背后是政府逻辑和市场逻辑的对冲结果。政府逻辑是指"有关政府和政策决策过程的稳定制度安排",其影响主要体现在执政理念和政府行为上。比如蕲春县引入电商就体现了政府逻辑。蕲春县在 2017 年以"项目制"的形式推动电商下乡,是为了全面贯彻落实党中央、省、市、县关于打赢脱贫攻坚战的决定的要求,按照精准扶贫、精准脱贫的要求,将"互联网+"与扶贫开发相对接,通过大力发展电子商务,全面宣传推介蕲春品牌,扩大农特产品销售渠道,推动农特产品上行,着力解决"有量无市,有市无价"的问题,带动贫困人口就业创业,脱贫增收。同时通过工业品下行和信息全覆盖,让各种便捷服务惠及贫困村和贫困人口,为全县精准扶贫工作做出积极贡献。从这一举动中可以清晰地看出蕲春县发展农村电商的政府逻辑。

市场逻辑是指"企业基于利益最大化目标而开展协商、交易时所需要遵循的规则和机制"。电商是市场逻辑孕育的产物,以政府逻辑推动电商市场逻辑的形成,势必会造成一定的逻辑对冲。在政府逻辑下,评价电商是否成功是多方面因素的集合。以县有电子商务公共服务中心为例,电商需要具备:首先是内外装修、设施设备,如门匾、LED 屏、地板、墙面等标准化建设,统一形象设计,配套电脑、复(打)印机等办公设施;其次,人力资源配置,如固定的专业运营团队,包括设计包装、营销策划、人员培训、孵化支撑、文案写作、咨询服务、导购服务等方面的各类人才;再次,电商平台建设,除了作为符合电子商务发展的网络平台外,电商平台还需要具有一定的示范效应,比如为基层网点提供技术、信息、宣传、统计、培训、代销代购等服务,培育农牧区特色产品、推广电子商务应用与发展等。此外,验收项目是否成功,即查验相关材料是否完善翔实。

在市场逻辑下,企业通过竞争获得经济利润。"良好的市场逻辑能够发挥能动效应和乘数效应,进一步提升优质企业数量和企业创新动力,进而推动市场发挥更大更健康的资源配置主导作用。"如何平衡政府逻辑与市场逻辑,是解决农村电商未来发展的关键。

2. 流通不畅:疫情冲击物流成本增加

物流是企业生产和销售的重要环节,是保证企业高效经营的重要方面。物流是供应链活动的一部分,是为了满足客户需要而对商品、服务消费以及相关信息从产地到消费地的高效、低成本流动和储存进行的规划、实施与控制的过程。物流以仓储为中心,促进生产与市场保持同步。物流是为了满足客户的需要,以最低的成本,通过运输、保管、配送等方式,实现原材料、半成品、成品及相关信息由商品的产地到商品的消费地所进行的计划、实施和管理的全过程。

自 2017 年起蕲春县大力发展与农村电商相关的配套基础设施,但蕲春县的部分村镇物流服务仍处于较低水平,疫情对社会物流冲击比较大,导致电商物流成本在不同程度上有所增加。国家发展改革委、交通运输部发布的《关于进一步降低物流成本的实施意见》中明确指出,全国物流成本水平保持稳步下降,但部分领域仍存在物流成本高、效率低等问题,在农村地区比较显著。

首先,农村地广人稀,地势复杂,物流配送成本高。前面所述,蕲春县为大力发展农村电商,实现了县级电子商务公共服务中心,乡镇建有邮递快件分拣中心,全县 500 多个村,村村都有快递员,实现了全县电商网络全覆盖。但在比较偏僻且人口外流严重的乡村,确实存在物流配送成本高的问题。其次,数字化水平低,物流环节衔接不畅。以蕲艾为例,团队调研走访了一家微型蕲艾企业,发现包装生产主要是以人工为主,无法实现蕲艾包装、仓储、运输和订单跟踪等多个物流作业环节的有效衔接,存在一定的物流环节风险。最后,在疫情的冲击下,农村电商信息化建设基础薄弱的短板也暴露出来。除基础数字化、信息化基础薄弱外,由于经营者自身基础薄弱的短板也在一定程度上影响了农产品的流通上行供应。此外,团队通过调研走访发现,疫情对国外订单企业物流影响最大。疫情直接导致跨境物流运力不足,货运成本成倍增加。由于疫情防控相关要求,物流放缓,货物发运时间变长,成本增加。此外,跨境电商物流尾程派送成本也因为疫情扩散导致了高额的人力成本和物流中间费用,使得物流成本迅速上升。企业应对流通成本的增加,应寻求多方支援,积极应对市场风险变化。

（三）对策建议

1. 弥合张力:政府主导转向政府服务农村电商市场

蕲春县委、县政府为响应精准脱贫号召,由政府牵头以"项目制"的形式引入电商,带动当地经济发展,实现脱贫。但政府主导下的电商发展逻辑与市场逻辑中孕育出的电商之间存在一定的张力。那么政府政策稳定、从主导者向服务者的角色转化便成为弥合张力的途径之一。

首先,政策制度的融贯性对于稳定电商企业未来投资预期、增强企业投资信心至关重要。政策的稳定性、连贯性对于电商企业增量投资、激发市场活力有着积极影响。其次,政府在提供基础设施建设、弥补市场失灵等方面具有重要作用。政府从"大包大揽"向"有为政府"转变。以围绕农村电商企业的需求、困难为导向,制定有效的政策和措施,针对性地解决实际困难,更好地发挥政府"有形"之手的作用。最后,政府主导下的电商发展,应逐步向服务电商转变,在电商市场中"简政放权"。"简政放权"说到底是政府角色定位问题,是要重新界定政府、市场、社会边界和相互关系,重点是补缺位、纠错位、控越位,让政府归位,目的是推进政府职能深刻转变,让市场在资源配置中起决定作用和更好地发挥政府作用。未来,政府的职能转变是蕲春县发展农村电商必须要考虑的因素之一。

2. 灵活变通：寻求多方"支援"，应对市场转变

电商企业的发展需要企业负责人依据企业自身的实际情况灵活变通，寻求政府、专业团队等的帮助，以促进电商企业健康发展，应对疫情后市场的转变。

首先，电商企业可以寻求当地政府政策方面的支持。以蕲春县为例，政府大力发展农村电商，专项资金投入力度可观。小微电商企业可以依据自身需求，积极与政府沟通，寻求政策支撑，努力发展自身。其次，作为市场主体参与者——电商企业，可以寻求专业团队支持以应对市场变化。以银兴米业为例，2022年之前该企业濒临倒闭。企业负责人看到了直播市场风口，但由于没有专业知识运作直播流量，故前往北京邀请具有一定经验基础的抖音直播团队帮助企业进行运作，使得企业转亏为盈。未来电商企业应积极做好对外合作拓展，加强与部分平台的精准营销联动，提升大数据平台面向电商企业的信息数据共享能力，并基于电商企业的发展需求，做好长期性合作的发展规划。

为此，银兴米业也在积极布局后直播时代的商业版图，以此应对不断变化的市场风向。此外，电商企业需要明确自身发展定位，树立品牌意识，增强市场影响力。电商企业在玩转流量的同时，要精准布局未来营销人群，进行品牌概念渗透，提高企业市场影响力，增加产品关注度，提高产品销量，实现实质性增效。

四、疫情对农村集体经济的影响及对策建议

（一）现状

1. 农村集体经济收入少

一是不稳定性增大。在疫情影响下，不稳定因素增多，原本不占优势的农村集体经济收入也相应减少，合作社等组织的生产经营活动不畅，农村土地抛荒现象较为普遍。基层政府曾尝试扶持发展各种模式的产业，但受到疫情、市场、组织管理等各方面因素的影响，可持续性较差。

二是收入来源较为单一。目前,农村集体经济收入的主要来源是村集体的固定资源资产、资源的租赁收入以及财政补助收入。在团队走访调研的几个村庄中,只有少数村庄有较为稳定的集体经济产业,大柳村通过争取扶贫专项资金发展光伏发电产业,九棵松村主要依靠当地的矿产资源发家,但目前还存在环境污染、结构单一的问题,农村集体经济转型难度较大。其他村集体的收入多靠财政补助、土地流转收入两项,收入来源较为单一。

2. 农村集体经济发展不平衡

各村之间集体经济发展水平差异大。九棵松村作为全国文明村,每年给村户的集体分红收入过万元;自然资源较丰富的长石村,村集体经济收入也较高。但蒋山村的村集体经济年收入不足5万元,且主要来自土地流转收入。

各村的抗风险能力也不尽相同。有些村的产业基础好,面对疫情的冲击,有原有家底和政府政策的支撑,村集体经济能够继续维持;而大部分村处于劣势状态,受到疫情影响,国际国内市场不畅通,资金链出现断裂,一些村集体产业难以为继。以蒋山村为例,前几年招商引资引入一大型企业,投资几个亿建设生猪养殖场,但疫情发生后,该企业受到惨重打击,亏损严重,投资能力与积极性显著下降,该养殖场基础设施虽已建设完成,但至今仍未投产。村集体经济收入因此受到影响。

3. 农村集体经济发展主体性不足,发展信心受挫

随着家庭承包经营制度改革、乡镇企业改制、农村税费改革等制度变迁,以及市场化、工业化与城镇化的推进,家庭从原本依附的村集体中"脱嵌",农民个体逐渐独立,农村流行着打工经济。在这种背景下,加之资本、市场、疫情等各方面因素的影响,农民的观念受到冲击,金钱观、利益观发生转变,农民对于集体经济的认识存在一定的偏见和局限,缺乏对村庄事务的热情和解决公共问题的积极性,集体经济发展缺少团结有力的主体,集体性不足。疫情下集体经济经营不善,收入微薄,导致农民发展集体经济的信心与积极性更加受挫。

（二）原 因

- **1. 疫情影响下农村集体经济招商引资困难大，缺少可持续性产业**

受疫情影响，进出口业双向受阻，城市与农村居民的消费能力普遍降低，许多企业制定的发展规划赶不上现实变化，抗压能力不足，导致经营困难。面对产业发展前景的不明朗与高风险，资本对于农村集体经济产业的投资积极性明显降低，村集体招商引资困难变大。乡镇政府人员也表示在乡村振兴战略背景下，相对于发展资金的缺少，更缺乏有实力、有前景的可持续性产业。

- **2. 地理位置等因素不同，土地流转条件差异大**

由于各村的历史背景、地理位置、自然资源等因素不同，村与村之间的集体经济发展较为悬殊。例如国道沿线的九棵松村、城乡结合地区的拢船头村，人口相对集中，交通较为便利，土地相对平整，村集体经济发展的条件相对较好。反观一些村，地理位置偏僻，村民居住分散，村集体经济难以发展壮大。例如像蒋山村这样远离镇中心的农村，村支书招商引资的初衷主要是为了修路。蒋山村闲置土地1000多亩，土地流转的租金低至每亩一两百元，且机械化程度低，土地难以充分利用。

- **3. 资金投入缺少全局性、连贯性**

一方面，上级部门在村级资金投入方面重"输血"、轻"造血"，资金投入主要侧重在基础设施建设等方面，而在壮大村集体经济发展层面投入较少。另一方面，农村的项目往往不缺少启动资金，而是缺少后续的管护，导致与农产品相关的集体产业发展态势较为脆弱。团队在访谈中听到群众反映，上级政府曾派专业技术员指导农户集中种植农作物，但由于缺少后续管理技术的跟进，指导种植的农作物往往没有好收成，削弱了农民的集体生产积极性。

- **4. 村干部带动能力不足，发展人才匮乏**

由于农业与非农产业的收益率差距，农业劳动力尤其是高素质劳动力源源不断流向城市非农部门。随着城镇化的加快,乡村缺少具有吸引力的产业,年轻人大都选择外出务工。农业内部人力资本大量流失,缺乏经营合作社的专业人才。

村干部年龄整体上偏大,受文化水平、思想观念、发展条件等影响,带动村集体经济发展的能力不足。乡村留下来的基本上都是老年人和儿童,他们是乡村振兴的服务群体,而不是乡村振兴的建设主体。这就导致村集体经济组织人力保障和人才储备不足,出现决策不科学、创新观念不足、产品附加值低、竞争力弱等现象,影响了村集体经济发展壮大。

(三) 发展建议

1. 加强政策扶持力度

(1) 国家给予资金、项目、技术等方面的支持,增强连贯性。

对资金的需求贯穿生产经营的全过程,是否具备足够资金一定程度上决定了集体经济的成败。受疫情影响的村集体需要国家给予农村资金、项目上的支持,合理分配每个阶段的资金与资源,加大管护经费的投入并做好后续跟进。惠农政策具有普惠性,要将资源下放到各个村庄具有难度,需要加强顶层设计,政府做好资源对接工作,抓强补弱。

针对受疫情影响的农户,要重视缓解部分农民因疫情外出务工难的问题,加大疫情补贴,加大对合作社等集体组织的扶持力度,增强集体经济在接纳农民就业、用工、完善基础设施、实现共同富裕等方面的作用。

(2) 政府加强统筹谋划,因地制宜,有序推进。

中国农村地域广阔,不同地区资源禀赋、发展基础千差万别,农村集体经济发展面临的机遇和挑战不同,很难采取统一的发展模式,所以应该因地制宜,有序推进集体经济发展。集体经济发展较好的乡村如九棵松村,要继续完善乡村治理结构,运用电商、短视频等平台做大做强做优村集体经济。主要依靠资源发展集体经济的九棵松村,着重探究产业转型的好路子。集体经济发展薄弱的乡村如蒋山村,重点是摸清家底,解决财务管理问题,激活集体林地、山地资源。创新发展方式,可尝试抱团取暖,突破单村发展局限,形成村集体经济发展合力。必要时实行并村,以中心村带动周边村庄发展,在这个过程中就需要政府以政治勇气和魄力兼顾各方利益予以推行。

2. 增强自身发展优势

当前我国农村集体经济发展模式主要有产业发展型、资源开发型、资产租赁型、入股分红型、服务创收型、休闲农业型等。各村要因地制宜,立足本村实际发展优势产业,拓宽创收模式。具体可以分为四条路径:一是以各村特色产业为基础,采取"村集体经济组织＋农民合作社＋农户"等形式,重点抓好特色种植业、特色养殖业,做强优势产业,推动集体经济发展;二是盘活村集体资产,开发利用好农田、水塘、山林等集体自然资源,通过招标承包等形式开发经营,获取收益,使村级集体资源保值增值;三是成立村级专业合作组织,建立起生产、加工、运输、销售一条龙服务产业链,发展服务型集体经济;四是挖掘生态资源,推广智慧农业,打造区域品牌。通过打造特色农家乐(九棵松村回龙山庄)、绿色种植采摘(拢船头村火龙果草莓种植园)等项目,发展休闲观光农业,增强村级集体经济发展实力。

3. 强化人才队伍建设

资金决定了集体经济的生产经营能否顺利开展,企业家则决定了集体经济在激烈的市场竞争中能否存活。

(1) 配强村"两委"干部。

近几年中央一号文件都指出要向集体经济薄弱村派出第一书记,要将发展集体经济与提升基层干部领导力相结合,强化农村领导力的外部供给,充分发挥驻村第一书记在领办合作社、发展集体经济、培育和充实村庄领导力过程中的作用。疫情背景下出现一部分人才回流的状况,可以借势从返乡的致富带头人、返乡大学生、退休干部等人群中培养一批发展集体经济的引领者,选用讲政治、懂经营、善管理的优秀人才进村"两委"班子。此外还应关注基层干部的待遇问题,帮助他们解决后顾之忧,提高工作的积极性,推动组织优势转化为经济发展优势。

(2) 吸收释放人才活力。

为缓解人力资本困境,增强内生发展能力,可以组建村集体经济发展宣讲队,定期开展村集体经济发展有关政策的宣传,增强农民的集体意识,鼓励在外大学生、乡贤能人返乡创业，以降低集体经济在组建及运营过程中与普通社员沟通、协调等产生的交易成本，将返乡人才的在地优势和农村熟人文化转化为组织动员优势。定期组织村干部开展经济知识、财务管理等方面的培训，到集体经济发达地区考察学习，提升村干部的管理经营能力，为他们谋划本村的发展拓宽思路。

4. 提高农民集体意识

曼瑟尔·奥尔森指出，在集体行动过程中，由于理性的成员会尽可能地避免承担成本而更多地分享由他人提供的收益，导致集体行动难以达成，因此，发展集体经济还应注重提高村民的集体意识。在追求盈利目标的同时体现社会性的平权目标。

（1）完善分配机制。

集体经济与私营经济相比，本质区别就在于公共性。农民的经济成果共享权益需要得到保障，应结合各村实际，明确规定村集体经济分配比例，把村集体经济收入主要用于基层公共服务、基础设施建设、村民福利待遇等方面，确保村民享受到村集体经济发展带来的红利，改善农民对村集体经济的看法，提升他们参与村集体经济发展的积极性。村集体可对受影响较大的村企业、农户给予疫情专项补贴金，关注他们的生产生活，增强发展信心。

（2）改善发展环境。

农村的疫情防控、治理维稳等工作内容烦琐、难度大，经济发展与社会治理息息相关，要将村集体经济的发展壮大与乡村治理有效结合，利用村集体经济建立有效的激励约束机制，比如将分红、福利等权益与遵守村规民约、参与人居环境整治等制度和公共事务挂钩，以经济关系加强社会关系，以经济纽带加强社会关联，实现减少村庄冲突和治理失灵问题，增强村庄公共性，实现村庄的有效治理，为集体经济发展营造良好的发展环境。

面对疫情影响全球经济与社会发展的现实，扶持好农村集体经济以提高农民收入、改善农村社会治理、增强发展信心与凝聚力，将有助于社会主义优越性的充分展现与乡村振兴的有序推进。

五、疫情对农村精神文化的影响及其对策建议

(一)疫情对农村精神文化的影响

1. 影响乡村社会的生产生活方式

在生产方面,疫情促进农村就业形态的转变。疫情对农民工外出务工就业和农产品经营销售造成一定影响。疫情期间,经济下行,制造业受到冲击,而且由于国外疫情蔓延,海外订单大幅减少,用工需求减少。出于防控需要,建筑业和服务业就业稳定性受到影响,在城市从事餐饮、住宿、运输、批发和零售等行业的农民工生存困难。大量农民工从城市返乡,部分进入本地制造加工企业[①];部分返乡农民工则由于自身有一定积蓄,不满意本地企业待遇、用工强度等方面选择持续待业。在农产品经营销售方面,疫情使得农用物资价格持续上涨,农业生产成本提高,同时倒逼银兴米业等企业积极探索从传统销售模式向电商直播转型升级的路径,当地部分年轻的家庭妇女步入直播带货行业。此外,部分在农村周边从事线下经营的农户转为线上经营,工作时间和空间更加灵活,但平台和技术带来的便利也对传统运作模式带来了挑战。[②]

在生活方面,疫情促进村民转而进行线上娱乐和数字消费。疫情导致社交隔离,大量线下文娱活动、文娱场所经营暂停。由于疫情对工资性收入和家庭经营性收入的冲击,村民线下消费有所缩减。疫情期间,村民闲暇时间和居家时间增多,出于疫情防控期间通行、社交、学习和工作的需要,老人、儿童、家庭妇女、农民工、青少年学生等群体对智能终端特别是智能手机的拥有率和使用量均有所提升,教育培训、影视影音、社交媒体、网络游戏、网络小说、抖音、直播、网购等线上

---

① 谈及疫情期间企业招工问题,美为食品有限公司负责人表示:"今年招工容易多了,早早地就有好多人报名。"

② 例如,九棵松村一户村民做发货中介生意,疫情期间转为在"运满满"App线上经营,发货方可以跳过中介直接通过平台联系运货方,村民表示较之以往,资源优势渐失,业务量有所减少。

娱乐和数字消费呈井喷式发展。其中,抖音、快手等短视频平台和微信小程序游戏由于操作简单、通俗易懂、趣味性较强而深受农村老百姓喜爱,青少年群体则对影视影音、网络游戏、网络小说、直播、二次元等快节奏、广为流行、科技感强的数字文娱兴趣浓厚。

同时,部分不良风气、陈规陋习在疫情期间滋长。部分村民由于工作受影响而无所事事,愈发懒散,甚至一蹶不振,沉迷于以喝酒、赌博和打牌消遣时间,特别是一部分返乡待业的青壮年农民工,既不愿意在本地从事较为繁重或较为机械性的劳务工作,又不愿意闲居家中,喜欢社交和刺激,对新鲜事物好奇心强,存在社会安全隐患。另外,疫情带来的生产生活方式的改变,使得村民对外界事物和社交关系的关注度增强,加之部分农村籍城市居民和有一定积蓄的农民工返乡,农村人情风、攀比风又开始盛行。

2. 影响村民的心理意识和社会关系

一方面,疫情影响村民的就业心态和农业经营心态。返乡人员和半工半耕人员工作受到影响,再就业时呈现出高不成低不就的状态。[①] 受农业生产成本提高、机械化水平低、农产品销售困难等因素影响,农业生产经营回报率低致使有的中坚农民弃耕抛荒。疫情期间就业形势严峻,生活压力增大,部分青年群体更加向往社会保障较为完善、工作较为稳定且环境较好的体制内工作。但与此同时,农村部分上进心强、具有干事创业精神的农特产品经营者则受到鼓舞,抓住国家对乡村振兴的扶持政策机遇进行农特产品的种植和生产。[②] 此外,农村部分老人为保证自给自足或给子女减轻养老负担也积极从事农业生产。

另一方面,疫情激发了村民的在地意识、集体意识和乡土意识。病毒的传播扩散与社交距离和防控措施密切相关,不论是早期的划界抗疫,还是后来的网格化抗疫,都具有较强的空间属性,村民对"本地人"和"外地人"的防范意识和采取的措施有所区别。而由于农村医疗资源的匮乏和老人小孩群体集中,村民抗疫和防疫的集体意识增强。村民联合抗疫、医护支援农村、乡贤支援家乡等案例层出不穷,传统乡土意识进一步激发。部分外出务工的农民工和居住在城市的农村籍居民在遇到工作生活不顺的时候,则渴望回到生态环境较好、生活空间较大、生活

[①] 主要表现为城市就业机会减少且就业状况不稳定,但乡村和乡镇的工作工资较低。

[②] 例如,长石村某农户一方面积极谋划完善酸米粉的生产加工链条,另一方面开拓长丝瓜种植生产。

节奏舒适的家乡。

此外,疫情影响到乡村社会的家庭关系和干群关系。经济收入、生活状态的改变让有些村民期望破灭、心理受挫,而家庭是血缘关系、亲密关系、经济和社会支持等关系的承载和发散单位,疫情对个人的影响往往会延伸到家庭之中,并得以集聚、转化和扩散,家庭矛盾更加多发。疫情期间,农村老人的养老医疗问题、主要劳动力的工作问题、子女的成长教育问题、大龄青年的婚育问题等也成为家庭矛盾爆发的现实导火索。相比于较为紧张的家庭关系,干群关系由于建筑在更为广泛的村集体之上,依托村务工作的开展,基层党员干部在抗疫、扶贫、乡村振兴等多点工作中摸清排查、联系群众、深入群众,群众由于外出、就业、医疗等事务需要也须联系基层党员干部,干群双向互动增多,干群关系有所改善。①

3. 影响村民的社会认知和价值取向

一是疫情重塑村民对党政体制、干部形象、国际关系和社会共同体的认识。村民见证了从党中央的集中部署到农村基层党组织发挥的重要作用,对党的领导、国家以民为本的大政方针认知认可度提升。而村"两委"班子、基层党员干部、志愿者的工作帮扶也使得村民直接受益,双向互动增强,为人民服务的干部形象打破了部分群众对干部负面的刻板印象。同时,村民对政治和文化的认知增强,特别体现在国内外疫情对比和中西文化差异方面,村民从不了解到积极配合的举动有效阻止了疫情的传播和扩散,与西方一味追求自由导致防疫困难的局面形成鲜明对比,村民对公共安全的认知认可度提升。而疫情的连锁性、跨界性影响和全民抗疫则使得村民突破个人本位和狭隘视野,趋向社会共同体、文化共同体的价值取向。

二是疫情使得城乡关系和乡村在自然生态方面的独特价值得到重新认识。疫情期间,城市为农村提供医护医疗资源、科学卫生救助、公共文化服务等,而农村为城市提供了重要的粮食和人力补给,双向互动的城乡关系得到充分体现。由于疫情对城市经济社会冲击较大,不仅是农民工在城市缺乏保障难以立足渴望回乡,城市居民对乡村的向往更加强烈,乡村在阻止疫情扩散、提供美好生活环境、

---

① 例如,九棵松村、长石村、抚船头村、蒋山村、大柳村等村支书均反映经过长期接触,村民对村"两委"班子的工作认同度得到较大提升,且在疫情防控、乡村建设等大问题上能够抛弃小家和个人的想法,团结一致,充分支持政府工作。

保障生命安全和基本生存、提供熟人社会的归属感等方面的天然优势得到充分显现。疫情在一定程度上改变了以往受城市化进程加快、城乡差距较大而生发的"城市人，人上人""乡村不如城市"等传统的局限性认知。

三是疫情使得粮食安全的重要性，以及当前农业发展的弊端得到重新认识。疫情不仅影响到经济发展，更影响到人民的生活。近年来粮食安全问题受到党和国家的高度重视，然而当前农业生产效益较低、农村耕地抛荒越来越严重、农村集体经济发展缓慢等问题突出，要在疫情防控中把稳农业基本盘，必须正视农业发展面临的人力物力、体制机制等结构性问题。

（二）疫情下加强农村精神文化建设的对策建议

1. 夯实组织和人才基础，关注返乡者，重视新乡贤

首先，要夯实基层党组织的力量。只有发挥党总揽全局、协调各方的领导核心作用，才能保证乡村振兴的中国特色社会主义现代化的总体方向和以人民为中心的价值立场。而只有夯实基层党组织的力量，才能发挥战斗堡垒作用，为基层党员干部发挥先锋模范作用提供坚实的组织基础。因此，要坚持不懈地加强农村党建工作，建强组织，建强党员，以组织为依托，以领导干部为抓手，以党员为示范，在精神文化和行为表现等方面全方位带动乡村振兴。

其次，要关注返乡人员的生产生活。一是提供有效的、有针对性的公共服务，及时准确地提供和发布劳动力供求信息，促进未就业人群尽快就业。二是合理调整农民工就业结构，如引导农民工有序转岗，发展农产品种植业和加工业，引导农民就地就近就业，由线下生产端适当转向线上物流配送端，由基础生产端转向深度加工端等，积极引导制造业、服务业结构转型升级，努力实现农民工稳定就业与产业升级的良性互动。三是鼓励农民工积极参与职业技能培训，以应对后疫情时代可能产生的就业需求反弹和产业转型升级。四是为返乡人员提供一定的生活困难帮扶和心理健康服务。

最后，要积极发挥新乡贤的作用。目前，农村基层文化人才队伍主要以基层党员干部和外来志愿者为主，且服务的内容集中在响应行政命令的疫情防控、环境卫生整治和科普宣传等方面。要充分利用新乡贤资源，将退休干部、民间企业

家、文艺能人、"非遗"传人、华人华侨等新乡贤纳入农村公共组织管理队伍,加强政府与群众的联系,吸引社会资本有序参与乡村建设,发挥新乡贤的示范和引领作用,丰富社会服务的内容,将乡贤参与凝聚成一种乡村文化,推动农村经济社会与文化互动互促和谐发展。

2. 重塑乡村主体价值,激活文化资源,赋能生产生活

一方面,要合理布局优化审美空间。在传统与现代的转型中,农村公共空间出现了功能弱化、审美落后等问题,如昔日繁荣的农村戏台在时代发展中走向衰落,农村宗祠虽仍然保留,但其公共性逐渐消解,个体意识强烈的青年一代崇尚追求个性化的文化趣味,对宗族传统文化和习俗的认同与理解趋弱。列斐伏尔认为,空间是文化的表征,"空间从来就不是空洞的,它往往蕴涵着某种意义"①。空间不仅具有鲜明的自然地理属性,而且具有人文社会属性,被人所生产,也生产社会关系,孕育人文精神。要进一步加强农村人居环境整治,统筹规划,合理布局,功能性与人文性并重,有效保护非物质文化遗产,防止形象工程,减少重复建设,优化农村审美空间。

另一方面,发展优质特色文化产业。文化不仅是宝贵的精神力量,在一定条件下也能够转化为一种生产资源,为乡村发展提供多元价值。要立足乡村资源,如自然、地理、交通、人文等资源;拓展农业多种功能,如生产、观光、教育、实践等功能;挖掘乡村多元价值,如政治、经济、文化、生态、社会等价值;推动农业与教育相结合,发展农业实践教育,推动乡村与旅游相结合;发展乡村休闲旅游业,促进乡村与文化创意相结合,发展乡村文化创意产业等。但同时,要避免乡村文化产业的同质化、低俗化发展,只有综合区位优势,结合地方特色,突出服务质量,才能促进特色文化产业的长期稳定发展。

同时,推动"数字技术+乡村服务"。受全球化、信息化和现代化影响,数字乡村建设已成为当前乡村发展的重要课题,乡村不再囿于传统的规制,而要在数字技术的革新中赋能。如可以以发展农村电商为依托,加快补齐技术、设施、营销、人才等方面的短板;加强脱贫劳动力数字技能培训,提高务工质量;科学应用数字技术,监测碳排放和绿色生产,助力乡村生态发展等。并且,在数字社会的发展

---

① 包亚明.现代性与空间的生产[M].上海:上海教育出版社,2003:125.

中,农村由于潜在的消费需求也将成为未来发展的一大能量场,要促进农村借助数字技术更好地立足,并且走出农村,开发文化和娱乐的线上数字模式,实现文娱、科技、内容和商业的深度融合。

3. 加强农村精神文明建设,构建乡风文明综合体系

一要促进典型宣传和榜样示范。典型和榜样的树立和宣传是一个基于组织者的一定价值观生发于群众又回归影响群众的过程,可以集人物、故事和精神于一体,具有重要的教育价值,其行为则具有重要的示范作用。普通民众一方面受典型和榜样的示范影响,形成学习和模仿效应;另一方面,典型和榜样一般在某方面具有突出的特质,受到主流的肯定,民众会基于主流舆论的影响或社会认可的需要而主动向典型和榜样学习。因此,农村精神文明建设要充分发挥人影响人的作用,推动在思想道德、文化传承、干事创业、社会服务等方面的典型宣传和榜样示范。

二要因地制宜推进乡村移风易俗。"在变迁中,习惯是适应的阻碍,经验等于顽固和落伍"[①],落后的乡土观念和风俗习惯会阻碍乡村的现代化发展,或影响乡村建设实效的发挥。但现代文明观念是在对现代生产生活方式的适应与理解中逐渐形成的,不是一朝一夕就可以实现的,现代生产生活方式在农村逐渐流行也不代表着农民群体就具备了现代文明观念,理念急需转变的迫切性与转变的长期性之间存在矛盾。因此,要因地制宜推动乡村移风易俗,充分考虑农民生产生活与精神文化发展之间的有机统一,协调形成"群体价值观—群体行为方式—乡村社会规范"这一乡村社会风气生成发展的有机体系。

三要构建新时代文明实践体系。农村精神文明建设最根本的是培养形成现代新型农民风貌,包括具备先进的思想道德素质和科学文化素质、完善的精神心理素质、完备的职业技能素质等,其中最核心的是先进的思想道德素质,这是核心价值观的问题。新时代农村精神文明建设最根本的是要弘扬社会主义核心价值观,而价值观从一种观念贯彻于人还需要逐步践行。社会风气是群体价值观的外化表现,表现为一定的群体行为方式。[②] 因此,推动农村精神文明建设要构建形成新时代文明实践体系,以习近平新时代中国特色社会主义思想为指导,坚持弘扬

---

① 费孝通.乡土中国[M].北京:北京出版社,2005:98.
② 郑仓元,陈立旭.社会风气论[M].杭州:浙江人民出版社,1996:7-10.

社会主义核心价值观,在思想宣传、道德示范、行动实践、行为养成等过程中形成心理认同和思想引领。

六、疫情反映乡村规划层面的问题及对策建议

(一) 基本情况

根据"十四五"时期的规划发展战略,横车镇按照"一带两区三园多点"发展布局,着力建设硅制品工业园、现代农业园、众创科技园,加快构建以"工业为主、现代农业和商贸物流齐头并进"的产业结构,打造"中心城区拓展区、河西城区延伸区"。《蕲春县横车镇总体规划(2012—2030)》中将横车镇的城镇性质确定为"湖北省重点中心镇,蕲春县域副中心,以森工、汽配、石英石深加工及特色农产品为主导,兼具文化特色的宜居、宜业型生态园林城镇",镇区用地空间拓展策略由"东进""南拓""西优""北控"四个方向共同展开:依托旧城与沙河,适宜大规模新区建设,发展北片水库旅游业;依托京九铁路、外环线加强与河西新区的联系,建设产业新区;西北向依托工业基础良好的九颗松村,打造宜居宜业、环境优美的综合生态工业园区;西南向依托铁路和货运,形成独立工业组团;北向依托老镇区。

横车镇现有工业企业108家,其中规模企业10家,已经形成一个龙头工业集团,三个工业园区,包括九颗松、新桥、火炉铺工业园区,四个初具规模的支柱产业——硅产品、森工板材、医药化工、绿色食品。由于受自然禀赋、区位条件和在区域内部中所处的地位等因素的影响,横车镇的产业结构表现出第一产业、第二产业较强,第三产业较弱的整体格局。因为处于工业化初期向工业化中期过渡的阶段,以工业为核心的第二产业仍然是推动横车镇经济增长的主要动力。目前第三产业发展相对滞后,在当前自然资源、旅游资源等未得到合理利用的情况下,第三产业发展的带动效应不强。

（二）主要问题

1. 医疗设施配套不健全，缺少公共卫生应急体系

通过百度地图数据可以得到横车镇医疗设施设置情况：横车镇政府附近设置1处卫生院，2处卫生诊所，5处药店；马畈街上设有1处卫生院，3处药店；凉岗村、火炉铺村、翁堃村各设置有1处卫生室。从整个医疗设施的布局上看，横车镇的医疗设施分布呈不平衡的点状分布。核密度最高的点位于横车镇政府所在的区域，其他的医疗设施零星地分置在主要道路两侧以及村庄内。

疫情暴发之前，居民们日常购买药品以及治疗小疾病等需求在镇域或者乡域内就可以解决，若是大病则需要去县城或者更高等级的医院进行治疗。而在疫情期间，医疗设施承担的功能更多的是防疫物资供给以及为居民进行核酸检测。乡村的物质空间与城市存在较大的差异，乡村的核心组织松散，人口众多而居住分散，且分布地域广，缺乏统一规划。因此，分散式的乡村空间格局以及分布不平衡的医疗设施导致核酸检测点可达性较差，居民不能便捷地前往采样点进行核酸检测。

2. 生活设施供给不足，可达性差

疫情发生之后，村庄进行封闭式管理。本就可达性较差的商业设施在数量上不足的问题愈发凸显，这无疑会影响到居民的日常生活用品的购买，而镇领导也意识到了这一点，在采访中其提到"横车镇缺乏一个有一定规模的集贸市场"。除了商业设施之外还有文体设施的缺乏，小区内部的文体设施不仅数量不足，而且利用率也不高。疫情期间为了响应"少外出、不聚集"，使用文体设施的人的确较少，但是从长期考虑，为提高居民身体素质，增添文体设施是必要的。

贯穿横车镇且同时作为镇发展主轴的一条国道虽然给横车镇的发展带来了机遇，但是对于这一基础设施的建设和使用来说也带来了挑战。调研过程中，团队多次看到居民在飞驰的汽车间穿行，跨过公路隔离带去往另一侧，这不仅反映出居民的安全问题没有得到保障，更需要思考规划基础设施的分布与布局应该落到实处，要从使用人群的视角去考虑如何更好地解决问题。

（三）成因——规划的制定与实施存在问题

1. 规划政策的制定缺乏弹性导致乡村缺乏韧性

病毒以其快速的传播速度和极强的感染性让人们措手不及，对于整个社会乃至全球公共卫生体系而言都是极大的冲击与挑战。城市规划与公共卫生之间的渊源深厚，数十年来，城市规划对于医疗卫生及公共卫生基础设施布局进行了积极的筹划，然而落实到实践的时候，情况却并没有想象得那么理想。一个地区的国土空间总体规划方案工作量较大，制定周期长，例如《蕲春县横车镇总体规划（2012—2030）》的规划年限长达十余年，难以做到准确预测及应对突发的公共卫生事件。重大风险来临时，乡村不能提供足够的防御措施，例如开辟应急场地、应急通道和购物场所来尽可能地保障居民的日常生活。同时，也不得不承认规划中关于防灾防疫的内容的确较少，忽视了潜在的风险。

因此，规划内容上的弹性缺失导致在面对疫情时乡村的物理空间及经济社会空间都无法做到足够有韧性地有效抵抗。

2. 公共服务设施配置标准存在问题，供给与需求不匹配

现在乡村的公共服务设施主要是按照行政村去进行配置，基本上都集中分布在镇政府或者村部附近。但是从需求方面，即使用人群方面来说，公共服务设施并不应该如此划分，会导致供给不协调匹配的问题。在疫情期间，医疗设施以及相关的生活和商业设施分布对于乡村应对疫情传播和维持居民正常生活而言更是有重要的影响。

3. 规划政策在落地实施时遇到众多难题

在调研过程中，团队走访了横车镇的很多村部，听村干部介绍他们花重金请规划师制定的美丽乡村规划方案，然而团队也确实感受到了规划方案与落地实施之间的差距。

首先是遗留的土地问题一直得不到解决。横车镇跟中国的很多农村一样，土地抛荒问题严重，村里有很多田地没人种，处于闲置状态，再加上农村土地"非农

化、非粮化"问题愈演愈烈,抛荒问题更是越来越严重,且一直得不到很好的解决。而土地作为规划实施的物质空间基础,自然会影响规划方案的实施。

其次是自然条件带来的难题。部分村庄建设在山上,考虑到地势以及地质条件,上山进行基建的改善与建设是十分困难的。

再次,很重要的一点是乡村面临的经济压力。压力体现在两个方面,一方面是规划设计方案费用高昂,另一方面是规划想要落地实施改善基建的开销更是极大,并且管控时间过长,对于以发展经济水平为首要任务的横车镇以及乡村而言,成本太高,代价难以承担,因此规划实施只能搁置。

最后,村干部反映的规划方案过于"高大上",规划方案与乡村发展现状不匹配、不协调。基础建设都没有得到解决的乡村却被规划为豪华又美丽的旅游区,厚厚的一本美丽乡村规划方案只能成为空间楼阁,难以落地。

（四）对策建议

1. 在规划中打破行政区划配置公共服务设施

按照原有的行政区划的方式进行资源配置,会令距离行政中心较远的乡村居民使用公共服务设施不方便。因此在规划乡村生活圈时,应打破行政区划,从更宏观的视角对公共服务设施进行配置,对于距离较近和出行习惯趋同的村庄,优先考虑跨行政区以及多村集中布置。

2. 将日常和特殊时期动态结合,从体系上重构乡村生活圈以满足实际需求

在配置公共服务设施时,应该将日常生活和特殊时期相结合,保证居民在特殊时期不至于受外界环境因素影响过多而严重扰乱原有的生活秩序。基础生活圈作为满足人们最基本生活需求的层次,理应覆盖其范围内居民的基本生活需求。

3. 坚持以人为本,注重老年人以及儿童的公共服务设施使用体验

单一的政府自上而下的行政指令方式将导致公共服务设施配置的浪费,给居民增添不少负担。乡村公共服务设施的服务对象是当地居民,在配置中应当合理

尊重当地居民的生活需求和生活习惯，落实以人为本，尤其考虑留守老人、留守儿童的使用体验，了解基层人民生活所需，让居民能够参与到公共服务设施的规划中来。

总的来说，要跳出原有的思维框架，乡村生活圈的公共服务设施在配置时应打破行政区域的空间限制，与周边乡镇甚至县城公共服务设施联合布置。同时要考虑到特殊时期公共服务设施的利用，完善整个地区的公共服务设施网络，建成便民惠民的公共服务设施体系。疫情影响下拉动经济应该优先考虑人才回村，以当地居民的实际所需和偏好为着力点，合理配置适合居民生活的公共服务设施，让居民成为公共服务设施的直接受益者。不仅如此，还应当考虑公共服务设施的长远发展，在未来可以对其进行调整和优化。

七、疫情下的乡镇政府职能履行状况及对策建议

（一）疫情下乡镇政府职能履行现状

1. 企业层面：促进产业发展

（1）召开企业应对疫情座谈会，探讨产业发展举措。

为应对疫情给企业产业发展带来的机遇和挑战，政府召开座谈会，了解企业在疫情冲击下的发展现状和存在的突出问题，帮助企业坚定信心，认清形势，并为企业提出一些切实可行的发展建议。疫情虽然对实体经济带来了冲击和挑战，但是疫情也带来了巨大的市场需求，为企业发展提供了机遇。在蕲艾产业座谈会上，政府根据蕲艾产业面临的形势，对企业提出了发展要求，企业要在危机中孕育生机，打响蕲艾品牌，提高产业发展质效，为蕲春县打造李时珍中医药健康城贡献力量。具体而言，首先就是要打造、维护和推介蕲艾的品牌，积极申报蕲艾产品"准、械、妆、消"等字号申报，提升蕲艾产业核心竞争力；其次要搭建好检验检测、物流仓储、电商直播、研发孵化四个平台，加快完善蕲艾全产业链，拓宽蕲艾销售渠道和消费市场；同时也要做好宣传，通过媒体宣传、艾灸精品馆"窗口"宣传、节

会宣传等多种形式,加大宣传力度,提升蕲艾产品、蕲艾文化的知名度和影响力。

(2)出台减租政策,积极帮助企业纾解疫情下的运营困难。

疫情期间为防止疫情蔓延,严格的管控政策使得很多企事业单位都不得不处于(半)停工停产的状态。不少企业不光面临着没有生产订单的窘况,还要面对房租、员工工资等固定成本的负担,使得企业运营困难。横车镇政府出台各项优惠政策,并认真落实各项惠企纾困帮扶政策,帮助企业挺过去、活下来、发展好。为减轻企业、商户生产运营成本的压力,横车镇政府贯彻上级部门关于统筹疫情防控和经济社会发展工作的相关精神,贯彻落实《关于印发湖北省促进服务业领域困难行业恢复发展的若干措施的通知》和《省政府国资委关于2022年减免服务业小微企业和个体工商户房租的通知》,对企业和个体工商户进行租金减免,并积极推进房租减免工作,主动将减免政策、申请流程、申请材料要求等信息告知承租方,确保所有承租方第一时间知晓租金减免政策,真正帮企业的损失降到最低。2020年九棵松村对52家企业中暂不能正常复产复工的,予以减免1个月的厂房租金、土地租金,共减免土地租金42万元。

(3)强化金融支持,缓解企业现金流困难。

疫情打乱了企业的生产节奏,企业面临的一大生存困难就是资金不足,在原材料、租金、工资、利息等生产成本不断上涨的同时,企业生存面临着巨大压力。中小型企业本来就面临"融资难、融资贵"的发展困境,疫情的发生更是使得企业面临资金链断裂的风险。企业如果无法获得银行贷款就只能依赖民间借贷,这一方式会使得企业的利息支出成本更重。疫情影响下,服务行业和交通物流行业面临的冲击较大,业务量骤减,运营成本增加,企业亏损严重、经营困难。政府助企专班多次深入企业了解其生产经营中面临的困难和问题,宣传金融纾困解难优惠政策,及时向金融机构推送企业诉求和融资需求,鼓励银行增加企业信用贷款,帮助企业申报信贷风险补偿金融贷款,充分发挥政府在银行和企业之间的对接机制作用,为企业提供坚实的金融保障。

(4)指导企业复工复产,帮助企业健康发展。

在疫情防控常态化后,横车镇党委政府主动作为,深入基层,切实为企业办实事、解难题,面对面指导企业复工复产工作,激发市场主体活力,助推企业平稳健康发展。横车镇政府关心企业发展,领导干部对口帮扶企业,定期进车间、看产品,详细了解企业开工复产、经营销售和发展情况,并现场提出发展建议,帮助企业纾难解困。县委副书记带领服务企业专班到横车镇调研指导视察时也指出,希望企业坚定发展信心,继续加大技术创新投入,深化校企合作,以科技创新引领企业转型升级,提高企业综合效益水平和核心竞争力,不断做大做强。

2. 乡村层面:稳定社会生活

(1) 全面防控疫情,疫情防控不松懈。

疫情发生后,横车镇第一时间成立疫情防控指挥部,党委班子成员坚守岗位、靠前指挥,号召全镇各机关单位、各驻村工作队、各村委会积极履职尽责,有序参与疫情防控工作,做好各村防疫宣传、道路卡口设置、返乡人员摸底、重点人员随访、流动人员防护等各项工作。在全市疫情防控的要求和指示下,横车镇的"精准扶贫工作队"原班人马就地转换身份变成了"疫情防控工作队",迅速下村配合镇村开展疫情防控工作,和网格员们一起有效发挥作用,做好抗击疫情的战斗员、防控疫情的排查员、传播政策的宣传员、基层群众的服务员。党员带动村民自发形成"志愿服务队",形成了战胜疫情的强劲动力。

(2) 做好疫情防控宣传工作,增强抗击疫情的信心。

疫情不可避免地打乱了人们的生活和工作节奏,造成一些群众焦虑紧张和不安的情绪。为坚决防止信谣传谣造成的社会恐慌,横车镇发挥媒体优势,传播正能量,及时发布官方情况通告,引导群众不信谣、不传谣。同时做好防控疫情和接种疫苗的宣传工作,加大宣传"送安心",出动宣传车10余辆,发放宣传单20000多份,多渠道宣传疫苗接种相关知识及注意事项,营造良好的疫苗接种大环境,增强人民群众抗击疫情的信心和决心。横车镇政府还不断强化保障"聚人心",成立疫苗接种"工作专班",工作人员24小时全天驻守疫苗接种点,分批次、分时段组织群众到医疗机构开展接种,提供专车专人一站式免费服务。一系列服务和保障工作使人民群众感受到政府的温暖和贴心,抚慰了疫情下疲倦不堪的"民心"。

(3) 完善基础设施,做好疫情防控保障工作。

横车镇政府不断加强重大疫情防控救治体系和应急能力建设,扩建横车镇卫生院并正式启用,定期更新完善应急处置预案,有条不紊地组织好疫苗接种工作。在疫情防控进入常态化后,横车镇卫生院还多次举办"疫情安全进万家"公益知识普及活动,持续做好疫情防控工作,为全镇人民的生命安全保驾护航。同时,为防止废弃口罩造成二次污染,横车镇按照蕲春县疫情防控指挥部2号令要求,在全镇各地设置废弃口罩等特殊垃圾定点收集桶,全面宣传垃圾投放要求,并进行全面消毒工作。各村均设置有废弃口罩专用垃圾桶,并向村民大力宣传垃圾分类要求,每天上午、下午对垃圾桶进行两次消杀处理,以防桶内病毒滋生,并由专车每天定时定点负责收集,直接送往垃圾站焚烧处理,严格执行防控措施。

(4)察民情解民忧,为村民提供切实帮助。

横车镇政府聚焦群众所盼,踏实办实事,统筹做好就业、医疗、养老、社会保障等人民群众关注关心的问题,让人民群众感受到党和政府的温暖。疫情防控的要求使得本该进城务工的农民工不便跨区域流动,又因为部分农民工缺乏过硬的知识和技术,疫情发生后除了种点庄稼以及在附近县城打打零工,就没有其他收入来源了,甚至有的因为嫌种田收入不高而赋闲在家,出于消磨时间长时间而打麻将等产生的家庭矛盾情况也频频出现。整个就业环境不甚乐观。

在就业这个问题上,首先,横车镇政府开展疫情防控常态化下的就业宣传,拓宽农民工了解就业政策和信息的渠道,营造促进就业创业的良好舆论氛围;其次,开展各类职业技能培训,提高农民工的职业素质和就业能力,促进农民工就业的可持续发展;再次,为了让更多的家庭女性走出家门,在更多领域实现自主创业和灵活就业,蕲春县还挂牌成立了新时代女性创业就业服务中心,帮助指导自主创业的女性在市场竞争中立足,安排下岗失业女性再就业,帮助女性实现更大的自我价值和社会价值;最后,在保障民生方面,政府抓好疫情防控常态化的同时,还拿出真金白银的支持政策,为人们提供防疫物资以及发放生活补助。

(二)疫情下乡镇政府职能反映出的问题

1. 资金短缺及使用效率不高

确定实施乡村振兴战略后,国家不断重视乡村发展,加大对乡村的投入力度,围绕全面推进乡村振兴进行部署。国家为改善农村经济状况,设立了乡村振兴项目和乡村振兴补助资金,但在资金的使用、落实和管理过程中,依然存在资金不足、分配不均、使用率低等若干问题。

首先,在资金分配问题上,资金分配不均。由于各村自然状况、产业基础不同,上级政府对地方实际情况了解有限,所以按"先富带后富"的思路,资金理所应当地拨发到经济基础较好的乡镇和村落,这样就导致一些村庄有想法但是缺资金,资金不足成为制约村庄发展的重要原因。其次,在资金使用的问题上,资金使用率较低。虽然财政部门将大部分补助资金划拨给农村地区调配使用,但由于地方财政收支不平衡,补助资金使用比较分散,造成大的乡村振兴建设项目没有充足的资金支持,资金的使用率较低。再次,在资金的管理问题上,资金管理观念落后。为实现资金利用最大化,资金要满足乡村振兴建设项目的需求,满足农村实际发展状况的要求。目前乡村振兴补助资金主要是对农村居民进行生活上救济式的补助和帮扶,缺乏生产式帮扶,无法根本解决农村的生产生活问题。在管理上可能还存在补助资金发放不及时、补助资金被浪费等问题。最后,在资金的公示方面,虽然我国将所有乡村振兴补助资金的使用去向及分配情况进行了公开透明的展示,但是在实际工作过程中,很多地区由于信息技术不发达,居民的文化水平偏低,导致他们获取相关信息的渠道不畅通,也无法及时反馈相关情况,进而可能导致资金的使用和分配不均、村民不理解等情况的出现。

2. 土地"非粮化"、土地抛荒现象严重

农村土地抛荒已经成为较为普遍的现象,农村劳动力不断外流,农业现状呈现出"老年农业"的特征。随着城镇化和工业化的快速发展,城乡收入差距也逐渐明显,身强力壮的年轻人大多不愿意种粮,而选择外出务工以获得更高的收入贴补家用,在利益的考量下选择脱离土地,从事非农工作。据国家统计局统计的数据显示,2021年,全国亩均种粮收益为824元,是近5年来的最高水平。但在农民眼中,种粮收益仍然偏低。获利微薄,是一些地方耕地撂荒、"非粮化"的主要原因。而对于村里的老年人来说,一方面,他们具有丰富的种植经验和技术优势,比较适合并且愿意从事农业生产,他们将土地视为"命根子","农民离不开土地"的乡土思想,这一根深蒂固的观念影响着他们对土地的态度。而青壮年的乡土思想是不及老年人的,他们对土地观念的转变也是土地抛荒不断增加的重要原因。另一方面,老年人由于年龄和知识水平的限制,外出就业要付出更多的学习和适应成本,难度比青壮年大得多。在农业收益相对较低、抗风险能力较差等原因的影响下,年轻人不愿守着自家的"一亩三分地",但也有少数年轻人"打工又种田",因而土地呈现出"周期性抛荒""季节性抛荒"的特点。

同时,农用物资价格不断上涨,也是影响农民种粮积极性的重要原因。由于

粮食是重要的战略物资,粮食收购价格十分稳定,不可能大幅度增长。粮食收购价格稳定,但种子、化肥、农药等农用物资价格却抬升较快,增加了生产成本,这在一定程度上压缩了农民种粮的收益。据村民反映,涨价尤为明显的是肥料。根据国家统计局发布的《2022年6月上旬流通领域重要生产资料市场价格变动情况》,2022年6月上旬全国流通领域尿素(小颗粒)市场价格达到每吨3187.4元,复合肥市场价格为每吨4121.7元,同比明显上涨。种粮收入和种粮成本这两方面都影响到农民的种粮积极性,越来越多的农民在收益的考量下无奈地选择土地抛荒。

3. 人才数量和质量不高,机制不健全

农村人才数量有限,城乡差距和城市的虹吸效应导致乡镇政府在留住本地人才和吸引外来人才方面均无明显优势,因此陷入人才数量有限、人才质量不高和人才流动性大的困境。乡村常住人口以老人、妇女和儿童居多,年轻劳动力大多选择外出务工,不愿种粮食或者就近择业;在外求学的人才回乡就业的意愿也很低,一方面是因为城市与乡村的收入差距明显,进城务工或外出就业可以增加收入,另一方面是因为城市的就业岗位多。村里留不住有知识、有能力、有才学的年轻人,没有合适岗位必然导致人才流失。因此农村老龄化严重,懂技术、会经营、会管理的人才较少,学历层次不高,不利于农村经济长久稳定的发展。在人才引进政策的驱动下,越来越多的大学毕业生选择"大学生村官""三支一扶"等基层岗位,但由于福利待遇和政策机制等方面的不足,许多引进的人才往往将服务基层的经历作为一个跳板,只是短期服务基层、服务人民,服务期满后多会凭借政策优惠考取定向公务员或者考研加分等,并不会长期从事基层工作,因此人才引进效果不佳,人才流动性大。

(三)对策——乡镇政府如何化解"人地钱"的矛盾

1. 优化资金使用管理

目前乡村振兴补助资金来源比较单一,首先要拓宽资金来源渠道。因为财政性补助资金的组成结构趋于扁平化,大部分乡村振兴补助资金都来源于中央政府

对地方的财政资金拨款或者地方财政收入，除这两种来源外，基本没有其他的资金渠道。目前社会融资还没有起到很好的效果，资金以财政补贴为主。要积极借助多元化的渠道获得补助资金，发动广大社会人士参与乡村振兴工作，争取更多的社会资金推进乡村振兴建设。

其次要健全资金的管理体系。其一就是要根据农村的实际情况及现有的资金资源，对资金和相关资源进行优化整合和合理分配。其二要建立相关管理和监察机制，只有工作人员提高了资金管理水平，才能保证补助资金的充足和及时分配。只有不断完善监察机制，资金才能真正落实到位，合理运用到乡村振兴建设项目中，避免违法乱纪现象的出现。

最后要加强各环节的沟通协调。一方面，基层工作人员要和农村居民紧密沟通，既可以保证资金的发放使用与当地情况相匹配，又可以加强居民对政策的认识了解，避免因信息差导致出现矛盾；另一方面，基层工作人员要与各级部门之间加强沟通交流，只有基层工作人员把农村发展的实际情况及时向各级部门进行汇报，有关部门才能够制定切实可行的乡村振兴政策，资金也尽可能得到充分的使用。

2. 优化土地管理

土地抛荒不仅会造成大量资源的浪费，更会威胁到我国的粮食安全，因此必须重视农村土地的利用问题。尽管国家出台了一系列土地流转、耕地保护等方面的法律法规文件，要求地方政府做好土地资源的利用和保护，但是从现实情况来看，一些地方政府在实际操作中仍存在执行不力的问题，这与现有的政绩考核评价体系有着重要关系。首先，上级政府要完善绩效评价体系，来引导加强乡镇政府对土地抛荒问题的重视。政府在推进工业化和城镇化的过程中，要全局考虑地区发展规划，在心理上做好解决土地可能出现抛荒或者利用效率低等问题的工作准备。其次，就农业效益低的问题，政府要加大对农地经营者的扶助力度。一方面要给予农户积极的技术支持，负责农业部门的农技站等要做好农业技术的研发、推广和落地，切实解决农户在实际种植过程中遇到的现实问题，也要通过技术降低农户的生产成本和提高生产效率；另一方面要加大对农户的资金补贴，在现有的基础上适当提高农业补贴，可以有效留住愿意从事农业生产的村民。最后，可以为农业生产积极性较高的农户提供便捷的小额信用贷款，支持农户从事与农村土地种植或者相关的农业生产经营,最终通过扶助来实现农户的发家致富。

3. 优化人才管理

乡村振兴,首先得有人,人才是乡村发展的不竭动力和实现乡村振兴的重要力量。乡镇政府是践行人才振兴的最基层政府机构,最了解农村发展需要什么样的人才。引进高层次技术人才时不盲目攀比,可以适当减少公共理论知识考核,加强对专业技术能力的考察,选出不一定是最优秀但一定是最合适的人才,因地制宜引进本地急需的紧缺型人才。乡镇政府还可以发挥其作用,促进乡镇与县区之间、乡镇与村庄之间形成人才引进和培养的多方联动机制。乡镇政府可以利用党政机关和企事业单位的资源,作为乡村建设发展的后备人才储备力量;也可以在充分挖掘本乡镇现有产业、人才优势的基础上,强化乡镇与乡镇、乡镇与县之间的沟通交流、资源共享,搭建人才交流平台,在人才引进上形成合力。

同时要完善人才引进和人才返乡的政策和待遇,改善农村环境和基础设施,为人才引进搭建平台,营造有利于人才发展的经济和制度环境,吸引更多懂技术、会经营、会管理的高素质人才。除了人才引进外,还要重视人才培养工作,培训新型职业农民,提高基层工作人员的技能水平和工作能力。还要通过完善制度环境来改变"人才留不住"的现状,乡镇政府可以通过提高薪酬、职位晋升等为农村留住人才,给予荣誉奖励,为引进人才解决安家落户等问题,使人才在乡村获得更多的收益和归属感,可以促使其长久定居,长期服务农业农村发展,切实改变当今农村地区人才短缺、各类实用性人才队伍不完善的局面。

七、结束语

通过在横车镇的调研,实践队一方面看到疫情对乡村经济社会发展带来的严重冲击和影响;另一方面也看到广大乡村领导干部和企业、农民一起共克时艰的积极行动和良好精神面貌。他们"化危为机""危中寻机",共同促进了镇村两级经济社会的良好发展。

关于疫情为乡镇发展带来的不利影响,实践队建议:

一是乡村两级应该做更长远的规划,特别是要将疫情带来的短期冲击和乡村振兴战略的长期目标结合起来,在完善基础设施、公共设施、公共事业和产业发展等方面争取更多政策和项目支持。

二是抓住部分外出劳动力滞留家乡的机会,探索出台新的乡村人才激励政策措施,争取更多优秀人才留在乡村发展,共同谋划乡村产业发展和新型城镇化发展方向。

三是以疫情对乡村治理带来的冲击为契机,积极探索乡村治理的新机制和新路径。

指导教师评语

在疫情持续三年,对农村经济社会和人民生活造成严重影响的背景下,华中科技大学马克思主义学院组织调研队赴湖北省蕲春县横车镇进行专题调研,具有十分重要的理论和现实意义,也体现了当代大学生深厚的家国情怀和担当意识。该团队在两位带队老师的指导下,在当地开展了近两周的深入调研,他们走访了5个村庄、10家企业,召开了10多场座谈会,实地访谈30余位乡村干部和企业负责人,发放了数百份问卷,写出了3万多字的调研报告。报告以调研获得的第一手资料为基础,对疫情影响下的农业、电商、集体经济、精神文化、乡村规划、政府履职等的现状和面临的困难、问题展开了深入分析,并提出了有一定可操作性的对策建议。综合整份报告,用事实说话,有理论分析,有政策建议,是一份理论与实际相结合的优秀调研报告。

(吕洪良　华中科技大学马克思主义学院副教授)

"激发型"自治背景下村民小组在纠纷调解中的作用机制

——以湖北省黄石市阳新县王英镇为例①

---摘 要---

通过对湖北省黄石市阳新县王英镇农村的调查,实践队发现在国家实施乡村振兴战略的背景下,由于资源的下沉以及相关政策的落地,农村出现了一些新的纠纷类型。基于宗族地区的村湾特征,当地村民通过村民小组的形式充分参与到乡村自治中,使得村民小组在乡村治理过程中发挥了不可替代的作用。通过模糊化落实政策、激励性动员村民,以及以小组为单位协调村级建设等策略性行动,使得当地村民小组在乡村治理实践中做到了将法治、自治和德治相融合,有效避免和化解了村内的纠纷,实现了乡村善治。

---关键词---

激发型自治;纠纷;村民小组;策略性行动;乡村治理

一、导言

村民小组源自人民公社化时期的生产小队。人民公社体制废除以后,随着1987年《中华人民共和国村民委员会组织法(试行)》的颁布,全国逐步形成了"乡镇—村民委员会—村民小组"体制。村民小组作为村民自治的一个层级,填补了

---

① **社会实践团队名称**:华中科技大学法学院青年普法实践"三下乡"暑期实践活动团队。
团队成员:郭亮、赵国栋、刘宇、吴思、徐敏、邓嘉淇、唐嘉、陈艺婷、李刚、杨晶莹、李晨旭。
报告执笔人:赵国栋。

人民公社解体后乡村组织上的空白,迅速替代了公社体制留下的"治理真空"①,曾一度在乡村治理中发挥着重要作用。然而,城镇化造成的人口流出以及农业现代化的推进,改变了农村的基本生产生活结构。村民小组在乡村治理中的作用几乎被忽略,在学界也一度被淡忘。生活的个体化、分散化以及生产的独立性使得村民小组的运作根基逐步丧失。这一现象在中部农村地区体现得尤为明显,随着中青年人口的大量外流,中部地区的乡村留守人口主要是老人、儿童,农业生产也让位于机械耕作,村民之间的生产生活互动减弱,村民小组几乎只是在形式上保留。近年来,在乡村振兴战略的引领下,国家资源和一系列惠农政策通过各种方式不断下沉到乡村,乡村社会迎来了前所未有的发展机遇。自上而下的资源输入与政策推行,需要组织化的乡村予以承接,从而保证资源的利用与政策的执行。由于资源的输入,村干部的工作性质发生了变化,工作任务也发生了改变。因为村干部不仅要对上争取资源,更要接受上级政府部门的监督。村级治理的中心工作便不在于动员农民和发动农民,而是村干部要有意识地和上级政府的重要职能部门保持密切互动和良好关系。② 村干部的这种"半行政化"不可避免地导致村委和村民之间的距离拉大。村干部变得不熟悉乡村,更无法组织村民。而且,随着乡村振兴政策的推进,乡村各个领域的利益开始出现,围绕利益分配出现了一些新的纠纷。村干部身份角色的变化以及村干部同村社的疏远,使得村干部不能再独自承担起新时期乡村治理的责任。新的历史时期,村民小组似乎又找到了存在的现实基础与价值。剧烈的乡村变化,是否会导致村民小组彻底丧失功能或者是湮没在历史的进程中,又或者是在新一轮的乡村发展过程中重新焕发出生机,这一切我们目前都不得而知。

结合既有研究来看,有的学者认为我国乡村自治的重心逐步下移,自治单元正逐步由乡镇村下降到自然村和村民小组一级。自治重心下移的本质是通过传统村治资源的现代化来实现政府治理与村民自治的有效衔接。③ 从实践看,这一自治重心下移对村民自治由制度到实践、由悬空到落地起到了良好的促进作用。④

---

① 徐勇,赵德健.找回自治:对村民自治有效实现形式的探索[J].华中师范大学学报(人文社会科学版),2014,53(4):1-8.
② 郭亮.从脱贫攻坚到乡村振兴:村级治理的主体性建设研究[J].湖南社会科学,2022(1):105-111.
③ 胡平江.自治重心下移:缘起、过程与启示——基于广东省佛冈县的调查与研究[J].社会主义研究,2014(2):128-134.
④ 汤玉权,徐勇.回归自治:村民自治的新发展与新问题[J].社会科学研究,2015(6):62-68.

但是有人对这一判断提出了质疑,他们认为自治重心下移在研究起点、理论论证以及本身的科学性等方面都没有给出整体的解释,其研究的合理性值得质疑。正相反,目前农村治理领域的一些理论和实践状态,正将中国农村自治的单元不断向上推,形成与其对应的"单元上移"。[①] 此外还有学者认为接下来的自治模式会是自治功能与行政功能兼顾,其有效实现单元可能是在现有行政村基础上的、同时向自然村拓展的多级自治形式。[②]

基于此,本文以乡村振兴背景下湖北省黄石市阳新县王英镇的乡村治理的样态为例展开研究。以求通过对经验观察与分析,来深刻理解乡村剧变以及在这一背景下村民小组在乡村治理中的角色与命运。

二、研究对象与研究方法

(一)研究对象

1. 王英镇情况简介

本次调查地点为湖北省黄石市阳新县王英镇,该镇位于阳新县西部,属于鄂东南地区。辖区总面积273平方千米,1个社区、29个行政村。2019年末,王英镇辖区有户籍人口5.88万人。该地区人口流出严重,个别乡村外出务工人口比例可以达到70%,主要流向经济比较发达的广东、浙江等东部及东南沿海地区。该镇是一个移民乡镇,因为自1971年以来,该地修建了王英水库,所以当时居住在水位线以下地区的居民全部搬迁。安土重迁历来是中国农民的独特品格,这一品格在这一宗族地区更是体现得淋漓尽致。在1975年水库建设完毕以后,当地居民又重新回到了故地,在水库的库岛即在原有村落的山腰上重新开荒建设起了现在的乡镇。但是,比照以前,大部分可以耕作的田地都已经被水库淹没,现有可耕

---

① 陈明.村民自治:"单元下沉"抑或"单元上移"[J].探索与争鸣,2014(12):107-110.
② 张茜,李华胤.村民自治有效实现单元的讨论与研究[J].中国农业大学学报(社会科学版),2014,31(4):49-55.

种土地的面积比较小。因此,自 20 世纪 80 年代,当地居民就陆续外出打工。不过,当地乡村没有因为人口的大量流出而解体,反而随着政府的资源下沉以及当地的旅游区建设,外出的人口部分回流乡村,使得乡村重新焕发出生机。与此同时,乡村利益与宗族传统相互碰撞,历史和现实的矛盾相互碰撞,一些新的社会纠纷不断在村庄中涌现。出于实现乡村"善治"的诉求,当地也不断探索各种途径来化解社会纠纷,并使村民小组在乡村治理中发挥出难以替代的作用。

2. 调查对象

为全面深刻地了解湖北省黄石市阳新县王英镇乡村治理的样态,以及村民小组在乡村治理中发挥的作用,充分保证被调查主体的全面性,本次调查对象涵盖了镇政府相关部门、村民自治组织、当地居民等多方面主体,主要包括:镇政府、镇综合治理中心、镇综合执法队、镇自然资源所、镇司法局、乡镇法庭的工作人员,以及村委会成员、村民小组组长、村职能性自治组织成员等。

(二)研究方法

1. 深度访谈

本次调查研究,主要采用非结构性深度访谈的方法,对乡村治理中的各个治理主体进行访谈。在 10 天左右的时间里,调查者基于当地基层治理网络和治理层级,选取了具有代表性的研究对象进行全面、深度的自由交谈。为收集到更为翔实的信息,保证对每个调查对象的访谈时间都在两小时以上。通过这种全面且深入的访谈,调查者对当地社会背景、社会结构、治理模式、纠纷类型、机构协调等情况有了系统的了解。

2. 参与式观察

调研过程中,基于当地乡镇干部的包村制,调查者跟随乡镇干部下乡,亲身体验乡镇干部如何开展工作。通过这种参与式的体验,调查者更为直观地感受到乡镇政府与乡村人民的互动及其在乡村治理中扮演的角色。

三、"激发型"自治与村民小组的功能

（一）村湾社会：宗族地区的村社样态

鄂东南地区的村社历史，一般可以追溯到明初"江西填湖广"的移民潮，当地大部分的村湾居民都为当年江西移民的后裔。因此，在赣文化的影响下，当地的宗族传统保留得比较完好。数百年的历史发展中，这些移民后裔在当地开枝散叶，形成了以村湾社会为特征的聚居样态。所谓村湾社会是指受当地山地丘陵地形的影响，当地的村落都以自然湾的形态散布在山间相对平坦的地带，数个自然湾共同组成一个行政村。这些自然湾内部以血缘为纽带，形成一个同氏族的共同体。在传统社会，共同体内部保持着比较频繁的互动，由于生活生产活动的高度依存，共同体的维系不仅体现于红白喜事的互相帮助、祭祀的共同行动，还体现在他们对族产的共同拥有上。在当地，几乎每个湾子都有自己的宗祠，宗祠的作用除了供奉祖先以外，还是承载宗族内部各项活动的场所，如戏团演出、敬老宴席等活动。可以说，具有宗族色彩的村湾社会，形成了当地生产生活的一个基本组织单位，也产生了当地的基本社会秩序。同一姓氏之间不仅在村湾内部保持着紧密联系，而且在镇域、县域乃至更大范围内都保持着一些互动。本姓氏之间一般都纂有族谱，宗族的演进和发展有脉络可循，同姓之间往上都可以追溯到同一个祖先。

但是，随着传统社会的解体，宗族的力量在村社内部被逐渐削弱。宗族的作用渐趋被限制在一些仪式性的活动上，而需要依靠宗族内部合作来完成的生产性活动，如水利灌溉，则早已不复存在。湾子内部仍旧保留有一些族产，但也只是一些山林地块，对成员们的影响较小。在更大范围内，就算有依靠宗亲会以及本宗族的大祠堂，目前也只是保持着一些仪式活动上的联系。宗族的作用和影响力式微，更多成为一种符号与象征。

（二）"激发型"自治：资源输入背景下的乡村治理

在剧烈的社会转型中，随着传统生产生活模式的转变，宗族在村社中的秩序生产能力已经下降。由城镇化引发的人口外流又使得乡村凋敝，留守的老人与儿童无力再激发村社往日的生产生活活力。这样的背景下，村民自治也一度陷入沉寂。乡村振兴推进以来，为了帮助村集体营收、推动精准扶贫、改善人居环境，该镇大力推动集体经济与乡村建设，各村在当地政府的引导下再次焕发生机。

在村集体经济方面，在镇政府的牵头下，各村都获得了一份可观的收益，这部分收益来源也多种多样。如新屋村的集体收益目前主要依靠光伏发电和"天空之城"景区的股份分红。光伏发电，村集体每年可以有12万元收益。"天空之城"的股份分红每年可以达到30万元。该镇的高山村，除了这两项收入外，还有每年对外承包的果园采摘项目，该项目每年可以获得50万元的收益。此外，各村在政府的鼓励支持下也在探索建设百亩茶园。在乡村建设方面，各村正在积极开展人居环境整治以及乡村建设改造。就王屋村而言，其去年人居环境整治的投入就达十几万元，除了安排清洁员进行日常的垃圾清扫，还要安排人员定期进行房前屋后的卫生检查，并对各农户开展卫生评比。

乡村振兴政策的推进需要基层组织予以落实，村自治组织被自上而下地激活。与村集体经济以及乡村建设相呼应，村里成立了多个职能性的村民自治组织，如村经济发展合作社、人居环境整治考评领导小组、建设监督委员会等。同时为了解决村发展过程中出现的矛盾以及社会问题，还成立有基层治理先锋队、关心下一代工作委员会等。正是这些自治组织，承载起了乡村治理中的各项职能。这样，基于职能而设立的横向的各种自治组织与"村委会—村民小组—村民"这样的纵向自治体系相配合，共同构成了当地乡村的自治网络。因为自治氛围的活跃源自自上而下的资源输入与政策下沉，所以基层的自治网络就有了鲜明被动的色彩，形成了一种"激发型"自治。因此，村委干部的工作职能和性质发生了变化，他们的主要工作不再是组织村民和协调村内活动，而是变成了落实上级任务、接受上级的监督和考核。他们不再只是村社村民的代表，同时也成为上级政府部门的代表，其身份具备了"半行政化"的性质。在该镇，乡镇每年都要对乡村的党政建设、产业发展、乡村治理、人居环境整治、乡村建设等方面进行考核，并且还有定期会议、学习讨论以及其他临时任务。这样村委干部的日常工作都是在与上级政府部门对接以及在村委办公室来完成的,他们变得不再熟悉村庄的具体情况。如高山村的村干部自述:"村里目前80%以上的工作都是围绕政府展开的,政府每个部门都有事需要村干部来完成。每年365天,村干部基本上要上360天班,晚上还要在办公室加班。"就横向的各种职能性的村民自治组织而言,其出发点也是为了完成上级政府的任务,而不是脱产于乡村的自发秩序。所以,这些职能性的自治组织也往往都带有"半官方化"的色彩。如高山村,经济发展合作社的成员是由村委会干部兼任,基层治理先锋队队长为该村的老支书;在新屋村,经济发展合作社的成员同样为村委会成员,人居环境整治考评领导小组的组长为该村的老支书,关心下一代工作委员会的领头人为该村村主任。综上来看,尽管村民自治在当地焕发出了生机与活力,但这种自治并不是产生于村社的内部秩序,而是源自外部资源的输入以及自上而下的政策推力的塑造。

(三)"承上启下":自治网络中的小组功能

"激发型"自治源自外部因素的刺激,而不是村庄的内生动力。那么要想这种自治起到社会效果,就需要在村社内部将其转化为推动村庄发展的内生动力。因为村干部角色的变化和村民互动频率的减少使得他们不再熟悉村庄的情况,也不再能熟练地介入村内的一些具体事务。

但是基于当地村湾社会的社会形态,村民小组在当地成为一个特殊的治理单元。在当地,村民小组和村湾高度重合,有的一个湾子就是一个村民小组,有的一个湾子分为数个村民小组,或者数个湾子组成一个村民小组。这样,在村民小组这一组织内就达到了宗族社会与自治单元的整合。小组内部基于宗族社会构成了一个紧密的熟人社会单元。产生于这样的村民小组组长不仅对于组内事务足够了解,在小组内也比外人更能使人信服。这样,村民小组不仅起到了统合传统与当下社会的一个单元,也成为承接村级治理任务的中间层。

四、输入型纠纷:乡村振兴背景下的纠纷类型

外部资源的输入给村庄的发展带来机遇的同时也给村庄的治理带来了新的

挑战。传统的乡村只是承载生产生活活动的场域，没有多少的利益纠纷。而且，传统社会自身拥有一套化解纠纷的自我调解机制，纵然产生纠纷，大部分也可以通过宗族社会的自身秩序得到解决。但是随着乡村振兴的推进，在资源的下沉以及有关涉农政策的实施下，乡村社会迎来了前所未有的变局。下沉到乡村的资源需要被合理地分配，相关的政策需要村民的配合才能够落地。但是，传统社会秩序的解体以及既有自治秩序的变化，使得乡村内部不能从容地应对现有的治理任务，一些新的纠纷在这一过程中出现了。不同于以往的纠纷类型，新纠纷的出现表现为外部因素的介入和刺激，同产生于村社秩序本身的传统类型纠纷相比，这显然是一种"输入型的纠纷"。

（一）土地权属纠纷

在王英镇，耕地一般被分为可耕种的水田、旱地和不可耕种的山地。在传统社会，土地只是作为农业生产的场域，并不产生市场化的经济利益。可耕种土地，在宗族社会解体以后，一般以核心家庭为单位进行承包经营，并不容易出现权属纠纷。但是林地，因为其不可耕种，不能带来太多经济效益，一直以湾组为单位集体共有。况且，各个湾组因为当地的宗族特征，往上数几代都可以追溯到一个祖先，山林土地在当地的观念中一直被当作族产存在。这样，在国家权力未能全面覆盖的领域，村民依靠族产这一祖业观念形成了一种具有地方性认同的权属界定。①

随着国家对个体财产保护的加强，土地被要求确权到各户，再加上当地的旅游开发，土地上附着的经济利益日益显现。通过明晰权属来保障农户的财产权，以旅游开发的形式来提升当地居民的经济收益，这对于当地的居民来说本是一件好事。但是，这些好事却也成为当地土地权属纠纷的诱因和催化剂。土地上经济利益的显现，使得当地上演大量围绕着土地权属的纠纷。

如在高山村，原有一个A自然湾，1982年颁发林权证的时候200亩山林被颁发给了A湾组所有。1984年行政改制，A湾组的一部分被划归到了王英村，但是当时的山林并没有重新分配。2000年，被划归到王英村的A湾组将山林承包给

---

① 陈柏峰."祖业"观念与民间地权秩序的构造——基于鄂南农村调研的分析[J].社会学研究，2020，35(1)：194-217，246.

了开发商。直到 2014 年，高山村 A 湾组的居民前往山林送葬，和承包山林的开发商产生了矛盾，才发现了山林已经被承包。因此，自 2015 年起，高山村 A 湾组为了争取土地权益，先后向各级政府部门寻求帮助，并将王英村以及开发商起诉到了法院。最后经县政府协调，商定将原有的 200 亩林地中的 60 亩重新确权给高山村 A 湾组。但是事情没有得到解决，因为早在承包的时候开发商就将 130 万元土地承包费用付给了王英村 A 湾组，所以开发商不可能再给付一部分承包费，而且王英村 A 湾组也早已将这笔钱分到了各农户，不可能再向各个村民收取。直到现在这个纠纷仍旧没能解决，高山村 A 湾组的村民因为并没有得到相应的经济权益，依然在向政府主张自己的权利。

又如 2017 年 B 自然湾前往山林时发现本湾组内的山林内有 C 湾组的新坟，B 湾组的村民强烈要求 C 湾组必须将坟地迁走。原因在于，在当地的传统观念中，若是坟地埋在哪块土地中，那么林地就被默认是其个人的。此外，根据当地的传统观念，B 湾组认为，C 湾组的这种行为会抢走 B 湾组的风水。但是，B 湾组与 C 湾组都为同一姓氏，往上数几代人都为同一个祖先。之所以分为了 B、C 两块林地，是因为两个湾组的"房头"不同。在 C 湾组看来，风水好的地块也应该有他们的一份，因为本就是源于一个祖先，老祖业的风水他们应该共同享有。所以，C 湾组并不愿进行迁坟。为此，清明节期间 B 湾组近 300 人回到了湾子，准备强行进行迁坟。为了缓和两个湾组之间的矛盾，政府派出了特警维持秩序，并连着向 C 湾组做工作，才将此纠纷平息。

此外还有一个案例是由于 1971 年兴建水库，当地村民房屋和土地被淹没，政府给予了相应的财政补贴。2006 年以后，当地政策改为只淹地不淹房的村民不享受移民补贴政策，仅给予少量的补贴。同一时期，国家停止了农村的土地调整，实行"生人不加地，死人不减地"政策。因此，因水库修建被淹没了土地的湾组既失去了大部分土地又没有享受到期望的移民补贴。而 20 世纪 70 年代，因为农业学大寨，该村发动村民在当时开荒整理出了一块耕地，后来耕地被划分到了该村的 D 湾组所有。2017 年，被水库淹没土地的几个湾组认为不公平，要求村里将现 D 湾组所有的那块土地进行重新分配。围绕这个土地重新划分引起的纠纷也一直持续到了今天。

土地上附着的经济利益的显现，成了土地纠纷展开的诱因。通过国家的土地确权，当地村民要求分享土地经济利益的诉求有了合法、正当的法律基础。但是当村民这一合法诉求放入村庄的具体情境,却又引发了多方利益主体的纠纷和冲突。原本合法的诉求,放在村庄的历史情境中似乎又有些不合理且难以执行。产权的明晰在村庄社会的现有秩序之中并不能找到明确的支撑,不同人认同的分配规则并不相同。① 文本与现实、法律与传统、历史与现在的村社相互交织。

(二) 事权分配纠纷

为推动乡村建设,该镇的各村每年都会有一些工程项目。由于项目分配的原因,可能会引发两方面的纠纷。一方面,因为村内每年经费有限不能承担所有的村庄建设项目,所以只能选择开展重要的项目或者提前做好规划。比如在新屋村,如果 E 湾组想要修一条路而 F 湾组想要建设一个水房,若不能协调好,两个湾组之间必然会产生矛盾。另一方面,在新屋村,那些专业性比较强的项目一般会交给专业的第三方机构来承建,而那些专业性要求比较低的项目,如修路、栽树,则交给本村各小组的工匠来做。因此,项目建设在村内各湾组间的分包也有可能会引发纠纷。

这种事权分配的纠纷,源自自上而下推动的乡村建设治理,本质是对资源输入而引发的发展、收入机会的争夺,在村社内部体现为湾组之间的纠纷。

(三) 压力型纠纷

除了通过资源下沉来扶持乡村发展,国家还通过推动一些政策来改造农村自然与人居环境。2018 年国家出台《农村人居环境整治三年行动方案》后,王英镇各村也开展了如火如荼的人居环境专项整治运动。当时由县级各部门出台具体的规定和标准,对农村各个方面的环境进行整治改造。从乡村道路到房前屋后,后来又要求包括房屋室内,都必须按照标准进行清洁整理。高标准的人居环境整治要求与农村既有的传统习惯形成了巨大的反差。如各村原本都有在房前堆柴、种菜、饲养家禽的习惯,但是按照人居环境整治的要求,这些都不被允许。如在新屋村,原本一户老人一直有养鸡的习惯,但是人居环境整治开始后村委多次进行劝

---

① 张静.土地使用规则的不确定:一个解释框架[J].中国社会科学,2003(1):113-124,207.

导让其放弃。但最后,只能同意老人继续饲养,同时要求其将之养在屋后较为隐蔽的地方。此外,为了加强对公益林的保护,随着《国家级公益林管理办法》的出台,当地也加强了对公益林的保护,国家一级公益林不再允许砍伐。这种对林地的严格保护,使得村民无法再依靠山林获得木材,这些政策在过往的一段时间内也与当地村民的生活习惯产生了一定的矛盾。

像人居环境整治、国家公益林保护这些政策本身是出于改善农村自然、居住环境的目的,但是政策落地的过程中,严格的政策要求与农村既有传统之间形成了矛盾,作为政策执行者代表的村委会甚至是政府也与村民之间出现了纠纷。

五、策略性行动:村民小组的纠纷调解机制

乡村振兴的推进,使得资源下沉到乡村层面,相关政策也要落到村庄层面贯彻执行。但是由于村委工作内容与工作性质的变化,他们不再花费时间和精力直接组织村民完成这些政治任务,也无力再充当村内纠纷的协调人。因此,任务落实与纠纷调解须依靠更为具体的治理单元即村民小组。王英镇的乡村自治,为调查组展现了村民小组如何参与到乡村治理中来,并通过一些变通式的行动有效避免或者化解治理过程中的纠纷。这些变通式的行动,是一种策略性的行动,即治理主体综合运用各种正式或者非正式的方法,达到基层治理目标的行为。[①]

(一) 变"具体"为"模糊":变通式的政策落实

因为林地的特殊性,历史上林地在当地一直被视为族产存在。在这种族产的观念中,个体与个体之间并没有那么明显的区分,林地的所有者是以"我们"的概念存在着。加上林地并不产生多少经济效益,所以当地在村湾内部也就延续了这一传统,并没有像耕地那样划分到各户。1982年颁发的林权证,只是以村民小组为单位进行了权属划分。因为在当地的宗族文化体系内,林地只是没有什么经济效益的山地,村民也不重视该地权属的划分。各湾组也只是自己填写了四至就将

---

① 欧阳静.基层治理中的策略主义[J].地方治理研究,2016(3):58-64.

林权证交由政府部门备案,实际上不同湾组划定的四至互相之间存在着很多的交叉与重叠。但是,当时谁也没有预料到以宗族文化为背景的"我们"观念会在以权利体系为背景的"我"的观念面前被迅速冲淡。

2000年以后,当地开展了新一轮的林地确权,这次确权要求将林地确权到各个农户,并要求各村将之当成一件必须完成的政治任务。权属的明晰无疑有利于加强对农民财产权的保护,但是,对于生活在当地的村民来说,除被开发的林地外,其他荒地没有经济价值。况且,漫长的宗族传承已使得林地间的界限模糊。这些荒林地以组内共有产权的形态存在,不仅有利于共同体的维系,而且不会造成纠纷。当地的村干部非常清楚,对林地进行真正的确权只会在村庄内激发矛盾,因此,当地村干部说:"越是确权越是麻烦。本来地都荒着,放在那没什么事儿,一旦确权就会激化矛盾。"因此,当新一轮的确权作为不得不完成的任务落到乡村的时候,为了不激化矛盾,以宗族为底色的村民小组发挥了重要的作用。在确权的过程中,各村民小组在组里找到五个威望较高的人对组内的各户进行林地确权。但分发到各户的林权证四至互有重叠,实际上林地仍旧以组内共有的形式存在,确权只是在形式上进行。组内威望较高的人来监督这一讨论,增加组内村民对确权的信任。通过这种形式的变通,村内既完成了确权任务,又避免了激化村内矛盾的可能性。

类似的行为还体现在该地的大胡村对公益林保护规定的变通上。随着公益林保护政策的加强,当地禁止了对公益林的砍伐。但是在先前的一段时间内,因为生活的需要,村民仍旧要依靠山林获得一定的木材。这样,村民对木材的需要便同国家的公益林保护政策之间形成了一对矛盾。为了避免矛盾的激化,大胡村以湾组为单位对这一规定进行了变通。小组内约定,组内每年可以砍伐五棵树木。若组内的农户果真有砍伐树木的需求,需要提前向小组组长说明,在组内进行讨论后再进行。这样的变通,有效解决了农户的木材需求无法得到满足的问题,且避免了农户与村委或者政府间产生纠纷。

无论是林地确权还是国家公益林保护,政策的设定原本都是具体且严格的。该法律、政策要求作为实施者的政府乃至村委会必须按照既有的规定来推行,否则将有损法律、政策的公信力和权威性。基于对当地实际情况的认知,基层的干部们了解到严格按照规定推动政策落地必然导致纠纷产生,但是,因为身份限制他们又不可能将政策变通执行。村民小组这一自治单元因为其本身的特殊性,恰恰可以通过变通完成政治任务且有效避免纠纷的发生。

（二）变"责罚"为"鼓励"：策略式的村民动员

人居环境整治开始以后，当地各村成立人居环境整治考评领导小组，负责村内人居环境的检查。但与农村既有生活习惯相差甚远的环境卫生规定并不能得到村民的认同，他们对于环境整治的积极性较低。而且，农村的道路以及房前屋后这些地方由于属于村庄的公共领域，村民关注度更低，因此，一直靠政府和村委推动的人居环境整治治理成本持续保持较高程度，也难以取得想要达到的效果。不止如此，卫生规定对村民生活、生产领域的侵入也引起了村民的抵触。当地村干部意识到，村内环境卫生的整治要改变村民"等靠要"的习惯，就必须调动起村民的积极性，让村民参与其中。

因此，为了动员村民积极参与，在村一级成立人居环境整治考评领导小组的同时，各村充分发挥了村民小组的作用。如在新屋村，村内每个月都要进行一次环境评比，对环境卫生保持最好的农户进行奖励。环境卫生的评比首先要求以小组为单位在小组内部进行推选，之后人居环境整治考评领导小组加上小组代表对小组推选的农户进行检查，如果确实是组内环境卫生标杆，那么就对该农户进行奖励。这种定期的评比压力，使得村庄内的面子机制被激活，各农户都期待自家的卫生环境能够得到外在认可。由此，在各湾组内，各农户的卫生保持形成了互相对比竞争的习惯，农户的积极性被充分调动起来。

通过以小组为单位的考评，且辅以激励机制，人居环境整治由外部行为彻底转化为村庄的内部行动。外在的压力性要求被转化为内在的动力，原有的纠纷通过小组的运作被巧妙化解。利用熟人社会的机制，也使得当地环境卫生的评比进展到农户室内检查居家卫生，治理的效果显著。

（三）小组为单位的互动协调

村庄发展机会的分配机制，充分体现出村民小组的协调作用。为避免村内工程建设项目因分配不均引发矛盾，在新屋村，首先会以小组为单位对需要建设的项目进行上报，在村级层面开会确定每年的建设项目。此外，在村内工程建设方面,该村首先以小组为单位完成对村内工匠的整合,村内的工程建设项目会轮流发包给各小组工匠。建设过程的监督和验收则由村内的建设监督委员会以及其他的小组来完成,保证公正性。通过以小组为单位的协调,不仅有效避免各小组间纠纷的发生,更将由乡村建设产生的收益留在村社内部。

在当前乡村振兴的背景下,大量的资源下沉与政策任务已经使得村委变得越来越行政化。村委与政府的互动使其几乎成为乡镇政府的下级机构。相应,村委会干部也被纳入这样的科层体系,逐渐丧失部分工作的灵活性与自主性。相比之下,村民小组组长湾组成员的身份能够充分获得村民信任,与已经半行政化了的村委干部相比,村民小组组长更能够有效发动村民。此外,非科层化的环境氛围可以减少他们的工作顾忌,拥有丰富自主性和灵活性。这样,国家的政策在小组一级通过变通得以同地方性的知识、传统相融合,从而有效避免和化解纠纷。

六、走向衰落:村民小组的"生存"困境

王英镇的村民小组具有和宗族社会高度重合的特点,在宗族社会传统的影响下,小组内部仍旧维系着较稳定的团结,在红白喜事、祭祖、山林经营等方面尚且可以展现出一个亲密的共同体特征。也正因此,宗族社会的一些既有的秩序和规则,如面子与族产观念,仍旧能够在小组内发挥作用。正是运用这些规则,有效避免了村庄治理过程中纠纷的产生。但是,在现代化的驱动下,宗族社会正逐渐解体,宗族在社会治理中所起的作用在逐步下降,宗族社会的价值观念也在逐渐失去现实支撑。在个体权利保护日益强化的背景下,宗族集体观念的约束也越来越不具有合理性。与此同时,与宗族社会高度重合的村民小组的社会整合能力也逐步下降。

(一)宗族功能的有限性

尽管与一般的农村相比,当地仍旧保留着比较强的宗族传统,比如,各自然湾、各姓氏集团仍能够自筹经费建设祠堂,每逢祭祖、红白喜事,宗族内部也会一起行动,以及在涉及族产纠纷时,宗族一致对外,甚至在更大的范围内成立有本宗

族的宗亲会。但是,随着市场因素的浸入,宗族内部在传统宗族事务中的互助性正逐步减弱。在城镇化的推动下,年轻人的宗族认同也逐渐降低。如同一位村民所讲:"修建宗祠要求每家拿钱,不是说一定愿意拿,你不拿的话他们就让你的父亲找你要,没办法,总是得要点儿面子的嘛!"可见,在年轻人的视角里,修建宗祠这种仪式性的活动几乎已经失去了其背后的价值支撑,只是靠"面子"在勉强维系。

(二)脆弱的自治秩序

王英镇各村的村民小组在村民自治中的表现,使得调查组充分认识到村民小组这一自治层级在基层治理过程中的功能。但是,这种自治参与是在资源下沉背景下被激活的。其根源在于外部因素的刺激,而并不是村社内部生成的自发秩序。或者可以说,这种自治秩序具有脆弱性,一旦失去背后的资源支持,被激发的自治秩序就会自动瓦解。

此外,在村民小组内部,由于人员的外流再加上小组组长薪酬过低,每次换届几乎都很难找到接替者。小组组长的薪酬不是政府财政给付,而是由村内资金按各小组人口给付。如高山村 A 湾组,该小组村民共 200 人,小组组长每年的薪资是 600 元,很多小组内村民都不愿担任这一工作。因此在当地,各村民小组组长几乎每年更换,由组内的村民轮流担任。按照这个规则,迫于面子,轮到时谁也不好拒绝。

七、总结与讨论:如何实现乡村善治

无论村民小组接下来的命运如何,其在王英镇乡村治理过程中发挥的作用,都展现出了它在实现乡村善治中积极的一面。村民小组中村民自治实践以及在自治过程中对德治方式的运用,使得法治得以在乡村落地,且有效避免了社会纠纷的发生。可以说,通过村民小组治理,王英镇做到了法治、自治与德治的融合,且实现了乡村善治。

当下的乡村社会,正处于剧烈的转型过程中,各种历史与现实的因素在其中相互交织碰撞,使其成为矛盾的交会点。那么,如何有效避免和化解矛盾也就成为实现乡村善治的重点。乡村善治即乡村治理诉求的实现。但当下阶段的乡村治理决不等同于一般意义上的法治。法治在乡村的推行也决不能被简单地理解为依法治村,而是要将法有序嵌入乡村社会。那么这就要求在乡村治理的过程中对村庄的历史与现实进行充分考察,既要推动法治,又要尊重乡村的秩序与传统。只有推动法治、自治与德治在乡村治理中的有机融合,才能有效促成乡村善治。

指导教师评语

　　农村社会的稳定是整个国家和社会安定的基石。在乡村振兴的背景下,要维系农村社会的稳定和秩序就必须妥善处理好各种类型的矛盾纠纷。为此,不仅要发挥诉讼方式在定分止争中的作用,更要注重激发各种农村基层组织力量,乃至社会力量参与纠纷化解的积极性。这篇调研报告立足于中国农村的实际,通过细腻的田野调研,发掘出了村民小组这一组织在基层社会纠纷化解中所具有的不可替代的功能。进一步而言,村民小组虽小,但却是推动基层社会法治、自治和德治相融合——这一国家重大战略的有效组织和制度载体。作者"小切口、大关怀"的写作方式赋予了这篇调研报告重要的学术和现实价值。

(郭亮　华中科技大学法学院教授)

第二部分 产业发展

文旅融合模式下的都市乡村田园综合体建设研究

——以武汉市仓埠紫薇都市田园景区为例[①]

摘 要

"两江交汇,三镇鼎立"是武汉特有的城市格局,而于2022年初成立的长江新区则为江城今后30~50年的发展预留了空间,位于长江新区范围内的仓埠街道有幸参与到如此重大的经济发展变革中。2022年7月底,"寻梦田园风光,情醉紫薇花海"暑期社会实践队来到仓埠街道,开展了乡村振兴调研。在本次乡村振兴调研中,实践队分别对乡村街道领导、文旅企业骨干、普通村民三种不同群体进行深度访谈和问卷调查:体会政府在乡村振兴的地方政策引导、指明工作方向等方面的重要作用,出台的一系列政策利好促进了区域的经济发展;武汉紫薇文旅集团在近几年的仓埠民营经济发展中发挥了重要的引领作用;农民的生活有了显著的变化,切实地感受到当地原本艰苦耕作生活的改善,以及铺设柏油路、农村厕所革命给人民带来的益处。此次调研,团队了解到中国广大人民群众最真实的情况,在乡村振兴的战略下,重塑美丽农村成为可能。

关键词

乡村振兴;基建振兴;乡镇企业;美丽乡村

一、问题的提出

乡村振兴是实现中华民族伟大复兴的一项核心任务,全面实施乡村振兴战略

[①] **社会实践团队名称**:华中科技大学"寻梦田园风光,情醉紫薇花海"暑期社会实践队。
团队成员:雷尚霖、潘浏飞、胡蝶、肖宇曦、罗涛、张晓、陈阳、陈园、余亮、李文杰、曾乐仪、龙永峰、徐诗博、蔡雄威。
报告执笔人:雷尚霖、潘浏飞、胡蝶、罗涛、肖宇曦、张晓。

的深度、广度、难度丝毫不亚于脱贫攻坚。全面推进乡村振兴工作已经开了个好局,但疫情等原因导致的不利影响因素、不确定因素依然存在。同时,还有些地方经济发展基础仍然薄弱、自我发展能力仍然不强,相当一部分脱贫民众虽然基本生活有了保障,但收入水平仍然不高。做好巩固和拓展脱贫攻坚成果同乡村振兴有效衔接、全面推进乡村振兴任务意义重大,工作依然艰巨。

为扎实推进"三乡工程",加快实现乡村振兴,市人大代表、武汉紫薇都市田园董事长袁惠文建议,在新洲仓埠打造全国一流都市田园综合体,建设一批特色村镇、共享农庄。袁惠文说:"推进都市田园综合体建设是实施'三乡工程'、加快乡村振兴的有效途径,我们有信心、有决心、有能力,全力打造全国一流都市田园综合体。"

紫薇都市田园坐落于新洲区仓埠古镇,地处长江新区规划范围内,毗邻国家航运物流枢纽阳逻国际港。利用天独厚的地理优势,从 2014 年发展至今,经过紫薇人的不懈努力,紫薇都市田园长足发展,已建设成为一家集农业休闲旅游、亲子互动、研学旅行于一体的国家 AAAA 级景区,并先后荣获"全国青少年农业科普教育示范基地""全国森林康养基地""全国就业扶贫基地""湖北省农业产业化重点龙头企业""湖北省休闲农业示范基地"等百余项荣誉。

未来,紫薇都市田园将充分发挥国家级田园综合体核心发展区优势,整合仓埠古河道、"泛武湖"旅游资源,最终创建"泛武湖"国家级旅游度假区,成为乡村振兴的示范样板、"农业+文化+旅游"于一体的新片区。为深入了解乡村振兴战略的活力与美丽乡村建设现况,华中科技大学"寻梦田园风光,情醉紫薇花海"暑期社会实践队赴武汉市新洲区仓埠古镇紫薇岭紫薇都市田园当地开展乡村振兴发展实践调研。

二、社会实践调查方法与调研地实况

(一)社会实践调查方法

1. 访谈调查法

访谈调查法具有灵活性和准确性:一方面,若访谈者事先对访谈问题考虑得不够全面,则可以在访谈中根据访谈效果对内容进行适当的修改与补充,以确保调研信息的准确和完整;另一方面,在面对面访谈时,访谈者通过观察被访谈者的动作、神态等细节,可以获得更为真实的背景信息,从而做出更加灵活的判断与分析,这对于提升本次调研结果的参考价值具有重要意义。在本次乡村调研的过程中,本实践团队通过与当地村干部、集团领导和村民面对面访谈来获取主要信息,了解政府部门在生态文旅、乡村振兴等方面的建设现状、政策举措、未来展望和面临的人才问题。

2. 实地观察法

观察法是指调查者带有明确目的,凭借自己的感觉器官及辅助工具,直接从社会生活的现场收集资料的研究方法,是收集社会初级信息或原始资料的方法。实践团队通过实地观察记录仓埠当地典型旅游景区紫薇都市田园、市级生态村丰乐村和县政府所在地仓埠街的配套旅游业基础设施的建设情况。

3. 问卷调查法

在各地村委会的帮助下,实践团队与村民进行交谈,并收集了 30 余份调查问卷,问卷共计 14 个问题,力图保障调研结论的说服力。此次问卷调查侧重于了解村民对乡村振兴的了解程度以及村民个人生活的状况。

(二)调研地点

1. 地理环境

武汉紫薇都市田园坐落于新洲区仓埠古镇,隶属于仓埠街道,是长江新区副城的重要生态屏障区,拥有得天独厚的地理优势。仓埠街道地处新洲区西北部,东倚倒水河,南邻阳逻开发区,西滨武湖与黄陂区六指街道接壤,北靠黄冈市红安县太平桥镇,总面积 160.48 平方千米,辖 61 个村、5 个社区,人口 9.14 万。

2. 文化背景

仓埠古镇是武汉市仅有的两座历史文化古镇之一,具有 2000 多年的历史。

古时为"千年粮仓渡口",今朝为"乡村振兴热土",古往今来一直是文化重镇。明代此地因建立贮粮仓库,史称"仓子埠",清代更名为"仓埠"并沿用至今。在武湖围垦之前,仓埠作为长江水陆货物和客商运输的中转站,商贸繁荣,曾有"小汉口"之称,是名副其实的千年古镇。

三、社会实践发现

(一) 政府政策扶持

宏观政策的引导、国家力量的支持,往往是点石成金的原动力。对仓埠街道团委金科长和选调生袁书记进行深度访谈后,实践团队了解到政府在乡村振兴的地方政策引导、指明工作方向等方面的重要作用。

1. 产业振兴方面

政府因地制宜,结出硕果累累。2018—2020年,由政府和企业牵头,仓埠当地率先建成了田园综合体雏形,由于地理位置优越、兴建成果出色,紫薇都市田园在2021年升级成为国家级田园综合体,获批中央资金3.5亿元,成为湖北省唯一的国家级田园综合体。

2. 基建振兴方面

仓埠街道一直致力于推动当地的经济发展和社会进步。在过去的几年里,仓埠街道已经完成了主要街道的柏油路铺设,这一举措改善了当地的交通条件,为居民提供了更加便利的出行环境。在高标准农田建设方面,仓埠街道积极推进农村现代化建设,推广先进的农业技术和设备,提高农村生产效率和农民收入水平。在美丽乡村建设方面,仓埠街道注重乡村环境整治和村庄规划建设,努力营造宜居、宜游、宜商的乡村环境。在农村厕所革命方面,仓埠街道在农村厕所改造和卫生设施建设方面取得了显著成效,改善了当地的卫生情况。

3. 青年回流方面

经过换届,仓埠团委的领导人大多是年轻人,青年干部正逐渐成为政府部门中的中流砥柱,不仅调动了年轻人的工作积极性,青年干部办事思路更灵活,且能够深入人民群众,倾听人民群众的心声。近些年,仓埠街道抓住一系列乡村振兴政策,开展国家级、市级田园综合体建设单位的布局,给区域发展注入了新鲜的血液。

(二) 乡镇企业

乡镇企业是我国农民的伟大创造。改革开放以来,乡镇企业异军突起,取得了举世瞩目的成就,为我国经济社会发展做出了重要的历史贡献。武汉紫薇文旅集团位于仓埠古镇,集农业、工业、文旅三个产业融合发展,在乡村振兴方面取得不菲的成果。实践团队在调研中了解到在近几年的仓埠民营经济发展中,武汉紫薇文旅集团发挥了重要的引领作用。集团在四个方面采取措施给农户们带来实在收益,助力乡村振兴。

1. 集团与土地租赁合作社积极配合

紫微都市田园占地面积高达 7500 余亩,需租赁大范围的田地。在与仓埠街道田地租赁合作社的配合协作下,将每户人家分散的土地集中起来,不仅便于集团管理,更使得农户们的租金收入由每亩 300 元增长至每亩 500 多元,提高了农户们的土地租金收入。

2. 提供大量就业岗位,吸引全国人才前来就业

由于新洲地理位置偏离武汉主城区,过去经济发展缓慢,当地年轻人许多选择前往广东、江浙等发达地区发展,人才流失问题严重。随着紫薇都市田园的建立,提供了大量就业岗位,当地年轻人可以就近工作。集团提供的就业岗位不仅留住了本地人才,还从其他地区吸引了一些优秀人才前来共同建设发展新洲,比如集团中很多高管是从全国各地慕名而来,如辽宁、山东、重庆、四川等地。人才汇集到新洲,有利于新洲的建设发展,形成一个经济发展的正反馈。目前集团项

目一年提供岗位数千人次,除每年约为 5 人提供长期合同,还提供许多临时性岗位,如为大学生提供暑期工岗位,大学生暑期工不仅可以得到每月约 3000 元的实习补贴,还可以学习到宝贵的社会实践经验。

3. 集团构建入股保底分红机制,保障农户权益不受损害

农户可以选择用土地或其他形式入股,集团在盈利后支付农户相应的分红。比如说选择土地入股,农户可以直接利用土地租金入股集团,在集团盈利后按照相应的利息返还给农户。分红分为多种模式,农户可以选择入股集团本身或是园区内的具体游乐项目等。分红时还存在保底机制,即农户分得的收益不会低于本金,即使项目出现亏损,也能保障农户不会有任何损失。

(三)村民调查结果

1. 紫薇综合体联农带农机制的对象多为农村老人

尽管武汉紫薇文旅集团在吸引年轻人回乡就业方面做出了重大贡献,但是村庄中的一线工作人员仍然多为农村老人(见图 1)。

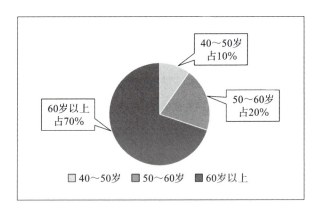

图 1　一线工作人员年龄分布

2. 村民的工作发生转变

通过对村庄中一线工作人员的访谈得知,早些年仓埠古镇里的年轻人大多数选择背井离乡外出打工。当时的老人为了生计,仍然选择去务农,一方面是因为

国家对种地有补贴,另一方面则是不愿意成为子女的负担。而近五年来,随着乡村振兴政策的逐步落实、街道发展方向的调整、专项资金的投入,武汉紫薇文旅集团等民营企业的兴起,当地农民有了更多的工作选择机会(见图2)。

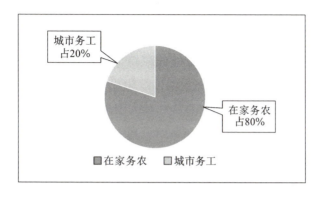

图2 村民在紫薇集团前的工作分布

3. 村民的生活得到了很大的改善

村民们以土地合作社和劳务合作社为主要平台,切实地感受到原本艰苦耕作生活的改善,以及铺设柏油路、农村厕所革命带来的便利之处,农民的生活有了显著的变化。同时企业还会定期组织文艺活动,丰富大众的娱乐生活(见图3)。

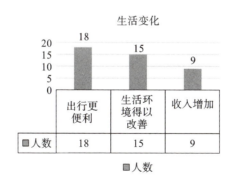

图3 村民生活变化

4. 科学技术协助农场耕种和养殖

通过访谈,实践团队还了解到,现在农场式的耕种和养殖大量用到无人机播种,使得耕种效率大幅提高,由于农业利润较低,一般而言需要大规模耕种。而土地碎片化的现状导致真正在农村耕作的农民并不是很多,更多的是以农民工的形式参与经济活动。访谈结束后,当地村委会还带领部分实践团队队员参观了当地的葡萄种植场,目之所及,一片碧绿,承载着的是丰收的喜悦。

(四)美丽乡村丰乐村

走进村门,映入眼帘的是错落有致的徽州民居,清一色的白墙黑瓦,古香古色,端庄典雅。柏油路宽敞平整,家前屋后绿树成荫,四周群山环抱,成片的紫薇花点缀着远方的山头。自然与人融合成广阔的图画,天空中飘荡着清朗的鸟鸣。

"绿树阴浓夏日长,楼台倒影入池塘。水晶帘动微风起,满架蔷薇一院香。"自古以来,植根于中华文明内核的就是农耕文化。在乡村振兴的战略下,重塑美丽农村成为可能,如何构建美丽乡村,丰乐村的调研给予了实践团队答案。

在与村主任详细交谈过后,实践团队了解到村子一步步建设成为美丽乡村的发展过程。2014年,丰乐村打响了仓埠街道建设美丽乡村的第一枪,开始全面整治人居环境,开展了村庄改造、厕所革命、污水治理、垃圾处理、村庄绿化、饮水安全和道路通畅等工作。在此基础上,引导村民将民居装修改建成乡村民宿,依靠紫薇都市田园和村域内得天独厚的自然资源优势,将旅游经济定位为生态赏花游,通过现场采摘、花卉盆景移栽等方式有效吸引众多游客来此打卡游玩。

与此同时,实践团队也了解到村民如何实现持续增收的具体细节。

1. 土地出租的收入大幅增加

从前农村分地的时候都是按照老一辈人开荒的耕地进行分配的,土地面积不多且分散,土地碎片化、分散化的问题根深蒂固。但是村子在与仓埠街道田地租赁合作社的配合协作下,村民个人持有的土地统一集中流转到了村集体,分散的土地得以置换整合。随着土地集中度的提高,边际成本递减,农户们的租金收入得以大幅增加。

2. 增加了就业岗位

由于早些年新洲地区经济发展缓慢,导致人才流失问题严重。但如今,随着美丽乡村建设的推进和产业的发展,当地越来越多的年轻人开始意识到,自己的家乡也有巨大的发展潜力,部分年轻人选择回归家乡,投身到美丽乡村的建设中。

在新洲区的美丽乡村建设中,当地政府鼓励年轻人返乡创业、就业,积极出台了一系列扶持政策。同时,一些具有前瞻性的企业也发现了新洲地区的发展潜力,纷纷投入美丽乡村的建设中,这些企业在收获当地政策利好的同时,不仅使企业得到了长足的发展,带动了乡村经济的快速发展,也为当地年轻人提供了一定的就业机会,从而吸引了大批年轻人回流家乡,共同为当地经济发展做出贡献。

3. 通过旅游业带动附近农户的空闲房屋出租

修建美丽乡村前,农户们面临着出租空闲房屋价格低、出租难等问题。随着紫薇都市田园和美丽乡村的修建,附近房价开始逐渐上涨,租借需求也快速增加。与新洲其他地区农村相比,这里由都市田园开发形成的旅游业优势,使附近房屋都能轻松租出,充分利用村民们的闲置资源,为附近的农户增加一笔额外收入。

随着乡村振兴工作的推进,乡村经济得到了发展,基础设施更加完善,乡村环境日益改善,村民整体教育水平逐渐提高……乡村正在尽自己最大的努力为年轻人搭建舞台,尽可能地提供资源帮助敢闯敢拼的年轻人回到家乡开创新事业。年轻人走进农村,帮助村民直播带货、网络销售、创新产品等,双方共促发展,带动了村民就业增收,为乡村发展添砖加瓦。丰乐村将建设成为武汉市乡村振兴的样板、旅游行业的标杆。

四、总结与建议

这次社会实践,团队怀真心、动真情,以对乡村的满腔热忱,收获了政府、企业和村民的信任。听着村民掏心窝子讲出的话,实践团队极大地拓宽了视野,了解到中国最广大人民群众最真实的情况,听到了最实际的反馈,在激发实践团队对"三农"问题进行思考的同时,也帮助实践团队探索一些问题的解决思路和方案。

(一)积极吸引年轻人游玩和入驻

实践团队建议民营企业增设适合年轻人的工作岗位,如园林规划师、景观设计师等符合仓埠街道"农文旅"规划政策落实和发展的工作岗位,不仅可以增加外出务工的年轻人返乡的可能性,还能更快地完成田园综合体的建设。

对于景区或旅游企业来说,年轻人是非常重要的客户群体,因此,为了吸引年轻人前来游玩,景区或企业应该注重改善以下几个方面。

(1)丰富的娱乐活动。年轻人热爱刺激和新奇的体验,景区或企业应该提供丰富多彩的娱乐活动,例如冒险运动、户外体验、音乐节、艺术展览等。

(2)个性化的住宿体验。年轻人对于住宿的要求相对较高,希望能够获得个性化的住宿体验,例如独特的房型、主题酒店、舒适的床品和设施等。

(3)社交场所。年轻人喜欢结交朋友,景区或企业可以提供一些社交场所,例如酒吧、咖啡厅、公共休息区等。

(4)环保和可持续发展。年轻人非常关注环保和可持续发展,景区或企业应该积极采取环保措施,例如减少使用一次性用品、推广环保交通工具等。

为了吸引年轻人前来景区或企业工作,可以从以下几方面入手。

(1)提供良好的工作环境。年轻人注重办公环境,景区或企业应该提供良好的工作环境,例如舒适的办公室、高品质的办公设施等。

(2)提供有吸引力的薪酬待遇。景区或企业可以为年轻人提供有吸引力的薪酬待遇,例如绩效奖金、年终奖金等,激励他们更好地投入工作中去。

(3)提供健全的职业发展规划。年轻人注重职业发展前景,景区或企业应该建立健全的职业发展机制,例如安排职业培训、规划合理的晋升机制等。

(二)适时增加员工们的福利

适时增加员工们的福利,可以增强工作人员的归属感。餐饮福利方面,企业可根据出勤情况为普通员工提供就餐补贴,为入职员工免费提供中餐;服装福利方面,企业免费为员工提供恰当的工作服装,能使整个团队看起来更具备专业素养;交通福利方面,有能力的企业可在固定线路安排班车接送员工;节日福利方面,在春节、端午、中秋等传统节日,为全体员工发放节日物资或补贴;生日福利方面,建立入职员工生日档案,逢员工生日时,公司为员工赠送礼品以表示庆祝,也可以召集其他员工为过生日的员工制造惊喜。具体而言可以从以下几个方面展开。

(1)提高薪酬。适时增加员工的薪资可以提高员工的工作积极性和生活质量。

（2）健康保险。提供全面的健康保险可以帮助员工应对意外情况和疾病。

（3）休假制度。落实双休和法定节假日休假制度可以帮助员工缓解工作压力，保持身心健康。

（4）职业培训。提供职业培训可以帮助员工提高工作技能和个人素质，为企业发展提供更好的人才支持。

（三）做好景区宣传工作

构建"大学生—社会实践—紫薇景区"的联合机制，大学生参加社会实践活动是一个非常好的锻炼机会，可以让他们在实践中学习知识、提高技能、增强自信心和团队合作能力。在紫薇景区开展社会实践活动，让大学生得到锻炼的同时，帮助田园综合体增加曝光度，吸引更多客流量。游客数量直接影响到景区的经济效益，通过宣传提升景区的知名度，引导游客走进景区、了解景区，进一步提升景区的影响力。人是最好的宣传媒体，尤其是当地人的口碑，是吸引游客的关键。做好政府门户网站，积极参加旅游推介会，密切与地方电视台、报社等单位的联系，尽可能通过官媒将广告打出去；以定制年票的方式吸引景点所在地的居民，让景区成为居民招待外地亲朋游玩的场所；与当地旅行社做好对接工作，更好地吸引游客。具体而言，可以采取以下措施。

（1）建立网站和社交公共媒体账号。建立网站和社交媒体账号，方便游客了解景区信息，游客也可以与景区工作人员进行互动交流。网站和社交媒体账号可以提供景区介绍、旅游攻略、线上门票预订、用户评价等信息和功能。

（2）举办促销活动。促销活动可以吸引更多的游客前来景区游玩。景区可以在特定的节日或重要活动时开展促销活动，例如特殊人群门票优惠，景区季卡、年卡优惠价等。

（3）制作宣传资料。制作宣传资料可以让游客更加直观地了解景区的特色。景区可以制作宣传手册对游客进行发放，拍摄宣传片、制作海报、投放广告等对景区进行宣传。

（4）参与旅游展会。参加旅游展会可以让更多的人知道景区的存在。景区可以积极参与国内外的旅游展会，向游客展示景区的特色和魅力，吸引更多的游客前来游玩。

（四）做好文化建设工作

任何知名景点的背后都有强大的文化背景予以支撑。以文化和旅游工作体制机制改革为契机，加大资源整合利用力度，优化政策环境、法规环境、工作环境，深度挖掘仓埠本地文化，创建文化产品，讲好仓埠故事。以文化和旅游领域供给侧结构性改革为主线，加快产业转型升级，以深度融合促进理念创新、机制创新、业态创新、模式创新，努力实现更高质量、更有效率、更可持续的发展。具体而言，景区可以通过以下措施做好文化建设工作。

（1）建立文化展示区。可以在景区适当的地方建立文化展示区，展示区可以展示文物、古迹、历史图片和文字资料等，让游客更好地了解景区的历史和文化背景。

（2）开展文化活动。景区可以组织与景区文化背景相关的活动，例如文化节、文化讲座、文化体验活动等，不仅可以让游客更好地了解景区的文化背景，同时也提高了游客的体验感和满意度。

（3）建立文化品牌。景区可以建设自己的文化品牌，例如打造特色产品、创建景区文化吉祥物等。通过打造文化品牌，可以提高景区的知名度和品牌价值。

（4）培养高素质的导游。景区可以培养一批高素质的导游，导游们不仅可以为游客讲解景区的人文景致，带领游客更好地领略景区美景，同时，高素质的导游还可以成为景区的文化形象代言人，提高景区的知名度和品牌价值。

丰乐村、紫薇田园综合体、仓埠街道，这些都是中国乡村振兴战略背后的缩影。本次调研从宏观、中观、微观三种视角对新时代背景下的乡村振兴现状进行阐释，得到了第一手调研资料，并进行了总结和建议。团队成员用实际行动完成了暑期社会实践任务，每一次与村民的热切交谈、每一个情不自禁露出的笑脸、每一滴烈日中落下的汗水，都是对时代使命最认真的作答！

指导教师评语

非常高兴该实践团队的调研取得了这么好的成果,我将三个方面对该活动给予评价。

首先,该实践团队组织凝聚力非常强。队长能够在短时间内组建好团队,并且协作默契、相互配合,共同完成了本次活动。在这个过程中,团队中每个人都发挥了自己的特长和优势,充分发挥了团队的力量。这样的团队精神和组织能力,是非常难得的。

其次,团队组织的活动具有实际意义。通过问卷调查法、实地观察法、访问调查法等多种方式,收集了大量的资料和信息。这些信息不仅可以为乡村振兴的实践工作提供参考,还可以为其他地区的乡村振兴工作提供宝贵的经验和借鉴。在乡村振兴战略下,了解农村的实际情况和发展瓶颈,是非常有必要的。此次调研活动,为解决实际问题提供了很多有益的思路和方法。

最后,团队的活动研究问题的实用性非常强。通过多种方式和渠道,收集了大量的资料和信息。这些资料和信息不仅量大、质优,而且与实际问题紧密相关,具有很高的实用性。通过研究这些问题,实践团队提出了很多有用的建议和措施,为解决实际问题提供了有益的思路和方法。这样的实用性研究,是非常有价值的。

总之,该团队组织的调研活动比较成功,具有很高的实用价值和实际意义。希望团队成员们能够继续发扬团队精神,不断提升团队的研究能力和实践能力,为乡村振兴和社会进步做出更大的贡献。

(罗为　华中科技大学光学与电子信息学院教授)

乡村振兴背景下田园综合体发展成果与困境调查

——以浙江省瑞安市曹村镇田园综合体为例[①]

摘 要

田园综合体乡村建设是培育和转化农业农村发展的动力[②],是浙江省温州市瑞安市乡村振兴的重要一环。为探寻田园综合体在乡村振兴中的作用,本实践团队前往浙江省温州市瑞安市曹村镇,采用问卷调查法、实地观察法、访问调查法等调查方法,收集曹村镇内发展田园综合体的相关政策、生态文化旅游发展情况等资料。经考察发现,田园综合体的建设具有增加居民收入、改善生态环境、增加乡村地区就业岗位等作用。该地区田园综合体的发展颇具地方特色,已经取得了一定成果,但仍存在土地指标问题难以攻克、宣传力度不够、区域内部发展不均等困境,仍需要政府进一步的规划和落实。

关键词

乡村振兴;田园综合体;发展成果;对策

一、问题的提出

曹村镇位于浙江省温州市瑞安市,地处瑞安市中南部,位于 104 国道线与 56 省道线的交汇点南侧。该镇距温州机场仅 48 千米,其东接瑞安市区,西邻文成县、泰顺县,南联平阳县,北处飞云江畔,三面环山,山清水秀,资源丰富,环境优

[①] 社会实践团队名称:华中科技大学赴浙江温州"悠悠田园景,综合促振兴"暑期社会实践队。
团队成员:王逸帆、张欣彤、陈伟森、胡皓程、陈宇彬、林亚、林子坤、陈子箐、徐继凯、高鑫瑶、胡濠向、黄翔宇、赖登宇、李若熙、夏千惠、李塘、温璞、姚林勇。
报告执笔人:王逸帆、张欣彤、夏千惠、姚林勇、林亚、李若熙。
[②] 林麒琦.浙西山区田园综合体景观营建途径研究[D].杭州:浙江农林大学,2020.

美,水陆交通便捷,地理位置得天独厚,也是抗日战争时期革命老区。

田园综合体是以田园生产、田园生活、田园生态为核心要素,集田园生态、现代田园农业、田园休闲旅游、田园社区等多功能于一体的农业文化旅游业态综合模式,是一二三产业的深度融合,是生产、生活、生态的复合空间。在中央下达指令加快国家级田园综合体建设的环境下,曹村镇因具有得天独厚的地理位置、农林兼顾的生态环境和源远流长的耕读文化等优势,成为瑞安市乡村振兴、促进城乡融合发展计划的重点区域之一。作为家乡在浙江省温州市的华科学子,实践团队在关心国家发展大政策的同时,也关心着家乡乡村政策的实施与乡村特色经济的发展。在查阅了相关资料后,实践团队正式确定了曹村镇为此次实践调查的目的地。

温州地区丘陵连绵、依山傍水,在人们所说"七山二水一分田"的条件下,该地区大部分的乡村特色旅游发展都是依托小农田、小花田及海洋,很难找到一大片平原来大规模发展统一种植,而这也凸显了曹村镇田园特色所在——有大规模统一种植的田地和作物。相较于小型农业的体验模式,游客们在大型农业的观感体验中,更能够感受到一种全新的乐趣,也能够更直观地感受自然与农耕带来的震撼。此外,曹村镇旅游业的快速发展,进一步增加了镇内的就业岗位,极大程度上带动了曹村镇人民的经济发展,使曹村镇的农业进一步向现代化农业发展,由此形成了良性循坏。

曹村镇在整个温州市乡村振兴的发展过程中,占据了独一无二的地位,发挥了积极的作用。实践团队希望通过本次实地调研,了解曹村镇近年来为了打造田园综合体在垃圾分类、旅游、研学、交通、人才与产业等多个方面所做出的努力和改变,以及目前依旧存在的问题,并提出一些解决问题的对策。

此次调研活动中,实践团队以调查曹村镇田园综合体为重点,通过走访当地景区、村镇以及政府相关部门,以游客问卷调查、村民访谈、政府工作人员访谈为主要形式,深入了解曹村镇生态文明、游客体验、居民感受、政府政策等方面的现状,挖掘曹村镇田园综合体在乡村振兴发展中的优势以及仍待改进的问题。

二、调查方法与田野点概况

(一) 调查方法

本次调研主要采用质性研究方法,辅以数据量化法,在浙江省温州市瑞安市曹村镇开展了实地考察、访谈调查和数据收集。

1. 调研前期

调研前期实践团队采取了文献调查法,通过温州市和瑞安市政府网站、曹村镇的微信公众号等,集中了解当地政府的乡村振兴策略和曹村镇的自然条件、历史背景、发展现状等,重点了解曹村镇田园综合体旅游业发展情况以及田园综合体概念。此外,还积极寻找成功的田园综合体案例,获取文献资料,奠定调研知识基础。

2. 调研中期

为了在实地调查过程中深入基层获取第一手资料,了解曹村镇在发展田园综合体过程中遇到的问题,并根据调查结果提出行之有效的解决方案,实践团队采用了以下调查方法。

(1) 问卷调查法

发放网络问卷,对来自不同地区的调查对象设置不同问题,了解群众对田园综合体的印象与意见,包括出行方式、收费合理与否、投资意向等,共计有效问卷364份。此外,还向游客发放了问卷,了解游客赴曹村镇游玩的原因、游玩体验、再游玩意愿等,共计有效问卷17份。

(2) 实地观察法

乘坐田园综合体配备的观光车,在游览田园大眼睛、东岙文化礼堂、东岙民宿等地的过程中,观察记录曹村镇的旅游业配套基础设施建设情况及景点建设情况。观察当地的交通情况以及宾馆、酒店、民宿的数量,了解当地旅游业的发展状况。

（3）访问调查法

为考察当地群众的生活情况、当地推进乡村振兴的措施以及曹村镇田园综合体的发展情况，实践团队随机走访了曹村镇普通村民，电话访谈了曹村镇的村支书和种植大户，访谈内容涵盖交通、收入、对当地田园综合体的了解等方面。还通过电话采访了当地"抱团"项目——进士旅游公司的负责人，了解旅游业的发展对当地就业的影响、各村的分工与分红、组建项目的初衷等。与曹村镇政府负责生态、民宿、交通、人才等方面的相关部门工作人员进行了交流，询问曹村镇田园综合体发展过程中曾出现的和仍存在的一些问题、相关政策实施情况，以及田园综合体的发展对当地经济情况的改善和对其他产业的影响等。

3. 调研后期

实践团队将收集到的相关数据，例如通过问卷调查获得的数据信息、实地采访获得的文字和多媒体资料，以及团队成员写的每日调研日记，进行归纳整理。结合前期文献资料与实地考察获得的样本数据，运用多种方法进行分析，并与指导老师沟通，修改相关细节，应用专业知识进行分析。此外，以多篇关于田园综合体的研究报告为对照，运用相关经济学理论进行数据分析，提出政策性建议。

（二）田野点概况

近年来，温州市在不断创造经济奇迹、推进城市化进程的同时，大力进行美丽乡村建设，推行全域旅游，促进乡村振兴，盘活生态资源。在此契机下，作为全域美丽田园综合体样板的曹村镇积极践行"绿水青山就是金山银山"的理念，通过"农旅振兴、产业振兴、文化振兴"的乡村振兴模式，打造出颜值高、乡风纯的特色小镇，焕发出了新的活力，走上了发展的新道路。作为"三位一体"农村新型合作体系重要策源地，曹村镇立足生态资源，以"文都武乡、瓯越粮仓"为目标，以建设产业融合的田园综合体为契机，大力挖掘乡村旅游元素，打造了集休闲农业、生态旅游、户外运动、文化体验、康体度假等产业的田园综合体示范点。[①] 2018 年 5 月，曹村镇入选浙江省环境综合整治 2018 年度省级样板创建名单，荣获中国耕读第

---

① 陈艳琼.瑞安曹村镇　诗画田园铺就乡村振兴路[J].温州人,2021(7):60-63.

一镇;2020年,曹村镇入选全国乡村治理示范乡镇。曹村镇还参与了未来乡村建设项目,不断推进数字化,促进信息融合,2021年11月,列入浙江省数字生活新服务特色镇名单。

1. 曹村镇的优势

（1）自然资源丰富

曹村镇地理位置得天独厚,三面环山,山清水秀,资源丰富,环境优美,水陆交通便捷,镇有林地面积1811.74公顷,森林覆盖率56.35%,林木绿化率56.64%,镇建成区绿地面积304.513公顷,林木覆盖率为26.89%,人均公园绿地面积7.29平方米以上。此外,曹村镇还是农业大镇,农业物产丰富,主要农作物为水稻,经济作物有西瓜、杨梅、甘蔗、马蹄笋、毛豆等,曹村镇全年农田水稻种植面积约1.3万亩。

（2）文化底蕴深厚

自南宋绍兴二十七年(1157年),曹逢时首登进士第,至明成祖永乐二年(1404年),200多年间,曹村镇一共走出了82个曹氏进士,素有"中华进士第一村"的美誉。曹村镇也是浙江南拳武术文化的发源地之一,南少林马坦门了旺大师、张百龄大师都是出自这里,曹村镇男女老少至今依旧保留着习武强身的习俗,在瑞安市本地就有武术学徒3万余人。曹村镇的"滚龙""灯会"活动历史悠久,流传至今,成为温州"申遗"的宝贵项目。曹村镇还是抗日战争时期革命老区,具有厚重的红色革命文化。此外,曹村镇优越的地理位置,使其形成了独具特色的农耕文化和水文化。

（3）旅游景点丰富

曹村镇主要的旅游景点有曹豳公园、梅龙溪、明教寺、西隐古寺、圣井山石殿、泰安进士文化步行街、进士文化国学馆、东岙莲清园、东岙文化礼堂、垟心岛、南岙革命纪念馆、许岙南拳武术文化馆景观、南部桃源花海景观、中华儒学景观和许岙运动景观区,以及外围衔接梅龙溪景区、圣井山景区和北部的石垟湖景区和太平古桥等。

2. 曹村镇的劣势

总的来讲,曹村镇旅游业仍处于起步阶段,存在内部交通等基础设施不完善、知名度较低、区域发展不均衡等问题。

三、曹村镇田园综合体的发展情况调查分析

(一) 田园综合体建设情况

近年来,曹村镇依托深厚的文化底蕴和优美的自然田园风光,开展了一系列农旅、文旅结合项目。

1. 建设"万亩粮区"

曹村镇进行水利河道综合治理,河道由原来最窄处 8 米整治拓宽至 40 余米,建立天井垟粮食生产功能区,区内水稻生产机械化率达 90.51%,原来的"历史涝区"变为"万亩粮区";成立天井垟稻米产业农合联,农民统一育苗、统一种植、统一收割,每亩种植收入从原来的 2000 元增至 4000 元,农民收入得到大幅度提升。

2. 建成"美丽景区"

曹村镇建成农文旅融合发展示范带 4 个,打造精品研学线路 5 条、精品示范村 3 个、提升村 11 个,逐渐发展出骑行、划船、小火车、滑翔伞、耕读研学等多个赏玩项目,打造了集吃、住、游、学于一体的全域旅游新镇,让村民利用客流量间接增加收入。

3. 发掘"文化内涵"

曹村镇通过有效整合镇域内旅游资源,连成多元主题研学旅游线路,每年接待研学学生超 4 万人,挂牌"省级研学实践教育基地",带动全域旅游发展。曹村镇还以泰安文化街、进士文化馆、三小研学基地三大地标性文旅阵地为核心,把美丽乡村建设中打造的节点工程串联成线,网状式布局旅游路线,让美丽乡村摇身变成农文旅相融合的全域旅游"未来乡村"。

（二）曹村镇田园综合体发展特点

结合实地考察和访谈，曹村镇田园综合体的发展总体呈现如下特点。

1. 立足当地文化，实现持续发展

根据曹村镇人文底蕴深厚的特点，曹村镇田园综合体在建设过程中，融入进士、耕读、花灯、红色等当地人文资源，实现"处处有文化、文化产业化"。镇域内建设了花灯主题公园、中华进士第一村牌坊、梅龙溪自然风景旅游区、南岙革命烈士纪念馆等文化旅游点，通过有效整合旅游资源，连成多元主题研学旅游线路，带动全域旅游发展。

2. 融合一二三产业，实现深度发展

曹村镇田园综合体精准引进符合当地农业发展的优质项目，实现亩均产值翻三番；包装运营进士品牌，推出特色农产品，通过线上线下结合的方式拓宽销售渠道，提升产品附加值；发展以研学旅行为主、多元旅游为辅的旅游产业，每年累计吸引游客超 300 万人次，实现旅游收益超 5000 万元。

3. 做好资源统筹规划，实现创新发展

曹村镇创新推出公投民营模式，由全镇 14 个村、2.95 万村民出资成立进士旅游公司，统一管理运营曹村镇全域旅游资源，收入共享。自 2020 年成立以来，仅用一年的时间，曹村镇已创造盈利近 190 万元，在提升旅游服务品质的同时，带动村民共同富裕；在"未来乡村"的建设中，曹村镇始终坚持数字化，不断推进信息融合，通过智慧平台的搭建，由传统服务的盲目性、无序性向现代服务的精准性、靶向性转变。

4. 政府精准投入，大力支持发展

曹村镇政府鼓励村集体流转土地使用权，启动宅基地"三权分置"改革试点，唤醒沉睡资产，适度流转整合闲置宅基地，助推项目落地；以政策精准扶持，集聚财政资金，先后投入实施美丽集镇、美丽村庄、美丽河道、美丽田园、美丽公路、美

丽产业六大类共 45 个项目,还争取到国家、省内、市内多项奖励资金;以乡贤众筹模式集聚社会力量,发挥曹村镇能人乡贤作用,鼓励其回乡投资兴业。

(三) 调查访问结果

1. 对政府干部的访谈结果

为了调查曹村镇田园综合体的发展情况,实践团队邀请了曹村镇政府相关工作人员,针对交通、产业、人才、旅游和学生研学、环境和垃圾分类等方面进行面对面访谈。

(1) 交通

在交通干道方面,目前进出曹村镇的主要交通干线为县道钱马线和乡道江曹线,虽然到了节假日时,钱马线会稍显拥堵,但是总体上基本满足游客和居民的交通需求。此外,曹村镇农村公路和村级的联网工程已经完成,实现了全部村落的畅通,农村公路的标准也有所提升,重点路段均已安装路灯,尤其是对现代农场、现代农业园区和粮食功能产区,已经实现了全覆盖。

在景区游览方式方面,可概括为"海陆空"三种游览方式。"海"为以天井垟景区的河流为依托发展的游船类;"陆"为共享单车和观光车,以田园绿道为游览路线,中间设立站点,两种方式相互补充;"空"为滑翔伞,它既是一种游玩项目,又是一种游览方式,可鸟瞰整个田园风光(见表 1)。此外便是游客可自由选择的徒步、骑单车、摩旅及驾车等方式。

表 1 各个交通费用收费情况

自 行 车	观 光 车	游 船	滑 翔 伞
按小时计费,可参考共享单车	免费,但暂未对外开放	有水上飞人、摩托艇、皮划艇、独木舟、画舫船、脚踏船等,脚踏船收费 40 元/小时	收费 600 元左右,具体看当地活动定价

在交通方面,也存在一定的问题。

一是停车问题。来曹村镇田园综合体参观的游客以自驾为主,但目前曹村镇停车场较少,建设的停车场仅能容纳几十辆车。在客流高峰的时候,比如节假日,尤其是春秋季,田园综合体内部的停车场远远无法满足游客的停车需求,以致农村道路两旁都会停满各种车辆。但由于曹村镇的田园综合体是以永久基本农田为主,所以在此基础上,想要通过部门和厂区兴建停车场是非常困难的,政策上的保证难以实现。因此,除了政府正在规划的通过田园综合体的几个主干道,包括钱马线和江曹线,建设一些配套停车场的措施之外,还可以尝试利用村民门口的道路空间,看看能不能探索建立社会化的停车场,进行适当的收费也能给村民带来一些收入。

二是景区游览的观光车运营问题。除了观光车本身只能在景区内运营的局限性之外,曹村镇的观光车并没有对外运营,目前只是进行一些公务接待、小规模接待。一方面是因为把城镇划为景区实际上是比较困难的一件事情,所以观光车的运营范围会受到限制;另一方面是观光车需要一个负责持续运营的运营方,因此可以考虑引入社会机构运营,并对运营机构提出管理要求,并随时监督,保证游客体验和景区的和谐管理。

三是公交线路问题。景区之间的联系和线路规划仍有提升的空间。曹村镇的景区之间距离较远,但是并没有完整互通的公交路线。比如没有从曹村镇到圣井山的公交车,且因路途比较遥远,一般自行车也骑不上去,所以只能以自驾为主。公交车的线路主要是从马屿镇到曹村镇,若想到瑞安市还要再转乘公交车。因此为了方便游客游玩,可以完善公交路线,实现景区之间的串联。此外,可以在景区客流量达到一定水平时,引入社会机构,开设上山车,帮助游客登山。

(2)产业

曹村镇致力于推动一二三产业深度融合。第一产业方面,精准引进符合曹村镇农业发展的优质项目,通过科技助力和优化种植方式,最终实现亩均产值翻三番;第二产业方面,通过包装运营进士品牌,推出索面、胚芽米、杨梅、蜂蜜、金丝皇菊等特色农产品,线上线下相结合,拓宽销售渠道,提升产品附加值;第三产业方面,发展以研学旅行为主、多元旅游为辅的旅游产业,创成省级研学实践教育基地,吸引游客超300万人次,实现旅游收益超5000万元。创新推出公投民营模式,成立全镇14个村"抱团"发展和2.95万村民均享收益的进士旅游公司,统一管理运营曹村镇全域旅游资源,在提升旅游服务品质的同时,带动村民共同富裕。2021年,全镇14个村集体经济总收入达2554万元,64%的村实现集体收入超百万,走出了"村富带民富、村民共富"的新路子。

推动生产、生态、生活有机融合。持续推进全域美丽建设,发动全镇力量全面参与小城镇环境综合整治、美丽河道、路网改造等项目建设,先后打造了乡村振兴教育基地、莲清园等一批特色景点,"一户一处景、一村一幅画、一镇一天地"的全域整体景观带初步建成,在保障村民安居宜居的同时,曹村镇田园综合体多处景观成为网红打卡点。

推动上一代、下一代、年轻一代需求融合。围绕"上一代的康养"需求,建设康养中心等项目;围绕"下一代的教育"需求,建设天井垟研学环线、梅龙书院、丁凤学生农事体验基地等项目;围绕"年轻一代的休闲"需求,建设花灯文旅、田园农旅等项目。

关于产业发展中的困难和问题:

一是美丽景观打造与"非农化""非粮化"整治间的矛盾。曹村镇打造了万亩美丽的田园风光,荣获了国家农业公园称号,但到处是农保地、粮功区,严重制约了发展,因此须提供用地指标支持。

二是后期高额维护费用与乡镇无财政收入间的矛盾。曹村镇五年如一日的美丽景观,靠的是源源不断的政策资金支持,而乡镇造血功能不足,缺乏相应的收益点,因此亟须招引运营团队。

三是文旅产业高速发展与农民增收过低间的矛盾。曹村镇每年的游客量高达上百万人次,却没有真正的消费场景,并未有效带动村民增收,因此需要产业发展支持。

(3)人才

人才方面,曹村镇一方面响应市级对人才激励的政策,对高校毕业生、工匠人才予以补贴和奖励;另一方面留住返乡人才,深入开展高层次人才"回乡献智"工程,利用人才对口专业知识,为家乡各个领域送去"专家服务"。另外,还通过打造人才联络站,开展高层次人才返乡座谈会,为高层次人才家庭授予"博士之家"证书等举措,营造重视人才、尊重人才、服务人才的氛围,为曹村镇振兴提供了坚强有力的人才保障和智力支撑。

关于人才方面,存在的问题和提出的建议:

目前曹村镇的发展主要以农业和旅游业为主,大型企业较少,想要发展和拓展工业和规上企业,由于受到用地指标的制约,发展起来比较困难,因此只能迁出企业,相应的企业人才的驻留也会减少。在田园综合体的基础上,因地制宜,通过招商引资，引进符合当地自然和人文条件的农业、旅游、清洁生产等项目在曹村镇落地，进而引进人才团队。

（4）旅游和学生研学

在旅游方面，曹村镇一方面进行了村镇景观的美化，在部分路段添加彩画，以及在机耕路基础上改造建设绿道，增加游客观光的亮点；另一方面采取"文化＋产业"模式，在文化产业建设过程中，融入进士、耕读、花灯、红色等当地文化元素，实现"处处有文化、文化产业化"。

在民宿方面，曹村镇的民宿除了拥有传统住宿的功能以外，还包括特色餐饮、联动周边旅游、农产品展销、游泳、唱歌、农趣活动等，可以说是曹村镇旅游和田园综合体的缩影。关于民宿卫生安全等方面的审查，有具体部门分块管理进行保障。此外，为了提高民宿水平，曹村镇还颁布了精品民宿培育政策，提供资金补助，并且按照民宿的等级采取不同的扶持方式，补助力度很大。建好的民宿有舒适型、豪华型，甚至还有"金宿""银宿"这些等级。另外民宿周边的一些配套基础设施，比如水电、排污、道路等，也有一定程度的改善提升。

在宣传方面，曹村镇通过微信公众号、电视台及其他官方媒体渠道等进行了全方位、多角度的宣传。此外，曹村镇的民宿会承办政府的一些活动，这种做法也对民宿进行了间接性宣传。对于抖音、小红书等社交平台，有的游客或者当地居民也会自发进行宣传，政府对此予以支持。

在学生研学方面，曹村镇现有由村集体跟中青旅合作共同投资成立的"相悦乡村"项目。这是专门在曹村镇开展研学的项目，通过村集体和国企合作从而实现产业共富。目前曹村镇是省级的研学基地，计划下一步要申报国家级的研学基地。国家级研学基地要求项目基地达到1000个床位，而该项目基地预计2022年下半年将达到600个床位，再加上民宿的集群落地，最终可以达到1000个床位以上，这样就可以申报国家级研学基地。通过研学项目开发，学生来到曹村镇，带动当地多日游发展，曹村镇也会结合田园综合体建设，丰富相关研学课程，增加学生研学课程的趣味性。目前年接待的学生大概在4万人次，等项目基地住宿的大楼落地之后，人数还会增长。

关于曹村镇旅游资源配置问题，淡旺季总体比较均衡。前往曹村镇体验滑翔伞项目的游客可以说是络绎不绝，现在已经成为温州地区排名前三的滑翔伞项目网红打卡地。作为小众项目，滑翔伞项目利润高、体量大。除了滑翔伞项目外，游客还可以上山拍照、露营、喝下午茶，山顶项目丰富，春秋时节还会举行丰富的骑行游览活动。夏季天气炎热，曹村镇则将旅游发展重心转向民宿，比如鲤鱼山庄的泳池和亲子乐园，东岙民宿的小资情调、喝茶赏花等。其他项目还在持续建设，以满足不同季节的资源配置和旅游行业的可持续发展。

以下民宿产业发展中存在的问题及改进意见：

一是民宿同质化严重。民宿存在雷同跟风现象，一个民宿品牌打响之后，其他民宿会选择跟风，导致了同质泛滥、品质下降。政府应引导各民宿发掘曹村镇文化内涵，开展特色活动，避免民宿元素的同质化。

二是民宿的文化内涵和品质还有待提升。部分民宿因为本身投资体量小，主要将快速盈利作为经营目的，导致服务品质难以提升。因此政府可以筛选、评定高端民宿，选择支持大体量、高品质的民宿进行开发建设，对精品民宿予以补贴和表彰，以高端民宿作为整个民宿行业发展升级的支撑。

三是民宿过于分散，现有的民宿没有形成产业聚集。因此曹村镇正在打造南岙底片区域的民宿集群，把大量民宿集中在一起，政府可以整合资源，吸引游客前往体验，增强整个曹村镇民宿产业的竞争力。

（5）环境和垃圾分类

曹村镇积极响应温州市关于垃圾分类的号召，有序开展村镇环境整治和垃圾分类的工作。曹村镇在凭借田园综合体开展文旅、农旅、研学等多维度旅游产业的发展过程中，遇到了景区环境垃圾处理的问题，对此曹村镇在2021年与马屿镇一同招标，将垃圾处理委托第三方永源保洁公司运营，主要涵盖了主干区、沿线景区垃圾清理以及河面打捞、公厕保洁等方面。节假日里游客多，垃圾较多，但都尽量在第一时间清理完毕。

在农村垃圾方面，由于居民居住较为分散，垃圾分类意识也较为薄弱。基于这种情况，曹村镇的14个村都委托了第三方运营，每村设置一个四分类站点和多个二分类站点。对于农户来说，有害垃圾不多，可回收垃圾他们也会较好地自行处理，所以政府主要针对的是厨余垃圾和其他垃圾的处理，并拓展了二分类站点的覆盖面积。此外，政府还派遣劝导员上门宣传，每户配套一个垃圾桶，由第三方上门收取，统一集中至垃圾中转站。厨余垃圾统一运到市里焚烧厂，其他垃圾则进行资源化处理。

在垃圾资源化处理方面，曹村镇结合了生态农业，委托第三方进行长期合作。

在曹村镇的一个资源站设置了一个日处理量五吨的微生物处理器,垃圾从农户处回收后会进行二次分类,垃圾粉碎之后倒入微生物材料进行分解,得到的肥料则用于农户种植作业的施肥。

以下为环境和垃圾分类存在的问题及改进意见:

一是垃圾分类在农村地区推广的难度本身就比城市地区要大,因此一方面要提高宣传力度,培养村民的垃圾分类意识,安排专门的人员上门宣传讲解、发传单,并在路边设置告示、标语等,从源头入手,促进垃圾分类;政府方面,响应"户与户比,村与村比",推广工作与资金投入都要跟上。

二是垃圾在源头分类之后,常常会在中间环节或是最后环节仍然因为技术和管理等方面的原因出现垃圾混合的现象。因此要提升末端设备,抓好垃圾分类"最后一米"的工作,防止垃圾混合,通过引进先进的垃圾分类设备以及加强对相关人员的操作管理,细化分类工作。

为了更好地了解曹村镇田园综合体的发展情况,实践团队还来到曹村镇的泰安街居民区访谈了当地普通村民,并且通过电话联系访谈了"抱团"项目负责人、种植大户和村支书。

2. 对村民的访谈结果

(1)普通村民访谈结果

在对普通村民的访谈中实践团队获悉,曹村镇田园综合体在改善当地生态环境、促进就业、促进农民增收等方面都具有一定的作用,但由于此次参与访谈的村民多来自距离田园综合体较远的曹南村和曹北村(田园综合体主要在东岙村),所以部分村民只是大概了解和知晓曹村镇田园综合体项目,并没有深刻的体验,可见曹村镇的发展存在区域不平衡的问题。

(2)"抱团"项目负责人访谈结果

在对"抱团"项目负责人的访谈中实践团队获悉,曹村镇创新推出公投民营模式,由全镇14个村"抱团"发展、2.95万村民均享收益的进士旅游公司于2020年3月成立,该公司统一管理运营曹村镇全域旅游资源,带动村民共同富裕。该公司董事长由村支书兼任,面向社会招聘员工,以本地居民为主,一定程度上解决了本地年轻人的就业问题。收益分红以开始创办时的各村人口基数分配,从而促进村民增收。该公司的成立实现了资源统一利用,主要负责景区内观光交通工具的管理,"抱团"项目负责人表示:"比如观光自行车,本来是几家村民弄的,各方投入比较少,安全没有保障,管理也跟不上,公司成立以后,全部回收过来一起弄,确实提高了效率。"

(3) 种植大户的访谈结果

在对种植大户的访谈中实践团队获悉,田园综合体的建设促进了当地种植业的发展,主要体现在政府对农业的资金支持方面。另外,政府大力支持机械化和智慧化农业的发展,促进了传统农业的转型升级。

(4) 村支书的访谈结果

在对村支书的访谈中实践团队获悉,曹村镇文旅发展仍存在指标不够的问题,其中牵扯到部分村民固定资产所有权的问题。部分村民不同意政府收购,对文化旅游建设持反对意见,还需要村支书及相关工作人员做好思想工作。

(四) 问卷调查结果

本问卷旨在调查大众对田园综合体尤其是曹村镇田园综合体的了解程度,以及大众对田园综合体在乡村振兴战略中的发展情况的认知等,问卷设置了10~20个问题,涉及所在地区、交通方式、体验项目、政策认知等方面。

本次问卷以二维码形式通过群聊、朋友圈、QQ空间等渠道发放,共回收有效问卷364份。

1. 曹村镇田园综合体存在的问题

(1) 知名度不高

调查结果中,温州市居民了解或去过曹村镇田园综合体的比例仅有一成,温州市瑞安市的居民体验过曹村镇田园综合体也仅占四成。由此可见,曹村镇田园综合体在其所处市区的知名度欠缺。

(2) 宣传力度不够

调查结果显示,通过亲戚朋友推荐了解到曹村镇田园综合体的人数占比为70.14%,通过媒体报道、社交媒体、广告投放、本地人介绍等途径了解到曹村镇田园综合体的人数占比较少。

（3）公共交通不发达

调查结果显示，大部分游客选择私家车或者出租车出行，实践团队结合实地考察，发现曹村镇田园综合体周围公共交通不便利，打车不方便，且停车场数量不足。

（4）游玩类项目较少

调查结果显示，大部分游客到曹村镇田园综合体主要是观赏风景，体验休闲娱乐项目、文化旅游的人数则不到一半。

2. 大众对田园综合体认知方面的问题

调查结果显示，有接近半数的人对田园综合体不了解（没听说过）或者不想去，只有少数人体验过田园综合体。相当一部分人认为曹村镇田园综合体对当地影响较大的作用主要是丰富村民的生活，而对于其推动基础设施建设、提供就业机会、吸引年轻人返乡就业等作用认知不足，且对田园综合体建设主体认知不全面。总之，大众对田园综合体的看法不同，八成的人认同田园综合体建设的发展形势，但也有少数反对的声音。

3. 相关意见与建议

问卷调查种收集到了大众对田园综合体在乡村振兴战略中的一些意见与建议，整理为词云图，如图 1 所示。

图 1　乡村振兴战略词云图

四、结论

（一）成果

1. 充分发掘旅游资源，创收项目丰富

田园综合体是一种建立在各地实际探索雏形基础之上的新生事物，没有统一的建设模式，也没有一个固定的规划设计，要坚持因地制宜、突出特色，注重保护和发扬原汁原味的特色，而非移植复制和同质化竞争。[①] 曹村镇田园综合体充分利用自身优势，发掘旅游资源，建成了包括曹豳公园、梅龙溪、明教寺在内的旅游景点 20 余个；引入滑翔伞基地，推出骑行、划船等一系列特色项目，实现游客"水陆空"三栖游曹村镇；依托深厚的人文底蕴，建成多个文化旅游景点，开展多元主题研学活动，摘牌"省级研学实践教育基地"，将美丽乡村打造成全域旅游"未来乡村"，每年累计吸引游客超 300 万人次，实现旅游收益超 5000 万元。

2. 注重资源统筹规划，坚持创新发展

田园综合体建设内容丰富，涉及面广，对资金、土地、科技、人才等要素有着较大的需求。要坚持以政府投入和政策支持为引领，充分发挥市场机制作用，激发综合体内生发展动力和创新活力。[②] 曹村镇田园综合体创新推出公投民营模式，由全镇 14 个村、2.95 万村民出资成立进士旅游公司，统一管理运营曹村镇全域旅游资源，收入共享；在"未来乡村"的建设中，曹村镇始终坚持数字化，不断推进信息融合，通过智慧平台的搭建，由传统服务的盲目性、无序性向现代服务的精准性、靶向性转变。在农业种植方面，曹村镇实现 4 万亩农田连成片，并且流转给大户种植，机械化程度高达 90.5%，实现资源充分利用。

---

① 曹村守好"瓯越粮仓"底色开启"未来乡村"大门[N].潇湘晨报,2022-06-23.
② 卢贵敏.田园综合体试点：理念、模式与推进思路[J].地方财政研究,2017(7):8-13.

3. 深度实现产业融合,促进村民创收

田园综合体融合了农业、加工业、旅游业,产业间的互补和延伸,赋予了当地农业新的附加功能和更强的竞争力。同时,产业融合促进了更多参与者进入市场,提高市场的自由竞争度,有利于塑造新的市场结构。农文旅的融合发展能够提供就业岗位,与传统农业相比,收益更大,风险更小,工作环境更优;对村民来说,分享旅游业红利是获得收入的一大选择。

4. 重视解决洪涝问题,坚持农业主体

建设曹村镇田园综合体要以保护耕地为前提,提升农业综合生产能力,在保障粮食安全的基础上,发展现代农业,促进产业融合,提高农业综合效益和竞争力。天井垟因地势较低,长年受涝,不宜稻米耕作。近年来拓宽了河道,改变了原涝区状况,并栽种莲花,搭建茅棚木屋、亭台楼阁及游步栈道等设施,充分发挥了天井垟的天然优势。此外,坚持以农业为本,建立天井垟粮食生产功能区,建设"万亩粮区",大大提高了粮食的质量和产量,并采用机械化生产,利用现代先进技术,使区内水稻生产机械化率达到90%以上,减少了人力成本。再加上政府的统一举措,充分发挥农业片区一体性,成立天井垟稻米产业农合联,由农民统一育苗、统一种植、统一收割,使得亩产量达到原来的两倍。

(二)困境及对策

1. 土地指标难以攻克,阻碍旅游发展

发展旅游业需要根据用地性质进行多种多样的规划,例如商业用地上开办的民宿、农用地上创新发展的亲子农旅等,都是旅游业发展带来的用地需求。相应地,随着曹村镇旅游业的快速发展,旅游相关用地的需求也在不断增加,然而在用地指标的制约和"非农化""非粮化"的整治下,到处是农保地、粮功区,因此阻碍了旅游业的进一步发展。比如,客流高峰时期,田园综合体内部的停车场远远无法满足游客的停车需求,由于曹村镇的田园综合体是以永久基本农田为主,想要新建停车场会受到各项用地指标的制约而难以实施。因此,可以在旅途沿线设置配

套停车场,完善曹村镇内部的交通体系,通过多种方式对客流进行分流,减轻停车压力。同时,还可以尝试利用村民门口的道路空间,探索建立社会化的停车场,可以进行适当的收费,也能给村民带来一些收入。在提高土地利用效率、保证优良耕地不被占用的同时,充分开发未利用的土地,推动土地流转,鼓励企业等社会机构以租赁、合作经营等形式盘活综合体中集体建设用地,保持用地平衡,合理筹划。

2. 宣传工作成效不足,缺乏知名程度

(1) 曹村镇田园综合体宣传力度不足

通过问卷调查发现,曹村镇田园综合体在温州市的知名度较低,即便在瑞安市的居民中,听说过该田园综合体的人也不到半数。由此可见曹村镇田园综合体的宣传力度不足,导致其在吸引游客、促进消费、推动乡村振兴战略实施方面均存在一定的劣势。

对此,当地政府可以通过在各种媒体平台上投放广告,吸引更多游客,也可以号召前来游玩的游客向亲戚朋友介绍当地的田园综合体旅游项目。同时,可以通过在曹村镇承办大型活动、邀请研学团队等方式提高当地的知名度,解决游客来源不广泛的问题。

(2) 大众对田园综合体的认知程度不高

田园综合体是实现乡村现代化和新型城镇化联动发展的一种新模式。但实践团队在问卷调查中发现,大众对田园综合体模式的了解程度并不深,导致大众不仅没有主动支持田园综合体的建设发展,甚至对这种模式并不看好,这种大众认知对田园综合体的发展造成一定的阻碍。

面对这一发展困境,政府可以加大宣传力度,通过微信公众号推文、视频等形式让大众更多地了解乡村振兴政策,通过社区宣讲、发放传单等形式让居民对附近的田园综合体有更深入的了解,从而助力乡村振兴发展。

3. 区域内部发展不均,仍未惠及全镇

目前曹村镇的文旅项目存在东岙村多而其他村少、东岙村兴旺而其他村凋敝的状况。如实践团队走访的曹东村和曹北村,接受采访的村民表示,东岙村的旅游业发展得更好,平时来到曹东村和曹北村的游客却并不多。乡村发展田园综合

体应注重区域间利益平衡调节,充分考虑各产业链经营主体之间、村民和经营主体之间、政府与经营主体之间拟定合理的利益分配制度,并由政府部门监管实施。① 曹村镇文化旅游正在起步阶段,区域间的禀赋本就有所不同,发展不均衡属于正常现象,但政府可以建立合理的利益分配制度,先让利益惠及全体村民,增强村民对于田园综合体发展的信心和意愿,并充分发掘各地区的优势,因地制宜做好长期规划,实现全域共同发展。

4. 民营经济小而分散,亟须统筹引导

民营经济在曹村镇的经济发展中起着重要的作用,但是曹村镇的民营企业较少,其他商业体又小而分散,导致民营经济缺少规模集聚效应,品质升级困难,在市场上的竞争力较弱。比如,曹村镇的部分民宿因为本身投资体量小,只将快速盈利作为经营目的,导致服务品质不佳,缺乏行业竞争力,以致缺乏大量资金来提升服务品质,从而陷入恶性循环。对此,政府应该积极引导同类商业体集聚合作,以此实现资源的有效整合和利用,集中力量加快区域所需重点基础设施建设,形成规模化商业集群,提升服务品质,提高区域对游客的吸引力和在市场中的竞争力。同时,政府还可以为民营经济提供融资方面的支持,拓宽融资渠道,鼓励高品质企业加快发展,并提供相应补贴。以规模集聚来提升民营经济主体的抵押担保能力,为融资集资开拓道路。

指导教师评语

十九大报告指出,农业农村农民问题是关系国计民生的根本性问题,必须始终把解决好"三农"问题作为全党工作的重中之重,实施乡村振兴战略。田园综合体乡村建设是培育和转化农业农村发展的动力、实现乡村振兴的模式之一,但田园综合体还是一种建立在各地实际探索雏形基础之上的新生事物,没有统一的建设模式、固定的规划设计。因而王逸帆等同学以浙江省温州市瑞安市曹村镇的田园综合体的实践为中心,通过问卷调查、实地观察、访谈调查,结合文献调查,探寻

---

① 王文军,田春燕,刘燕妮.田园综合体的内涵特征、要素条件及效益评价[J].河南农业大学学报,2022,56(6):1061-1068.

田园综合体在乡村振兴中的作用,实践方法恰当,实践选题有明确的现实意义。实践报告结构合理、材料翔实、逻辑分明,实践成果对丰富中国乡村振兴的经验与模式有重要的参考意义。在实践过程中,经常与指导教师联系,实践态度认真积极。总而言之,这是一篇优秀的实践报告,该实践团队是一支优秀的实践团队。

(杨炳祥　华中科技大学马克思主义学院讲师)

地方特色"三产"融合助推产业振兴的路径分析

——以湖北省蕲春县艾草产业为例①

---- 摘 要 ----

一二三产业融合发展,是乡村振兴的重要途径。推动地方特色产业走"三产"融合的发展道路,在推动提质增效的同时增强可持续发展能力,是解决乡村振兴格局中有些地方空守"聚宝盆"却难以产生巨大效益这一难题的关键。本研究以湖北省蕲春县蕲艾产业建设发展情况为切入点,运用问卷调查法、实地考察法、访谈法等方法,深入田间地头、生产车间、销售网点开展实际调研,收集相关材料。通过对相关材料以及实地情况的分析,运用 VRIO 框架及相关知识总结"蕲春经验"的现实性意义。运用 SWOT 分析和 QSPM 矩阵,剖析蕲春县在此基础上仍然存在的产业人才建设、产品加工类型、特色产品推广等方面问题,并提出解决建议,以促进蕲春县蕲艾产业经济可持续发展,同时为其他地区发展特色产业助力乡村振兴提供决策参考与路径选择。

---- 关键词 ----

蕲艾;特色产业;"三产"融合;乡村振兴

一、问题的提出

一二三产业融合发展(以下简称"三产"融合发展),是乡村振兴的重要途径。2022 年中央一号文件指出:一二三产业融合发展是乡村产业发展的重要方向,是乡村产业振兴的重要内容。根据国务院办公厅发布的《关于推进农村一二三产业

---

① **社会实践团队名称**:华中科技大学管理学院"蕲心协力 艾满天下"社会实践团队。
团队成员:洪铭泽、范雨瑄、张可第、佘萍、邓雨晨、陈弘皓、方冠杰、李诗怡。
报告执笔人:洪铭泽、范雨瑄、张可第、佘萍、邓雨晨、陈弘皓、方冠杰。

融合发展的指导意见》的部署,农村"三产"融合发展的总体思路是:以市场需求为导向,以完善利益联结机制为核心,以制度、技术和商业模式创新为动力,以新型城镇化为依托,推进农业供给侧结构性改革,着力构建农业与二三产业交叉融合的现代产业体系,形成城乡一体化的农村发展新格局。① 农村"三产"融合发展的方向和重点是:发展多类型融合方式,培育多元化农村产业融合主体,建立多形式利益联结机制,完善多渠道农村产业融合服务,健全农村产业融合发展推进机制。因此,如何构建有效的"三产"融合发展路径,是乡村振兴建设必须解决的实际问题。

推动地方特色产业振兴是乡村振兴的重中之重。《乡村振兴战略规划(2018—2022年)》进一步明确产业兴旺是乡村振兴的重点。产业振兴是促进乡村治理由"输血"向"造血"转变的重要推动力,而推动"三产"融合发展是助力地方特色产业提振可持续发展能力的重要途径。很多地区拥有良好的资源禀赋,却面临如何选择地方特色产业、怎么发展地方特色产业的问题,往往空守"聚宝盆",却难以产生可持续化的效益。"三产"融合能够给这些地区带来可持续发展的能力。

2013年,蕲春县政府工作报告中第一次提到了药旅融合发展战略和发展优势产业。蕲艾具有浓烈的香气和较高的酮含量,被称为"第一艾草"。2015年,蕲春县委、县人民政府主动抓住这一优势,以"蕲艾"为中医药产业转型发展的突破口,建立了完善的中医药产业链,准确定位"一县一区"和"千亿产业,中国艾都"的发展规划,全面贯彻落实药旅联动发展战略,通过多年探索研究,得出了"养生蕲春,从艾出发,实干兴药"的全新产业发展模式。

现阶段是我国巩固脱贫攻坚成果、助力乡村振兴的重要过渡阶段,如何发展地方特色性产业、实现"三产"融合助推乡村振兴建设,是值得我们关注的问题。本文基于实地调研、访谈所收集的材料,结合已有的文献资料,深入分析蕲春县艾草产业融合发展的总路径和全过程,总结当前仍然存在的问题,并运用管理学科知识给出建议,以促进蕲春县蕲艾产业持续健康发展,为更好地实现乡村振兴建设提供经验案例,并为其他地区如何选择并发展地方特色产业提供有益思考。

---

① 国务院办公厅关于推进农村一二三产业融合发展的指导意见[J].中华人民共和国国务院公报,2016(2):41-45.

二、调研地概况与资料的收集分析

(一) 调研地概况

《本草纲目》记载:"艾叶自成化以来,则以蕲州者为胜,用充方物,天下重之,谓之蕲艾。"蕲州便是今天的蕲春县。蕲春县位于大别山南麓,自古以来便是中国古代著名的中药材产区与集散地,药材资源丰富,拥有常用中草药400余种。自2012年以来,为响应国家脱贫攻坚号召,蕲春县大力推进蕲艾种植规模化、标准化、规范化,逐渐探索出一条以蕲艾产业为主的乡村振兴道路。如今,蕲艾产业及与之配套的大健康产业已成为当地的支柱产业。

如图1所示,蕲艾产业的产值近五年内节节攀升,2021年达到80亿元,蕲艾产业产值占全县GDP的比重从2016年不到10%到2021年的28%(见图2),而大健康产业产值占GDP的比重则在2021年达到了47.7%。整个产业链帮助解决就业超10万人,当地涉艾企业总数2021年达到2446家,其中亿元以上企业从2015年的2家增长到18家。当地蕲艾种植面积连年扩大,2021年达到了近25万亩。早在2019年,政府向艾农支付的收购资金已经达到8000余万元,加上全县向4271户贫困户发放蕲艾产业奖补金463万元、艾苗补贴351万元,全县农户共获种艾收入9000多万元,户均增收6500元。

蕲春县借助国家扶持中医药文化产业的良好机遇大力发展当地特色医药产业,但就目前而言,产业发展基础仍旧较为薄弱,产业体系仍需进一步完善。[①] 因蕲艾生产种植的难度较低,产品同质化问题日趋严重。蕲艾作为蕲春县的特色农产品,虽得益于蕲春县得天独厚的地理条件,但也在一定程度上限制了蕲艾的种植面积,进而导致蕲艾的产量不足以支撑日渐增长的市场需求。在市场方面,蕲艾也存在着受众面窄、消费人群结构单一等问题,在蕲艾产品的宣传和推广上仍有缺陷。随着基础设施建设落实到村到户,蕲艾交通运输的压力已经得到缓解,

---

① 张欣,杨紫徽,颜月,等.蕲春县蕲艾产业发展现状及政策支持研究:基于SCP范式[J].湖北经济学院学报(人文社会科学版),2021,18(6):46-50.

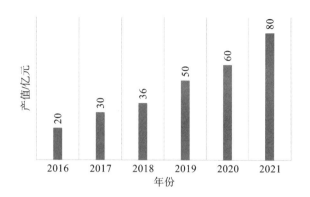

图 1　蕲艾产业产值变化（2016—2021 年）

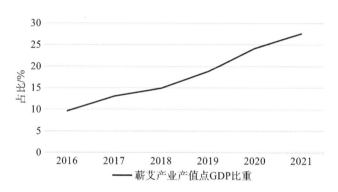

图 2　蕲艾产业产值占全县 GDP 比重变化（2016—2021 年）

但基建方面仍然滞后。此外，电商产业的兴起为蕲艾带来了新的发展机遇，但如何吸引相关方面高质量人才回流、加强人才队伍建设，也成为阻碍蕲艾产业高质量发展的问题。

（二）资料的收集与分析

在开展科学合理的质性研究前，先要确定研究所使用的方法，完善的研究方法是质性研究顺利进行的根本基础，也是研究是否具有创新性的重要保证。实践队的调研过程，实际上是资料的收集与分析过程，采取完备精准的研究方法为实践队的研究提供了有力保证。实践队将采取文献研究法、问卷调查法、实地考察法、访谈法、SWOT 分析法等方式进行调研资料的收集与分析。

1. 开展实践前

（1）文献研究法

对以往研究资料的收集与分析是开展实地研究的重要基础。相关调研资料的前期收集与整理为本研究的深入开展提供了重要支持。

在调研的准备阶段，实践队主要对调研地相关信息进行收集、整理，围绕选题相关的政策文件、论文报告等，归类整理相关文献，组织成员对所收集的材料进行阅读与交流，形成对调研地的基本认知，以及基本确定本次调研的重点，并针对相关材料、相关访谈主体设计访谈提纲，为深入挖掘经验案例提供基础。

（2）问卷调查法

为了解群众对蕲艾及相关产品的认识程度、购买偏好、未来展望，实践队将问卷主题定为"对蕲艾的认知度调查问卷"，面向大众发放并回收了168份调查问卷。基于所得数据，利用SPSS27.0进行分析，实践队得到了如下结论。

①对艾草的了解程度与性别相关性显著。

②蕲艾了解程度与对蕲艾前景看法相关性显著。

③蕲艾了解程度与对艾草和艾灸了解程度呈正相关。

④大众对100元以下的蕲艾产品更加青睐。

⑤大众更偏好于线上购买和在药店购买蕲艾产品。

⑥对蕲艾了解程度较高和对艾草及艾灸了解程度较高的人集中在30岁以上。

综上：在购买偏好方面，大众更偏好购买100元以下的蕲艾产品，并倾向于在药店或线上购买；在对蕲艾认知度方面，30岁以上的人群和看好蕲艾发展前景的人群在对蕲艾的功效及用途方面有更深的了解。在后续的实践过程中，实践队将更有针对性地去探寻更多与蕲艾有关的知识，尝试为蕲艾发展困境寻求解决方案，为"三产"融合提供更多的建设思路。

2. 实践过程中

实地调研的过程是收集调研材料最重要的阶段，在实地调研的过程中，根据前期收集到的资料文献，立足于蕲春县蕲艾产业发展的现实状况，以村支书、企业负责人、当地员工、村民为调研对象，以蕲艾产业如何推动实现"三产"融合发展来促进乡村振兴为切入点,针对不同的访谈对象进行资料的收集。运用实地观察法、访谈法等多样化的资料收集方法,在调研地客观、全面、细致地收集材料,为后续的深入分析提供坚实基础。在调研中,实践队主要采取实地考察法、访谈法和SWOT分析法。

(1) 实地考察法

实地考察法是社会调研实践过程中的主要资料收集方法,考察的过程中,调研者直接从调研地和受访者处获取需要的信息。采取实地调研法主要有以下几个步骤。

① 明确考察的对象和目的。

此次蕲春之行,考察对象主要是有关蕲艾的乡村产业、企业行业、文化景点等。考察目的是研究蕲艾产业发展的现状和趋势,以及如何赋能乡村振兴,从而走出一条独特的"三产"融合之路。

② 确定考察的具体地点和行程。

实践队员分别从第一、第二和第三产业中选取蕲春县最典型的代表,确定第一产业代表即赤东镇五斗地村和张榜镇韩塝村,第二产业代表即湖北鼎艾科技有限公司(简称鼎艾科技)和湖北蕲艾堂科技有限公司(简称蕲艾堂),第三产业代表即蕲艾小镇、李时珍纪念馆和天禧孵化园。

③ 展开实地调查,进行观察走访。

在数天的行程里,实践队奔赴多地,观察记录。队员们对每个地点的环境、人文和产业进行调查和走访。观察和走访过程中的"看、听、问、思、记"都用文字、图片、录音和视频的形式记录下来。

④ 深入访谈了解,获取关键信息。

队员们提前准备问题,实地访问时,与相关地点的负责人如村委书记、公司经理等进行面对面访谈,获取想要了解的关键信息。在认真倾听的同时进行完整准确的记录,为后续环节做好准备。

⑤ 进行资料的收集和整理。

在每天行程结束后,整理当天拍摄的图片和记录文字,以公众号推文的形式总结并发出。在完成所有行程安排后,集中整理所有资料,并撰写总结推文和实践报告。

(2) 访谈法

访谈法是实地调研过程中重要的资料收集方法,根据前期的调研规划,实践队与调研对象直接交谈以获取社会信息,收集相关材料。在调研过程中,团队以访谈提纲为参考,根据实际情况采取半结构化访谈,分别对赤东镇五斗地村村支书、鼎艾科技董事长、"蕲北云仓"电商物流集散中心负责人、蕲艾堂的艾灸培训师进行了深度访谈,实现了对资料的有机补充,以及对调研地的全面认识。

(3) SWOT 分析法

SWOT 分析,即基于内外部竞争环境和竞争条件下的态势分析,"SWOT"分别指 strengths(优势)、weaknesses(劣势)、opportunities(机遇)、threats(威胁)。实践队可以通过该方法分析当前蕲艾产业发展存在的优势与问题,运用定量方法分析当前蕲艾产业面对多重竞争困境下的解决方式,并给出科学性建议。

3. 实践结束后

调研资料的归类整理是后续开展资料分析的前提,在实地调研过程结束后,实践队将收集到的资料进行归类整理。在分析蕲艾产业发展情况时,运用质性研究,结合相关资料,深入探讨蕲春县蕲艾产业"三产"融合助推乡村振兴的相关体制机制以及其中存在的问题,并提出建设性的意见(见图3)。

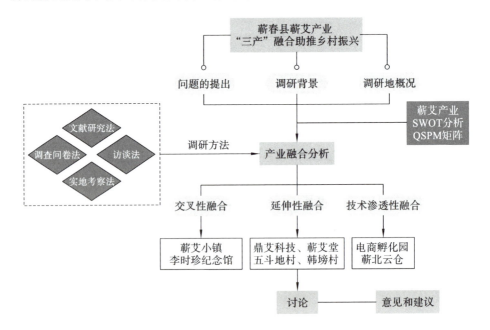

图 3　调研路径与调研方法

三、蕲艾产业"三产"融合助推乡村振兴的具体方式和路径启示

(一) 蕲艾产业融合的具体方式

产业融合是指在科技发展和一定管制的情况下,不同的产业或者同一产业不同行业之间相互渗透、相互融合,使产业之间原本存在的壁垒逐渐消失,最终形成新的产业形态的动态发展过程。产业融合并不是几个产业简单地相加,而是产业间相互渗透融合,形成新的有机体的过程。

农村的"三产"融合是以农业为基础,通过技术渗透、产业集聚等形式实现农村"三产"之间的渗透与交叉重组,最终达到产业链延伸、资源优化配置以及农户增收的目的。当前,学术界主要将产业融合的方式分为四种类型,即产业延伸性融合、产业交叉性融合、产业整合性融合以及技术渗透性融合。[①] 在调研中,实践队发现蕲春县蕲艾产业所涉及的融合方式具体为产业延伸性融合、技术渗透性融合和产业交叉性融合三种方式。

1. 产业延伸性融合

蕲春县在脱贫攻坚与乡村振兴过程中始终立足于"蕲艾"这一特色主体,不断地拓展其产业链,进行产业延伸,通过销售控制模式与产业一体化模式将蕲艾产业的附加值最大化。

蕲春县下属的五斗地村纵向延伸产业链,将蕲艾产品的种植、加工、销售集聚于一村,将低技术含量、低价值的原材料转化为高技术含量与高价值的产品,如蕲艾精油与蕲艾艾贴等。而位于蕲北山区的韩𰺃村则利用产业集群拓展农业功能,并且将农业与文化、旅游业相结合,同时也发展了休闲农业。两村的具体做法虽有差异,但都是走"三产"融合、产业延伸的道路。两村定位明确,承担起农户与企

---

① 陈璟.蕲春县艾产业融合发展的研究——基于A公司的调查分析[D].武汉:中南财经政法大学,2020.

业沟通交流的桥梁作用,维护了农户的利益,激励农户积极参与产业的发展。

而产业延伸在两家大型企业中体现为另一种方式。蕲艾堂开设了艾灸馆与艾灸培训基地,将蕲艾种植与第三产业服务业结合在一起;鼎艾科技则以加工业如生产"艾柱""艾条"等业务闻名,将种植与加工结合在一起。两家企业作为当地的龙头企业,分别采取了不同的产业延伸方式,也都取得了较大的成效。

虽然上述所提及的四个主体都有着产业延伸方面的意识,但我们仍须注意到,产业延伸与"三产"融合在蕲春县依然有很长的路要走。农村"三产"融合构想是以农业为依托,通过产业联动、产业集聚、技术渗透、体制创新等方式,使农业、加工业和服务业渗透融合,最终促进农村现代化发展。① 这一构想是建立在新型技术在农业中广泛应用的基础之上。但蕲春县的蕲艾相关企业中有这个技术实力的企业仍是少数,多数企业以手工制品、单一化劳动为主,这是值得我们关注的。

总之,产业延伸通过延长产业链、扩大产业经营范围、提高产品附加值等方式,一方面有利于蕲春县产业结构的调整,促进传统农业的转型升级,另一方面也有利于提高蕲艾制品的竞争力,进而提高农户收入,缩小城乡间收入差距,促进乡村振兴。

2. 技术渗透性融合

技术渗透型融合是指先进的技术要素渗透到农业的生产、加工、销售等各个环节,缩小供需双方的距离,最终促进农业与第二三产业的融合。

蕲春县天禧孵化园电子商务孵化基地为电商企业提供场地,通过直播带货等互联网宣传销售的方式,将艾条、艾贴、蕲艾精油等各式各样的蕲艾产品送到全国各地的顾客手上,极大地减少供需之间的环节,缩短蕲艾产业产品从生产加工到售出的时间,有效提高资源的利用效率。

蕲春招商局产业促进中心记录了招商局集团对蕲春蕲艾产业的各类定点帮扶项目,通过捐建一批蕲艾烘干房等一系列较为先进的技术设施"授人以渔",从根本上解决了蕲艾产业在农业上的后顾之忧,为"三产"融合打下坚实基础。在产业促进中心的一楼展厅,陈列着智能问诊仪、艾灸仪等蕲艾产业与技术创新的产

---

① 马晓河.推进农村一二三产业融合发展的几点思考[J].农村经营管理,2016(3):28-29.

物。智能问诊仪将计算机程序与博大精深的中医文化知识结合起来,问诊准确率高达90%;艾灸仪将艾灸技术与按摩椅相结合,用按摩与加热的方式将艾灸的精华作用于使用者全身,这种把艾灸与人们比较容易接受的按摩手段结合起来的创新技术大大扩展了蕲艾产业的受众群体。总体而言,这些将传统蕲艾产业文化与现代科技相结合的方式将在很大程度上缩短供需双方的距离,为蕲艾产业的全产业融合提供便利。

蕲北云仓作为蕲春首家农村物流集散中心,通过现代化仓储管理技术加速蕲北蕲艾产品的中转流通。云仓作为电商平台的产品仓库,能在第一时间将电商平台的订单打包寄出,极大地简化了传统快递物流的中间发货流程,减少了运输成本,提高了物流效率,是促进蕲艾产业与快递物流业、仓储管理业、直播行业相融合的不二之策。

无论是天禧孵化园、招商局,还是蕲北云仓,都是通过先进的技术使主营业务由单纯销售转变为种植、加工与销售相结合,并顺应"互联网+"的浪潮运营电商平台,使其成为产品的销售平台之一。与此同时,蕲艾产业作为蕲春县的特色产业,县内的蕲艾产品需求近乎饱和,线下销售情况不容乐观,开通线上销售渠道乃是审时度势之举。

蕲艾企业在京东、淘宝等大型电商平台开设旗舰店,利用这些平台销售蕲艾产品,打破了地域、时空的限制,同时下沉市场,使买卖行为变得更为便捷。

短视频App的流行,使得通过"抖音""快手"等平台也可以进行宣传销售活动。短视频短小精悍,符合现代人快节奏的审美方式和生活状态,同时其制作成本低廉,操作方便简捷,特别适合新兴的农业企业宣传和销售产品。短视频App的用户广泛分布于三四线城市及农村,与企业产品的潜在用户相契合,也符合企业开发下沉市场的发展思路,因此,销售前景广阔。总体而言,线上销售额发展呈上升趋势。互联网在农产品销售中的不断应用,为企业发展带来了生机与动力。

□ 3. 产业交叉性融合

(1)蕲艾产业与中医药文化紧密结合。

随着近年来文化强国战略的不断推进,国家越来越重视精神文化建设,人们对中国传统文化"儒学""中医"的关注度日渐提高,而李时珍纪念馆就是承载中医药文化的重要载体之一。

李时珍是16世纪我国伟大的医药学家,是世界文化名人之一。为纪念李时珍所做出的巨大贡献,蕲春县政府建起了仿明代古建筑群——李时珍纪念馆。①李时珍纪念馆是中国唯一集李时珍文物、文献资料征集、收藏、研究为一体的专业博物馆,同时也是展示中国本草药标本和弘扬中华医药文化的重要场所。在弘扬李时珍精神和中医药文化方面,李时珍纪念馆发挥了极其重要的作用。

李时珍在《本草纲目》中曾数百次提及蕲艾,蕲艾之名得益于李时珍的推介。李时珍纪念馆以极其深厚的底蕴打响"蕲春""蕲艾"的知名度,通过李时珍纪念馆的文旅作用,擦亮了当地文化品牌,充分发挥了文化软实力,助力蕲艾与文化产业深度融合,为促进县域乡村振兴和中医药文化的流传提供了强劲动力。

(2) 蕲艾产业与旅游业相结合。

蕲艾小镇位于"蕲春之南,赤东湖畔",小镇将旅游业与蕲艾文化相结合,在突显蕲春历史文化、中医养生文化的同时也打响了蕲艾的名号。蕲艾小镇以"蕲艾+非遗文化"为核心,蕴涵蕲艾文化、大健康文化、李时珍文化、明清文化等丰富多彩的文化内涵。

产业交叉性融合的主要方式是农业与服务业的融合,还有农业和手工业的融合。蕲艾小镇利用其自然风光和手工体验吸引客流,将蕲艾文化宣扬出去的同时也将蕲艾产品销售出去,从而带动了当地蕲艾产业的发展。

(二) 蕲艾产业"三产"融合的路径启示

在前文中,通过对调研内容的系统性整合与分析,实践队总结出了蕲春县当前"三产"融合的具体方式,接下来将结合实地调研情况、既往文献以及管理学科相关知识对蕲春县蕲艾产业融合发展助推乡村振兴的路径进行分析,总结"蕲春经验",并阐明可供其他地区参考学习的现实意义。

▫ 1. 选择一个"好产业"

早在20世纪90年代,蕲春县就确立了发展中医药产业的战略目标,当地大规模种植各类中药材,希望以数量和品种占领市场。然而,尽管药材品类众多,却没

---

① 王焱尧,阮琼.吴承恩李时珍同时在蕲州上班,千年古城欲重振"上县"荣光[EB/OL].(2022-10-28).https://baijiahao.baidu.com/s?id=1747842689115892813&wfr=spider&for=pc.

有一类药材在质量和销量上做到全国领先。本土药材在市场上竞争力较弱,产业发展秩序混乱,哪种药材价格高药农就种哪种,这导致中药种植各行其道。医圣故里卖药材,为何火不起来?这成为当时困扰蕲春县主要领导的难题。直到2011年底,蕲春县的艾草生产仍旧停留于"小作坊"模式,艾条年产量只有100多盒,主要是自用或者在当地出售,甚至还存在滞销的风险。由此可见,当时政府对蕲艾产业的重视程度并不高。

但转机也同样出现在这一时期。2012年,蕲春县政府相关负责人前往韩国堤川市考察,堤川市拥有与蕲春县类似的丰富的中医药资源,却独打"黄芪牌",并将黄芪这一产业做到了当时的亚洲第一。回国后,蕲春县政府相关负责人决定"产业选择做除法,优中选优,特中选特",最终选择了最有发展前景的蕲艾作为主推产业。

回首过去,蕲艾产业能够取得今天的成就,与当时蕲春县政府选择蕲艾作为主推产业密不可分。那么,其他地区该如何选择最有发展潜力的地方特色产业呢?

VRIO框架是由杰恩·巴尼提出的用于衡量企业自身竞争力大小的方法(见图4)。本文以蕲艾为例,试使用VRIO框架分析某一地区选择一个"好产业"所应当具备的特性。

资源或能力				对竞争力的影响
是否有价值	是否稀缺	是否难以模仿	是否被组织利用	
否	—	—	否	竞争劣势
是	否	—	↓	竞争均势
是	是	否		暂时竞争优势
是	是	是	是	持续竞争优势

图4 VRIO框架

首先,蕲艾所含有效成分远高于其他地区出产的普通艾草,其精油含量是普通艾草的两倍以上,内部特有侧柏酮、异侧柏酮等成分,燃烧热值也高于普通艾草,因此,蕲艾的药用价值很高;其次,蕲春县位于北纬30度黄金产业带,当地气候温和,降水充沛,这里的土质非常适合艾草生长,蕲艾的高品质来源于蕲春得天独厚的地理条件,因此,蕲艾的稀缺性很高;再次,蕲艾的产量较少,有时甚至难以满足当地产业发展的需求,因此,其他地区想要培植同样品质的艾草来发展相关产业难度较大,蕲艾产业的运行模式难以模仿;最后,蕲艾产业的开发与推进是由政府主导的,从产业的选择、龙头企业的扶持到对艾农的补贴等方面,政府牵头组织并帮扶推动蕲艾种植加工各个环节并向发展,满足了产业发展的组织性原则。

综上所述,这些先天优势和得力举措正是蕲艾产业在起步阶段能够获得持续性的竞争优势,能从几家"小作坊"变为如今百亿"大产业"的根本原因。对于其他地区而言,在选择值得发展的地方特色产业时,应当综合考虑价值性、稀缺性、难以模仿性这三个要素,并以政府力量为主导,强化产业发展的组织性,以此来推动当地特色产业的发展。

2. 确定一个"好模式"

经过实践队对当地的调研,提炼归纳出蕲春县蕲艾产业融合的整体模式为"政府主导＋龙头引领＋产链延伸＋集群发展"。

纵观蕲艾产业发展史,其兴旺离不开政府的主导。在面临地方重点特色产业的抉择时,当地从"蕲春四宝"中选择了蕲艾作为重点发展对象。此后,蕲春政府注重产业战略的引领作用,扶持了一批龙头企业,给予种艾农户高额补贴。2015年,蕲春县政府发布发展李时珍健康产业的政策文件,特别强调将蕲艾作为大健康产业布局的突破点,并始终将蕲艾产业作为当地产业发展的核心。

由表1可知,蕲春县近年来从蕲艾种植、加工、产业融合等多个方面进行布局,编制相关规划,响应国家号召,推动蕲艾产业做大做强。

表1 蕲艾产业发展的相关政策规划

时间	文件	规格
2019年	湖北省委一号文件提出"支持蕲艾做大做强"	省级
2019年	《蕲艾产业发展规划(2019—2025)》	县级
2020年	聚力推进"六个一"重点 工作做大做强蕲艾大健康产业	县级
2021年	《汇聚各方智慧推动蕲艾产业做强做大》	县级
2022年	《高位推进蕲艾全产业链融合发展打造千亿大健康产业》	县级
2022年	《围绕延链补链强链做大做强做优蕲艾产业》	县级

资料来源:根据蕲春县政府文件绘制。

首先,当地政府在艾草产业的起步阶段扶持和发展了一批龙头企业,2021年公布的中国品牌自主创新品牌榜上,湖北鼎艾科技有限公司、李时珍国灸集团蕲艾产业(蕲春)有限公司等四家蕲艾加工生产企业上榜,龙头企业占据当地蕲艾产业近80%的产业份额,而这些龙头企业在加工过程中对散户的蕲艾进行征收,不仅提高了蕲艾的利用效率,也带动了散户种植蕲艾的积极性。

如前文提到的,蕲春县不断延伸蕲艾产业链,不仅包括延长农产品加工产业链,提高产品附加值,还包括蕲艾上下游产业的延伸,从蕲艾的种植到艾灸师的培训乃至当地文旅产业的发展,通过产业链延伸促进农民增收,帮助农民就业,进一步促进了乡村振兴发展。

产业集群是当地走"三产"融合之路的最终形式。蕲春县以蕲艾产业为依托,着力构建绿色优质蕲艾种植业、蕲艾特色产品加工业、现代农产品物流业、蕲艾休闲旅游业、大健康新兴产业五大产业为一体的产业集群。

综上我们不难发现,某一地区特色产业的起步和发展首先得发挥"大政府"的主导作用,结合当地的实际情况确立特色产业,如堤川县的黄芪、蕲春县的蕲艾、南阳市的南阳艾等,并为产业的起步提供政策和资金的支持。发挥政府在资源分配与识别保护方面的作用,尽量避免"啥贵种啥,种啥啥不贵"等无序现象的发生。

其次,政府在发展特色产业的过程中打造了一批龙头企业,蕲春县鼓励本地加工企业通过资产兼并、重组等方式优化资源配置,培育一批竞争力强的核心企业。扶持一批以李时珍医药集团、蕲艾堂等为代表的本土企业,发展为面向市级、面向省级的龙头企业。龙头企业的发展有利于集中乡村的资源,提高资源利用效率,也是引领带动乡村全面振兴和农业农村现代化的生力军,是打造农业全产业链、构建现代乡村产业体系的中坚力量,是带动农民就业增收的重要主体。

再次,蕲春县构建了完整完备的农业全产业链,当地聚焦规模化的特色产业,鼓励蕲艾相关产品的创新研发,推动艾食品、艾医药、艾康养、艾文化等创新业态的发展。各种企业因为艾而聚集在蕲春县,各司其职,经营着不同的产品和服务,并引导龙头企业与散户、家庭农场对接,同时与"互联网+"的品牌相融合,形成利益联合体。当地依托蕲北云仓等大型物流集散中心,搭建体系化的物流网络。同时开展品牌化的市场销售战略,培育自主知识产权,讲好品牌故事,提高品牌知名度。

最后,产业集群是"三产"融合的有效形式。蕲春县着力构建绿色优质蕲艾种植业、蕲艾特色产品加工业、现代农产品物流业、蕲艾休闲旅游业和蕲艾大健康养生新兴产业等五大产业为一体的蕲艾产业集群,建设包括蕲艾绿色示范种植基地、蕲艾标准化收购点、全国性中药材仓储交易中心、道地药材蕲艾深加工等若干个子项目,使蕲春县建设成为全国乃至世界艾草产业标准制定者、艾草产品研发引领者、艾草产业领航者。只有不断培育适合地区特色的产业集群,加快人、财、物与信息在一定区域内的流动,方能更好地促进乡村振兴与地区经济发展。

3. 建设一个"好生态"

习近平总书记2022年12月23日在中央农村工作会议上指出要发展生态低碳农业:"坚持绿色是农业的底色、生态是农业的底盘。必须摒弃竭泽而渔、焚薮而田、大水大肥、大拆大建的老路子,实现农业生产、农村建设、乡村生活生态良性循环,做到资源节约、环境友好,守住绿水青山。"

在调研过程中,实践队深切认识到蕲艾产业的生态友好性。当地摒弃重化工业,实现绿色赋能经济发展,真正把当地建设成"绿水青山就是金山银山"的新典范。蕲艾是蕲春县首获国家地理标志产品认证的中药材品种,当地高度重视发展蕲艾这一绿色产业,保护蕲艾种质资源。蕲艾产业已成为蕲春县强县富民、实现可持续发展的战略性特色支柱产业。

蕲春县坚持在发展中保护、在保护中发展,努力践行生物多样性可持续利用理念,深度保护蕲艾资源,注重"绿水青山就是金山银山"成果转化。当地启动湖北省艾草自然科技资源库项目,建设种质资源培育展示基地、艾资源种子资源冷藏库等机构;成立蕲艾研究院,县级财政每年拿出5000万元专项奖补资金,使得一度面临枯竭的野生蕲艾资源得到了有效保护并发展壮大。这种保护生物资源、助推产业发展和重视人民健康身体的多赢做法产生了巨大的生态效益、经济效益和社会效益,具有较高的参考价值。

学习借鉴和推广运用"蕲春经验",需要各个地区因地制宜,立足良好的生态资源,选择真正具备可持续发展能力的产业,促进产业生态化和生态产业化融合,有效延长产业链和拓宽收入渠道,不断提高良好生态环境的含金量和附加值。在经济发展提质增效的同时推动人与自然和谐相处,实现经济与生态共赢。

四、蕲艾产业融合发展中的问题

(一)基础品质难以保证

蕲艾是整个产业链的源头保证,也是整个蕲艾产业融合可持续发展的关键基础。然而,当前蕲艾产量严重不足,现阶段蕲春县生产商加工使用的艾叶80%以上来源于外地或蕲春周边地区。[①] 实践队到访的两家企业中,鼎艾科技的宣传口号是"只做大蕲三年陈艾",这里面的"大蕲"并不仅仅指蕲春县本县,还包括了蕲春县周边地区。鼎艾科技主营贴类产品,所需要的艾草数量较少,因此尚能够保证使用的都是蕲春县当地产出的蕲艾。据了解,蕲春县出产的蕲艾仅能满足20%的市场需求。蕲春县的艾条有90%以上使用的是外地艾叶,而外地艾叶在品质和初加工方法上与本地艾叶有很大的差异。[②] 即使是蕲春县本地的艾草种植行业,管理也没有得到良好的规范,除了部分村社企业或是订立了收购协议的公司拥有成规模的蕲艾种植田,很多蕲艾种植并未能形成规模化生产,大多是散户私人种植,政府统一收购,因此艾草的品质难以得到保证。

此外,蕲艾的加工技术落后是造成产品质量问题的主要原因。加工技术的落后主要表现在初加工方面。比如,蕲艾挥发油含量的最新实验数据为 2.25% 左右[③],但在实际生产中,提取率只能达到 $2‰\sim6‰$。正常情况下,如果使用挥发油专用提取设备,再对工艺进一步改进,用真正阴干或六七成干的蕲艾叶做原料,提

---

① 王明辉,陈展鹏,熊飞,等.湖北省大别山区中药材资源及产业发展现状[J].湖北农业科学,2019,58(12):99-101,115.

② 洪宗国,江颖,彭韶军,等.蕲春县蕲艾产业发展现状及对策分析[J].中南民族大学学报(自然科学版),2017,36(4):64-66.

③ 闫婷,周正繁,罗苗,等.不同产地艾叶挥发油的成分及含量分析[J].中药材,2022,45(10):2425-2431.

取率能达到 1.1%。① 据实践队与五斗地村村支书访谈得知,市面上常见的蕲艾精油大多是调和型精油,内部蕲艾挥发油含量不会超过 2‰,售价在 30~50 元不等,而优质蕲艾精油产品挥发油含量应为 1% 左右。但由于成本高、产品附加值低、商家在工艺设备更新上主动性不高等问题,造成市面上优质蕲艾精油产品数量少、价格高昂,而普通蕲艾精油的品质与效果则不佳。

(二)深度开发能力不足

当前,蕲春现有蕲艾产品同质化现象严重,大部分蕲艾的加工厂商生产的主要是蕲艾条、洗涤用品、蕲艾精油等初级加工产品,产品技术含量较低,甚至有些蕲艾加工厂没有生产许可证及批准文号。实践队前往李时珍国际医药港调研时发现,几乎所有商铺都有诸如上文所说的蕲艾产品售卖,但来源却是五花八门,有的是自家作坊自制,有的是从当地乡镇厂商批发而来挂牌销售,更有甚者将外地艾条挂名蕲艾条出售。种种迹象表明,当地大多数艾草产业仅仅停留在初级产品的生产和销售上,对于蕲艾的深层次利用力度不够。

深度研发人才稀缺是导致蕲艾的产品升级换代困难的重要原因,使得蕲艾走向医药行业步履维艰。当地企业基本规模小,自身资金较少,经营和研发人才稀缺,导致难以申请相关资金扶持项目。因此,很多企业难以扩大产业规模或吸引高层次研发人员深入研究蕲艾产品。目前,县内虽有一些专项扶持资金,但是由于扶持力度及种种限制条件,导致这些扶持计划还没有发挥更大的作用。

(三)缺乏品牌意识和长久经营发展理念

实践队在走访中发现,多数企业都没有完整的销售网络和训练有素的销售队伍,专业艾灸师等相关培训人员数量不足,且从业人员年龄偏大,知识技能缺乏,服务质量与效果无法保证。

---

① 车明哲,王晨曦,侯柄竹,等.蕲艾精油提取工艺优化与抑菌活性成分分析[J].农业技术与装备,2022(9):5-9,12.

同时，当地很多企业存在贴牌代工现象。简单来说就是自家公司只管生产，将产品交由发达城市的营销公司进行贴牌营销售卖。在采访鼎艾科技时，实践队得知该公司的产品中约有70%是代工生产，只有不到30%的产品是用自己的品牌进行销售。鼎艾科技已经是蕲春当地较为知名的大型企业，都尚且如此。贴牌加工固然能够迅速扩大销路，然而对品牌的长期可持续发展以及品牌形象的塑造会产生负面的影响，且高额的利润被贴牌商家获取，也使得代工厂家所获得的利润仅仅是全套产业链上很少的一部分，这也是当地众多企业和商家利润不高、缺乏可持续发展能力的重要原因。

而这一切，归根结底是整条产业链中营销这一重要环节的缺失，企业缺乏长久经营理念，只想"赚快钱"，最终导致当地蕲艾生产企业始终只能处在价值链上利润最为微薄的一环。因此，构建品牌意识、塑造可持续发展理念成为蕲春县当地蕲艾生产企业的当务之急。

三、总结

蕲春县大力发展蕲艾产业，不断在"三产"融合方向下功夫，为当地经济持续健康发展和乡村振兴提供了重要支撑，在当地政府和人民的共同努力下，蕲春县于2020年底成功实现"贫困县摘帽"，经济跃居全市县域前三。与此同时，蕲春县应针对当前蕲艾产业发展过程中存在的问题不断完善政策措施，以进一步实现高质量、可持续发展目标，为更好实现乡村振兴提供坚实基础。

（一）讨论

1. SWOT分析

基于收集到的资料，实践队比较了蕲春县蕲艾产业与其他地方艾草产业相比的优势、劣势、机会、威胁，现把它们放入SWOT矩阵中进行组合分析，形成若干可供选择的战略方案（见表2）。

表 2 蕲春县蕲艾产业 SWOT 分析

外部因素 \ 内部因素		优势(S) (1) 自然环境优越,种植条件适宜 (2) 养生文化底蕴深厚,健康产业基础扎实 (3) 基础设施逐步升级,物流科技发展迅速 (4) 品种优势大,蕲艾药用价值更高,品质更好,内部所含有效成分更高 (5) 品牌效益高,产品覆盖面广,在湖北省内有较高知名度 (6) 有自己独特的产业培训体系(艾灸师)	劣势(W) (1) 蕲艾运输条件严苛,冷链物流投资不足 (2) 加工企业规模小,效益偏低,同质化产品较多 (3) 高素质人才短缺,技术匮乏 (4) 大规模企业未起到龙头企业的带头作用 (5) 全国知名度有待提高 (6) 产业融合不够完善 (7) 深度开发能力不足。
机会 (O)	(1) 交通便利,内外双提速 (2) 市场潜力大,政策力度强 (3) 电商基础好,物流发展快 (4) 养生产业蓬勃发展,大健康经济发展迅猛	SO 战略 (1) 打造全国性的蕲艾物流网络 (2) 运用数字化信息技术加强蕲艾的宣传 (3) 深入挖掘大健康产业,整合健康产业内部优势资源(第三产业与蕲艾产品的融合发展)	WO 战略 (1) 打通蕲艾产业链上下游,增加产业附加值 (2) 建立健全有效的现代化人才吸纳机制 (3) 加强相关生态旅游园建设,将蕲艾与中国传统医药文化相融合创新,提高文化附加值
威胁 (T)	(1) 竞争对手(如南阳艾)实力强悍,市场空间倍受挤压 (2) 艾草药材替代品众多,产品竞争优势不足 (3) 未形成专业性地标产品,假冒仿制者多	ST 战略 (1) 明确蕲艾在全国艾市场上的定位,以产品优势占领高端市场 (2) 提高市场准入门槛,加强市场监管 (3) 建立健全蕲艾产业创新发展机制,增加产品研发投入,激发蕲艾产业创新活力	WT 战略 (1) 布局全国产业链,让蕲艾走向全国 (2) 加强产业集群,加强中小企业的合作,增强企业销售交易稳定性 (3) 完善蕲艾专利审批制度,切实推进品牌集群建设

接下来,我们将逐一分析各种战略组合下可以采取的战略举措。

(1) 优势与机会组合 SO 战略

一方面,基于我国目前大健康产业与养生产业的蓬勃发展现状和蕲艾独特的药用价值,蕲春县可以深入下游,挖掘大健康产业,整合其内部的优势战略资源,将蕲艾条、蕲艾绒、蕲艾精油等蕲艾产品与足浴、按摩等养生产业结合起来,既可以提高蕲艾的知名度,又能提高当地养生产业所蕴含的药用保健价值跟顾客体验,达成"双赢"局面。另一方面,基于政府资金的大力扶持跟信息技术的迅猛发展机遇,蕲春县可以建设蕲艾产业的未来生活体验馆,让民众体验到丰富的蕲艾产品周边生态,感受到蕲艾产业未来的发展前景。

(2) 劣势与机会组合 WO 战略

基于对蕲春县发展蕲艾的劣势与机会可知:第一,蕲春县应建立更加科学、合理、高效的人才吸纳机制,并依靠蕲艾产业园与电商孵化园来留住人才,从而达到吸收新鲜血液、提高自身创新能力的目的;第二,蕲春县可以制订以中药材文化为主题的乡村旅游计划,凭借"药圣"李时珍故乡的优势,整合旅游资源,加强相关生态旅游园如"蕲艾园""神奇艾谷"的建设,将蕲艾与中国传统医药文化相融合并进行创新,提高文化附加值;第三,借由当地交通的便利性,蕲春县可以发展蕲艾相关的电商物流体系,整合上下游资源,从而增加产业附加值,提高市场竞争力。

(3) 优势与威胁组合 ST 战略

一方面蕲艾因侧柏酮、异侧柏酮含量更高,产品更加优质,从而可以明确蕲艾在全国艾草市场上的高端产品定位。竞争对手如南阳艾因为其种植面积广、种植成本低,以至于售价低,蕲艾的价格难以在中低端市场上与其竞争,所以必须首先牢牢掌握高端市场,然后逐步兼容中低端市场。另一方面,建立健全蕲艾产业创新发展机制,增加产品研发投入,不仅做到产品效果优于西药,且能够占领如陈皮、百味叶、益母草和三股筋等与艾草药性相似的中药材的部分销售市场份额。

(4) 劣势与威胁组合 WT 战略

结合蕲艾产业面对的威胁和自身的困境可知,亟待解决的问题是产业集群的建设以及产业布局的完善,结合"互联网＋特色农业"与"电商物流＋蕲艾"的发展规划,探索具有蕲春特色的电商营销新模式——"蕲春网红联盟"。改变供应链局限于湖北省内的现状,争取布局全国产业链,抢占更多的全国艾草市场份额。

2. EFE 矩阵、IFE 矩阵、QSPM 矩阵

(1) EFE 矩阵

根据外部因素评价矩阵(EFE 矩阵)对外部环境进行分析,结果如表 3 所示。

无论 EFE 矩阵包含多少因素,总加权分数的范围都是从最低的 1 分到最高的 4 分,平均分为 2.5 分。若总加权分值为 4 分,说明企业在整个产业中面对现有机会与风险时做出了最出色的反应,企业有效地利用了现有的机会并将外部风险的不利影响降到最低;若总加权分数为 1 分,则说明企业的战略不能利用现有的机会或回避外部风险。

表 3 EFE 矩阵

	EFE 矩阵			
	主要因素	权重	评分	加权分值
机会	交通便利,内外双提速	0.1	2	0.2
	电商基础好,物流发展快	0.15	3	0.45
	大健康经济发展迅猛	0.2	3	0.6
	市场潜力大,政策力度强	0.15	3	0.45
威胁	市场空间备受挤压	0.15	2	0.3
	假冒仿制者多	0.10	3	0.3
	艾草药材替代品多	0.15	2	0.3
	总计	1		2.6

通过 EFE 矩阵分析表明蕲艾企业能够在一定程度上利用外部机会或者回避外部风险,但是无法对外部机会很好地利用或者尽可能规避外部威胁。

(2) IFE 矩阵

根据内部因素评价矩阵(IFE 矩阵)对内部环境进行分析,结果如表 4 所示。

与 EFE 矩阵相同,无论 IFE 矩阵包含多少因素,总加权分数的范围都是从最低的 1 分到最高的 4 分,平均分为 2.5 分。总加权分数低于 2.5 分的企业其内部状况处于弱势;而分数高于 2.5 分的企业其内部状况则处于强势。通过 IFE 矩阵分析表明蕲艾企业内部状况处于相对弱势,仍需努力加强蕲艾产业的发展。

表 4　IFE 矩阵

	IFE 矩阵			
	主要因素	权重	评分	加权分值
内部优势	自然环境优越,种植条件适宜	0.05	3	0.15
	基础设施逐步升级	0.05	3	0.15
	品种优势大,蕲艾药用价值高	0.10	4	0.40
	蕲春健康产业基础扎实	0.05	3	0.15
	品牌效益高,产品覆盖面广	0.10	4	0.40
	有自己独特的产业培训体系	0.05	4	0.20
内部劣势	蕲艾运输条件严苛,冷链物流投资不足	0.05	2	0.10
	加工企业规模小,同质化产品较多	0.15	1	0.15
	大规模企业未起到龙头带动作用	0.05	2	0.10
	深度开发能力不足	0.10	1	0.10
	产业融合不够完善	0.10	2	0.20
	高素质人才短缺,技术力量匮乏	0.05	2	0.10
	全国知名度有待提高	0.10	1	0.10
总计		1		2.3

将上述四种战略组合举措中相似、重复的部分合并考虑,再结合当前的战略方向和战略目标,筛选出以下战略方案进一步评估、选择。

方案一:整合大健康产业内部优势资源,加强蕲艾产业集群和企业间合作。

方案二:建立健全蕲艾产业创新发展机制,提高蕲艾产业研发创新能力,增加产品附加值。

方案三:打造特色蕲艾品牌,延长产业链,定位全国市场,建设蕲艾物流网络。

(3) QSPM 矩阵

使用定量战略计划矩阵(QSPM 矩阵)对可供选择的几种方案进行评估、选择,明确备选方案的优先排序,为后续战略实施提供指引和资源分配提供依据。QSPM 矩阵弥补了 SWOT 分析等定性工具在决策时的缺陷,做到定量与定性分析相结合。QSPM 矩阵如表 5 所示。

表 5　QSPM 矩阵

	关键因素	权重	方案一		方案二		方案三	
			AS	TAS	AS	TAS	AS	TAS
机会	交通便利,内外双提速	0.1	2	0.2	2	0.2	4	0.4
	电商基础好,物流发展快	0.15	3	0.45	2	0.3	4	0.6
	大健康经济发展迅猛	0.2	3	0.6	2	0.4	3	0.6
	市场潜力大,政策力度强	0.15	2	0.3	3	0.45	4	0.6
威胁	市场空间倍受挤压	0.15	3	0.45	4	0.6	4	0.6
	假冒仿制者多	0.10	3	0.3	4	0.4	4	0.4
	艾草药材替代品众多	0.15	3	0.45	4	0.6	3	0.45
优势	自然环境优越,种植条件适宜	0.05	3	0.15	2	0.1	2	0.1
	基础设施逐步升级	0.05	3	0.15	4	0.2	3	0.15
	品种优势大,蕲艾药用价值更高	0.1	3	0.3	3	0.3	4	0.4
	蕲春健康产业基础扎实	0.05	4	0.2	3	0.15	4	0.2
	品牌效益高,产品覆盖面广	0.1	3	0.3	4	0.4	4	0.4
	有自己独特的产业培训体系	0.05	4	0.2	3	0.15	3	0.15
劣势	蕲艾运输条件严苛,冷链物流投资不足	0.05	0	0	0	0	1	0.05
	加工企业规模小,同质化产品较多	0.15	1	0.15	1	0.15	1	0.15
	大规模企业未起到龙头企业的带头作用	0.05	1	0.05	0	0	0	0
	深度开发能力不足	0.1	0	0	1	0.1	0	0
	产业融合不够完善	0.10	1	0.1	0	0	1	0.1
	高素质人才短缺,技术力量匮乏	0.05	0	0	1	0.05	0	0
	全国知名度有待提高	0.10	0	0	0	0	1	0.1
	总计	2		4.35		4.55		5.45

（二）结论与建议

1. 结论

蕲春县依托当地独特的资源禀赋，把"小艾草"变为"大产业"，走出了一条产业融合发展的成功道路。其"三产"融合助推乡村振兴的总路径解决了地区发展特色产业所面临的几大问题：该选择怎样的特色产业？怎么发展特色产业？如何提高产业的可持续发展能力？实践队结合调研内容，提炼总结出"蕲春经验"，如图5所示。

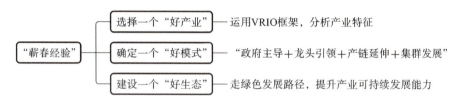

图5 "蕲春经验"图示

与此同时，实践队在调研中发现，目前困扰当地蕲艾产业发展的最大问题还是产品如何走出去，在全国乃至国外打开市场。如上文所述，这一问题主要是由蕲艾产量、产品质量、品牌建设等因素导致的，如何提升蕲艾产业的知名度，是蕲春县产业发展下一步的重点。

2. 建议

结合QSPM矩阵分析结果与目前蕲艾产业发展面临的问题，实践队的建议主要围绕如何提高蕲艾产品知名度、增强可持续发展能力展开，即打造一个"好品牌"。

（1）加强蕲艾品牌建设力度，提高品牌意识。

实践队借助AISAS（消费者行为分析）模型（见图6）给出品牌建设相关意见。

①"attention"：引起关注。

a. 创新的宣传方式。蕲春县可以创新宣传方式，比如召开产品发布会或者与其他品牌进行合作推广，给消费者带来新鲜感并引起其消费欲望。还可以通过融媒体矩阵整合蕲艾相关资源，输出优质内容，不断强化蕲艾产品品牌知名度，扩大

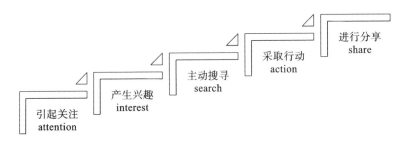

图 6　AISAS 模型

影响力。

b. 社交媒体：通过在微博、抖音等社交媒体上发布有趣的或科普向的视频或图文，来吸引潜在消费者的注意力。还可以借助网络媒体的影响力和传播力，通过助农直播和短视频等形式扩大产品销路，助推乡村振兴。

②"interest"：产生兴趣。

a. 品牌故事。打造精彩的蕲艾品牌背景故事以及品牌创始人的创业故事，进一步灵活运用数字化链接方式，打造特色的品牌形象，给消费者创设品牌记忆点，激发消费者对产品的兴趣。

b. 知名代言人。蕲艾品牌也可以考虑邀请明星进行代言，借助明星自带的流量让消费者对产品产生兴趣。

c. 试用。提供蕲艾产品试用渠道，让消费者亲自体验产品，从而让消费者产生兴趣。

③"search"：主动搜寻。

蕲艾品牌通过运营各大媒体平台，与消费者进行各类有效互动，发送粉丝福利，定时定量推送高质量图文、视频来宣传产品，营造良好口碑，给消费者提供品牌相关信息，提升品牌美誉度。

④"action"：采取行动。

a. 优惠券。给消费者发放优惠券，提高消费者购买产品的积极性。

b. 社会共鸣。利用消费者的社会关系和共鸣效应，通过消费者在各平台留下的评论或评价实现潜在的产品宣传，吸引更多的消费者关注和购买产品。

c. 售后服务。为消费者提供多样、便捷的支付方式，完善相关售后服务，用"承诺"让消费者安心下单。

⑤"share"：进行分享。

激励消费者在购买后给予评价并进行分享,利用关系链的延伸提高产品的知名度和复购率。"share"带来新一轮的"attention",形成良性营销闭环。

(2) 提高深加工能力,加大蕲艾产品研发与创新力度。

蕲春县可以通过对产品进行深加工,使产品实现增值,提高产品附加价值;同时可以延伸产业链,拓宽下游销售渠道,提高产品的净利润;还可以通过实现产品差异化持续吸引消费者,增强品牌用户黏度。

特色产品的研发要注意立足消费者的个性化需求,例如针对中老年人常见风湿性关节炎等病症,可以研发出特色暖膝贴等产品。还可以结合蕲春县当地传统文化图案,利用近些年年轻人追捧的"国潮"文化,绣制"艾虎"特色香囊,吸引新的消费群体。

(3) 结合地域文化,发掘蕲艾人文价值。

蕲春县可以依托文化强国战略,顺应人们对中国传统的儒学、中医文化的关注,以蕲春"四宝"之一的蕲艾为核心,打造李时珍文化品牌和中医药大健康文化产业链,制定"药旅联动"发展战略,以仿古建筑群李时珍纪念馆来展示本草标本和中医药学珍贵文物。通过李时珍纪念馆的人文底蕴打响蕲艾的知名度,推广蕲春艾灸疗法,打造国家"非遗"品牌,传承艾灸文化,促进蕲艾产业与第三产业融合发展,弘扬李时珍精神和中华民族优秀传统文化重要组成部分的中医药文化。

其他地区在打造特色产品品牌时也可以从文化角度着手,通过分析当地的民俗文化、消费习惯、饮食习惯、风土人情,结合地域文化,发掘地方特色产品的文化价值,以文化软实力助力品牌打造和产业发展。

(4) 加强蕲艾产品的质量监督体系建设。

蕲艾产业的源头在于蕲艾,由于蕲艾产量不足和现有资金、技术等方面的限制,蕲艾产品的基础品质和品牌的统一难以得到保证。为了改善这一问题,需要一定的监管来推进蕲艾规范化、规模化种植,督促企业改进制作工艺和更新生产设备,利用数字化技术转型升级,从而保证优质蕲艾产品的生产和加工。

这也提醒其他地区,在生产和打造特色产品的过程中,需要严格把控产品质量,成立监督管理委员会,制定相关产业产品保质保量的政策要求,建立并完善质量监督体系,从根源上保证特色产品原材料的质量,这样才有利于品牌的构建和维护。

指导教师评语

当前,各地依托比较优势和资源禀赋,发展特色产业经济,是实现乡村振兴目标的重要方向与内容。"蕲心协力 艾满天下"团队选择湖北省蕲春县艾草产业作为研究案例,结合实地调研和管理学科知识,从产业延伸性融合、技术渗透性融合、产业交叉性融合三个维度分析蕲艾产业"三产"融合助推乡村振兴的具体模式。通过分析当地艾草产业存在的问题,为蕲艾产业如何加强品牌建设、实现"走出去"提供意见和建议,研究并总结出"蕲春经验",为其他地区发展特色产业助力乡村振兴建设提供了决策参考与路径选择借鉴,具有较高的应用价值和现实意义。此外,研究团队通过公众号平台报道调研进展,并与指导教师及时进行沟通和联系,改进报告中存在的问题,具备了学术研究的意识,值得赞扬。

(王梦阳 华中科技大学管理学院副教授)

地方特色茶产业的发展现状、困境及对策研究

——基于湖北省恩施两类茶企业的对比调查[①]

摘 要

富硒茶产业是湖北省恩施土家族苗族自治州的特色产业,也是带动当地村民规范化生产茶叶从而致富的优良道路。当前,恩施州的富硒茶生产厂商普遍面临春茶销售受阻、出口成本高、国内茶类产品竞争激烈等问题。本项目综合现有研究,从企业文化、管理模式、发展模式、市场方向、销售方式等角度将企业划分为传统型茶企和新型茶企,并分别选取恩施州两类企业中的乡村振兴示范企业开展调研。通过访谈法、问卷调查法、实地走访法、SWOT 分析法等研究方法,一方面关注"种植—加工—销售"这一完整的产业线上两类茶企采取的不同经营策略,分析利弊,并对其所面临的困难提出解决措施,以期形成可复制可推广的典型经验做法;另一方面关注产业线与民生的关系,解释为什么"产业线"即乡村百姓脱贫致富的"财富线",考察现有政策与建议落地结果,描绘一片茶叶上的乡村振兴脉络,倾听蕴含于一片茶叶之中的人民心声和脱贫攻坚时代强音。

关键词

乡村振兴;茶产业;发展战略

一、调研背景

农业、农村、农民问题一直都是党和国家关注的重点,党的十九大报告在以往

---

① **社会实践团队名称**:华中科技大学电子信息与通信学院"茶之语"社会实践团队。
团队成员:谢哲玄、张岩、付昱翔、李泓恺(电子信息与通信学院)、余先松、鹿修齐、余世婷(网络空间安全学院)、石博文(光学与电子信息学院)、林怡彤(管理学院)。
报告执笔人:林怡彤、李泓恺、付昱翔、石博文、鹿修齐、余世婷、余先松、谢哲玄、张岩。

政策措施和实践成果基础上凝结和升华，提出乡村振兴战略，勾勒出"产业兴旺、生态宜居、乡风文明、治理有效、生活富裕"的乡村振兴发展蓝图。

湖北省恩施土家族苗族自治州物产丰富、土壤优渥、硒资源丰富，被誉为"世界硒都"。追溯恩施州的农业发展状况，可以发现富硒茶产业一直是当地的传统优势产业。

产业兴旺是解决农村一切问题的前提，是乡村振兴的基石。2013 年，《农业部关于促进茶叶生产持续健康发展的意见》指出要"加大老茶园改造力度""努力提升茶园管理水平""积极推进产业化经营"；2016 年，《农业部关于抓住机遇做强茶产业的意见》，指出要"坚持政府引导，市场主导推进""坚持绿色发展，促进生态保护""坚持创新驱动，注重质量效益""坚持品牌带动，培育企业集团""坚持着眼全球，拓展国际市场"；2018 年农业农村部办公厅印发的《乡村振兴科技支撑行动实施方案》围绕解决制约乡村振兴的重大技术瓶颈问题指出要"创新一批关键核心技术和装备""集成应用一批科技成果和技术模式""依托国家农业可持续发展试验示范区，建设一批推动我国农业绿色发展的科技引领示范村（镇）""强化制度创新，激发创新创业活力"；2022 年，《农业农村部办公厅关于推介 2022 年农业品牌创新发展典型案例的通知》围绕品牌在市场竞争方面的重要性问题，指出政府推介为推动农业品牌创新发展探索了路径，提供了具有典型性、代表性和可借鉴性的意见，助力当地农产品经济稳步发展。近年来，恩施州当地政府更加重视茶产业的地位，并开始提供系列政策倾斜。然而，由于恩施州茶企存在生产基础薄弱、生产加工环节落后、科技帮扶力度不够、专业人才缺乏、当地企业品牌带动力弱等问题，尽管该地区种植茶树的历史相对悠久，且拥有富硒土地，茶产业仍缺乏一定的竞争力。基于此，实践队组织进行了一系列针对性考察，以期为恩施州茶企的转型发展提供新思路，注入新的产业活力。

二、调研方法及研究路线

时间：2022 年 6 月 28 日至 2022 年 7 月 11 日。

地点：湖北省恩施州。

调研人员：谢哲玄、付昱翔、李泓恺、林怡彤、鹿修齐、石博文、余世婷、余先松、张岩。

调研方法：访谈法、问卷调查法、实地走访法、SWOT分析法等多种调研方法。

研究路线：本次调研任务主要围绕两个乡村振兴示范企业伍家台昌臣茶业与润邦茶业展开。具体研究路线如图1所示。

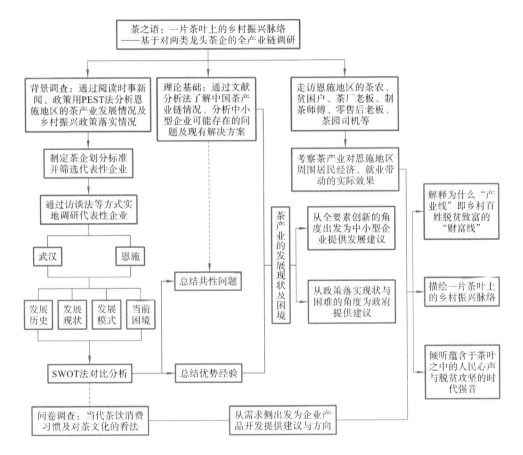

图1　研究路线图

本次实践重点关注从乡村茶园、加工厂到城市中的销售门店这一完整的生产线与"民生"的关联。通过访谈法、问卷调查法等方法，解释为什么"生产线"即乡村百姓脱贫致富的"财富线"，总结蕴含在"茶"之中人民的心声和党团工作的心血。

三、文献回顾与理论基础

（一）中国茶业发展的现状困境及对策

21世纪以来，我国茶业规模快速扩张，但茶业消费需求缓慢释放，产能过剩的风险日益加剧。内销和出口的基数低于生产量，从绝对量上来看产大于销的情况已经出现。随着总产量的增加，各类茶产量均有所增加，但是茶类相关产品基本格局未变，传统茶类尤其是绿茶仍占据绝对主导地位，产品类型单一，难以适应新时代消费观念的变化。① 综合来看，目前我国茶业发展面临诸多问题。

在茶叶生产方面，李婷婷指出我国茶业存在生产成本持续上涨、良种化比例不高、宜机率低、基础设施薄弱等问题②；焦佳指出我国茶叶深加工领域存在产能过剩、茶资源利用率低的问题③；唐小林等基于我国茶业装备数字化现状及路径分析指出我国茶产业茶机装备数字化方面普遍存在问题④。

在茶叶出口方面，王刻铭通过分析中国茶产业国际竞争力现状指出我国茶产业普遍存在单产低、茶园面积与产量不成正比、出口品类结构不平衡、生产成本越来越高、深加工和综合利用程度不高、集约化规范化品牌化程度低等问题。⑤

在茶企运营方面，马长伟指出中国茶业金融供给不足，风险与收益不对称，导致农业类银行及商业银行投资力度不够，存在着茶业生产与销售的市场机制问题。⑥

通过梳理文献，可以发现当前制约我国茶企发展的主要因素大致包含以下三点。

---

① 杨亚军.坚持问题导向　推动我国茶业高质量发展——我国茶产业发展现状与建议[J].中国茶叶，2023,45(1):1-5.
② 李婷婷.××企业茶业工贸有限公司生产过程管理优化策略研究[D].长春:吉林大学,2018.
③ 焦佳.茶叶深加工产业发展制约因素与发展建议[J].现代园艺,2021,44(24):21-23.
④ 唐小林,王家鹏,范起业.我国茶业装备数字化现状及路径分析[J].中国茶叶加工,2022(3):69-72.
⑤ 王刻铭.中国茶叶产业国际竞争力提升路径研究[D].长沙:湖南农业大学,2020.
⑥ 马长伟.近代中国茶业金融问题研究[J].安徽史学,2019(5):44-54.

第一,茶叶综合管理程度不高,不够规范化。有机茶认证茶园不足一成,茶园的良种化程度虽有大幅提升但认证率偏低,茶园综合管理水平较低[①][②],针对土壤改良、灾害防治、综合管理等领域的服务机构数量有限。在茶叶生产加工过程中,清洁能源普及度低,部分地区仍以烧柴烧炭为主,污染重、能耗高[③]。

第二,产业延伸有局限性,结构单一。针对国内市场而言,茶产业仍以常规茶叶产品销售为主要产出,产品附加值高的深加工和服务业规模有限、延展不足、产能过剩。现有的生产资源未能完全实现生产支撑向服务支撑的转化,新型业态与整个产业互动性差,产业支撑能力弱。茶企内部竞争激烈、产品同质化严重、区域间差异化不明显是目前茶企面临的主要问题。针对国外市场而言,我国主要出口茶叶以原料茶为主,主打价格优势战,这一战略与茶产业促进区域经济发展、提升人民生活水平的内在矛盾阻碍了我国茶企进一步发展与扩张。[④][⑤]

第三,销售方式落后,未能适应社会消费潮流。经营方式未跳脱行业局限,社会综合生产资源引入力度不足,对新技术、新资源的采纳率和利用率相对偏低。茶叶品牌影响力和拉动作用有限,缺少专业化营销服务机构支撑,虽已孕育了一批企业,但生产规模仍偏低、区域拉动能力有限。茶企亟须优化销售结构,多尝试采取直播带货、新型体验店等方式带动消费。

针对我国茶业未来发展的方向,通过梳理文献大致可总结如下:一是茶园建设合理规划,科学栽培;二是加快茶叶加工厂建设与升级改造,提高机械化生产加工水平[⑥];三是强化品牌建设和管理,进一步提升品牌知名度和影响力[⑦][⑧];四是建

---

① 吴剑钊.安溪茶产业链合作运营模式探讨[D].泉州:华侨大学,2013.
② 杨亚军.坚持问题导向 推动我国茶业高质量发展——我国茶产业发展现状与建议[J].中国茶叶,2023,45(1):1-5.
③ 何吉杭,戴建靖,吴秋萍,等.茶产业链环境影响的生命周期评价研究进展[J].中国茶叶,2023,45(2):16-22.
④ 李婷婷.××企业茶业工贸有限公司生产过程管理优化策略研究[D].长春:吉林大学,2018.
⑤ 杨亚军.坚持问题导向 推动我国茶业高质量发展——我国茶产业发展现状与建议[J].中国茶叶,2023,45(1):1-5.
⑥ 王志岚,张治毅.茶庄园建设路径与模式研究[J].中国茶叶,2020,42(1):47-50.
⑦ 林伟平.茶叶品牌产业化发展模式探索——以浙江宁海望海茶品牌为例[J].中国茶叶,2010,32(2):4-7.
⑧ 苗阳,袁广义,黎畅,等.我国茶叶品牌建设路径探究——以福建省为例[J].中国茶叶,2016,38(9):4-5,21.

立健全茶叶市场营销体系[1];五是优化茶叶产品结构[2][3];六是加强标准化体系建设,完善行业管理体制;七是积极发展茶文化旅游,促进茶旅产业联动发展[4][5];八是加强风险防范;九是完善产业发展的保障体系;十是建设数字化茶厂,以数字化赋能茶产业发展[6][7]。

茶产业想要从高速发展转为高质量发展,要以市场需求为导向,以创新为动力,优化产业链结构,提高产品质量效益、绿色效益、品牌效益。要对低产低效的茶园及茶种进行改造和替换,提升科技意识,完善基础设施,提高茶业的标准化、自动化生产。同时要以消费者为中心,创新产品类型和产品形态,引领消费市场、消费理念,扩大消费需求。[8]

(二) 恩施州茶业发展现状及困境

"恩施玉露"是湖北省恩施州的特色品牌,恩施玉露茶是中国传统蒸青绿茶,选用叶色浓绿的一芽一叶或一芽二叶鲜叶经蒸汽杀青制作而成。

2004年,恩施州茶叶种植面积39.75万亩,茶叶产量1.9万吨;2010年,恩施州茶叶种植面积85.48万亩,茶业总产量4.61万吨,茶叶总产值11.76万元,分别占全省茶叶总面积321.9万亩、总产量16.37万吨、总产值52亿元的26.6%、28.2%和22.6%,已成为湖北省茶叶种植面积最大、产量最高的地区。其中名优茶产量2万吨,产值高达8.5亿元,占全州茶叶总产值11.76亿元的72.28%。[9] 2021年,恩施州茶叶种植面积180万亩,其中投产茶园151万亩,茶叶基地总面积

---

[1] 苏亮."互联网+"下福建茶业服务模式研究[D].福州:福建农林大学,2017.
[2] 洪文生.茶产业发展模式探讨[J].农村经济与科技,2021,32(22):172-174.
[3] 杨亚军.坚持问题导向 推动我国茶业高质量发展——我国茶产业发展现状与建议[J].中国茶叶,2023,45(1):1-5.
[4] 张耀武,龚永新,黄启亮."茶旅融合"助推茶产业转型升级探研——以湖北邓村绿茶集团为例[J].茶叶科学技术,2013(3):32-36.
[5] 易开刚,李解语.茶旅融合与互动发展:模型建构与效果测度——基于浙江省的实证研究[J].茶叶科学,2017,37(5):532-540.
[6] 刘世明,代晓静,邓汝春,等.乡村振兴背景下的茶产业数字化供应链平台构建[J].物流技术,2022,41(1):113-116,155.
[7] 周成伟,吴学进,芦坤,等.数字化茶厂的探索与启示——以小罐茶为例[J].中国茶叶加工,2022(3):73-77.
[8] 王志岚,张治毅.茶庄园建设路径与模式研究[J].中国茶叶,2020,42(1):47-50.
[9] 杨觐菲.恩施土家族苗族自治州茶产业发展研究[D].北京:中央民族大学,2012.

占全省茶园面积的三成以上,位居第一位;在全国地市州级产茶区中位居第四位。全州干毛茶总产量 13 万吨,其中,名优茶产量 5.46 万吨,占干毛茶总产量的 42%。综合产值突破 200 亿元,带动 83 万名茶农增收。[1]

根据现有研究,除中国茶企普遍面临的问题之外,恩施地区茶业发展还存在以下问题:一方面,生产基础薄弱,选种选育起步晚,推广覆盖率较低[2];另一方面,科技帮扶力度不够,人力资源开发不足[3],无公害技术推广不均;此外,恩施地区喀斯特地貌分布广泛,受自然灾害影响大。[4]

(三)总述

现有研究主要是从茶产业链以及区域性茶业发展等比较宏观的角度切入,分析茶产业发展现状、制约茶产业发展的因素,并为茶业可持续发展提供战略与建议。

本次实践的创新之处在于,综合现有研究,从企业发展战略的角度将恩施州地区的茶企划分为传统型茶企和新型茶企,并分别选出两类企业中的乡村振兴示范企业进行比对分析,从微观的角度出发,切实感悟茶企的发展与困境,领略乡村振兴战略的落地成果,助力我国乡村振兴战略的进一步实施。

四、传统型茶企在乡村振兴背景下的发展现状
——以伍家台昌臣茶业有限公司为例

(一)历史背景

伍家台贡茶起源于乾隆年间,曾作为贡品进献宫廷,还得到乾隆皇帝的赞赏。

---

[1] 恩施日报.喜看硒茶千里绿 世界硒都满茗香——恩施州推进茶产业、茶科技、茶人才、茶文化高质量融合发展[EB/OL].(2022-11-12)[2022-11-12]. https://estv.com.cn/tt/2528958.html.
[2] 杨觐菲.恩施土家族苗族自治州茶产业发展研究[D].北京:中央民族大学,2012.
[3] 胡鹏.恩施州茶产业人力资源开发研究[D].武汉:中南民族大学,2020.
[4] 杨觐菲.恩施土家族苗族自治州茶产业发展研究[D].北京:中央民族大学,2012.

得益于恩施州宣恩县伍家台村得天独厚的气候、土壤条件，伍家台贡茶在恩施州宣恩县发展壮大。为了打造恩施州本地的茶叶品牌，带动当地经济发展，助力乡村振兴，伍家台昌臣茶业有限公司（以下简称"昌臣茶业"）于 2006 年成立，以伍家台贡茶为主要产品，逐渐成为集茶叶种植、收购、加工、包装、销售为一体的湖北省农业产业化重点龙头企业。昌臣茶业是一家实打实做产品的公司，延续了传统茶企的发展模式，在 2015 年带领伍家台村率先脱贫摘帽，是打造乡村振兴品牌的成功案例，为乡村振兴战略的巩固与发展模式树立了典范。

（二）发展状况

伍家台昌臣茶业产品畅销国内与国际市场，年销售额达 1.2 亿[①]以上。随着产业规模扩大，公司现出品茶 18 个品种[②]，厂外有参观走廊，供游客感受茶叶的整个加工环节。昌臣茶业作为华中农业大学的科研教学基地，在生产茶叶的同时，还担起了培养茶叶人才的责任。此外，昌臣茶业直带动了当地 560 余人次就业，其中贫困户 160 人左右，特别是茶叶采摘、茶叶加工制作和茶叶运输销售、景区农家乐务工及物业等岗位，直接带动贫困户增收 800 余万元[③]，助力乡村振兴，巩固了脱贫攻坚成果。

（三）发展模式

在发展的近 20 年时间里，昌臣茶业探索出了独具特色的发展模式，具有巨大的发展潜力。

1. 采取"1＋X＋N"模式

昌臣茶业通过采取"1＋X"硒火燎原模式创建有机茶品牌，联合有加盟意愿的茶叶生产厂家企业，共同规范化管理和发展茶业基地，并以此为背景成立了茶产业联合体，提高茶叶流通效率，实现产品增值，有效提高经济效益。

---

① 注：数据来自《打造产业航母，再铸贡茶辉煌 伍家台村产旅融合工作汇报材料》。
② 注：数据来自宣恩县伍家台昌臣茶业有限公司内部资料《坚持党建引领，促进茶旅振兴》。
③ 注：数据来自《景区引领、综合推搭上旅游扶贫快车 万寨乡伍家台旅游扶贫调研报告》。

此外,昌臣茶业结合本地实际状况,在"1+X"模式的基础上,将"公司—小茶厂—农户"融合成为一个整体,形成了"1+X+N"模式。公司为小茶厂和茶农提供福利——统一组织采购有机肥并以成本价售出,统一组织防控病虫害,向农户免费提供培训,向小茶厂免费提供技术,许诺收购价格和收购量等。而昌臣茶业作为基地,则要求农户不打农药以保证茶叶的口感,此外要求小茶厂对被昌臣茶业收购的茶进行农药残留的初步检测和监察。在这样的产业循环里,昌臣茶业减轻了茶叶监察的负担,提高了收购和生产效率,保证了茶叶的质量,小茶厂和茶农也得到了收入保证,这也是伍家台昌臣茶业作为当地企业领头羊所尽到的社会责任。

2. 走"茶旅融合"的道路

在政府的指导下,昌臣茶业秉承"茶旅融合、全域旅游"的发展理念,以茶为根,以茶为魂,走一村一品之路,努力打造以伍家台为核心的旅游品牌,成为恩施州农旅融合、茶旅融合、文旅融合的典范。伍家台村以农业为基础,农民为主体,依托农业产业、乡村文化、村落建筑、民俗风情、生态资源、人居环境等优势,因地制宜建设美丽休闲乡村,发展休闲农业和乡村旅游,成功将宣恩县万寨乡伍家台村打造成为国家AAAA级旅游景区,不仅提高了当地村民的经济收入,同时基础设施的兴建、交通条件和住宿卫生设施的改善也提高了村民的生活质量,助力了乡村振兴。

此外,伍家台村设立了贡茶开园节,通过观赏茶叶加工流程、敬茶祖祭茶神、茶艺表演及茶叶文化交流等活动,吸引更多游客前来旅游,弘扬和传播了贡茶文化。

3. 实行校企合作

昌臣茶业不仅是华中农业大学的教学科研基地,同时也是华中科技大学的研学基地,通过实行校企合作,助推人才培养。

4. 夯实党建引领

昌臣茶业大力推行"把支部建在产业链上"的党建发展模式,坚持党建引领,在伍家台贡茶产业链上建立伍台昌臣茶业有限公司党支部,走出一条党建与经济紧密结合、共同发展的新道路。

（四）当前困境

第一，对外贸易出现困难。在疫情、全球经济形势下行以及国际关系紧张的全球大环境下，茶叶对外出口成本大幅上升，贸易总额急剧下降，出口欧洲的贸易市场呈亏损态势。如何在保住欧洲市场的同时保证企业的利润是迫在眉睫的难题。

第二，茶园出现老化态势。茶园的面积逐年增大，但是亩产量和质量却很难维持，而这正是经济转化率高低的关键因素。

第三，绿色发展意识不强。由于公司对茶叶收购有统一的标准，对于不合格的茶叶不予验收。部分小茶厂被拒收后退出了公司组建的联盟，并向农户散播负面信息，导致农户无法正确树立绿色食品意识，从而给茶树喷洒农药。此类茶叶因此无法被收购，老百姓也无法获得实际收益。

第四，技术骨干有待充实。村庄空心化、人口老龄化问题较为突出，愿意回到农村、扎根农村的年轻人少，缺乏新型职业农民、农业技能人才、农业领军人才，在新发展模式下面临人才数量不足、质量不优的普遍性难题。

第五，产业融合有待加强。新的产业模式尚未形成巩固脱贫成效的有效方式，打工收入仍是农民主要收入来源，一二三产业的融合有待进一步加强。

第六，销售理念未进行有效创新。茶文化与现代文化结合不充分，未能充分发掘青年群体的购买力，当代青年对茶产品的购买需求普遍偏低。

五、新型茶企业在乡村振兴背景下的发展现状
——以润邦国际富硒茶业有限公司为例

（一）历史背景

20世纪80年代，恩施玉露逐渐销声匿迹。2005年，润邦国际富硒茶业有限公司（以下简称"润邦茶业"）成立，立志复兴恩施玉露，恢复其生产销售，并打造

"恩施玉露"茶品牌。2006年春,润邦茶业恢复了恩施玉露的手工制作技艺,组织起草并制定了恩施玉露湖北省地方标准并获颁布实施。此后,润邦茶业在恩施玉露茶产业不断深耕,培育茶叶品种及扩宽业务范围,逐步成长为集种植、加工、包装、销售为一体的湖北省农业产业化重点龙头企业,引领恩施州茶产业健康有序发展,极大带动了产区茶农脱贫致富,助力乡村振兴,为产业内小型企业的发展树立了典型,为如何落实乡村振兴政策、巩固政策成果提供良好范例。

(二)发展现状

润邦茶业拥有"恩施玉露"等八大系列产品,主要销售于国内市场。该公司开发了恩施玉露博物馆、生态茶园、硒茶生态园等茶旅融合项目,发展状况有以下三个特征。

第一,做行业先锋。得益于先进的理念和不断精进成熟的产品生产加工技术,自2015年起,润邦茶业连续入围"中国茶叶百强企业"。此外,润邦茶业董事长兼总经理张文旗多年来遍寻民间曾经擅于制作恩施玉露的老师傅,组建起10余人的手工制茶团队,使近乎失传的恩施玉露传统技艺得以恢复。2006年,润邦茶业起草并制定了恩施玉露生产湖北省地方标准。2007年4月,"恩施玉露新工艺、新技术研究"项目获得湖北省重大科技成果鉴定,加工技术已达国内先进水平。

第二,为百姓谋利。在脱贫致富和乡村振兴的战场上,润邦茶业积极履行社会责任,做政府紧牵产业发展的"牛鼻子",帮助鼓起贫困群众的"钱袋子",践行其"排除万难献好茶,携手茶农增保收"的发展准则,通过一系列扶农、助农政策,助推恩施地方经济发展。据公开数据显示,润邦茶业每年可辐射茶园面积达10万余亩,传授种茶、制茶技术,培育了一大批种植大户、致富能人和行业精英,每年带动5000余户农户、计17000余人增收,其中包括贫困户250余户、490余人走上以茶致富的道路,被评为助力乡村振兴"万企兴万村"行动标兵。

第三,增民族光彩。除了复兴恩施玉露之外,润邦茶业还立志向世界弘扬中国茶文化。2018年5月,润邦茶业生产的恩施玉露荣获杭州国际茶叶博览会金奖。2019年4月,润邦茶业与第七届世界军人运动会签约,成为第七届世界军人运动会绿茶类独家供应商。2021年,润邦恩施玉露再度参加外交部全球特别推介活动,向全世界展示疫后重建的湖北茶企新面貌。

(三) 发展模式

1. 坚持"公司＋基地＋合作社＋家庭农场＋贫困户"的管理模式

经过17年的发展,润邦茶业已形成了一套独特的"公司＋基地＋合作社＋家庭农场＋贫困户"的管理模式,该模式调和了传统管理模式下企业、茶商和茶农间的矛盾,从源头上实现对茶叶品质的控制,实现了公司和农民、贫困户之间的共赢。

一方面,农户家里种了茶叶,但并不是全家的劳动力都参与到茶园中,家庭单位中的劳动力是分散的,所以不仅仅只有种茶、采茶唯一一个收入来源。例如恩施玉露,这种茶主要在春季收成,在其他季节只有一些除草、除虫的杂碎农务,因此农户更愿意选择公司代为管理的方式以拓宽收入渠道,而公司也可以实时监督管理,从源头上控制茶叶质量。另一方面,润邦茶业通过优化利益分配机制和价格杠杆,只高价购入达到公司标准的茶叶且现场结清茶钱,引导和培训社员和茶农规范生产流程。

2. 统一销售价格,积极尝试互联网销售

润邦茶业的门店绝大多数分布于恩施州,仅在恩施州拥有一家直营店,其他店均是经销商。润邦茶业供货,经销商进行销售。一般而言,由于经销商的运营成本更高,相同的产品其价格也会高于直营店,而润邦茶业的管理模式要求所有经销商在线上线下的价格均与直营店统一,既保证了品质,又保证了消费者权益。

对于互联网销售,润邦茶业武汉办事处负责人表示:"互联网是现在必须使用的一个端口,没有互联网的宣传帮助,很难将公司的产品传播出去。互联网目前只是我们众多宣传方式的一种,今后我们将更多地借助网络平台,顺应时代趋势,最后把销售做到实处。"电商销售需要一个契机去"引爆"其产品来增加产品曝光度。"机会将留给有准备的人",润邦茶业将继续积攒实力支持电商的发展。"电商销售一定要做,但具体如何实施是一个长远的计划,润邦茶业不会盲目去做,会做出自己的特色。"

目前,润邦茶业已参加多场网络直播带货,其中物美价廉的"扶贫网红茶"一场直播便可销售 200 多万盒,为润邦茶业带来巨大创收。

3. 坚持研发新产品,探索宣发新方向

润邦茶业长期以来一直致力于弘扬茶文化,并形成了自己的宣传思维,对新型宣传茶文化的方式做出了积极尝试。润邦茶业负责人认为:"现在茶的宣传方式很多,宣传茶就是宣传茶文化,我们要结合新兴的方式来落实这个事情。"润邦茶业一方面积极承办各项重大活动,供应其产品进行宣传,另一方面努力将茶文化的推广同时代相结合,引起年轻人对传统茶文化的重视。

"没有受众的宣传都是无用功。"目前润邦茶业已和与流行文化相结合的线下门店(如"鹤季")进行合作。这些门店属于新式的茶馆,顾客可体验如"手打抹茶粉"等与传统茶文化相关的技艺。此外,润邦茶业每年稳定产出新品,茶产品逐步包括茶点、抹茶粉等多种衍生品及"冷之味"等便捷的瓶装冷泡茶产品,以迎合当代快节奏的生活,同时用自家产品演示"点茶""斗茶"等传统技艺,大力宣传传统茶文化。

4. 走科技创新之路

2008 年,润邦茶业主持实施了"恩施玉露茶机械化与连续化加工技术研究与示范"项目,在国内经验空白的情况下,引进和消化日本茶叶整型机械的核心技术,与国内高校科研机构和设备生产厂家合作,自行开发定制了符合恩施玉露的加工设备,使恩施玉露的人均日生产能力提高了 50 倍,建成了中国第一条蒸青针形绿茶连续化生产线,实现了标准化、规模化、机械化、连续化加工,并通过了湖北省科技厅组织的省级重大成果鉴定。该项目的实施极大促进了产业规模和质量的提升,改善了工人的生产条件,为恩施玉露的标准化生产积累了丰富的经验。2014 年,润邦茶业被评为"国家高新技术企业"。

5. 走"茶旅融合"之路

近年来,润邦茶业在主营业务之外还积极拓宽旅游业等其他业务,目前已开发了恩施玉露博物馆、生态茶园、硒茶生态园三个项目,集茶艺培训体验、生产线展示、手工茶加工体验、茶文化普及于一体,旨在传承、展示、弘扬恩施玉露及中国

茶文化。

（四）当前困境

第一，疫情与气候影响。此前由于疫情和气候的影响，一方面春茶销售受阻，茶农减收，另一方面劳动力成本上升导致春茶供应减少。春茶恩施玉露为润邦茶业旗下最主要的产品，如何缓解疫情和气候带来的经济压力及降低损失是润邦茶业当前最大的困境。

第二，新产品营销成本高。新产品第一步的宣传销售仍以线下直营店、经销商为主，受困于门店数量及客户群体，产品回报周期较长，机会成本较高。

六、以伍家台昌臣茶业为代表的传统型茶企与以恩施润邦茶业为代表的新型茶企在乡村振兴背景下现状的差异化对比分析

根据前文论述，大致可以总结出两条不同的茶业推广发展道路。一是以伍家台昌臣茶业为代表的，发扬传统茶叶制作工艺、传承茶手艺人精华部分的传统型茶企，通过茶业发展带动当地经济发展，形成茶艺文化村，实现乡村振兴；二是以恩施润邦茶业为代表的，拥有积极的茶艺创新、茶产品创新动力的新型茶企，通过茶业发展带动茶农经济收入，实现乡村振兴。

（一）企业异同分析

1. 相同点分析

第一，经济流转方式。从茶农处收购茶叶进行加工，产出成品后投入市场获得经济收入，实现经济回流。

第二，经济主体。以茶业为主要载体，把售卖茶叶作为主要盈利的方式。

第三，追求经济多样化发展。开放茶园参观，开发周边自然景区，带动茶旅结

合产业,增加收入,带动当地经济发展。

2. 不同点分析

(1) 企业文化

宣恩县伍家台昌臣茶业采取"1+X"硒火燎原模式创建有机茶品牌,以加盟的形式联系周边茶厂企业,成立了茶产业联合体。伍家台村的气候、土壤条件独特,产茶历史悠久,有深厚的茶文化底蕴,是湖北省农业产业化重点龙头企业。

恩施润邦茶业以历史悠久的恩施玉露为核心,立志复兴恩施玉露,恢复其生产和销售,并打造"恩施玉露"品牌。润邦茶业始终坚持高质量发展,生产的茶叶多次受到外界称赞,"芭蕉"牌恩施玉露茶先后被评为"湖北省茶叶学会金奖产品""湖北省第三届十大名茶""湖北省名牌产品"等。润邦茶业具有先进的管理理念和不断精进成熟的产品生产加工技术,争做行业先锋;并通过寻找民间制茶老师傅组成团队,恢复了失传多年的恩施玉露传统工艺,起草并制定了恩施玉露生产湖北省地方标准。润邦茶业目前已成长为湖北省农业产业化重点龙头企业。

(2) 茶园、茶厂管理制度

宣恩县伍家台昌臣茶业粗茶产出茶园一部分由农户自行管理,一部分由公司代理并支付土地所有权人租金。茶厂聘请当地居民管理,实现公司与合作社的融合管理制度。恩施润邦茶业采用"公司+基地+合作社+家庭农场+贫困户"的管理模式,该模式调和了传统模式下企业、茶商、茶农之间的矛盾。茶园主要由当地茶农委托给公司代为管理,公司可以进行实时监督管理,以便从源头控制茶叶的质量。

(3) 进货、宣传和销售流程

在进货上,宣恩县伍家台昌臣茶业一方面从周边茶农手中收购粗茶,通过拒绝收购农药残留茶叶,要求茶厂从源头控制茶叶农残,倒逼散户茶农不打农药,管控粗茶农残量,保证茶产品出货品质。另一方面,昌臣茶业在一些农户手中有外包茶园,由茶厂负责管理,打造绿色无农药茶园,做到从源头上保证茶叶零农残。在宣传上,昌臣茶业一方面打造当地茶艺文化村,实现茶旅融合,以旅游业宣传带动茶产品宣传;另一方面与稳定大型客户进行长期对接,做好广告投入,参加海外贸易会,保证茶产品暴露面广。在销售上,昌臣茶业在茶旅结合、以当地旅游业发展带动茶产品销售的基础上,专注于打通海外市场,出口产品流向主要是欧洲周边国家地区。

在进货上,恩施润邦茶业通过优化利益分配机制和价格杠杆,只高价购入达到公司标准的茶叶且现场结清茶钱,引导和培训社员和茶农规范生产流程,杜绝农药,做到有机健康。在宣传上,润邦茶业一方面通过承办和赞助各类重要活动的方式宣传产品,另一方面通过与流行文化相结合的线下门店进行合作来推广产品,结合产品举行"点茶""斗茶"等传统技艺演示,向大众普及茶文化。在销售上,润邦茶业在传统门店售卖产品的基础之上大胆创新,通过互联网进行销售,目前已参加多次网络直播带货,其优秀的产品深受大众的喜爱。

(4) 市场规模

昌臣茶业在宣恩县城区共开设两家线下门店,销量占比少,主要是通过经销商加盟代理的形式售出茶叶产品。市场规模聚焦海外,海外市场占比七成左右。

恩施润邦茶业门店几乎都位于恩施州,直营店仅一家,其他店都由经销商代理销售。除了生产地恩施州之外,润邦茶业在湖北省会武汉也成立了分公司,并建立专卖店。

(5) 政府帮扶干预

昌臣茶业在政府的指导下,走一村一品之路,打造伍家台旅游文化,是恩施州农旅融合、茶旅融合、文旅融合的榜样,并在政府的帮扶下成功将伍家台村打造成国家AAAA级景区,助力乡村振兴。

润邦茶业的成立得益于恩施州政府的招商引资,政府在公司建立的前期提供了很多帮助,为了带动当地经济发展、实现乡村振兴,为公司提供了政策上的倾斜和经济上的帮扶。

(二) 企业 SWOT 分析

实践队对宣恩县伍家台昌臣茶业和恩施润邦茶叶分别进行企业 SWOT 分析,如图 2 所示。

	宣恩县伍家台昌臣茶业	恩施润邦茶业
优势	① 茶叶品控方式。明确收购要求，确立粗茶加工卫生制度以确保茶叶品质 ② 明确的市场方向：国内外均有销售，但市场侧重于国外。其中茶叶出口工作已进行了一段时间，在国外市场占一定的份额 ③ 独特的管理模式。通过采取"1+X"硒火燎原模式创建有机茶品牌，并以此为背景成立了茶产业联合体。并在此基础上探索出了"1+X+N"模式，该模式有效提高了企业的经营效率的同时也保障了小茶商和茶农的利益 ④ 因地制宜的发展模式。昌臣茶业利用当地丰富的旅游资源，将茶文化和旅游业结合起来，实现了"茶旅融合" ⑤ 人才赋能。昌臣茶业是华中农业大学的教学科研基地和华中科技大学的研学基地	① 茶业品控方式。通过直接代替茶农监管和高价收购优质茶的手段，保证了自身茶是未打农药的，也保证了自身茶的品质，为制作出好的茶产品奠定了基础 ② 充分利用品牌效应。"恩施玉露"历史悠久，利用"恩施玉露"自身的文化效应联合同类企业共同打造品牌，在竞争中具有优势。 ③ 管理专业化。"公司+基地+合作社+家庭农场+贫困户"的管理模式从源头上实现对茶叶品质的控制，有效解决了公司、茶商、茶农之间的矛盾；董事长张文旗是高级知识分子，公司也聘请了很多专业的人员进行管理 ④ 优化生产配置。润邦茶业在成立之初就开始采用现代化机器制茶，是恩施市第一家使用现代工艺制茶的企业。通过采用先进的生产方式，公司的茶产量大幅度提升，公司也得以快速发展 ⑤ 明确的市场方向。润邦茶业主要面向国内进行销售，以其精湛的技艺和与时俱进的创新思想在国内的茶叶市场有着一定的知名度
劣势	① 优质茶园管理难度大，厂家对茶叶高质量的要求与茶农个人利益存在一定矛盾。部分茶农自家管理茶园的质量不达标，粗茶收购量不高，厂家与茶农之间的沟通协商成为难题 ② 伍家台地处山区，交通不便，辐射茶园范围小。另一方面，交通也限制了茶产品的对外运输和货运速度。高品质茶叶对保质期的要求较高，交通难题可能会成为阻碍 ③ 潜在客户群体较少。昌臣茶业主要生产传统茶产品，在营销方式上也并未做出创新，Z世代消费者消费能力的增强却没有为企业带来新的客户群体	① 企业运营风险与经济压力较大。由企业直接代管茶园成本较高，且该模式下企业直接承担茶园种植管理风险，间接充当茶农收入渠道； ② 由于疫情和气候的影响，春茶销售受阻，茶农减收。春茶恩施玉露为润邦旗下最主要的产品，这极大地影响了公司的利润 ③ 新型门店投资加压公司资金流。润邦茶业与当今流行的现代化茶馆（如"鹤季"等）的合作投资大，回报周期长，风险较高
机遇	① 国家政策支持。昌臣茶业结合自身地理位置优势，走茶旅融合的发展道路，推动多产业融合发展，切合国家建设"产业兴旺、生态宜居、乡风文明、治理有效、生活富裕"的美丽乡村的蓝图 ② 宏观经济发展带动个企。一方面，随着经济的复苏，人均收入与闲暇时间会逐步增多，人们关于旅游、亲近自然的需求会逐步上升；另一方面，恩施州旅游业的发展会为昌臣茶业带来潜在客户	① 互联网赋能茶产业链。润邦茶业积极拥抱互联网，在线下开设直营店并授权经销商进行门店和网络销售，同时也开展了多次网络直播带货去发展电商销售，使企业的销售方式变得多元化，也使企业对抗风险的能力变强 ② Z世代消费者偏好带动个企。润邦茶业紧跟时代潮流，不断推出符合时代特征的产品，线下布局茶文化体验店。这些举措不仅保留了传统的饮茶制茶技术，而且符合新一代消费者的审美和销售观念
威胁	① 主要市场销售成本不断增加。错综反复的疫情和日益紧张的国际形势导致海运运费成本大大增加，国外市场销路受阻，利润降低，制约公司经济收入，影响公司正常经济运作	① 网络直播等带货方式存在一次性需求量大、持续性不强等问题，如何做好库存管理和成本控制是润邦茶业需要着重思考的
	② 茶产业行业壁垒较低、产品同质化严重、竞争者繁多，如何平衡与竞争者之间的关系是企业需要做出规划与分析的	

图 2　企业 SWOT 分析图

（三）企业当前发展困境的尝试性解决方案

1. 以伍家台昌臣茶业为代表的传统型茶企

第一，对于对外贸易成本上升与利润下降，可以适当减少在这方面的侧重，暂时把主要目标放在国内市场，待国际形势向好、国家政策顺势的情况下再重新考虑国外市场。与此同时，针对欧洲市场消费者的饮食习惯对产品进行改良，使之更适应当地的消费需求；加大宣传力度，通过拍摄宣传片、举办国际茶饮品鉴会等形式宣传茶产品，以稳住国外市场基本盘。

第二，针对优质粗茶收购量不高的问题，可以参考润邦茶业"公司＋基地＋合作社＋家庭农场＋贫困户"的管理模式，邀请茶叶供给者"入局"。可以定期举办当地茶农的种植经验交流分享会，进行茶艺种植讲座培训，提升茶农的专业知识素养。

第三，村庄空心化、人口老龄化、人才流失问题较为突出。可以加强乡村宣传，努力打造自身茶旅结合的响亮招牌，提升自身经济价值，吸引年轻人才回流，加入乡村振兴的建设中来。

第四，销售理念未进行有效创新。截至目前，昌臣茶业的销售仍未能很好地融入互联网的发展中来。可以发掘自家茶产品亮点，以富硒茶为招牌，打造网络茶叶品牌，也可以结合当前爆火的网络直播形式，通过网络这一潜力巨大的平台，宣传、营销伍家台旅游业与茶业。

2. 以恩施润邦茶业为代表的创新型茶企

第一，公司在监管的过程中应避免模式化，要做到监管认真仔细，监管人员在发现问题之后要及时反馈。

第二，面对疫情困境，最好的应对办法就是加强互联网销售，网络销售相比于门店销售更加灵活，且没有时间和空间的限制。

第三，公司可以组建专业的团队对自己的项目进行投资资金评估和风险评估，在经过科学的分析之后再做出决定。

第四，公司的新品宣传方案可以更加大胆，在传统宣传方式的基础之上，适当加大在网络宣传上的投入。

（四）从不同视角审视企业对当地经济发展贡献的对比分析

客观而言，茶企的发展会在一定程度上带动地区的经济发展，但从不同社会群体的角度来看，受益方面是有一定差异的。

①对于个体农户来说，种植茶叶销路更广、收入更稳定，同时茶叶的经济价值远高于普通农产品，有利于经济收入提升。

②对于当地贫困户来说，茶旅结合能为当地带来许多就业岗位，从而保证其基本经济收入。地方区域经济发展振兴，政府也会进行相应的补贴，保障、帮扶贫困户提高收入，早日脱贫。

③对于企业员工和当地以茶为主的生产商、经销商，茶叶农产品在当地的发展为他们带来了稳定的工作岗位。

④对于当地政府来说，茶企的发展可以带动当地经济的发展。茶旅融合也能为当地带来更多发展机遇，有利于地方经济的发展壮大，从而促进乡村振兴。

七、问卷分析报告

（一）调查目的与内容

为进一步探索现代茶企在发展过程中进行全要素创新，以及供给侧结构性改革的有效途径，实践队采取线上问卷调查的方式，对当前人们关于茶饮的消费现状展开调研，从而了解人们对于饮用传统茶叶和消费新型快捷茶饮产品的现状和未来消费的需求，对企业进行供给侧调整提供有效的建议。

（二）调查方法与问卷设计

1. 调查方法

通过问卷星的方式发送调查问卷，共收回有效问卷439份。

2. 问卷设计

本次采用的是问卷调查法,编辑生成"对茶饮消费现状的调查",该问卷由 5 道单选题和 3 道多选题组成,其设计思路如图 3 所示。

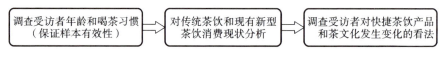

图 3　问卷设计思路图

(三)调查结果

1. 调查对象分析

(1)年龄分布。

19～26 岁青年消费者占总人数约一半,36 岁以上的中年消费者人群约占 20%(见图 4),样本结果实现了对于茶饮消费群体在不同阶段年龄分布上的基本覆盖。

(2)调查对象是否具有饮茶习惯。

在 439 份有效问卷中,51.71% 的调查对象具有平时泡茶喝茶的习惯,48.29% 的调查对象不具有喝茶的习惯(见图 5),样本中有喝茶习惯和没有喝茶习惯的人数基本各占一半。样本结果实现了对有饮茶习惯和没有饮茶习惯的两大类人群的覆盖。

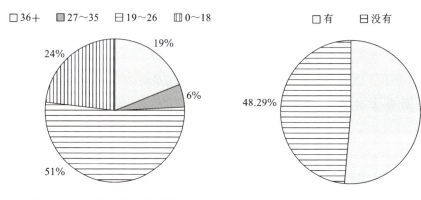

图 4　调查对象年龄分布饼状图　　图 5　调查对象是否具有饮茶习惯的饼状图

2. 传统茶饮消费现状分析

从图6的数据中可以看出,绿茶和红茶受到超过半数消费者的喜爱,是消费者普遍青睐的茶种。有四成左右的消费者喜爱花茶和乌龙茶,而经发酵制成的茶种(白茶、黑茶和黄茶)则相对来说较为小众。

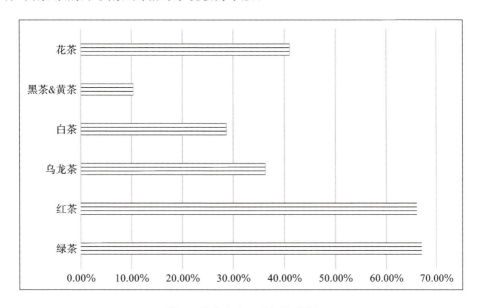

图6 消费者茶叶偏好柱状图

3. 现有新型茶饮消费现状分析

问卷调查统计了439名消费者对于新型茶饮(如奶茶、冰红茶等)的消费频率,以及对于现有新型茶饮和茶副产品(如茶包等)的消费意愿。

(1)对现有新型茶饮的消费频率。

调查数据显示,439名消费者中有接近一半(47.15%)的消费者会保持每周0~2杯的新型茶饮消费频率;有接近五分之一(18.68%)的消费者保持每周3~6杯的消费频率;每周饮用7杯及以上新型茶饮的消费者占5.69%;还有28.47%的消费者表示几乎不喝新型茶饮(见图7)。

(2)对于现有新型茶饮的消费偏好。

调查数据显示,奶茶、水果茶新型茶饮受到超过一半(66.97%)的消费者的喜爱;冰红茶、茉莉绿茶等含糖茶饮也受到五成消费者的喜爱(51.03%);微糖或无

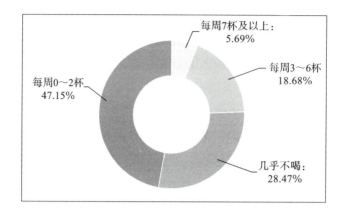

图 7 新型茶饮消费频率饼状图

糖茶饮以及功能保健茶饮的消费者受众较少(见图 8)。

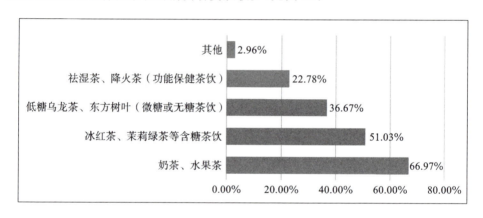

图 8 现有茶饮消费偏好柱状图

(3) 对茶副产品的消费意愿。

如图 9 所示,调查数据显示,超过一半(56.26%)的消费者愿意购买茶副产品,18%的消费者对此类产品不太熟悉,25.74%的消费者不太愿意购买此类产品,理由大致有:①茶包的原材料品质不好;②不愿意泡茶;③担心食品安全问题。

4. 对茶商品化影响和茶饮快捷化对传统茶文化的冲突的看法

(1) 消费者对于茶商品化影响的看法。

如图 10 所示,超过一半的消费者认同茶商品化适应了当下的快节奏生活,让喝茶变得更方便;接近一半(48.06%)的消费者认为茶可以代替不健康饮料;26.65%的消费者赞同茶能够代替咖啡起到提神醒脑的作用;33.49%的消费者认

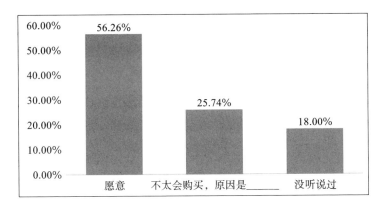

图 9　茶副产品消费意愿柱状图

为茶商品化可以及时生津解渴;11.85%的消费者对茶商品化不感兴趣。

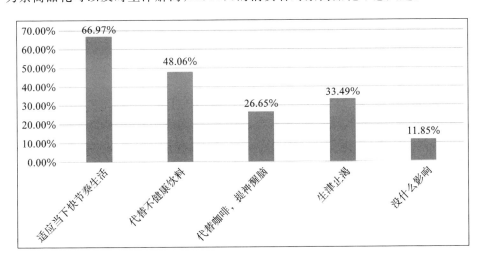

图 10　关于茶商品化的影响-柱状图

（2）消费者对茶饮快捷化与传统茶文化冲突的看法。

问卷中提到传统茶文化是否会因茶饮快捷化而受到冲击,63.55%的消费者认为,茶饮快捷化有利于复兴传统茶文化;22.55%的消费者认为对茶饮快捷化对传统茶文化有一定的冲击;而 13.90%的消费者认为此举对传统茶文化几乎没有影响(见图 11)。

（四）结论与思考

本问卷从思考企业进行供给侧结构改革的角度出发,将企业的生产与消费者

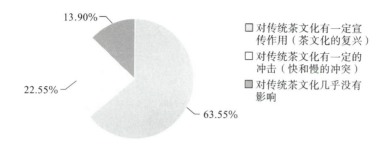

图 11　关于茶饮快捷化对传统茶文化的冲击饼状图

的需求挂钩,了解消费者对于茶产品现状及发展趋势的看法,关注消费者对商品的疑虑和担忧,进而完善茶产品,更好地满足消费者的需求。

从相关数据中可以看出消费者对茶作为日常饮品的看法多持正向态度,对快捷茶产品也持有一定的期待。

作为一种饮品,茶的商品化首先要做到满足大众的口味。中国人对茶的品味经过了几千年历史的揉捻,要想做好茶的商品化,就要先基本满足这一庞大受众的要求。

问卷调查显示,如今的茶饮产品与真正的茶文化之间存在着巨大的鸿沟。企业应该在这个"鸿沟"的两岸不断向对岸探索,建立起连接两岸的桥梁,让茶饮产品不仅要满足喜爱慢慢品饮茶的消费者的需求,也要开发更适应当前快节奏生活的新型快捷茶饮产品。

八、结论与建议

(一) 结论

(1) 富硒茶产业对提升恩施州居民收入水平有极大的促进作用,在恩施州乡村振兴战略中做出了突出贡献。

(2) 由于茶企的资本、地理环境、管理者思维模式等不尽相同,茶企的管理模式、销售模式、发展模式、市场方向等都存在比较大的差异,可大致划分为传统型茶企和新型茶企。传统型茶企采取"1+X+N"的管理模式,在不改变原有的资源格局的情况下通过提升茶农的素质以及生产力实现茶叶品控,销售方式以线下门店零售为主,认为茶文化是一种"慢"文化,茶产品创新意识不强,具体以伍家台昌臣茶业为例;新型茶企则采取"公司+基地+合作社+家庭农场+贫困户"的模式,通过优化利益分配机制和价格杠杆实现茶叶品控,积极采用互联网销售,认为茶文化发展应该顺应时代快节奏,不断推出新型茶产品,具体以润邦茶业为例。

两种管理模式的比较如表1所示。

表1 传统型茶企和新型茶企的管理模式比较

模式	"1+X+N"模式	"公司+基地+合作社+家庭农场+贫困户"模式
概念	"1"指企业,"X"指茶叶生产厂,"N"指周边农户,是一种将"公司—小茶厂—农户"融合成为一个茶产业联合体的经营模式	以企业为主导,以农产品加工、运销为龙头,围绕茶产品生产、销售与合作社、家庭农场、农户实施有机联合,进行一体化经营,形成经济共同体
运作方式	公司为农户提供培训、编制种植计划以及基础设施建设,负责收购以及其他服务。农户与茶厂在经营生产的过程中按照与公司签订的合同,组织安排茶叶生产与加工	企业与家庭农场、农业合作社、贫困户等签订生产合同,充分发挥企业的技术、机械、资金、规模优势,提供统一供种、统一育秧、统一管理、统一订单收购、统一加工、统一销售的管理服务;实行保底加价优质优价收购,以市场价为参照,企业与农户签订保底价格协议,并按照市场价格情况加价收购订单农户稻谷
优势	①以企业为中心,辐射带动周边地区经济发展、就业 ②降低了生产经营过程中的交易成本 ①有利于生产要素的流动和组合 ②有利于实现农户与市场的对接,将小农户融入茶业产业链,形成市场牵龙头、龙头连农户的茶业产业化格局 ③提高了茶业生产组织化、规模化、商品化程度	①拓宽茶农收入来源。茶农将茶田交由公司打理一方面可以收取茶田租金,另一方面可以合理配置家庭劳动力,增加其他收入来源 ②弥补了"1+X+N"模式中存在的信息流通与控制机制缺陷,调和了公司与茶厂、茶农、生态环境间的矛盾,降低了违约风险

续表

模式	"1＋X＋N"模式	"公司＋基地＋合作社＋家庭农场＋贫困户"模式
劣势	信息流通与控制机制存在缺陷,企业、茶厂、茶农之间的利益存在一定冲突。茶农可能为了获取更多收入而超标使用农药,破坏了生态环境,造成产品不达标、不合格,进而使茶厂违约,最终导致茶厂、茶农均没有收入	该模式投资较大,组织难度较大,管理成本较高。该模式下企业直接承担货源供应风险、间接充当农民收入渠道
适用性	适用于所处地理位置生产资源丰富、信息渠道广、带动作用强的企业	适用于风险承担能力强、管理技术与能力先进、资金运作能力强的企业

（3）传统型茶企和新型茶企各有优劣,二者的发展在取得一定成果的同时都面临一定的困境。其中,新型茶企的管理模式规避了传统型茶企中生态环境、茶农、茶厂与企业间的矛盾,其模式对传统型茶企具有一定的参考价值。

（4）新型茶企的潜在发展空间巨大。从问卷数据中可以看出消费者对茶作为日常饮品的观点多持积极态度,认为喝茶具有许多益处,部分消费者则认为传统泡茶方式较为烦琐,因此喝茶频率不高;目前市场上的新型茶饮产品种类比较单一,人们在越来越重视传统文化的前提下对传统茶文化的了解程度依然不深,因此新型快捷茶饮产品以及弘扬茶文化的新方式具有很大的待挖掘空间。

（二）建议

实践队在经过调研后对企业和政府提出了一些发展对策和建议,如表 2 所示。

表 2　对企业和政府的相关建议

对 企 业	对 政 府
①实现战略、技术、市场、组织、制度、文化、管理的全链条、全要素创新 ②龙头企业应该发挥带头作用,与政府协作打造区域品牌,统筹形成良性"抱团式"发展,产生更大的规模效益 ③中小企业应增强对自身现状的认知,积极学习和引进可供借鉴的发展模式	①与龙头企业合作牵头打造区域性品牌 ②构建完善的产业园区服务体系,促进高校、研究基地与企业间的合作,为企业与企业间协作、优化资源配置提供渠道 ③合理地为企业提供一定的市场指引 ④政府应切实走到企业和人民群众中去,深刻了解人民群众的需求,精准地找出问题所在,并对症下药,做出有针对性、有特色的乡村振兴决策 ⑤疫情带来的经济风波给许多抗压能力弱的中小企业带来了沉重打击,政府应加大对此类企业的扶持力度,不断引进先进的技术和人才,让中小企业的生命力更加顽强

指导教师评语

《茶之语:一片茶叶上的乡村振兴脉络——基于对两类龙头茶企的全产业链调研》的选题具有一定的理论和现实意义。调研报告以两类龙头茶叶企业为研究对象,以部分茶企作坊作为调查取样标本,通过入户访谈、现场考察、问卷调查、对比分析等方式,对两大茶企的生产、管理、销售的现状,存在的问题,及其与农民脱贫致富之间的关系进行了较为深入的分析,并提出了具有针对性和可行性的对策建议。从整体上看,调研报告结构完整、逻辑清晰、数据翔实可信,对于指导乡村茶叶企业发展具有一定的借鉴意义。

（李建国　华中科技大学马克思主义学院教授）

第三部分

社会建设

全面发展视域下乡村儿童的成长现状、问题与对策

——基于湖北省洪湖市沙口镇的调查[①]

摘 要

随着乡村振兴战略的实施,乡村儿童的健康成长与全面发展问题受到了社会各方的高度关注,并逐渐成为乡村建设发展进程中的一大难题。了解乡村儿童成长现状,解决乡村儿童成长问题,是推动乡村全面振兴的关键。本文以洪湖市沙口镇儿童为调研对象,综合运用问卷调查法和访谈调查法,针对乡村儿童的生活、受教育、心理状况等方面进行分析,并结合乡镇教育资源与乡镇政府政策,总结乡村儿童成长过程中存在的问题及其原因,最后从家庭、学校、政府和社会四个方面提出建议,为助力乡村振兴贡献青春力量。

关键词

乡村振兴;乡村儿童;成长现状;问题成因;对策建议

一、问题的提出

党的十九大报告指出:农业农村农民问题是关系国计民生的根本性问题,必须始终把解决好"三农"问题作为全党工作的重中之重,实施乡村振兴战略。[②] 乡村振兴战略是实现"两个一百年"奋斗目标和中华民族伟大复兴的必然要求,也是我国在接下来相当长时期内的战略目标。

---

① **社会实践团队名称**:华中科技大学能源与动力工程学院筑梦基层团"同歌同行"沙口支教队。
团队成员:雷苏、王均树、关泽霖、黄长虹、孙志辉、刘雨婷、敖贤凤、郭敏若、黄媛、王子涵、王仪凡、陈雁娇、覃岭。
报告执笔人:雷苏、郭敏若、覃岭。
② 吴佩芬.十九大以来我国乡村振兴战略研究综述[J].农业经济,2021(1):38-40.

乡村儿童的健康成长关系到乡村人才振兴、文化振兴以及产业振兴等诸多方面，是乡村振兴的一项重要内容。深入调研乡村儿童的成长现状，了解乡村儿童的成长问题，才能有针对性地支持乡村儿童的健康发展，从乡村人才培育推动乡村文化的良性发展，最终提高一代人的思想素质，促进乡村的长远振兴发展。

二、调研地概况、调研思路与调查方法

（一）调研地概况

沙口镇是湖北省洪湖市下辖镇，地处江汉平原四湖下游，沿湖岸线长度20.9千米，境内河湖港汊密布，辖区内拥有河流348条，长度508.11千米，流域面积106.4平方千米，水资源十分丰富。截至2019年末，全镇国土面积123.24平方千米，人口约4.8万人，下辖16个行政村和1个街道社区，是一个以水产水稻产业为主，红色资源丰富的濒湖乡镇，且曾荣获"省级生态示范乡镇""湖北省脱贫攻坚先进集体"等荣誉称号。

全镇共有儿童2800余名，其中留守儿童约占60%。在这些留守儿童中，大多数是由爷爷奶奶负责照顾，少数则是委托给亲戚朋友负责照顾。除寒暑假外，孩子们能够和父母待在一起生活的时间十分有限。

（二）调研思路

本实践团队首先对部分沙口镇儿童进行了家庭走访，通过与家长、儿童的深入交流，对当地儿童的生活状况、受教育情况以及心理状况进行了初步调研。为了进一步了解乡村儿童成长的学校和社会环境，实践团队围绕政府对乡村教育的政策支持、乡村学校的基础设施及师资力量的配备情况等方面对基层政府工作者及乡村一线教师进行了访谈。在获取相关资料后，分析乡村儿童成长过程中存在

的问题及成因,并提出改善对策及建议(见图1)。

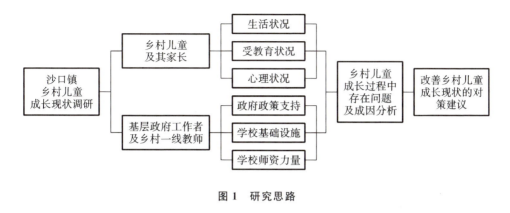

图 1　研究思路

(三) 调查方法

本次调研主要采用质性研究方法,辅以数据量化法,在湖北省洪湖市沙口镇开展为期10天的访谈调查和数据收集。

1. 问卷调查法

问卷调查法是通过向被调查者发放问卷,从被调查者的答案中间接获得材料与信息的方法。实践团队借助问卷星平台,精心设计网络问卷。在沙口镇第二小学学生及家长的帮助下,实践团队线上线下同时进行问卷调查。此次问卷调查侧重于了解乡村儿童的生活状况、受教育状况以及心理状况,为深入分析乡村儿童成长过程中存在的问题及成因并提出改进意见提供理论基础与数据支撑。

2. 访谈调查法

访谈调查法是调研者通过面对面地与访谈对象进行谈话,在适当的提问、追问下全面深入地了解访谈对象的态度及观点。实践团队通过采访沙口镇地方党委政府有关部门公职人员、沙口镇第二小学校长及教师,全方位、多层次地了解了沙口镇的基本教育情况、政府对儿童发展的支持情况,以及学校基础设施和师资力量等方面的现状及存在的问题,获得了大量宝贵的第一手资料。

三、乡村儿童成长现状调研结果

基于统计等方面存在难度,例如可能存在乡村儿童对自身状况了解不清、监护人年纪较大且文化程度较低等因素,无法进行有效统计,因此在本节只针对可量化的指标进行分析。在沙口镇儿童成长中存在问题及成因的探究过程中,实践团队将对访谈、走访得出的结论进行系统全面的分析。

(一)基本情况

本次调研共收集到120份问卷,其中有效问卷102份,有效率为85%,是分析乡村儿童成长现状珍贵的第一手资料。

在102份有效问卷中,男孩为57人,占比55.88%;女孩为45人,占比44.12%。在留守情况方面,留守儿童为34人,占比33.33%;非留守儿童为68人,占比66.67%。在年龄方面,7~12岁儿童最多,共有88人,占比86.27%;0~6岁、13~17岁儿童各有7人,各占比6.86%。在入学情况方面,幼儿园在读的儿童占比6.86%;小学在读的儿童占比85.29%;初中在读的儿童占比7.84%。具体如表1所示。

因此,本次问卷基本保持了男女比例平衡,并覆盖了以小学生为主的各个年龄、学段和留守状况的儿童,有利于形成科学的统计性结论。

表1 样本信息分布情况

类别		人数(人)	占比(%)
性别	男	57	55.88
	女	45	44.12
留守情况	留守儿童	34	33.33
	非留守儿童	68	66.67
年龄	0~6岁	7	6.86
	7~12岁	88	86.27
	13~17岁	7	6.86

续表

类　别		人数(人)	占比(%)
学段	幼儿园	7	6.86
	小学	87	85.29
	初中	8	7.84

（二）乡村儿童生活状况

本实践团队在乡村儿童生活状况中，主要考察了乡村儿童生活现状满意度和健康状况两项。由表2可知，乡村儿童中有96.08%的受访者对当下生活表示满意，仅有3.92%的儿童对当下生活状况表示不满。可见，绝大多数乡村儿童对于当下生活的满意度较高。

表2　乡村儿童生活现状满意度情况

类　别	人数(人)	占比(%)
满意	98	96.08
不满意	4	3.92

对乡村儿童的生病情况调查结果如图2所示，超过八成的儿童一年内生病不超过两次，仅有4.90%的儿童表示自己一个月生病一次及以上，由此可知，乡村儿童的健康状况总体比较乐观。

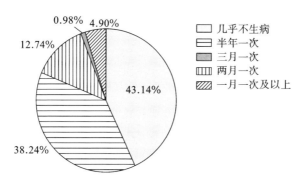

图2　乡村儿童的生病频率

在对乡村儿童的整体生活状况有大致了解后，实践团队分别对乡村儿童的上学方式、课外活动以及家庭生活进行了调查。

1. 乡村儿童上学方式

家到学校的距离决定着乡村儿童的上学方式。如图 3 所示,超过 60% 的儿童从家到学校的路程在 3 km 以内,有 22.55% 的儿童家到学校的距离为 3~5 km,16.67% 的儿童家距离学校超过 5 km。早在 1986 年通过的《中华人民共和国义务教育法》第九条规定:地方各级人民政府适当设置小学、初级中等学校,使儿童、少年就近入学。[①] 2022 年,教育部在《2022 年工作要点》中提出"全面落实免试就近入学全覆盖"的要求[②],"就近入学"再一次引起了大众的关注。在此背景下,仍有小部分乡村儿童家与学校之间的距离较远。

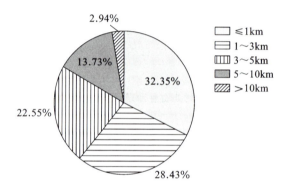

图 3 乡村儿童家到学校的距离

乡村儿童的上学方式也较为多样。如图 4 所示,高达 71.57% 的儿童表示自己上下学主要由家长接送,在家长没时间接送或没有合适的交通工具的情况下,大部分儿童会选择走路这一方式。此外,乘坐校车的儿童仅有 14.71%。

2. 乡村儿童课外活动

除了最基本的课内生活,课外生活也占据了乡村儿童很大一部分时间。如图 5 所示,在课外活动上,选择户外运动的乡村儿童较多,比例占 70% 左右。相比之下,选择学习活动如写作业、看课外书等作为课外活动的乡村儿童占比最小,比例不到 50%。

---

① 李晨雨.就近入学法律问题研究[D].哈尔滨:黑龙江大学,2017.
② 祝智庭,郑浩,谢丽君,等.新基建赋能教育数字转型的需求分析与行动建议[J].开放教育研究,2022,28(2):22-33.

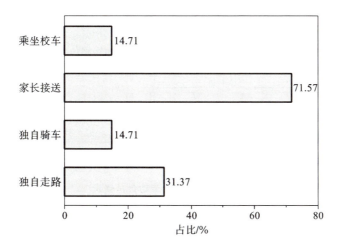

图4　乡村儿童的上学方式

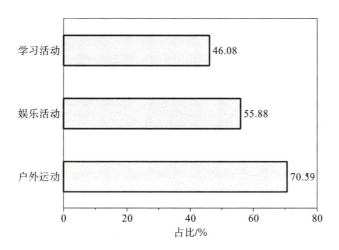

图5　乡村儿童的课后活动

除了自发选择的课外活动之外,很多乡村儿童会在空闲时间帮家长做家务或者做农活,其中,会帮忙做农活的儿童仅有15%左右(见图6)。

3. 乡村儿童家庭生活

家庭生活中与父母沟通的情况是关乎乡村儿童成长的重要一环。在调查与父母的交流频率时,有73%左右的乡村儿童与父母交流的频率达到一周两次及以上,12.74%的乡村儿童与父母交流较少,频率低于一周一次(见图7)。在与父母的交流内容上,80%左右的父母都会和儿童讨论学习情况和日常生活,近半数的

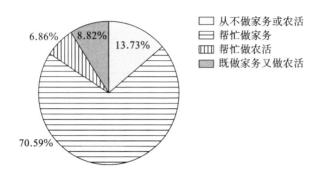

图 6　乡村儿童的劳动负担情况

父母会在聊天中关心儿童的身体健康状况。值得注意的是,仅有不到四成的父母会与儿童谈论为人处世的道理,然而,这一话题恰恰对儿童长远的发展、儿童的自我保护等方面具有重要价值(见图 8)。由此可以看出乡村家庭教育在交流频率、内容丰富性等方面有所欠缺。

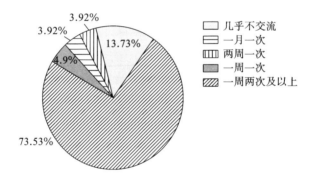

图 7　乡村儿童与父母的交流频率

此外,实践团队在采访家长时谈到对于孩子的期许,73.52%的家长表示把儿童的身体健康放在首位,38.24%的家长认为成绩优异比积极阳光的心态更为重要,仅有 8.83%的家长认为积极阳光与身体健康比成绩优异更加重要(见图 9)。这一结果表明,乡村儿童的家长对于儿童身体状况非常重视,但是另一方面,家长也常常忽视儿童的心理健康问题。

(三)乡村儿童受教育状况

教育是人才培养的关键所在,是儿童成长的必要助力,而理想的教育在于家

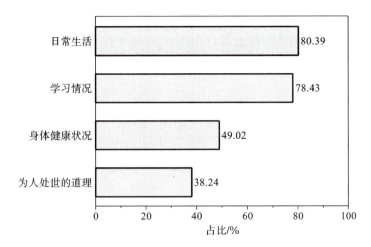

图 8 乡村儿童与父母的交流内容

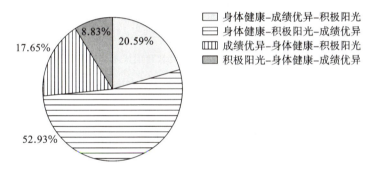

图 9 父母对乡村儿童的期望排序

庭、学校和社会的有机结合,三者紧密相连、缺一不可。[1]

1. 乡村儿童家庭教育

国家统计局发布的《中国统计年鉴 2021》中表明,截至 2020 年,我国小学学龄儿童净入学率达 100%,小学升学率达到 99.5%。[2] 调研结果表明,沙口镇儿童的学校教育率达到了 100%。如图 10 所示,沙口镇的家庭教育率仅 70.59%,远低于城市水平[3],乡村的家庭教育率仍然较低。沙口镇地区乡村儿童的社会教育率超

---

[1] 孙健军.家庭教育与学校教育、社会教育的结合点摭探[J].成才之路,2019(13):92.
[2] 国家统计局.中国统计年鉴 2021[M].北京:中国统计出版社,2021.
[3] 洪明.论新时代我国家庭教育的基本理念[J].河北师范大学学报(教育科学版),2022,24(1):94-100.

过72%,与其他农村地区相比,社会教育水平相对较高,这也与近些年党和国家对乡村教育的大力支持有关。因此可以推断,沙口镇乡村儿童教育问题主要集中在家庭教育不足上。

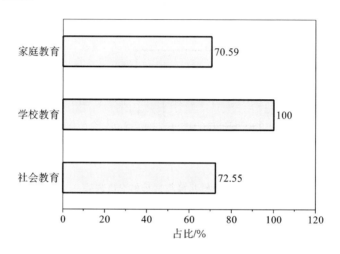

图 10 乡村儿童的受教育组成结构

家庭教育是指在家庭生活中,由家长(主要是父母)对其子女及其他年幼者实施的教育和影响。[①] 在家长教育条件上,调查样本中有73.53%的父母或其他监护人曾经在家辅导过孩子学习(见表3),而城市里近94%的父母可以辅导孩子学习[②],这说明沙口镇地区的乡村儿童家庭教育文化水平有所不足。

表 3 父母或其他监护人辅导乡村儿童学习情况

类 别	人数(人)	占比(%)
辅导	75	73.53
不辅导	27	26.47

关于家中具备的学习条件情况,如图11所示,有77.45%的乡村儿童表示自己家中有充足的学习场所和书籍,近15%的乡村儿童表示自己家仅有充足的学习场所,却没有足够的书籍。同时5.88%的乡村儿童既缺乏学习场所也缺乏书籍。可以看出,乡村家庭拥有书籍的保证率不是很高,将此现象与沙口镇乡村家庭情况等影响因素关联,推测这一现象的出现与沙口镇书店缺乏、家长对孩子课外知

---

① 康丽颖,姬甜甜.回归教育学视域的家庭教育理论建构[J].教育科学,2021,37(1):69-75.
② 刘慧.九江地区城乡儿童教育资源获得的比较研究[D].南昌:江西师范大学,2015.

识积累的重视度不高等因素有关。

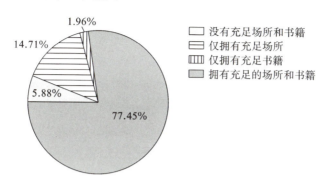

图11 乡村儿童在家具备的学习条件情况

2. 乡村儿童学校教育

学校教育指在学校组织下有目的、有计划地培养学生的活动,对儿童的发展起到十分关键的主导和促进作用,因此教育振兴是助力乡村文化振兴的重要环节。如图12所示,沙口镇乡村儿童的成绩大部分处于及格线以上水平,成绩达到优秀的乡村儿童占25%左右。从"旧中国80%以上的人是文盲,农村中文盲的比重更大"[①]到如今的乡村小学生基本都能掌握学科知识,可以看到,乡村教育确实是发生了翻天覆地的变化。

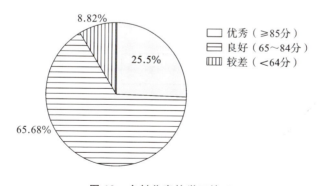

图12 乡村儿童的学习情况

如图13所示,据统计,有38.24%的乡村儿童认为英语学科最薄弱,这与学校为各学科配备的教师资源密切相关。以沙口镇第二小学为例,整个学校只有两位

---

① 中国教育年鉴编辑部.中国教育年鉴1949—1981[M].北京:中国大百科全书出版社,1984.

英语教师,要教四个年级八个班,教学负担较重,因此无法关注到每个学生。此外,各有超过四分之一的乡村儿童认为语文或数学最为薄弱。

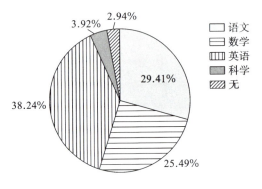

图 13 乡村儿童最为薄弱的科目

3. 乡村儿童社会教育

乡村儿童的社会教育主要指参与各种社会活动,比如参加各种比赛、参观博物馆、参加义务劳动等。在所调研的样本中,接近60%的乡村儿童参加过合唱、腰鼓舞等公开表演,约40%的乡村儿童参加过义务劳动,仅有少部分乡村儿童参加过体育、绘画等比赛(见图14)。由此可知,沙口镇乡村儿童的社会教育水平相对较高,这和洪湖市作为全国红色教育基地的社会教育落实、与国家近些年来对于乡村教育的支持密切相关。

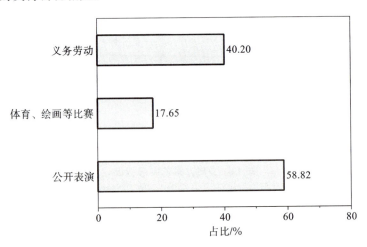

图 14 乡村儿童参加社会活动分布

(四) 乡村儿童心理状况

1. 乡村儿童烦恼处理现状

在接受调查的乡村儿童中,约七成的孩子表示自己存在成长烦恼(见表4)。除了困扰大多数当代儿童的学业问题外,乡村儿童中由于父母陪伴较少造成的心理缺失占比29.41%(见图15),高于城市同年龄段孩子的比例。[①] 此外,人际关系不佳也是乡村儿童成长过程中的一大困扰,这可能是由于儿童与父母之间的情感沟通较少,导致其不会妥善地处理人际关系造成的。

表4 乡村儿童是否存在成长烦恼

类别	人数(人)	占比(%)
是	72	70.59
否	30	29.41

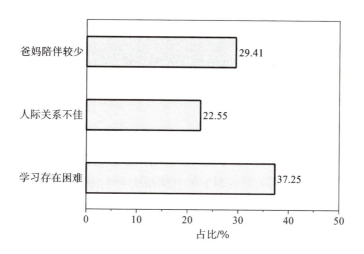

图15 乡村儿童成长过程中的烦恼

学习上的烦恼是乡村儿童成长过程中占比最大的困扰。细究学习过程中的各种烦恼,认为作业多的乡村儿童占比15.69%,教师对自己评价不高的占比13.73%,学习枯燥无味的占比44.12%,考试成绩不理想的占比49.02%(见图

---

① 吴雪梅,周绍飞.农村城镇地区留守儿童心理健康状况调查分析[J].校园心理,2011,9(2):94-97.

16)。可见,学习过程中遇到的烦恼主要是成绩不理想以及学习枯燥无味两点。这体现了乡村儿童对自己的课业成绩有更高的追求和争取更多学习发展空间的期待。同时,这些烦恼的成因也有可能与授课环境、授课方式、教学水平等相关。

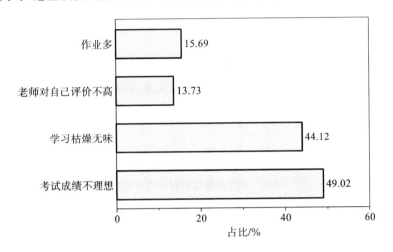

图 16 乡村儿童学习过程中的烦恼

针对以上可能的成因,实践团队成员们继续探究了乡村学校授课过程中的环境与沟通问题。据刘慧[①]研究发现,城镇教师使用多媒体的频率显著高于乡村教师,同时乡村课堂上师生互动程度远低于城镇课堂。因此,无论是学校授课环境等硬件实力的相对薄弱,还是如师生互动等软件实力的较为不足,都有可能是乡村学生产生学习类烦恼的重要原因。

如图 17 所示,当乡村儿童心情不好时,选择独自生闷气的占比 33.34%,比例最高,其次是看电视/玩游戏,占比 31.38%,与人倾诉仅占 13.74%,写日记/做手账占 7.8%。由此可见,乡村儿童排解不良情绪的方式较为单一,更多是以自我消化为主,只有少部分儿童会与人倾诉,这种情况的出现与他们在成长过程中身边缺少父母或者朋友的陪伴息息相关。

如图 18 所示,在儿童遇到困难时最想求助的对象的调查中,父母占比最高,为 56.86%,其次是朋友,占比为 17% 左右。父母是孩子最重要的依靠,在遇到困难时,无论是否有客观距离上的阻隔,孩子们最想求助的对象往往还是父母。针对乡村儿童中留守比例较高的前提可以推测出,如果乡村家庭中父母多一些陪伴

---

① 刘慧.九江地区城乡儿童教育资源获得的比较研究[D].南昌:江西师范大学,2015.

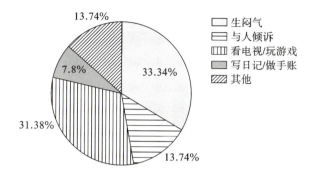

图 17 乡村儿童心情不好时的排解方式

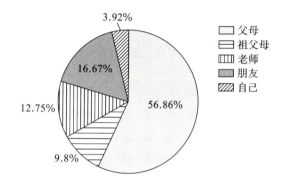

图 18 乡村儿童遇到困难时最想求助的对象

儿童的时间,此调查的数据会更加乐观。

2. 乡村儿童性格概况

儿童性格气质大致分为四类:胆汁质、多血质、黏液质和抑郁质。[①] 其中,胆汁质类型的儿童勇敢果断、直率热情,但容易感情用事;多血质类型的儿童活泼好动、善于交往,但是缺乏耐心和毅力;黏液质类型的儿童稳重踏实、细致周到,但是思维灵活性略差;抑郁质类型的儿童思维敏锐、想象力丰富,但平时易多愁善感。如图 19 所示,在受调查的乡村儿童中,多血质类型的乡村儿童最多,占比 34.31%,胆汁质类型的乡村儿童次之,占比 26.47%,黏液质类型的儿童占比 22.55%,抑郁质类型的儿童占比 16.67%。各类性格气质的儿童占比相差不是很大,以胆汁质和多血质类型为主,可见乡村儿童性格较为活泼;另外,抑郁质类型

---

① 陈琪坤.气质理论在学生管理中的应用[J].读与写(教育教学刊),2008(3):111.

占比不低,这些乡村儿童观察力强、心思较为细腻敏感,所以家长对这些孩子心理上的关心就尤为重要。但根据实践团队之前的调研结果及主观感受,该地区乡村家庭的家长对于孩子心理健康状况的关心较少。

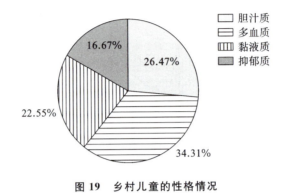

图 19 乡村儿童的性格情况

四、乡村儿童成长过程中存在的问题及成因分析

(一) 乡村儿童成长过程中存在的问题

以下主要针对调查中有关乡村儿童的生活、教育、心理方面的问题进行总结。

1. 生活方面

尽管乡村经济发展相对落后,但是大多数乡村儿童的家庭条件基本可以满足儿童的生活所需。家长由于工作原因多数时间不能陪伴在儿童身边,部分乡村家庭存在家长监护不周的状况。一些乡村儿童仍独自上学,人身安全缺乏保障。乡村学校的发展条件相对较差,教室、食堂、操场等基础设施不够完善,相比于城市,乡村儿童难以获得更加完善的学习与生活环境。

2. 教育方面

乡村地区的教学观念相对落后,思想道德教育存在明显不足。首先,乡村学校的教学环境虽然可以满足乡村儿童的基础教育,但由于硬件资源和师资力量不足的限制,在实际教学过程中,学校的教学重点往往会放在对知识技能的培训上,而忽略了对乡村儿童思想道德的教育和创新精神、实践能力的培养,导致乡村儿童的兴趣爱好和天赋能力难以得到充分挖掘和发展。其次,乡村儿童中有相当一部分为留守儿童,他们多与祖辈生活在一起,而祖辈年龄偏大、文化层次偏低,教育观念方式较为陈旧,对儿童在道德和精神上的约束和引导较少,因此,留守儿童的家庭教育中思想道德教育存在一定程度的缺失。

3. 心理方面

乡村地区家庭和学校对儿童的心理状态缺乏足够的关注,相应地,心理辅导与心理健康教育方面也存在不足。在长期缺乏与父母的亲密情感联结的状态下,乡村儿童自身的情感需要常常得不到满足,容易产生消极、挫败感、孤僻等心理问题。除了亲子关系缺位,学校里由于教师的数量不足,师资力量紧张,往往容易忽视对乡村儿童心理状态的关注。乡村儿童在心理上出现问题苗头时,如果家庭和学校没有及时发现,不做相应的引导和纠正,可能造成更大的隐患。比如上述调查中显示,相当比例的乡村儿童在学习中遇到困难并不选择找人倾诉,加上学校和家庭忽略了对其心理状态的关注,部分乡村儿童可能会产生厌学心理;在日常的学习和生活中得不到别人及时的鼓励和肯定,也会导致乡村儿童的抗压能力比较薄弱。

(二)乡村儿童成长过程中存在问题的原因分析

以下主要对参与乡村儿童教育的家庭、学校、政府三方面主体进行分析。

1. 家庭方面

整体而言,乡村儿童在接受教育的过程中,父母对其的关心投入不够,且父母往往对孩子的日常生活和学习情况更为关心,对孩子的思想、情感、意志品质等非智力因素的培养则存在欠缺。实践团队认为这部分家庭教育的缺失与乡村家庭教育观念较为陈旧息息相关。虽然当今乡村的生活物质水平发展较快,但是部分家长往往只追求对孩子在物质生活方面的满足,而缺少对其精神上的约束和管教,很难深度关注孩子在心理和精神方面的成长和发展,这也成为乡村家庭教育的一大盲区。

此外,留守儿童家庭对孩子的心理和情绪方面的关注尤为欠缺。多数留守儿童在处理自身消极情绪上存在问题,不与人沟通以释放情绪,不积极寻找能够解决心理问题的方法;同时,由于乡村儿童自身兴趣爱好较为单一,很少会选择以将注意力转移到兴趣爱好上的方式来开解自己的负面情绪,与城市儿童处理自身情绪的做法形成了鲜明对比。这种现象的出现不仅是因为乡村家庭教育观念不够开放,更主要是因为留守儿童家庭的家长在有关孩子的教育和关爱上投入的时间和精力明显不足。由于在成长过程中长期缺乏陪伴和引导,留守儿童很难依靠自己调适自身心理的成长和发展,因此容易产生心理障碍,严重可能导致心理失控。

2. 学校方面

随着现代社会的发展,更多高新科技设备例如多媒体教学设备得以普及,乡镇学校也逐渐拥有了相关的多媒体教学配套设施。但乡村教师在课堂教学中还是以"黑板粉笔"等传统教学工具为主,对于多媒体的应用途径较为局限,因此即使具备了更先进的教学设备,教学设施的便利与快捷也并未真正融入乡村学校的教育中。学校教育在硬件资源方面存在的问题已经由客观的物资缺乏逐渐转变为消极使用,这可能是造成乡村学校教育水平短时间内提升不明显的原因之一。

此外,乡村学校教师更加重视课堂上"教"的过程,而忽视与学生之间的互动和情感交流,使得学生缺乏学习的主体性,思维与语感没有得到充分训练,这也是很多乡村学生认为学习枯燥乏味的重要原因。而在课下,乡村教师由于教学任务繁重、个人精力有限,往往忽略了对学生情绪调节等心理状况的关注,因此,缺乏家庭亲情关怀的乡村儿童在学校也没有得到教师在心理上的关照,这对乡村儿童的个人成长以及性格培养各方面都会产生消极影响。

3. 政府方面

目前优质的教育资源多数仍集中在城市,相比于城市教育,乡村教育的投入力度还是不够,这使得城镇学校与乡村学校在师资力量等各个方面均存在较大差距。不仅如此,乡镇政府往往对学生的素质教育和综合能力培养的关注度不够,因此资金投入不多,这也导致了乡村儿童的综合能力的全面性发展弱于城镇儿童。

五、改善乡村儿童成长现状的对策建议

针对上述分析,主要从家庭、学校、政府和社会四个方面提出建议。

(一)家庭方面

除了提供基本的物质保障,家长更应尽可能地关心和陪伴孩子,在重视孩子学习成绩的同时,更应多关注孩子的心理健康情况。此外家长还要注重对孩子在家风、学风方面的培养,以自身为榜样,在道德与精神上对其进行引导约束。长期在外工作的家长可通过视频、电话等方式多多与孩子进行交流,联络亲情。此外,家长须时时关注孩子是否存在消极情绪,若有消极情绪应及时联系教师,家校双方同时进行疏导。

(二)学校方面

在政府教育部门的监督下,乡村学校须贯彻实行国务院办公厅所发布的《乡村教师支持计划(2015—2020)》,对教师定期开展顶岗置换、网络研修、校本研修等多种形式的培训,进一步提高教师的专业素养和教育教学水平,使得乡村教师不仅要重视学生对知识与技能的掌握,更要关注学生创新精神与实践能力的培养。除了根据知识的逻辑体系编制的学科课程外,教师还应该从学生的兴趣和需要出发,设计并开设一定数量的活动课程,使学生在活动课程中获得关于现实世界的直接经验和真切体验。同时,教师须深刻理解德育在全面发展教育中的动力作用,经常性地对学生进行思想道德教育,引导学生思想品德的形成和发展。乡村学校还应组建心理辅导团队对学生心理进行排查,为有需要的学生提供心理辅导。

(三)政府方面

县区政府教育局须进一步推动完善乡村教育体系,引进教育人才,增加乡村

学校师资力量和资金投入，完善乡村学校设备设施，为乡村儿童的学习提供更好的教育资源。此外，人事劳动局须继续贯彻为人民服务的方针，鼓励农民工返乡就业创业，进一步落实财政、金融等优惠扶持政策，为农民工返乡创业提供便利条件。同时，强化流入地政府责任，坚持"两为主、两纳入"，建立以居住证为主要依据的随迁子女入学政策，依法保障随迁子女平等接受义务教育，以减少因入学难而被迫成为留守儿童的学生数量。

（四）社会方面

各高校可与乡村学校进行长期合作，组织优秀大学生志愿者在乡村一线支教。由乡村学校搭建平台，大学生志愿者可在假期为乡村儿童提供课程辅导，帮助乡村儿童适当开展技能教育以及素质拓展训练；乡村学校与志愿服务队进一步形成合力，探索深化当前志愿服务方式、拓展教学服务内容，建立长期结对、长效帮扶机制。同时呼吁爱心机构与爱心人士进行课外书籍、学习用品、体育器材等方面的物资捐赠，与贫困儿童进行一对一帮扶，开展长期资助。

六、结论

本调研报告立足全面推动乡村振兴、改善乡村教育、关注乡村儿童成长的大背景，以实践团队暑期前往洪湖市沙口镇第二中心小学的支教经历为基础，综合运用问卷调查法和访谈调查法对乡村儿童成长状况进行分析评估，并向有关主体提出了对策和建议。

从乡村儿童生活现状的调研结果分析，大部分乡村儿童的物质生活得到了基本保障，同时大部分家长十分重视孩子的身体健康。可见，在经济快速发展的当下，乡村儿童的物质生活逐渐得到保障，家长对孩子的关注度也逐渐提高。

从乡村儿童受教育状况的调研结果分析，学校教育较完善，儿童有学可读，且入学率均达到国家要求；洪湖市作为红色教育基地，其中沙口镇也得到了较好的社会教育；在家庭教育方面，乡村家庭教育的交流频率和内容丰富性等方面仍有所欠缺。

从乡村儿童心理状况方面的分析不难发现，乡村儿童缺少父母陪伴，黏液质、抑郁质性格类型的儿童占比不低，一些儿童不善于表达，更喜欢把情绪憋在心里，在学习过程中烦恼较多且难以得到合适的疏导。可见，家长需要更多地关注孩子的心理健康问题。

此次调研是分析乡村儿童成长现状的重要资料，实践团队针对调研结果中发现的问题进行了详细分析，并提出了相应的建议与对策。希望通过政府教育部门的帮助和相关政策倾斜，为乡村儿童健康全面地成长提供帮助，同时可以呼吁社会各界对乡村儿童的成长发展予以支持，为促进乡村振兴贡献一分力量。实践团队坚信在将来，乡村儿童的现状一定会得到改善，个人成长和发展会越来越好。

指导教师评语

乡村儿童的健康成长与全面发展关系到乡村人才振兴、文化振兴以及产业振兴等诸多方面，是乡村振兴的一项重要内容，也是乡村建设进程中的一大难题。只有深入调研乡村儿童的成长发展现状，深入分析乡村儿童成长发展问题的原因和背景，才能有针对性地提供相应的对策以支持乡村儿童全方位健康发展。雷苏等人通过与沙口镇一百多位家长、儿童、乡村一线教师以及基层政府工作人员的深入交流，获得了关于乡村儿童的家庭教育、学校教育等第一手数据，从生活、受教育、心理三个方面对乡村儿童成长过程中存在的问题进行了总结，对参与乡村儿童教育的家庭、学校、政府三方面主体进行了分析，并从家庭、学校、政府及社会四个方面提出了改善乡村儿童成长现状的对策和建议。本次社会实践调研数据收集翔实，分析问题深刻，调研报告内容完整、逻辑清晰、书写规范。实践团队成员不仅通过调研的方式去发现和分析问题，而且还通过支教的方式直接帮助和支持当地乡村儿童的健康发展。从整体上来看，该实践调研报告是一份优秀的实践调研报告，该团队也是一支优秀的社会实践团队。

（许霁　华中科技大学能源与动力工程学院辅导员）

城市志愿服务工作开展现状及困境分析

——基于湖北武汉、江西南康两地的实践调研[①]

摘 要

志愿服务具有社会动员、社会保障、社会教化、促进社会和谐进步等多种功能。近年来,各种各样的志愿服务活动蓬勃发展,影响力持续提升,志愿者在北京冬奥会上发挥的重要作用与巨大影响力即有力的证明。研究一个地区的志愿服务发展情况并指出其发展困境,对提升该地区发展软实力具有重大意义。在冬奥会落幕之际,本实践团队着眼于志愿服务的发展现状及面临的困境,选取开展志愿服务活动成果突出的江西省赣州市南康区作为实践地点,采用参与观察法、问卷调查法、访谈法、集体座谈法等研究方法展开调研活动。实践团队经调研发现,南康区的志愿服务活动主要由南康区志愿者联合会组织开展,已经形成了多个品牌项目和成熟的制度流程,但同时也发现存在志愿服务证明开具难、志愿者整体素质不高等问题。实践团队成员结合调研数据资料,分析产生这一现象的原因并提出了针对性的建议,取得了一定成果。本实践团队力图探究与创新志愿服务发展道路,以期为其他地区的志愿服务发展提供启发和借鉴。

关键词

志愿服务;志愿组织;志愿者

[①] **社会实践团队名称**:华中科技大学光学与电子信息学院赴湖北武汉、江西赣州"知行志愿服务,助推基层治理"暑期社会实践队。
团队成员:申智泉、朱泽林、钟悦茹、张奕、罗佳、陈建宇、周涵宇。
报告执笔人:申智泉、陈建宇、周涵宇、朱泽林、钟悦茹、张奕、罗佳。

一、研究背景

2022年4月8日,习近平总书记在北京冬奥会冬残奥会总结表彰大会上指出:"广大志愿者用青春和奉献提供了暖心的服务,向世界展示了蓬勃向上的中国青年形象。"北京2022年冬奥会、冬残奥会顺利落下帷幕,作为赛会中重要的服务保障力量,冬奥会志愿者也成为这次盛会的一道靓丽风景线。从中国人民志愿军展现的抗美援朝精神,到"甘当螺丝钉"的雷锋精神,再到北京冬奥会、冬残奥会中展现的志愿服务精神,志愿精神在当代社会越来越发挥着积极而重要的作用,已为社会大众所广泛接受并加以大力提倡。

随着生活水平的提高,学界对志愿活动的关注也日益增加。学界认为,随着经济社会的发展与变迁,志愿服务越来越成为全世界共同的话语,日益深入人们的生活,成为社会治理体系和治理能力现代化不可或缺的组成部分和重要力量。[①]志愿服务承担着解决民生问题、弥补社会公共服务缺口的重要任务,这是志愿服务的硬目标,是造福广大人民群众的重要举措。[②]志愿者参与社团的基本动机是锻炼能力和发展兴趣,但在参与志愿服务的过程中则逐渐将原本的需求与服务社会、服务他人相结合。青年志愿组织、社区志愿组织、民间志愿组织都注重让成员在活动参与中成长,通过民主参与培养成员的社会领袖才能,从而使其成为推动社会民主与进步的重要力量。[③]可见,志愿服务是人类社会普遍存在的一种精神需要,它既是人类社会公共生活发展的需要,也是社会主义建设的需要,更是提升人们精神生活层次的需要。因此,在当代中国开展志愿服务活动,倡导志愿精神,具有重要的意义。

[①] 陆士桢,马彬,刘庆帅.简论现代志愿服务与青年发展[J].青年探索,2021(2):5-15.
[②] 陶倩等.新时代中国特色志愿服务发展研究[M].北京:社会科学文献出版社,2018.
[③] 韩芸.略论志愿者服务行为[J].商情,2009(23):15.

二、研究目的及意义

（一）总结志愿服务工作的优势和有指导意义的经验

在社会各界人民的不懈努力下，志愿服务工作的开展越来越富有成效，很多人都曾表示志愿服务工作为他们提供了有效的帮助。本次调查中，实践团队了解到志愿服务工作中曾取得的重大成就，并对如何有效开展志愿服务工作进行经验性总结。

（二）发现志愿服务工作中存在的问题并提出建议

虽然在当下志愿服务工作已经取得了一定的成绩，但是要达到完美仍有很长一段路要走，实践队计划采用走访调查、亲身体会、对比研究等方法，以志愿者、调研者和大学生的身份接触基层工作人员、志愿者及服务受众，了解他们的真实想法，并进行思考总结，从而提出有用的建议。

（三）提高个人的综合素质

在社会实践过程中，实践团队成员们需要培养团队合作能力，能够做到服从安排，有效完成各项团队任务；在进行具体任务时，成员们需要掌握良好的沟通能力，与志愿服务提供单位人员友好交流，从而获取有用的信息；在与志愿服务提供单位交涉或在志愿服务工作中会碰到很多不确定的情况，在解决问题的过程中能够提升团队应急处理能力。志愿者行动已成为年轻人的一种时尚，他们用自己的方式书写中国梦，诠释新时代中国青年的价值观。实践团队希望通过志愿服务，提高思想觉悟，为社会贡献自己的一分力量。

（四）走进社会，深入基层

志愿服务工作是一直存在于人民生活中的隐形服务工作。后疫情时代，志愿服务工作受到越来越多的关注。在国家鼓励全社会人民积极参与志愿服务工作的号召下，实践团队成员决定利用暑期亲身投入志愿服务工作，感受人间百态，深入了解志愿服务工作所取得的显著成果和面临的难题。

（五）向大众宣传志愿服务工作，传播志愿服务精神

尽管志愿服务工作已经取得了一定的成就，但社会上仍有大部分人未曾了解过志愿服务的具体工作。实践团队建立了"知行志愿服务　助推基层治理"微信公众号，记录活动内容，传播志愿服务精神，意图让更多的人能够真正了解志愿服务相关工作，并且号召人们自发投入社会志愿服务工作中。

三、研究方法与研究设计

（一）田野点概况

南康区，隶属于江西省赣州市，位于江西省南部、赣州市西部。根据全国第七次人口普查数据，截至2020年11月1日零时，南康区常住人口为888474人。南康区属中亚热带季风湿润气候，地处南岭山系罗霄山脉和大庾岭山脉的支脉。东邻章贡区、赣县区，南连信丰县、大余县，西接上犹县、崇义县，北界遂川县、万安县，与章贡区、赣县区、赣州经济技术开发区、蓉江新区共同组成赣州市中心城区。南康区国土面积1722平方千米，辖2个街道、6个镇、12个乡。

南康区志愿者联合会是由爱心人士发起，于2010年5月注册成立的公益组织。该组织以"服务社会，传播文明"为宗旨，并提供服务平台来帮助有需要的人民群众。

截至 2022 年 3 月，南康区志愿者联合会累计组织开展志愿服务 3000 余次，注册志愿者 1000 余人，参加活动的志愿者 2 万多人次。志愿者的年龄跨度很大，以 30 岁以上中青年为主。南康区志愿者联合会自成立以来，在多个城市组织了大量影响深远的公益活动，包括但不限于无偿献血、夜巡活动、资助贫困学生、救助流浪者、关爱空巢老人、免费义诊等多元化的志愿服务项目。

（二）研究方法

1. 参与观察法

实践团队分成两支队伍，作为志愿者分别在武汉和南康两地展开生活实践活动，采取参与观察法，了解成为志愿者的方法和途径，体验志愿者的日常工作以及观察志愿服务工作的开展情况等。而且，实践团队成员自身作为志愿者，拉近了与其他志愿者之间的心理距离，大大方便了成员们开展调查工作。

2. 问卷调查法

采用随机抽样的方法，在武汉和南康两地向志愿者发放问卷调查表。调查内容包括志愿者参加志愿服务的频率、参加志愿服务的原因、对志愿服务的期待、参加过的志愿服务的种类、加入志愿者组织机构后坚持了多久、会选择何时参加志愿服务、通过何种渠道了解志愿服务岗位、吸引志愿者参与某项志愿服务的原因、志愿者进行志愿服务的不利因素、志愿者对志愿者身份的认知及其发挥的作用的看法、志愿者所在志愿者组织机构的运转状况如何、所在的志愿组织机构有哪些地方需要改进等。此次调查共发放问卷 149 份，回收 149 份。其中，南康区回收问卷 65 份，武汉市回收问卷 84 份。

3. 访谈法

依据访谈提纲，实践团队对南康区志愿者联合会主要负责人和关键知情人就联合会的组织管理结构、经费来源、志愿服务开展情况、志愿者来源、组织发展前景以及目前面临的困难进行深度访谈。访谈后实践团队收获一份访谈录音，两份线下访谈记录。

4. 集体座谈法

依据访谈提纲，实践团队对武汉桥梁博物馆的负责人和两位优秀志愿者，就桥梁博物馆的志愿者情况，如人员占比、志愿者工作内容等进行集体访谈。访谈后实践团队收获一份访谈录音、一份线下访谈记录。

（三）研究设计

为了更好地体验志愿服务，实践团队将调研活动分为了线下实践与线上调查两个部分。

1. 线下实践

南康小分队与南康区志愿者联合会联系后，与其他志愿者一起进行了夜巡、关爱孤寡老人、听老党员上党课、带领小学生们参加"童心港湾"等志愿服务活动。在孤寡老人叶爷爷的家中，实践团队成员帮忙整理家中环境，和叶爷爷一起包饺子，陪叶爷爷一起享用午餐。在"童心港湾"志愿服务活动中，实践团队成员和小朋友一起做游戏、听讲座，还接受了电台采访。

实践团队整理了南康区志愿者联合会的志愿服务活动记录并进行分类（见表1）。

表1 南康区志愿者联合会组织志愿服务类别

长者服务	7.3%	助学	1.8%	失业下岗及流动人口服务	34.9%
特殊儿童教育护理	6.4%	捐赠义卖	1.0%	环保宣传	2.8%
残障人士服务	6.4%	展会服务	1.8%	交通文明宣传	5.5%
社区服务	12.9%	应急救援	18.0%	其他	1.2%

注："其他"项中包含最多的是献血志愿活动。

武汉小分队在武汉桥梁博物馆内开展了志愿服务工作，每天的志愿服务时间为上午9点到下午5点，志愿服务的内容包括引导游客参观博物馆、维持馆内秩序、为游客播放影片等。之后，武汉小分队还参与了核酸检测相关志愿服务，成员们分别在不同社区帮助社区开展核酸检测相关工作,包括健康码扫码、分发棉签、填写核酸检测卡片、看守社区进出口等。

2. 线上调查

在南康区的线上调查问卷中,有 65 人填写了问卷,统计结果如图 1 至图 3 所示。

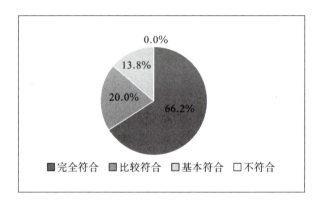

图 1 "您认为志愿者是受人尊重的"问题调查结果(南康区)

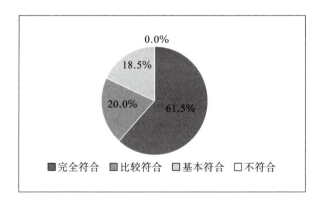

图 2 "您认为志愿者发挥的作用很大"问题调查结果(南康区)

在武汉市的调查问卷中,有 84 人填写了问卷,其中部分问题的调查结果统计如图 4 至图 6 所示。

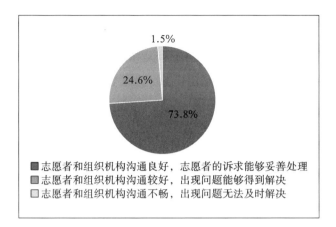

图3 "您觉得您所在的志愿者组织机构运转如何"问题调查结果(南康区)

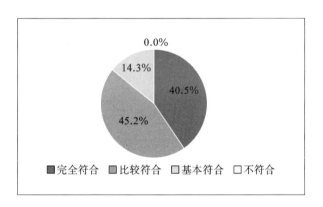

图4 "您认为志愿者是受人尊重的"问题调查结果(武汉市)

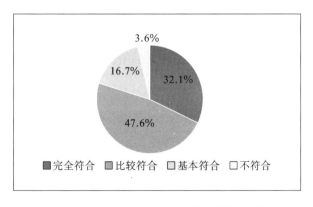

图5 "您认为志愿者发挥的作用很大"问题调查结果(武汉市)

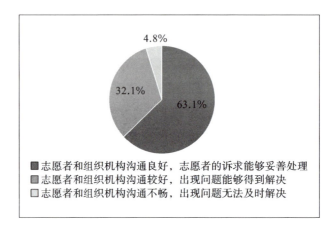

图 6　"您觉得您所在的志愿者组织机构运转如何"问题调查结果(武汉市)

四、调研结果与分析

(一) 优势与机遇

一是南康区志愿者社会认可度较高,志愿者对志愿组织机构的认可度较高,志愿者参与活动较积极。问卷调查显示,南康区66.2%的志愿者完全赞同志愿者是受人尊重的,武汉市仅有40.5%的志愿者完全赞同这一观点;南康区61.5%的志愿者认为志愿者发挥的作用较大,而武汉市仅有32.1%的志愿者认为志愿者发挥的作用较大;南康区73.8%的志愿者认为志愿服务组织机构运转良好,武汉市63.1%的志愿者持有同样观点。由以上数据可知,南康区普通民众对于志愿服务组织的认可度和对志愿者服务工作的整体满意度较武汉市要高。

二是南康区志愿者联合会由区团委主管、区民政局指导业务,是正规组织。南康区志愿者联合会成立于2010年,是社会各界爱心人士广泛参与、有政府注册备案的合法民间公益组织,其直属主管单位是共青团赣州市南康区委,业务指导单位是赣州市南康区民政局。南康区志愿者联合会以"服务社会,传播文明"为宗旨,奉行"赠人玫瑰,手有余香"的助人理念,以"帮助弱小,扶贫助困"为重点,经常性地开展多元化的志愿活动,保证了志愿服务活动的稳步有序开展。

三是南康区志愿者联合会各项制度流程规范成熟。联合会设有多层级组织管理结构，最高一层为志愿者代表大会，其下设有党支部、理事部、监事会、财务监督，再往下分为助学、关爱老兵、社区服务等十多个志愿服务小组。此外，联合会还在唐江、谭口、浮石三地设有分会，并在一些社区、公司、学校成立了小分队，双方建立了长期互助关系，方便联合会提供"零距离"志愿服务。

四是志愿组织的运营大多依赖于社会各界的捐款，财务监督是志愿组织的命脉。南康区志愿者联合会设有完善的财务监督制度，其专门设有财务监督部门，每月会在微信公众号等平台进行财务公示，由组织外爱心人士共同监督，保证财务公开透明。

（二）问题与困境

一是志愿服务时长证明手续办理复杂。据了解，在2021年以前，有四个单位可以出具正规的志愿服务证明，即文明办、团委、红十字会和民政局。而这四个单位出具的证明有时却不能相互代替，复杂的手续在一定程度上导致了志愿者流失问题。对此，志愿者联合会提供加盖志愿者联合会公章的纸质志愿服务证明，在一定程度上解决了这一问题。2021年2月，民政部出台了《志愿服务记录与证明出具办法（试行）》，情况又有了改观。从2022年开始，南康区志愿者联合会开始统一要求志愿者在中国志愿服务网上进行注册，加入南康区志愿者联合会的志愿队伍，并在参加活动时进行网上打卡。较之之前需要在四个不同单位开具证明，在统一的网上平台进行认证是很大的进步，但是在部分解决了原有问题的基础上，却产生了新的问题。

二是中老年志愿者流失。志愿者中有相当一部分是中老年群体，而有些中老年人连基本的智能手机操作都成问题，更遑论网上注册、打卡等一系列更复杂的操作，这在一定程度上造成了中老年志愿者的流失。此外，出具志愿服务证明方式的改变也带来了纠纷。有些志愿者在参加志愿活动时因未能在中国志愿服务网上打卡，而南康区志愿者联合会严格按规定办事，甚至拒绝为志愿者开具纸质志愿服务证明，这就导致志愿者可能拿不到志愿服务证明。事实上，参加志愿服务活动时未能打卡的情况并不少见，在中国志愿服务网上注册、加入南康区志愿者联合会等手续流程本身就需要几天甚至十几天才能审核通过，首次参加活动的志愿者极有可能因尚未审核通过而无法成功打卡。总之,志愿服务时长证明手续办理复杂的问题长期存在,一直没有得到很好的解决。

三是志愿者组织人才流失问题。志愿者组织基本没有专职人员,其关键在于志愿者的工作是没有报酬的。这就导致人才迫于经济压力离开组织,进而导致持续性的志愿服务活动难以开展下去。具有服务他人意愿和志愿服务经验的人才因为经济方面的压力而不得不退出志愿者组织,他们即使心怀服务他人、贡献社会的愿望却难以实现。

四是志愿者整体素质不高。长期参与志愿服务活动的志愿者多半是南康区本地居民或者务工人员,多数年龄偏大,且实践团队在实际走访中还得知这部分志愿者总体学历偏低;而高校学生志愿者参与志愿服务活动有明显的周期性(集中在寒暑假),难以长期持续在本地进行志愿服务,很难成为志愿者组织的核心成员。由此得知,志愿者组织的骨干群体的整体素质并不高。

五是志愿者专业培训工作的开展需要经验丰富且有一定专业技能的志愿者。实践团队在与志愿者联合会的会长进行交谈时,他坦言很多有多年志愿服务经验的志愿者都已经离开,素质较高的志愿者人数偏少,使得难以开展专业的志愿者培训,目前采取的方案是在志愿服务活动前对志愿者进行简单的指导。缺乏经验丰富、素质较高的志愿者是阻碍志愿者开展专业培训的主要原因。

六是大学生志愿者专业知识未得到充分运用的问题。调查发现,大学生志愿者是南康区志愿者中占比较高、较为活跃的群体,且近年来人数增长很快,为此志愿者联合会还专门创建了大学生志愿服务队微信群。然而,在大学生志愿服务队微信群中发布的志愿活动信息却和其他群体并无二致,没有充分利用大学生志愿者的专业知识来进行志愿服务。事实上,志愿者联合会也注意到了这个问题,2022年夏天,志愿者联合会组织拍摄反映残疾人生活的视频时,曾在大学生志愿服务队微信群里招募新闻传播、播音编导等专业的同学加入。除此之外,会长也表示也很需要特殊教育、护理等专业的大学生志愿者。但事实上,目前志愿者联合会与大学生志愿者的沟通很少,尚未特别关注大学生志愿者乃至所有志愿者的专业特长。

七是乡村志愿服务开展的有效性问题。南康区城区面积小,辖区内大部分是乡村地区。乡村地区总体收入水平较低,医疗、出行等基础设施不够完善,且有许多无人照顾的老人,仅靠现有的志愿者力量几乎不可能对所有独居老人照顾周全。

五、讨论与建议

（一）努力实现专业化、精细化、规范化、项目化

被问及南康区志愿者联合会的发展方向时，会长以"专业化、精细化、规范化、项目化"四个词回答了实践团队提出的问题。下文将结合南康区志愿者联合会的发展方向做进一步的讨论。

1. 专业化

（1）个案预估。充分考虑能否解决问题、如何解决问题，制订详细的计划，包括服务的预期目的、服务对象的需求、介入方式等，让服务与需求相匹配。

（2）志愿者培训。目前南康区志愿者联合会设有培训部，会对志愿者领队进行不定期的培训，也曾组织志愿者骨干去深圳义工机构学习。但普通志愿者则仅仅在参与志愿服务活动前由领队进行简单的岗前培训，而这往往不够充分，可能导致志愿者们虽有奉献之心但并未掌握专业技能或合适的服务方法。在有条件的情况下，应扩大志愿者培训的覆盖面，让志愿者群体掌握处理不同类型问题的专业方法。另一方面，多举行志愿者培训可以增强志愿者团队的管理能力，增进志愿者的团队凝聚力，激发志愿者团队的活力。

（3）发挥志愿者专长。志愿者联合会在为每个志愿者做登记时，可以收集志愿者擅长的技能和专长信息，并根据这些信息对志愿者进行适当分组，方便后期开展专业化的志愿活动。

2. 精细化

以"保护母亲河"等环保类活动为例，以前多数志愿服务活动只限于在河边捡垃圾，今后志愿服务可往垃圾分类、水质检测等精细化服务方向发展。除此之外，开展社区活动前还要关注社区的孤寡老人比例、男女比例等细节问题，避免简单粗暴式的志愿活动。

- 3. 规范化

进一步规范财务工作，尤其是后勤采购要规范备案，有迹可循。人事任免制度亦须进一步规范。

- 4. 项目化

进行志愿服务前应提前了解大致的情况并形成简单的报告，并在相关系统里申请项目并组织志愿者报名参与。志愿服务活动中要对志愿者进行签到签退，服务过程中要进行拍照记录。志愿服务活动结束后要进行活动总结，形成活动报告，将拍摄的图片整理上传，并将活动报告与人员参与情况提交至系统。

（二）发展有弹性、有温度的志愿服务活动证明开具方式

就南康区志愿者联合会组织的志愿服务活动来说，每次志愿服务活动都会有纸质签到表，这完全可以作为志愿者参与志愿服务活动的凭证。根据纸质签到表对未能在中国志愿服务网上成功打卡的志愿者进行志愿时长补录，或是另开具加盖志愿者联合会公章的纸质证明，都不失为解决开具志愿服务活动证明手续复杂问题的简单办法。有了有弹性、有温度的志愿服务活动证明开具方式，志愿者才会认同志愿者组织并多多参与志愿活动，志愿服务精神才能更广泛地传播、影响到社会各界。

（三）推动团员、党员成为注册志愿者，组织动员广大团员参与志愿服务

团员、党员作为广大人民群众中的先进分子，应该成为践行社会主义核心价值观的排头兵。推动团员、党员成为注册志愿者，组织动员广大团员、党员参与志愿服务，发挥团员、党员的示范引领作用，带动更多人民群众参与志愿服务，更好地践行社会主义核心价值观。

（四）推动介入方式多元化

以关爱孤寡老人的活动为例,由于志愿者的人数和力量有限,直接介入(即志愿者去老人家中)的频率不可能很高。为此,志愿者联合会可采取间接介入的方式,如志愿者定期给老人打电话、请同村人前去看望老人等。间接介入的成本更低,可操作的频率更高,从而尽量避免直接介入活动间隔时间过长带来的问题。另外,除了靠志愿者组织自身的力量,志愿者还可以帮助弱势群体寻求政府的帮助,如帮助贫困老人办理低保手续等。总之,推动介入方式多元化,采取直接介入、间接介入相结合的方式,能够在志愿活动中取得更好的成效。

指导教师评语

2021级本科生申智泉等七名同学于2022年8月在江西南康、湖北武汉两地开展了以"知行志愿服务,助推基层治理"为主题的暑期社会实践。志愿服务活动的开展情况与地区的发展软实力密切相关。该社会实践项目以志愿服务为话题,选题新颖独特,具有积极的现实意义。该团队选取的田野点具有一定的代表性,团队成员工作严谨,深入田野点进行了广泛、深入的调研。实践团队不仅对江西南康志愿服务情况进行了多维度的调研,还对比了南康、武汉两地的问卷数据,阐明了当前志愿服务活动发展的机遇与困境,并提出了合理的建议。总体上看,这次实践的调研方法科学合理,第一手资料丰富,研究结论具有一定的理论价值和实践价值。总之,这是一份优秀的调研报告。

（廖永贵　华中科技大学化学与化工学院教授）

大运河文化带沿线城市的建设思路与发展路径分析

——以江苏省扬州、苏州两地为例①

---- 摘 要 ----

自2017年党中央提出大运河文化带建设的战略后,苏州、扬州两座城市积极响应号召,调整发展目标导向,围绕大运河文化带建设进行了一系列的探索与实践。本团队根据政策文件回顾梳理了大运河文化带战略提出的背景,以大运河文化带建设作为核心主题,以扬州、苏州两地作为典型案例进行实地调研,围绕生态效益、文化效益、经济效益三大目标导向探索两地在建设大运河文化带过程中的发展路径。本团队通过调研发现,在地方政府的实践中,将文化传承和遗产保护作为核心任务,将环境治理作为发展根基,将文旅产业发展作为新兴活力,共同助力文化中国、生态中国的发展。本团队总结出运河沿线城市"全面保护、重点开发、点状项目"的一条综合发展思路,并针对大运河文化带建设现存的部分问题进行深入思考。

---- 关键词 ----

大运河文化带;文化传承;文旅产业;环境保护;活态治理;城市空间

一、问题的提出

(一) 研究背景

1. 大运河申遗与大运河文化带的提出

中国大运河是世界上开凿历史最早、延用时期最久、长度最长的人工运河。

---

① 社会实践团队名称:华中科技大学公共管理学院赴江苏苏州、扬州调研大运河文化带建设社会实践队。
团队成员:纪念、潘汤泠、陈亦辰、李倩雨(新闻与信息传播学院)、徐梁(生命科学与技术学院)、代新维(电气与电子工程学院)。
报告执笔人:纪念、潘汤泠、陈亦辰、李倩雨、徐梁、代新维。

在中国历史中,大运河在空间上沟通了中国南北方;政治上,有利于稳定政权、维持统一;经济上,大运河的开凿促进沿岸地区商业发展,人口的大量涌入和交通的便捷,使得一批商贸城市应运而生,并在历朝历代中不断繁荣发展。放在更高的历史纬度,京杭大运河促使了经济重心的南迁,带动了江浙地区经济的发展,实现了南北文化的交流,促进了中华文化的多元化、互补化和共繁化。

中国大运河得以在国内获得重视、在国际大放异彩,离不开大运河"申遗"和大运河文化带、大运河国家文化公园战略的提出。自21世纪初期,学界便为大运河"申遗"、保护大运河沿线文化遗产而不懈努力。2005年,罗哲文、郑孝燮与朱炳仁发表《关于加快京杭大运河遗产保护和"申遗"工作的信》得到运河沿线城市的积极回应,拉开了大运河"申遗"的帷幕。2006年,京杭大运河被国务院公布为第六批全国重点文物保护单位。2007年,运河沿线的35座城市结成了大运河保护与"申遗"联盟,共同发布《世界运河城市扬州宣言》。经过近十年的努力,2014年6月,在卡塔尔首都多哈召开的第38届世界遗产委员会会议上,中国大运河被列入世界遗产名录。

党的十八大以来,习总书记对大运河的历史地位与文化意义进行了极高评价。2017年6月,习近平总书记对建设大运河文化带做出重要指示:"大运河是祖先留给我们的宝贵遗产,是流动的文化,要统筹保护好、传承好、利用好。"并提出大运河文化带的战略构想。2019年2月,《大运河文化保护传承利用规划纲要》出台,明确了大运河文化带建设的国家战略意义,对大运河文化的象征意义、价值功能和实际操作给出较为明确的界定和指导。2019年7月,我国出台了《长城、大运河、长征国家文化公园建设方案》。至此,大运河文化带建设步入快车道,沿线地区纷纷响应中央号召,积极开展地方运河文化保护传承项目,留住运河记忆。

2. 大运河文化带与大运河国家公园的关联与异同

2019年7月,《长城、大运河、长征国家文化公园建设方案》在中央全面深化改革委员会会议上审核通过,勾勒出国家文化公园建设的宏伟蓝图:发展好、利用好丰富文物和文化资源,让文物说话、让历史说话、让文化说话;推动中华优秀传统文化创造性转化、创新性发展。由此可见,国家文化公园兼具国家公园和文化公园两类空间的特性。

大运河国家文化公园是通过公园形式形成具有特定开放空间的公共文化载

体,是一个具象化的空间,侧重于对物质文化遗产(例如河道、城镇、码头等)进行集中展示。国家文化公园通过技术文化、制度文化、社会文化等多种类型的文化,依托遗产点段和各类文物,利用创新形式重塑运河文化,使之成为可见、可触、可感的物质文化,以实现文化在时间与空间延展性上的适度呈现与展示。

相较于大运河国家文化公园的实体空间,大运河文化带注重对区域文化资源的挖掘、整理、利用,促进文化之间的整合和融合,实现对运河文化遗产的保护,实现文化建设、生态建设、经济建设的有机融合,将文化资源转化为经济和社会效益,打造抽象化的文化情感认同空间。扬州、苏州两地依托本地现有的文化公园及特色文化景点作为实际载体,落实大运河文化带的建设。

3. 构建大运河文化带的实际意义

大运河是"流动的文化",是运输水道,是经济带,也是丰富多彩的城镇带、文化带,更是传承中华文明和凝聚民族精神的重要标识。

以构建"高品位的文化长廊、高颜值的生态长廊、高水平的旅游长廊"为目标导向,在文化上,通过构建大运河文化带,聚合运河沿线城市文化旅游资源,推动中华优秀传统文化的创造性转化、创新性发展,为大运河各地发掘本地历史文化、集中保护文物遗迹提供契机,创新传承、利用、再开发本地悠久的文化资源,为传统文化的展示、大众文化的交流与集体记忆的激发提供了空间场所;在环境上,大运河文化带战略的提出促使地方秉持环保理念,集中开展环境整治、河道清淤、航道改制等专项保护行动,对大运河一带生态环境有较好的保护作用;在经济上,构建大运河文化带是地方进一步发展文旅产业的历史机遇,通过古城改造、街区打造等措施带动消费,进一步为地方持续性发展助力。

大运河文化带以运河沿线的各个文化场域作为大运河文化保护传承的载体,为传统文化的展示、大众文化的交流与集体记忆的激发提供了空间场所,以应对地方文化记忆的消逝。大运河文化带由一个个被创造的、仪式化的记忆之场构成,它们不仅见证了变迁中的文化记忆,还可以通过持续性地叙事与传播,巩固民族的文化认同感和归属感。

作为世界文化遗产的中国大运河,其既是中国的瑰宝,也是世界的奇迹。构建大运河文化带为国际运河城市提供合作平台、中国经验与中国方案。在人类命运共同体理念和"一带一路"倡议的背景下,大运河文化带的构建促进商贸互通、传播科技文化、孕育城乡发展、滋养社会文明。运河文化的历史价值、教育价值、美学价值、社会与政治价值以及经济价值在长期中得以全面呈现,在文化认同、文学艺术、环境治理等模块实现长效效益,成为宣传中国形象、展示中华文明、彰显文化自信的亮丽名片。

(二)研究意义

1. 理论意义

(1)本项目基于空间生产理论而展开,探究运河功能转变对当代城市空间的作用。一方面,当前有关大运河的主要研究大多停留在运河发展史、运河文化遗产,以及运河及沿线市镇发展关系等方面,但对于运河功能转变和城市空间革新的相关研究较为缺乏。另一方面,空间生产理论与我国城市空间治理的联系较少。事实上,空间生产理论可被应用于我国城市空间的治理。本研究意在探索大运河的功能变化对城市空间的革新起到的作用,从两座城市的典型案例将该理论的内涵落实,并探究城市中物理实体的历史性发展对城市的空间变迁起到的实际效果。

(2)本项目通过探索大运河近代发展史及其对城市的影响,反映出文化遗产的现代价值。文化视角是本次社会实践着重研究的方向。通过研究大运河在当代对于沿岸地区发展的文化意义,凸显文化遗产对于城市空间发展的现实意义,从而更好地总结出国家开启文化强国战略的时代意义,并增强对民族文化的认同感。

(3)本项目通过对中国文化名片——运河的研究,深化对习近平总书记"坚定文化自信,推动社会主义文化繁荣兴盛"的重大部署的了解和认同,用青年的眼光对中华民族伟大复兴的理论部署做出自己的理解。

(4)通过对运河城市关于现行文化资源的利用和再生产的研究,深化运河城市文化遗产价值再生产理论,即在传统与现代、价值理性和工具理性之间寻求平衡的关键点。

(5)通过探究运河功能转变带来城市空间的变迁所引发的城市居民物质精神世界的变化,将空间生产理论由时空结构转型拓展到对社会生产方式、组织方式、生活方式的影响。

2. 实践意义

（1）通过实地走访、考察询问等方式，了解运河周边居民对于大运河价值再利用的态度，包括大运河改造对其生活质量的影响和未来的期望等，反映出人民群众对于大运河改造计划实施情况的满意度；了解当地居民为争取美好生活做出的努力与贡献，探究大运河文化带建设中社会公民参与的实际情况。

（2）通过历史数据横向对比及纵向比较，了解扬州、苏州两城历史上利用大运河的前后脉络；通过搜集地方志、访谈专业人士，进一步了解大运河对当地经济转型与发展等方面历史纵向的影响，探索城市规划及城市空间利用的历史规律。

（3）通过采访外来游客、采访文旅场馆工作人员等方式，了解大运河改造对于当地文化旅游价值开发的作用以及对城市知名度的影响，总结出国内历史文化遗产合理利用的典型案例。

（4）通过总结城市规划和空间利用的历史规律，在中国梦视角下对大运河建设文化圈的战略进行实践，由点到线再到面，向周边地区推广建设成果，实现新型城镇化建设和城乡统筹发展。

（5）通过对运河文化带沿线城市利用和发展运河功能的相关研究，为所在地区的文化事业和经济社会发展提供内生动力。

（三）研究现状

大运河文化遗产是多种因素共同作用的结果。相较于其他文化遗产的价值实现，其价值实现过程具有更为复杂的发生机理和演化过程。运河遗产功能与价值随社会发展而变更[①]，运河由物资调配和漕运输送功能，延伸出河政治理、文化表征、家国认同等当下世界文化遗产功能。相较于大运河历史悠久的漕运职能，近些年来政府更加注重大运河文化遗产的价值再生产。

在绿色廊道概念和遗产区域概念的基础上，学界提出了一种新的遗产保护方式——"遗产廊道"。"遗产廊道"的形成为线性文化遗产的保护提供了新的思路。

---

① 侯兵,金阳,胡美娟.空间生产视角下大运河文化遗产重生的过程与机制——以扬州运河三湾生态文化公园为例[J].经济地理,2022,42(3):160-171.

它将历史文化内涵提到首位,强调经济价值和自然生态系统的平衡能力,对于遗产的保护主要采用区域而非局部点的观点,同时又是一种有着自然、经济、历史文化等多目标的综合保护体系。① 在文化遗产保护过程中要注重遗产点及其周边区域的整体保护,在条件允许的范围内,尽可能保留其原有历史风貌,这也与"遗产廊道"的理念相契合。

从目前情况来看,大运河文化遗产的价值再生产至少面临三个方向的价值冲突。传统与现代的碰撞、市场价值与文化自觉的融合、价值理性与工具理性的统一。② 针对这些开发过程中可能存在的冲突,许多学者提出了意见。比如将现代数字化多媒体技术与文化遗产保护相结合,加入 AR 技术、VR 技术,打造基于数字媒介统一平台的现代化遗产展示馆。文化遗产再生产过程中也要发挥市场机制优势,主动吸引其他产业加入。在开发的过程中,还要从全局出发,兼顾社会效益和经济效益,预防因盲目性开发、过度商业化运营而导致文化遗产破坏和扁平化。同时也要积极接受当地民众的监督,接收并处理当地居民的反馈意见,使民众能够广泛参与到文化遗产再开发工作中。

二、调研地点及调研方法介绍

(一)调研地点基本情况

江苏境内大运河流经 8 座国家历史文化名城、7 个世界文化遗产区、28 个遗产要素、5000 多个各级各类文化遗产资源点,涉及 103 项重点非物质文化遗产项目,各项数据位居沿线省市第一,是名副其实的大运河遗产核心区域。江苏省在大运河文物保护和申遗过程中发挥了积极的作用,大运河江苏段至今仍是国家交通运输、南水北调工程的"黄金水道"。团队选择了其中的代表城市——扬州市、苏州市进行考察调研。

扬州市位于江苏省中部、长江与京杭大运河交汇处,是世界运河之都、首批国

---

① 王志芳,孙鹏.遗产廊道——一种较新的遗产保护方法[J].中国园林,2001(5):86-89.
② 朱强.京杭大运河江南段工业遗产廊道构建[D].北京:北京大学,2017.

家历史文化名城之一。现在扬州市境内的运河与 2000 多年前的古邗沟路线大部分吻合，与隋炀帝开凿的运河则完全契合，扬州古运河从瓜洲至宝应全长 125 千米。在大运河高邮"一湖二河三堤"区域段、扬州古城区段、江都邵伯段、宝应氾水等大运河沿线重点片区建设了运河博物馆和一批运河主题公园，彰显和放大运河资源优势。大运河扬州段是整个大运河中最古老、世界文化遗产最多的遗产区，也是大运河全线活态利用最好的河段。

苏州市地处江苏省东南部，是长江三角洲重要的中心城市之一、首批国家历史文化名城之一。大运河在苏州段的文化遗产分布比较分散，有 80 多千米大运河段流经苏州境内，因此采用建造公园、串联各景点使运河文化融入人民日常生活中，重点发展运河周边相关文化遗产以及运河辐射作用。

苏州市积极响应《长三角生态绿色一体化发展示范区总体方案》，集中治理规划运河沿线住户及产业，坚持系统思维，统筹推进大运河文化遗产保护、生态环境保护提升、沿线名城名镇保护修复、文化旅游融合发展、运河航运转型提升。与此同时，苏州创新性地实施农文旅融合，实现了百姓富与生态美的统一，并在对运河文化和生态资源保护传承的基础上进行合理开发，借助现代造景技术，延续大运河苏州段的历史文脉。大运河苏州段把大运河文化遗产保护同生态文明建设融合起来，通过整治改造，让古老的运河换新颜，也为百姓小康生活打好生态底色。

扬州市、苏州市相关举措的实施，为当地的文化事业进步和经济社会发展提供了内生动力。大运河文化带的发展也带动了周边相关产业的发展，如文创产品的售卖、观光产业的发展等，不仅拉动了就业，而且扩大了运河文化的传播力和影响力。

（二）社会实践方法

大运河文化带建设是江苏省重要项目，相关资料、报道十分翔实，因此在调研前期阶段，团队着重以文本研究法为支撑，搜集大量相关文献资料。为深入开展大运河文化带背景下运河功能转变与城市空间革新调研，组内成员研究讨论了以大运河变迁、大运河文化带建设、运河遗产保护及重申机制等为主要内容的相关文献和政府文件，联系相关单位，策划行程路线，进行合理分工，确保调研的效率和质量，做好扬州、苏州两地大运河文化带相关遗址的考察调研，充分利用所在地的各种资源,全面了解大运河发展的前世今生。

在实地考察过程中,田野分析法和定量分析法是调研的主要方法。运河是江苏省重要的文化遗产,因此江苏省内关于运河文化的物质资料十分充分,做好大运河文化带相关遗址的实地考察至关重要。与此同时,各级政府相关负责人、景区工作人员、居民、游客等在调查中不可或缺。针对不同类型人群设计采访问题,形成的访谈稿将在后期资料分析中起到基础性作用。

首先,扬州段和苏州段作为大运河的重要组成部分,拥有扬州中国大运河博物馆、三湾公园、东关古渡、苏州大运河遗产展示馆、盘门、宝带桥等运河相关景点。实地考察调研景点的历史、选址、布局、维护等,有利于后期采访以及访谈提纲的设计,深入研究对象的真实情境中,以参与观察和具体访谈等方式获取第一手资料,了解近年来大运河沿线环境整治、生态修复及现代航运示范区建设等不断推进的结果。

其次,访谈和采访是调研的重要基础。根据前期策划,团队着力于市旅游局、文物局的访谈调研活动,咨询近些年来关于支持运河功能变化的政策文件、政策设计背景,同时询问当地政府官员对于促进运河功能转变做出的成功尝试。在此基础上,走访当地运河沿岸社区居住的居民,总结运河治理成效。以运河治理过程中居民对政策的认可程度探究政策执行对于实现人民美好生活的有效性,明晰运河功能转变对个人的日常生活空间领域起到的作用。同时,采访运河风景区内外地游客对于风景区的看法,了解运河文化带建设的宣传力度和成效,以及功能转变后对于扬州、苏州两地城市知名度的影响。

此次调研团队共搜集到10余万字文本资料,近20G视频资料,并在三个平台同步宣传运河文化。公众号"运河STAR闪耀华科"共计发表推文10篇,累计阅读量达3000;哔哩哔哩运营号共上传视频10个,累计观看量达4200;抖音运营号共上传视频24个,累计观看量达45000。此外,团队的宣传推文在华中大理想青年、HUST学工在线、华中科技大学公共管理学院网站等校级、院级媒体刊登,具有良好的社会效益。

三、社会实践发现

（一）大运河文化带建设的目标导向

建设大运河文化带是对地方政府综合治理能力的一次考验。首先要求地方政府解决大运河沿线地区的生态问题，改善并保护好大运河的生态之美。同时，大运河沿线地区相关遗产的保护是大运河文化带内涵的精髓，要求地方政府不断探索大运河文化的传承与发展之道。在此基础上，从地方文化着手，开发各种与大运河有关的文旅产业。通过政府的资源分配和引导，在大运河文化带建设基础上，吸引旅游业等相关产业的参与，从而在传承大运河文化的同时实现大运河沿线地区的经济发展和环境保护。

1. 地理空间：大运河沿线地区的生态保护与综合治理

纵观改革开放后的发展史，"承接发达地区产业转移"的赶超追逐式经济增长模式在20世纪末成为落后地区千篇一律的发展模式。伴随着高污染、高能耗等落后产业的接入，这种发展模式使落后地区付出了极大的环境和资源代价，导致与发达地区的差距进一步拉大。

大运河沿岸的城市，往往是依靠大运河这一地理空间而发展兴盛起来的，这意味着，环境整治工程是补救历史发展"债务"、保证未来可持续发展的根基所在。环境美是发展之根本，走绿色发展之路，能够让经济社会发展建立在资源得到高效循环利用、生态环境受到严格保护的基础之上，形成节约资源、保护环境的空间格局、产业结构、生产方式、生活方式。[①]

从江苏省全省范围来看，大运河的生态保护及周边区域治理工作正在全面有序地推进。以苏州市为例，经济的超速发展在一定程度上对大运河周边生态造成了破坏，导致水体质量下降、航道淤积等"后遗症"。对此，苏州市连续多年召开京

---

① 黄杰.以大运河文化带为核心的三大战略协同建设研究——以探索大运河文化带扬州段建设为例[J].扬州大学学报（人文社会科学版），2018，22(2)：46-51.

杭大运河苏州段整治提升工作调度会议,严格推进京杭大运河苏州段的整治工作,要求下属各地全面开展水质监测及污水整治工作。

2. 文化空间:以大运河为载体的地方区域文化传承与遗产保护

大运河文化带的核心内涵是依托大运河而产生、发展、流传的物质财富与精神财富的总和,最初作为一个蕴含着丰厚的传统文化与中华民族精神谱系的抽象文化空间而被提出。加强大运河沿线地区的文物保护、文化传承,既是当前大运河文化带建设的现实需要,也是满足人民群众对美好生活的向往的重要举措。因此加强大运河沿线的文化传承与遗产保护的力度、提升文化遗产保护传承水平是助推大运河文化带建设的内在核心。

《江苏省大运河文化遗产保护传承规划》将江苏省大运河沿线的文化传承与遗产保护目标主要分为三个阶段:第一阶段为夯实基础阶段,旨在保护大运河文化遗产的真实性,建立大运河文化遗产保护传承管理基本制度,实现文化遗产得到全面保护;第二阶段为全力推进阶段,旨在实现江苏省大运河文化遗产科学保护、活态传承、合理利用的基本格局;第三阶段是展望2050年,江苏省大运河文化遗产焕发新的生机与活力,成为世界文化遗产保护传承的东方样本,全面形成体系完整、特色鲜明的大运河保护传承体制机制。

由此可见,大运河文化带中的文化空间打造是提升民族认同感、打造中国形象、展示中华文明、彰显文化自信的关键所在。

3. 生产空间:以大运河为抓手的文旅融合与经济发展

党的十八大以来,我国文化产业迎来加快发展的黄金期,文化产业总量规模稳步增长,产业结构逐步优化升级,市场主体持续发展壮大,文化产品和服务更加优质丰富,人民群众文化消费日趋活跃,文化产业已经成为经济增长的新动能和新引擎,在促进国民经济转型升级和提质增效、满足人民精神文化生活新期待、巩固和坚定文化自信、增强中华文化影响力等方面发挥了重要作用。

大运河国家文化公园承载着国家文化发展战略,其不仅包含人文景观的展示作用,还要承担起助推产业发展的功能。大运河沿岸景区应避免千篇一律的城市公园定位,将文化赋能和文化引领相结合,使传统的生态公园向国家级的文化公园进行转变。推进以大运河为抓手的文旅融合产业发展,吸引大量的游客对于产业的形成和后续发展至关重要。目前,大运河沿线的很多城市仍处于文化产业项目逐步落地的阶段,伴随着这个阶段的日渐完善,文旅产业的发展会对城市经济增长产生重大的助推作用。

文化产业的发展为国民经济增长提供新动能。一方面,文化产业正在成为巨大的人才蓄水池;另一方面,在运河沿线城市,运河文化正在转化为增收生产力。文化和旅游部门也在鼓励各地依托运河文化资源发展特色文化产业,支持建设一批具有富民效应和示范效应的运河文化产业集聚区和特色文化产业项目。只有通过这些文化载体,通过这些文化产业,通过愿意为地方文化发展贡献自身力量的人,城市的发展才不会停滞不前,才会再创辉煌。

(二)大运河文化带建设的基本模式

1. 生态保护与综合治理

(1)水环境与河道整治。

20世纪90年代以来,苏州市经济快速发展,水体排污对大运河的水质质量造成严重影响。近年来,苏州市政府对水体污染重视程度增加,并采取一系列举措整治河道环境。

①航道水环境整治。

大运河苏州段、扬州段对运河水质的问题充分重视。以苏州市政府为例,前两年相关部门一直在做"航道四改三"工作,也就是将四级航道改为三级航道,拓宽、疏浚、挖深、架高两岸、确保航运、夏季泄洪。

据相关资料显示,2022年,江苏省苏州市检察机关采用一体化办案模式,借助卫星遥感、无人机(船)等技术手段查明污染原因,启动行政公益诉讼和民事公益诉讼,加强与政府联动、跨区划协作,坚持生态修复与长效监管并行,以能动履职有效推动大运河流域水环境综合治理。2021年6月,最高人民检察院通过卫星遥感监测在苏州市吴江区发现4条大运河水环境问题公益诉讼线索,随后将线索层转苏州检察机关办理。苏州市检察机关运用公益诉讼快速检测技术,对大运河八坼段等问题水域进行水质检测,并通过苏州市生态环境局,商请生态环境部环境规划院专家出具论证意见。论证意见给出后,苏州市检察机关能动履职,发现并解决深层次问题,助推社会综合治理。检察机关紧紧围绕大运河治理和生态修复工作,聚焦监督重点,为环境保护提供了法治保障。

②内城河水环境整治。

除却运河主干航线,苏州市政府对城内护城河的环境整治也极为重视。以大运河遗产点——平江路历史文化街区为例,不仅在吸引外来游客方面取得了卓越成效,同时也提升了当地居民的生活质量。

20世纪80年代,苏州市政府为发展园区经济,开辟了东西走向的干将路。当时,负责园区规划的新加坡设计师主张开发苏州市东部,以吸收上海的辐射效益带动苏州经济的大幅跃进。因此,苏州城东部80平方千米的湖荡以平均2米的高度被填平,用来进行工业基础设施建设。苏州城原本西高东低的地势被人为破坏,运河水流原来能利用西高东低的地势冲刷内城河道往吴淞江、娄江奔流,但经过改造后的苏州城却无法利用原本的地势优势完成内城河的疏浚工作。在此基础上,苏州市政府在环城河上装设了两个水坝,拦截水流以抬高水位,调节径流,保障内城河的疏浚工作,为苏州城内河道整治做出了巨大努力。

现今,内城河沿岸居民依旧安居乐业,杨柳湖堤能见绿水悠悠。居民的环境满意度不断提升,生活幸福感也显著提高。

(2)空间再规划理念下的风光带打造。

大运河与城市的自然生态、人文环境息息相关。早在大运河"申遗"阶段,扬州、苏州两城就将大运河"申遗"定位为国际视野下的活态保护工作,将环境保护真正落到实处,让居民百姓切实体验到运河城市转型并从中受益。

①新建设施服从文物带建设规划,新旧项目风格相符合。

扬州市在新建设施的建设上严格遵循"古迹优先、风格统一"的要求,不以拆毁文化古迹作为土地开发代价,保证新旧项目风格统一,避免格格不入。2011年,文化博览城和社会事业建设重点项目扬州科技馆准备在唐子城东华门遗址附近建设,然而考虑到扬州城遗址所具有的重要历史价值,大运河联合申遗办提出:"科技馆选址所处区域的建设应服从于考古遗址公园建设整体规划,在扬州城考古遗址公园规划尚未编制的情况下,不宜启动与考古遗址公园性质不符的建设项目。"后来经过比选和反复论证,扬州市委、市政府将科技馆选址从唐子城转移到广陵新城并落户。无独有偶,2011年1月,高邮明清运河故道杨家船坞上实施了一项房地产开发工程,相关部门立即启动反应机制,请执法部门介入调查,并制止工程施工。经过整治后,杨家船坞原片区现已改造为运河遗址公园,吸引了许多游客前往参观游览。

②以点带面,整体布局,带动区域统一发展。

以扬州市三湾运河三湾风景区为例,扬州市将三湾风景区作为扬州市运河文旅战略的核心地位。以三湾风景区为圆心,5千米之内能覆盖扬州市中心城区,10千米之内能覆盖扬州市区,使约170万人能够方便前往,实现"半小时内到三湾"。三湾风景区在扬州城区发展中承担了重要地位,利用其优越的区位优势吸引全市居民,带动扬州市向南发展的大格局。同时也为扬州市开发旅游产品、打造国家文化公园、开展国家文化工程树立典范。

③还城于民,将运河与市民日常生活紧密联系。

居民是城市的主人,打造大运河文化带,其中一个目的便是让城市中的居民感受到空间中的归属感。近年来,扬州、苏州两市积极推进主城区环古城河沿线景观提升等生态景观靓化建设工程。苏州市以护城河河岸为路线,全线贯通环古城河游览步道,给百姓提供亲近、感受大运河的物质条件。苏州市以环古城河为载体,集中修复城门,串联古城周边诸多景点(如耦园、相门、胥门等古迹),并进行适度的商业开发,为居民提供娱乐消费场所。21世纪初期,扬州市围绕护城河沿岸积极打造生活步道,通扬桥至黄金坝一带的古运河步道已成为市民日常生活消遣的好去处。尤其是20世纪八九十年代作为扬州城东码头的东关古渡片区,经过十余年的整修、改造,拆除破旧房屋,集中种植绿化,现已成为周边居民生活、社交的重要场所。作为空间中的物质实体,环河风光带不仅为城市居民提供休闲消遣等日常生活的空间载体,更成为留住本地居民历史记忆的文化载体,并在当今生活中焕发新的生机。

(3)运河沿线城市的配套基础设施建设。

2020年11月习近平总书记视察江苏时强调:"要把大运河文化遗产保护同生态环境保护提升、沿线名城名镇保护修复、文化旅游融合发展、运河航运转型提升统一起来,为大运河沿线区域经济社会发展、人民生活改善创造有利条件。"为落实习近平总书记重要指示批示精神和中央决策部署,进一步加强江苏省大运河文化遗产保护传承顶层设计,深入挖掘以大运河为核心的历史文化资源,助推江苏省大运河文化带和江苏省大运河国家文化公园的建设,江苏省委制定了《江苏省大运河文化遗产保护传承规划》。在此规划的基础上,秉承"一轴三片,多点多线"

的文化遗产保护空间布局的原则,逐步落实运河沿线城市的配套基础设施建设。

①文化公园的打造,以扬州市三湾公园和苏州市姑苏区大运河国家文化公园为例。

扬州市三湾公园的打造经历了多个阶段。

第一阶段,居民对三湾公园的反响在预期之下,仅仅作为普通的市民公园之一,并没有文旅相关概念。为打破扬州市民对公园的审美疲劳,三湾公园加强文旅基础设施的建设,加大宣传力度,成立项目小组完善景区打造。

第二阶段,2017年11月份,项目小组陆续进驻三湾公园启动项目,争取将三湾打造成国家4A级景区。团队加强景区内硬件设施的建设,与此同时,项目负责人在景区内陆续举办一些大型活动、演出,吸引扬州全市市民。当时,扬州市的景区大多集中在城市北边,提及景区,游客很难第一时间联想到三湾公园,扬州市南部景区的开发和创收存在一定困难。第二阶段的启动和完成,填补了原有的游客缺失。

第三阶段,2019年,党中央提出了五个国家文化公园建设项目规划,大运河国家文化公园位列其中。在中央奠定基调后,扬州中国大运河博物馆选址于扬州市三湾公园。项目负责人借此机会展开大运河文化带的建设,借由扬州中国大运河博物馆的IP对三湾风景区进行完善,打造了一批诸如琴瑟桥、观鸟屋、乐水园的人文景观。根据亲子游、互动性等旅游偏好开发相关项目。

在《江苏省大运河文化遗产保护传承规划》中,非物质文化遗产保护传承发展工程中的文化生态保护实验区创建项目——扬州大运河文化生态试验区,以大运河三湾景区为核心,发挥扬州中国大运河博物馆在大运河非物质文化遗产资源展示传播中的重要作用,在三湾风景区的基础上,辐射至瓜洲、邵伯古镇等区域,设立运河文化生态保护实验区。目前,国家文化公园的建设也在朝着这些方向努力。

苏州市姑苏区大运河国家文化公园在以下四个方面做好运河沿线基础设施建设。

一是突出整体谋划,科学系统布局。苏州市政府细化制定2022年全区大运河文化带和大运河国家文化公园建设工作要点。围绕运河沿线空间整理利用,逐一排摸整理运河两岸可开发利用空间,加快推进觅渡桥至宝带桥运河沿线空间收储整理和风貌改善。建立完善区级大运河带建设重点、项目储备库,加大对上沟通力度,争取在财税、金融、投资等方面获得更多政策支持。

二是强化项目支撑,塑造特色亮点。大力实施"古城细胞解剖工程",对老街区、老街坊、老建筑进行数字化建模,累计完成4个街坊102.1公顷范围内的传统民居信息全要素普查。加速平江片区重点功能区、渔家村苏州考古博物馆及二期渔家水乡等文旅项目建设进程,推进金门段城墙风貌提升、胥门城墙文化展示等项目。积极配合市相关部门和国资公司大力推进枫桥景区、横塘驿站(胥江小岛)等景点建设,积极优化景区周边环境和文化氛围。

三是保护运河生态,提升环境风貌。活化城区水上、水下绿色水系资源,加快实施环古城河(健身步道内圈)、上塘河沿线绿化和景观提升工程,塑造具有江南水乡特色的城区精品慢行绿线。高质量推进七里山塘集中展示带、上塘河集中展示带国家文化公园标识形象系统导入应用,确保古城区域全覆盖。全力治理流域污染,持续推进入河排污口整治,加强运河沿线各类企业监管,依法查处偷排漏排废水等行为。

四是深化文旅融合,振兴传统工艺。坚持"城区即景区、旅游即生活"理念,做活古城"水"文章,推出探索苏州"水韵·船说""古迹·漫游"运河经典水上游两条水上游主题游线,设计研发一批适合在码头、游船等处销售和推广的特色文创商品,聚力打造"姑苏有礼"特色伴手礼品牌。策划打造丝绸文化创新旅游产品,提升传统老字号、苏工苏作等文化IP的市场价值。

②博物馆建设。以扬州中国大运河博物馆和苏州博物馆为例。

扬州中国大运河博物馆属于《江苏省大运河文化遗产保护传承规划》中文化遗产传承弘扬工程中的重点项目,于2019年开工建设,是集文物保护、科研展陈、休闲体验为一体的地方现代化综合性博物馆,是大运河国家文化公园建设标志性项目。

苏州博物馆作为运河周边文化遗产项目,近年来承担了许多运河非物质文化遗产的展出活动。2015年,苏州博物馆和苏州文广旅局合作,推出"苏艺天工"系列展览,目前已举办19场次,参观人数累计超过450万人次,展览期间同步开展社会教育活动及文创产品研发。

③餐饮和住宿设施。大运河文化带沿线景区的建设,离不开配套的餐饮和住宿设施的建设。以扬州市三湾公园、苏州市平江路历史文化街区、苏州市山塘街历史文化街区为例。

在与三湾公园负责人的谈话中实践队成员了解到,各个年龄层次的游客对公园的需求点并不完全相同。老年人需要较多休息设施;青年人、专业人士需要文化内核充实的景观,以便留念或进行专业研究;小孩子则更需要体育设施和美食餐厅。三湾公园的规划和建设,综合考虑了不同年龄段的需求,在一期建设完成后,将继续开发二期基础设施,例如可供住宿的特色旅社、网红商业街等。

苏州市的平江路历史文化街区、山塘街历史文化街区作为历史文化街区保护提升项目,20世纪90年代,苏州市政府就开始对这两个历史文化街区进行保护和整修,旨在为与大运河有关联的历史文化街区做好配套支持工作。

平江路历史街区位于苏州古城东北隅,面积约为116.5公顷,距今已有2500多年历史,街区内现存有世界文化遗产1处——"耦园"(内设中国世界遗产培训与研究中心),国家级重点文物保护单位2处,省市级文物保护单位18处,控保建筑45处以及普查新发现文物点70处,还有众多的老建筑,古桥、古井、古树、古牌坊散落其中。通过精心挑选,先后有百余家客商落户平江路历史街区,例如翰尔园酒店、姑苏小院、花间堂等,以传统建筑风貌与现代居住条件完美结合形成了独有的品牌号召力;羿唐丝绸、缘杨旗袍等民间工艺工作室,在充分展现姑苏地域传统文化的同时,以精品化、主题化的特色彰显了品牌凝聚力;友苏美术馆、猫的天空之城等文创产品店,勾勒出清晰的文化传承脉络,与街区内市井生活相映成趣。这些特色客商使平江路历史街区呈现出传统与时尚和谐、怀旧情怀与舒适享受并举、浪漫休闲与文化内涵交融的独特雅致的人文氛围。

山塘街历史街区最具苏州街巷特征,有着"河街相邻、水陆并行"的双棋盘格局,自2002年起,遵循"保护风貌、修旧如旧、延年益寿、有机更新"和"分级分类保护"的原则对其开展修复,打造水上游项目,通过山塘河及山塘河游线把周边的园林、名胜、商家等串珠成链,真正实现文旅一体化发展。该项目从山塘街古戏台码头登船,沿线串联了山塘街、留园、西园寺等景点,到达江枫桥码头后可步行前往寒山寺、枫桥景区,实现了对历史文化遗产、滨水景观风貌、水乡风俗民情、现代商业载体的"串珠成链"。

2. 交通设施

大运河文化带注重河道疏浚工作,定期开展河道水质检测,确保河道的畅通。同时,还开辟了多条旅游线路,加快推进运河航运转型升级,将大运河文化带打造成集美景水道、文化水道、生态水道和旅游水道于一身的传承中华文明的文化旅游精品带。

（三）地方区域文化传承与遗产保护

大运河作为中国第二条黄金水道，以物态文化创造出流动的历史，沿岸存在大量古文物及古城遗产。扬州和苏州两城均为文化遗产保护做出了巨大的贡献。

1. 文物保护

根据《江苏省大运河文化价值阐释弘扬规划》，围绕大运河正在进行的遗产保护传承可以划分为大运河重要遗址考古研究工程、大运河物质文化遗产保护展示工程、大运河非物质文化遗产保护传承工程三种。

扬州市目前正在着力开展落实两项保护措施：其一是大运河扬州段河道内总整治目前已经围绕古邗沟、高邮明清运河故道、邵伯古镇历史文化街区、三湾公园等地区开展了两期整治；其二是围绕南河下风景区盐宗庙、天宁寺等古迹进行遗产点专项保护。目前，扬州市围绕大运河文化带文物保护草拟出台地方性法规《大运河扬州段文化遗产保护条例》，印发《大运河遗产传承保护利用三年行动方案》，为大运河遗产保护提供工作指导方案。扬州市对古文物的做法主要有二：一是在原址进行集中修复和保护；二是草拟出台纲领性文件，使保护有法可依、落在实处。

就苏州市而言，最典型的例子即苏州古城墙的修复和保护。苏州市秉持"修旧如旧"的理念，努力把城墙恢复成原样。例如整个倒塌掉的城墙南门，尽管只剩地基，苏州市政府却没有选择拆除重建，而是在地基两边种植绿化带，不改变地基结构。

扬州市和苏州市对运河沿线文化遗产的保护和利用的共通模式即全面保护，按照文物的直线保护范围，对沿线所有点状的文物进行保护性修复。

2. 古城保护

在访谈过程中，实践队详细了解了综合性整体保护的古城保护方案。

扬州、苏州、杭州作为运河沿岸城市，历史悠久，运河文化本身就是当地文化的重要组成部分。苏州市各方面的资源集中度比较高,着重于在运河旁进行综合开发,以片区化的开发为主要目标。苏州市委宣传部打造苏州"运河十景",包含了运河沿线的所有优质景观以此串联苏州市各个景点。

扬州市在古城开发的过程中加强与外界的交流。扬州市举办的世界运河城市论坛邀请了国内外许多运河城市的专业人员,交流借鉴运河开发的优秀思路,借此机会拓展思路。

值得注意的是,古城保护不应囿于维持古城的原状。以苏州市为例,由于苏州在发展工业园区时开凿了干江路,对古城造成了较大的创伤,这使得苏州古城失去了申报世界遗产的机会。但如果干将路未建成,古城的经济发展将存在较大阻碍,一味保护古城完整性反而会造成因小失大的后果。古城开发没有固定的模式和套路,一要避免一味开发而忽略文物遗址保护,二要避免故步自封而让古城发展陷入僵化,因地制宜才是最好的保护模式。

(四)文旅融合与产业发展

1. 文化积淀,挖掘本地文旅 IP

文旅 IP 是文化产品中具有高辨识度、强折现力的文化标记,其本质是地方文化中优质的内容,是不容复制的。与此同时,文旅 IP 能拉动文化消费需求,对于经济长期发展至关重要。因此应先摸清库存,进行规划,再对现有资源进行内涵附加,潜移默化中加深人们对大运河的印象,强化文化认同感和归属感。在调研过程中,团队发现扬州、苏州两地在进行文旅融合时按照"挖掘与提炼—包装与宣传—品牌与延伸"的逻辑,极力打造独属于淮扬文化与江南文化的文旅 IP。

(1)本地文化资源的挖掘与提炼。

对于运河沿线城市而言,"大运河"自身就是一个超级 IP,但多座城市将大运河作为唯一的 IP 不免造成文旅发展同质化的问题。因此,这就要求运河沿线各地从自己的城市历史中寻找独特之处,要求地方寻找各种文化的内在关联,利用一般体验性评价、旅游资源要素评价、旅游资源综合评价等方法,对文化资源进行全面的认识,结合利用新型数字化技术,活化文化资源的内在价值,将显性文旅资源与隐形文旅资源相结合,考虑旅游开发的完整性、持续性。

在本次实践调研中，团队发现苏州、扬州两城以大运河文化为内核，以大运河文化IP为纽带，将河道、船闸、码头等固态的运河文化遗产与特色小镇、旅游产品等新型文旅IP进行有机融合，打造综合性城市群廊。

以扬州市为例，近年来，扬州市先后荣获"世界运河之都""世界美食之都""东亚文化之都"三张国际名片，"三都"品牌让扬州文化更有分量、更有质感，更好地赋能高质量发展。扬州市正加快推动传统文化活态化呈现、创造性转化，加快实现文化、旅游深度融合，以古城更新、街道重振、打造项目为基本思路开展文旅产业发展，把这三张名片擦得更亮。古城更新、街道重振、打造项目是扬州开展文旅产业发展的基本思路，关键在于保留地方特色，重视文化遗产保护，与国际接轨。

苏州市则以古环城河与传统吴文化为中心，开发园林文化、城墙文化、漕运文化、丝绸文化、昆曲文化等地方特色文化，以大运河文化带为契机，建设城墙博物馆、丝绸博物馆等具有鲜明地方特征的旅游景点，打造传统吴文化主题旅游。此外，围绕周庄、同里、甪直、木渎等运河沿线古镇打造古镇旅游项目，发掘古镇中丰富的传统文化元素，从更小的切面、更小的空间对历史文化展开阐释，成为独特的文旅IP，并吸引各地游客前往参观旅游。

（2）文旅IP的包装与宣传。

在"全民皆记者"的时代背景下，旅游开发已经形成了全新的话语体系和运营方式。扬州市委宣传部围绕政府宣传规划，集中制作了河道整治宣传推广片，吸引大量省内省外游客前来参观。

同时，扬州市采取融媒体实时直播与网络推文宣传相结合的方式。通过实时转播，广大市民群众进一步深入了解扬州市围绕大运河文化带建设的项目。政府也能够根据网络上的反馈调整项目思路，从而打造形式多样、受众广泛的文旅项目。

（3）IP的品牌延伸："文旅＋"模式探寻经济效益。

文旅IP的品牌打造与延伸要求地方注重文旅资源变现的能力，围绕文旅IP将地方文化资源旅游产业化。苏州博物馆、南京博物院等国家级博物馆在设计文创产品方面具有充足经验。它们注重精美的文创设计，提升消费者的体验感，拉近文物与消费者之间的距离，高质量的文创产品能够在一定程度上带动文化消费。

在各地文旅产业发展中也能窥见政府与社会资本的合作。扬州市诸如彩衣街、仁丰里、皮市街等老街区由政府引导个体进行投资,当前的投资结果也反映了居民(尤其是这些街道的原住民)对于旧城改造成果较为认可的态度。

由此可见,文旅 IP 的挖掘与发展是地区文旅产业发展的灵魂与精髓,是使其独特于其他地区、维持长久发展的根本所在。扬州、苏州两市以大运河文化带为政策背景,根据地方文化特色深入挖掘地方文化中的独特之处,利用包装、宣传的现代化手段,依靠政府引导和社会资本投资,将文化优势转化为产业优势、经济优势。

2. 打造新型文化旅游街区,带动经济发展

"文化旅游"是旅游者通过旅游体验追寻真实感和自身意义的一种活动,同时这类旅游者的出现势必产生相应的文化消费,即旅游这种社会机制将文化的过程性和产品性联系在了一起。文化旅游主要指将重点放在文化和文化环境上的旅游,文化环境包括目的地的景观、价值和生活方式、遗产、视觉和表演艺术、工业、传统和当地居民的休闲活动。[①]

随着大运河文化带的提出,各地不断发掘开发当地运河文化,准备打造一条符合时代发展的文化旅游路线。

以扬州市三湾风景区为例,"让古运河重生"是三湾风景区治理开发的目标。2021 年,扬州中国大运河博物馆建成开放,吸引了 120 万人次参观,迈出了文旅开发的第一步。扬州中国大运河博物馆的存在使三湾公园开始向国家级的文化公园转变。扬州中国大运河博物馆是新生的起点,是产业赋能的媒介,围绕扬州中国大运河博物馆在三湾风景区打造大运河"非遗"文化街区是文旅开发的重点。三湾文化旅游街区将分区域打造各具特色的文化产业,充分将三湾风景区的生态空间和文化内容融合。河西滨水区域计划建设运河主题的会议酒店、度假客栈等高品质酒店,以提升扬州市酒店产业层级,并且打造河西滨水空间,把整个运河沿线滨水空间连接起来,给予游客更丰富的文化体验;为弥补扬州市高端亲子游玩项目缺失,三湾风景区将引进儿童亲子体验项目,并配套建设亲子度假酒店等。

---

① 李萌.基于文化创意视角的上海文化旅游研究[D].上海:复旦大学,2011.

三湾风景区带动整个扬州市的城市转型,也带动扬州市向南发展的大格局。三湾不仅仅是一个观光风景区,更朝着一个度假区的定位发展。三湾大运河"非遗"文化街区所打造的一体式文化旅游空间不仅增强了三湾风景区的旅游吸引力,还提升了整个扬州市的文化旅游竞争力。

3. 基于新媒体平台的文旅宣传

随着以数字技术为代表的新媒体的出现,媒介之间的壁垒被打破,传播者与接收者之间的边界被消融。文旅的宣传相比于从前的停留于纸面,现在则更多地活跃在网络平台,对于运河文化宣传起到了极大作用。

以扬州市为例。为全面展示扬州市非遗融入现代生活、助力文旅产业发展的现状,扬州市推出"非遗伴你云游扬州"系列直播活动,引导市民和游客认识"非遗"、了解"非遗"、爱上"非遗"。活动以"连接现代生活绽放迷人光彩"为主题,通过"直播间访谈＋两条线路沉浸体验"的形式,融合"线下＋线上"两个空间,全面展示扬州市"非遗"在融入现代生活、与旅游融合发展上的巨大变化和优秀实践,给观众带来更为身临其境的视觉盛宴和文旅大餐。

此外,扬州市"运河十二景"的评选和打造,发掘出了更多有关于扬州市文化旅游的资源和新卖点。一方面推动"运河十二景"成为扬州市文旅融合新名片、弘扬大运河文化新载体,另一方面将运河文化资源向产品、市场、效益转化。

4. 产业赋能,结合政府投资、招商引资与公众参与

大运河文化带的产业发展模式主要分为三种,一是政府投资,二是招商引资,三是公众参与。秉承着"共建共治共享"的理念,政府、企业、人民等多元主体在产业发展过程中发挥着不同的作用,各类主体相互协调,满足不同主体的利益,充分利用各生产要素。

东关街是扬州城发展演变的历史见证,其商业发展主要依靠政府投资。自2006年起,扬州市累计投入近20亿元,实施了东关街历史文化街区城市更新项目。全面整治建筑风貌,拆除乱搭乱建;修缮各类文保建筑和传统风貌建筑3.56万平方米;进行了长乐客栈、街南书屋等修复工程;同步实施了道路、水、电、气等市政设施和景观绿化、旅游休闲、卫生、消防、安保等配套设施的改造与提升。通过整治更新,保留了传统的街巷体系、空间形态及地方建筑特色,历史文化街区的

整体风貌得到有效保护。政府还引进剪纸、漆器、评话等多项传统技艺,"非遗"项目进入街区,为其设立专门的展示和传承场所,并扶持发展了谢馥春、三和四美等一批老字号项目。

扬州皮市街是近年来发展起来的老街。皮市街青年创客众多,业态丰富,浮生记、扬州慢等小店的成长逐渐带动了皮市街的人气。皮市街的商业是自由发展起来的,随着商业价值的提高,皮市街的进一步发展也离不开政府的引导。皮市街引进特色文创产业,瞄准"文创一条街"定位,打造出文艺青年青睐的"网红打卡地",这是皮市街勾勒出的发展蓝图。皮市街将传统街道和青年文化融合,以市场调节为主、政府引导为辅,打造扬州市商业新场景。

在保护建设过程中,公众也积极参与。2011年8月初,"捐砖护城,共筑家园"苏州古城墙修复保护大型电视新闻行动在苏州市启动,号召1200万苏州人为古城墙修复工程添砖加瓦。许多市民捐赠出家中存留的老城砖,还有市民为定制城砖献出自己的一分力。除此之外,市民还通过12345政务服务便民热线、市长信箱、市民来信等渠道积极向市文旅部门建言献策。还有的市民参与了相关志愿服务工作,推动城市旅游产业高质量发展。公众参与到城市建设中来,不仅增强了人们的文化认同感和自豪感,还为相关部门提供了符合老百姓心声的建议。

通过政府投资、招商引资与公众参与,大运河得以全方位、多层次、宽领域发展,实现文化资源和经济资源两手抓、齐开放,使得物质文明和精神文明相协调。与此同时,旅游产业的发展也为城市转型和经济发展提供了新思路,在保证文化效益、生态效益的同时拉动内需,形成运河沿线城市良性合作发展,促进地方经济建设和人民生活水平的提高。

四、结论及讨论

(一)结论

大运河文化带战略的提出给运河沿线各地提出了全新的发展目标导向,它的构建向地方政府提出了全面要求,也是对地方政府执政能力的一次综合考验。

大运河文化带是具体的地理空间。大运河沿线的诸多城市是千百万居民生活、工作的地点。在全面加强生态环境保护的方针政策下,大运河文化带的构建让运河沿线政府将视野回归属地环境治理,积极开展水环境和河道整治等关乎民生健康、市容市貌的工程建设,进行以运河治理为主线的城市活态治理。

大运河文化带是抽象的文化空间。大运河沿岸蕴含着千年以来中华民族博大精深的历史文化内涵,形式多样的文化遗产都通过大运河串联起来。借助大运河文化带的构建,各地政府能够有机会讲好地方的历史文化故事,更加全面系统地保护好、展示好大运河文化。建设大运河文化带就是要更好地挖掘和传承大运河文化内涵,并创造出新的文化符号,同时唤醒民众的文化内化意识,在耳濡目染中进一步将文化内在于心,增强文化自信。

大运河文化带是发展的生产空间。党中央对大运河文化带建设的要求是"保护好、传承好、利用好"大运河,运河文化产业的发展能够更大限度地让更多的民众接触、了解大运河的前世今生,让大运河"活"起来。在积淀文化、挖掘本地文旅IP的同时,结合政府投资、招商引资和公众参与,打造新型文化旅游街区,从而带动文旅消费,能够极大增进国民对大运河文化带发展的亲近感。依靠新媒体平台的文旅宣传,让国民在大运河文化事业中的参与度显著提升,并为政府项目的开展建言献策,使文旅项目更加贴近居民的生活(见图1)。

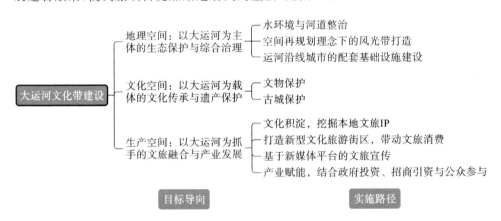

图1 大运河文化带建设的逻辑梳理

具体而言,扬州、苏州两城在大运河文化带构建上采取了"全面保护、重点开发、点状项目"的综合发展思路。结合安全、环保等诸多因素,避免大开大合式、不顾环境效益的粗犷开发;在政府引导的情况下结合民意反馈,避免千篇一律、恶性竞争而带来同质化发展。选择围绕遗产点进行文化项目的打造，既保护了文化遗产的完整性与真实性，又结合实际的城市开发条件，不以市容市貌为代价，为城市的长久发展着想。

城市是人们生产生活的重要载体，古城本身便是一个"无边界"的博物馆，古城的市容市貌、市井生活、邻里家常、饮食文化、一砖一瓦，都是博物馆的组成部分。古城是承载悠久的民风民俗的历史博物馆，而现代城市则是既包含古朴的风俗、又呈现现代人们生活方式的综合博物馆。因此，传承好大运河文化基因，使其与现代文化相适应、与现代社会相协调，融合传统性和现代性，成为涵养人们的精神谱系，是传承大运河文化、打造大运河文化带的现实考量和现实功用。

运河发展不是简单的政策制定、政策响应与政策完成的过程，它需要地方自上而下形成属地自觉，将政策自觉转化为市民文化自觉，将运河功能的改变转化为人民生活和城市发展需要的转变，从需求侧开展异质化、多元化的城市发展，将大运河文化带建成既有"一张蓝图画到底"，又有"地方特色齐开花"的生态带、文化带、经济带。

（二）讨论与政策建议

1. "免费"与"收费"之争——基于杭州西湖与苏州园林、扬州瘦西湖的比较分析

实践队在走访调研阶段发现，诸如杭州西湖等部分5A级景区并不收取门票费，而扬州瘦西湖、苏州园林收取门票费用，扬州的三湾公园、大运河博物馆却是免费开放。这就引出了一个有趣的讨论——景区是否以及为何收费。

（1）区域间的比较。

相比于杭州西湖丰富的基础设施和充沛的资金来源，扬州市作为一个以旅游业为主体的较小的城市，无法承担全面免门票带来的财政压力。

"旅游"究竟是什么？一种解释是，旅游应当要"留住人"。游客到扬州市来，究竟能待几天？对绝大多数外地游客而言，可能满打满算就是两天，那么能不能把客流留住就是值得思考的问题。

杭州市早在2002年就开始陆续取消各景点的门票，使西湖的管理一体化。

杭州市因此损失了西湖数亿元的门票,却获得了全国人民高度的认可,客流量大幅增加,极大地促进了杭州市餐饮、旅游、酒店等相关行业的发展。可以发现,杭州西湖门票免费的一个至关重要的前提是周边基础设施建设比较完善。扬州市则不然。餐饮、住宿等基础设施的不完善使游客在游览完景点后不会停留太久,社会效益和经济效益很难达到平衡。不成熟的基础设施建设一旦面对门票免费的情况,极容易导致游客不选择在景点附近消费的情况。

(2)区域内的比较。

在访谈中,三湾风景区的负责人提出这样一句有趣的见解:"能卖出票,其实就成功了一半,因为愿意掏钱就等同于游客的认可,而不是变成收费之后就没人来了。"瘦西湖独特的文化底蕴,使其在国内具有较高的知名度;但是三湾作为一个新风景区,不具有瘦西湖的知名度,一旦开始收费,或许就会面临无人问津的尴尬局面。

与此同时,三湾风景区和瘦西湖不同的角色定位也造成了门票是否收费的差异。三湾公园的影响力不仅仅辐射了周边的区域,还对扬州这座城市、以及对大运河文化保护贡献了极为深远的人文精神意义。因此,收费并不代表没有人文情怀,免费也并不是毫无益处。

实践队调查发现,现代社会中人们存在一定文化消费需求,越来越多的人愿意为自己感兴趣的文化买单。长远来看,人们"愿意"为文化产业付费,就是真正的认可。这样文化产业才能健康地发展,社会文化素养才会得到总体提升。就三湾风景区而言,未来也有可能进入收费的行列。值得注意的是,收费不是目的,只是大家认可它富有价值的第一步。通过收费,园区可以筛选出真正对运河文化感兴趣的旅客,以此提高景点文化底蕴。

2. 公共服务区域合作在大运河文化带建设上的可能性

大运河文化带的建设需要沿线各省市、社会各主体的共同合作,同时大运河文化带概念的提出,为运河保护建设工作提供了合作的平台。大运河文化带建设是一个巨大的系统工程,纵向上需要在国家、省、市甚至更具体的行政单元形成合力,以运河为主线形成18个城市全面合作的协同创新体系,共同推进运河文化产业带的建设。

目前,各省市各部门之间展开初步的合作以建设好大运河文化带,最大限度发挥各方优势。苏州市的平江路历史街区和扬州市的双东历史街区互相引进优质特色商户。两地店铺的目标市场不同,相互引进特色产业扩大了双方文化的影响范围。扬州中国大运河博物馆是在南京博物院的指导协助下展陈运营的;文物升级是在国家文物局的支持下进行的——整个运河流域沿线有 8 个城市参与了文物征集,征集了大约 1 万件文物。

加强区域合作,形成合力共同建设大运河文化产业带,沿线城市在保留自身独特文化的基础上,寻求与其他文化和价值的内在联系和共同点,强化资源共建共享,同时,由于运河时空跨度大、地域面积广、区域间要素差异较大,各区域还要增强互补性,发挥自身优势力量,进而实现经济效益和社会效益的双重提升。①

3. 生态效益、文化效益、经济效益是否可以兼得? 针对现实情况的思考

生态效益、文化效益、经济效益都是一体多面的。大运河文化带建设的最终目标,就是实现三个效益的兼得。其实,三者呈现出一种动态平衡的微妙关系,一个都不能落下。

大运河文化带的开发,古运河的重生,给了运河沿线城市一个良好的契机,能够更加完善自身的基础设施建设。在党中央、省政府的直接领导下,运河沿线城市与周边城市以区域合作的模式进行建设开发,取得了不错的效果。然而,这一做法也带来了一定的问题,区域存在合作也存在竞争、过度开发会导致环境的破坏、居民整体参与度不高则弱化了大运河文化的普及程度和宣传力度等。因此,运河沿线城市应秉承互利共赢的理念,对环境适度开发、合理保护,以及提高居民的参与度和文化自信,是打造大运河文化带的关键的步骤。

生态效益的保障,需要政府的管理和规划部门的合理开发。以苏州市为例,对于苏州大运河,近些年相关部门一直在完成"航道四改三"工作,即将四级航道改成三级航道,拓宽、疏浚、挖深、架高两岸、确保航运、夏季泄洪。对于苏州市的大运河沿线文化遗产开发,苏州市政府采取了"全面保护,点状开发,重点项目"的发展模式。全面保护,按照文物的直线保护范围,对沿线所有点状的文物进行保护性修复。点状开发,即对于不具备开发条件的线路,严禁不符合主体功能定位的各类开发活动。苏州市政府原本打算开发"望亭—平望"游线,最后未开发的原

---

① 熊海峰,祁吟墨.基于共生理论的文化和旅游融合发展策略研究——以大运河文化带建设为例[J].同济大学学报(社会科学版),2020(1):40-48.

因是：一是航道太宽，货运船只较多，安全性不够；二是有些码头之间距离较近，而货运码头不具备用来上下游客的条件；三是游船的起始点和终点不好把控，有些码头距离较远，比如存在一些情况，游客在望亭上了船，中途就不能下船，直到古城才能够下船，这种情况不方便游客观游风景。考虑到保护、安全和方便性，政府目前采取点状开发的模式。

文化效益是大运河文化带的核心价值。大运河文化要活态发展，就要保护好、传承好、利用好这种文化遗产的价值，就要做好文物的保护和利用，也就是要坚定文化自信。文化传承保护和利用的难度很大，想要让已经遭受破坏的古城重焕文化生机，存在一定困难。例如，苏州为了发展经济已经导致生态环境受到了一定的破坏，而国家文化公园战略的提出，通过建设大运河国家文化公园，及时把大运河文化遗产的保护提上了议事日程。同时，在开发建设相关文化产业项目时，要彰显出文化美学概念，要做到以"人"为主体，满足人民对美好生活的向往，公众参与度就会提高，人们的文化自信也会得到提升。

经济效益是一个城市发展所必须探讨的问题。以经济建设为中心是实现高质量发展的核心和关键，为了文化资源的开发而忽略城市经济的长久发展也是不现实的。如何探索挖掘文旅 IP，以"文旅＋"模式探寻经济效益成为运河沿线各城市思考的问题。以扬州市为例，扬州中国大运河博物馆的建立孕育了一个热门的文旅 IP，与此同时，游客穿着汉服"打卡"大运河博物馆更是成为短视频爆款内容。以此为依托，短时间来看，将文化宣传与消费需求紧密结合，带动游客在博物馆周边餐馆、汉服体验馆等店铺进行消费；长远来看，在政府的支持下，区域招商引资，进一步完善周边基础设施建设，从而带动三湾片区进一步发展。而三湾片区的发展可以助推整个扬州市加快城市转型，同时也带动了扬州市向南发展的大格局。三湾不仅仅是一个观光景区，更朝着一个度假区的定位发展。三湾大运河非遗文化街区所打造的一体式文化旅游空间，不仅提升了三湾片区的旅游吸引力，还提升了整个扬州市的文化旅游竞争力，促进了扬州旅游产业的升级。

大运河文化带的建设，在更加深远的发展道路上，闪耀着文化效益、生态效益、经济效益的光芒。

◻ 4. 针对街区改造同质化、运河产品无序竞争问题的建议

（1）招商引资保有街区特色。

大运河文化带的建设过程中也存在街区改造同质化、运河产品无序竞争的问题。在与苏州市文广旅局机关党委一级主任科员徐征的谈话中,实践队成员询问了关于街区改造同质化、运河产品无序竞争等问题。

以苏州市平江路历史文化街区和山塘街历史文化街区为例。对于苏州本地居民来说,平江路更加富有生活色彩和文化气息,而山塘街则更偏向商业化氛围。全国各大连锁品牌商店选择开设在历史文化商业街区上,本质上是因为较大的客流量和宣传力度符合了商业主体的目标市场定位。街区上部分商户雷同并不影响各地独特的文化氛围和旅游开发方式。

规划人员在规划初期,一般不会对行业商会进行限制。对于地方特色产业,政府多采取鼓励和保护的态度。苏州市政府对本地文化底蕴较为深厚的商户提供租金补贴。苏州市文旅部门每年会进行店铺、商品的评选,引导合理竞争;对于园林、茶楼、书场的表演,政府会给予一定补贴;同时,对外宣传推广时,大力推广具有苏州特色的产品,吸引更多游客,带来经济效益。

店铺招商时,历史文化街区会优先考虑老字号产品或者非物质文化遗产。各地秉持协同发展的理念,输出本地特色产业,引入外地特色业态,互利共赢,不同地域也不存在绝对竞争。

(2) 开发模式因地制宜。

苏州古镇的保护与开发借鉴了乌镇模式。在整体的吸引力上,依靠古城本身打造"无边界博物馆",以多元化的形象满足游客对古镇的想象。用"最大的商业化"来对抗所谓的商业气息浓重、原生特色消磨等旅游场所开发过程中容易出现的弊端。

当时乌镇先对整个村落进行搬迁,把所有的居民都迁走,但允许居民回迁承包店铺,经营餐饮业、住宿业等,力图保留古镇原生韵味。乌镇是以最大的商业化打败无序竞争的商业化,但这个模式不能被完全复制,需要各地根据自身特色,把握政策话语,因地制宜发展特色产业。乌镇模式存在自身特殊性,想要复刻乌镇模式的困境有二:一是原生态古镇极为稀缺,现在去拆迁一个正在"生活"着的古镇,成本过高;二是想要保持古镇的原生态环境,需要古镇内部的历史文化积淀支撑和外界的巨大资本投入。有的古镇本身就是现代仿造的,没有自身的特色文化底蕴,花再大的宣传成本也无济于事。而乌镇不同,它作为活着的"历史",本身就是人生活的场所,所以它的每一个场景,能够让游客想象到当时人们的生活模式,这种文化积淀可遇不可求,不能完全效仿乌镇的商业开发模式,所以周庄、同里就走了一条截然不同的开发路径。以同里为例,如果居民在古城里有房子,可用于自住或开店。如果想卖,政府出资,在合理的价格范围内收购房产的使用权,绝对不允许外界资本、无序竞争的商业进驻。政府以此规定业态,规范商业街秩序。

（3）运河游船产品收购。

近年来,苏州环城河上也开发了游船产品,曾经一度有六七家公司承包,竞争非常激烈。承包公司对外统一价格120元甚至更高,私下则开价人均10元到30元不等,造成了严重的无序竞争。在该模式下,导游带领游客上船,沿环城河游览一圈,配套的讲解设施也跟不上,导致环城河游客量减少,产品开发遭到破坏。后来,政府出资收购承包公司,合并为一家国有公司运营。现在,苏州环城河游船产品就由该国企经营管理。

事实上,政府完全收购民企,会造成产品的垄断,后续的服务质量也让人担忧,虽然规范了当时无序竞争的不良商业环境,但完全的政府垄断也存在一定弊端。

综上所述,管理主体的选择对相关产业的发展和历史文化街区的改造起到极其重要的作用。首先,政府要加强监管,确保管理主体的公平公正,更多地引进既能带来经济效益,又能更好保护传承文化遗产的项目。其次,管理主体本身要对市场经济有极强的敏锐度、对历史文化遗产有足够的关怀和敬畏之心。

指导教师评语

作为具有发达经济和深厚文化传统的苏州市、扬州市率先示范党中央关于生态文明建设的战略部署,积极响应号召,调整发展目标导向,围绕大运河文化带建设踔厉有为,进行了一系列的探索与实践,成绩斐然。研究扬州、苏州两地建设大运河文化带的经验方法,对我们解锁大运河沿线城市空间发展模式、赋能城市发展、创造人民美好生活环境以及讲好中国大运河故事具有重要意义。

实践团队前期精心筹划,组建多学科团队,主题明确,行动有序,利用暑期走访调研了相关部门,深入研读政策文件,回顾梳理了大运河文化带战略提出的背景,以大运河文化带建设作为核心主题,以扬州、苏州两地作为典型案例进行实地调研，围绕生态效益、文化效益、经济效益三大目标导向探索两地在建设大运河文化带过程中的发展路径，取得了令人可喜的成果。围绕调研主题所撰写的调研报告系统完整，数据翔实可靠，文字清晰流畅，思路目标明确。

实践团队通过调研发现，在地方政府的实践中，将文化传承和遗产保护作为核心任务，将环境治理作为发展根基，将文旅产业发展作为新兴动力，共同助力文化中国、生态中国的发展，对于满足人民对于美好生活的需求意义重大。与此同时，本团队总结出了运河沿线城市"全面保护、重点开发、点状项目"的这条综合发展思路，并针对大运河文化带建设现存的部分问题进行深入思考。总之，这是一篇讲事实、有依据、说道理的优秀调研报告！

（栗志刚　华中科技大学马克思主义学院副教授）

乡村振兴背景下"都市驱动型"乡村发展模式研究

——基于云南省昆明市万溪冲村的经验分析①

---摘 要---

民族要复兴,乡村必振兴。乡村振兴战略是关系全面建设社会主义现代化国家的全局性、历史性任务,是新时代"三农"工作总抓手。不同乡村因地制宜选取符合自身资源、产业基础的乡村振兴发展路径。2019年昆明市与中国农业大学开展乡村振兴合作共建,并在全国首创提出并实施"都市驱动型乡村振兴"。2022年8月,调研团队以昆明市万溪冲村为例,对该方案的实施情况进行实地调研。实践主要采用参与观察法、访谈法和集体座谈法等研究方法。调研发现,该村在乡村振兴战略驱动下,初具"都市驱动型"乡村的雏形,但在产业融合发展、乡村旅游建设等方面仍存在特点不突出、思路不够新等问题。基于此,实践团队着眼于万溪冲村"都市驱动型"乡村发展模式的实践,对该村发展取得的成果进行总结,并针对现存问题进行探讨并尝试给出解决方案。

---关键词---

都市驱动;乡村振兴;乡村旅游

一、导论

(一) 田野点概况

万溪冲村隶属于云南省昆明市呈贡区吴家营街道办事处,地处呈贡区东南片

---

① **社会实践团队名称**:华中科技大学管理学院赴云南昆明"兴生态香村,舞万丈春风"暑期社会实践队。
团队成员:普玺达、万雨昕、李宵雨、吴虹洁、倖俊斌。
报告执笔人:普玺达、万雨昕、李宵雨、吴虹洁、倖俊斌。

区,毗邻呈贡大学城和呈贡信息产业园,由1个自然村8个村民小组组成,农户502户,人口2026人。土地面积9.95平方千米,果园4647亩、林地11350亩,是国家地理标志农产品"呈贡宝珠梨"的核心种植区,年产量约7000吨。

万溪冲村在建设美丽乡村和推进乡村振兴的新征程上积极作为,走在前列,取得了优异的成绩。2013年以来,万溪冲村相继被评为市级美丽乡村建设示范村、省级美丽乡村、省级森林乡村。2019年10月被列为昆明市"都市驱动型"乡村振兴综合创新实验区。2021年被评为昆明市五星党总支。万溪冲村共有2家集体公司和1个集体经济合作社,主要经营社区周边中小型土方工程、园艺绿化、宝珠梨衍生产品研发和销售、校外劳动教育实践服务等。

(二)研究背景

2018年,中共中央、国务院相继发布《关于实施乡村振兴战略的意见》和《乡村振兴战略规划(2018—2022)》两份文件,明确"产业兴旺、生态宜居、乡风文明、治理有效、生活富裕"的总要求。2019年,云南省昆明市与中国农业大学开展乡村振兴合作共建,在全国首创提出并实施"都市驱动型乡村振兴",先行先试,创新突破,打造具有昆明特色的现代版"富春山居图"。该项目共选取6个试点,形成"1+5"模式。万溪冲村被确定为其中的"1",即被选取作为综合实验点,建立系统实验合作社和集体经济发展、乡村产业培育、村政服务、农民就业和培训、城乡人才流动等方面的制度设计、实现路径和具体实践,并以此为契机,将万溪冲村实验区打造成为农村社区城市化、现代化的乡村振兴的先行区。历经三年的建设和发展,万溪冲村现已初具"都市驱动型"乡村的雏形。在此背景下,万溪冲村围绕"梨"做文章,着力打造"万溪梨镇"旅游品牌,形成以梨为中心的"农业公园"。基于此,调研团队以"都市驱动型"乡村发展模式为主线,深入考察万溪冲村乡村振兴的情况。

(三)研究意义

一方面,"都市驱动型乡村振兴"项目在全国范围内选择了具有代表性的六个村庄,万溪冲村就是其中之一。试点建设经验能够检验"乡村与城市有机衔接"的发展理论,对探讨如何把城市与乡村的资源有效对接,让要素在城市乡村融合发展轨道上流动运行有着积极的理论意义。① 研究万溪冲村"都市驱动型"乡村的发展模式,有利于丰富乡村振兴模式"选项库",发展乡村振兴理论。另一方面,此次实践聚焦于万溪冲村"都市驱动型"乡村建设,通过对该村发展情况进行调研,助力乡村发展。

(四) 研究方案

1. 调研前期

调研前期采用文献研究法。调研团队通过昆明市政府工作网站、权威自媒体等平台了解万溪冲村自然、经济、文化、社会及相关产业发展情况,重点查找、收集昆明市有关万溪冲村的政策及产业发展情况的文献资料。此外,团队利用知网查阅乡村振兴相关文献,了解乡村振兴战略的路径与困境,学习"集体经济"等专业性较强的知识,丰富相关理论基础。

2. 调研中期

在实地调研的过程中,调研团队通过以下方法获取第一手资料,了解乡村振兴发展取得的成果和面临的问题。

(1) 参与观察法

此次调研,调研团队深入云南中医药大学共建"千年健康加油站"万溪冲村志愿服务点、万溪冲村老年活动中心、万溪冲村乡创馆、呈贡区校外劳动教育实践基地、登山步道、9.5千米彩色自行车道等实地观察走访。重点查看了当地旅游设施、基础设施、校地共建项目建设情况,亲自感受村庄氛围,对其发展情况获取直观感受。同时,在调研过程中观察沿街商铺的数量、分布、经营情况,并与通过访谈获得的信息进行交叉验证。

(2) 访谈法

为详细了解当地村民的生活情况和当地乡村振兴取得的成果以及存在的问

---

① 李小云.盘活农村闲置资产要确保农民成为受益主体——基于昆明郊区六个村都市驱动型乡村振兴的实验[J].农村工作通讯,2020(13):19-21.

题,调研团队深入村民家中,具体了解其生产、生活情况,话题涵盖住房、医疗、教育、交通、生态环境等方面。同时,调研团队的成员也与农家乐经营者、乡村书屋工作人员以及街边商贩进行交流,了解当地商业发展及其经营情况。调研团队通过访谈获取村民生产、生活的详细信息,了解其在生产生活中面临的困难。

(3) 集体座谈法

在实地调研的过程中,调研团队与当地村干部、中国农业大学驻村培养的研究生进行集体座谈。在座谈中,村干部向调研团队简要讲述万溪冲村的历史情况,详细介绍自2014年开始以整村规划为契机发力乡村建设的发展之路。其中,重点介绍了2019年万溪冲村被划为"都市驱动型"乡村试点之后取得的成就。调研团队有针对性地就旅游淡季问题、人才和技术引进问题、高速公路和信息产业园区占用土地问题、党建引领乡村振兴相关举措和校地共建项目等方面展开提问,还与村干部们探讨了万溪冲村的发展前景。

3. 调研后期

调研团队对获取到的访谈文字稿、多媒体信息以及调研记录进行归纳整理,结合前期阅读的文献资料,综合运用多种方法(SWOT 分析、对比分析法等)进行分析展示,最终形成调研成果。

二、万溪冲村乡村振兴情况调研分析

(一) 产业振兴

1. "三产"融合

因梨而兴的万溪冲村在产业选择上具有天然的优势,可形成以梨树种植为第一产业,梨周边产品深加工为第二产业,赏花、摘梨、观光延伸出的乡村旅游为第三产业的产业融合发展路径。在产业培育方面,万溪冲村采取"靠一进三后二"的顺序,即依托较为成熟的第一产业吸引游客,逐步完善第三产业的建设,在具有一定的知名度后开辟第二产业,将知名度、游客流量转化为深加工产品的销量。2012年,第一届宝珠梨采摘节开幕,以此为标志,万溪冲村向发展乡村旅游迈进。十年过去,万溪冲村的旅游业建设初见成效,旅游项目不断丰富,配套设施也逐步完善,但在延长产业链条方面的进展却相对缓慢。

(1) 第一产业——梨树种植与养护。

梨树的种植和养护是整个产业链条的基础,没有可靠的第一产业作为支撑,第二三产业也将成为无源之水、无本之木。万溪冲村通过拍卖的方式按年划归经营权。因高速公路、高铁、信息产业园区等项目的建设,万溪冲村大量土地被占用,这导致村民小组经营的土地相差较大。为解决这一问题,2016年,万溪冲村进行土地流转,通过拍卖租地的方式按年重新划归经营权。据相关负责人介绍,租金依土地质量从3000元/亩到20000元/亩不等。之后的几年中,又因收租存在阻力,做了降租的调整。团队在实地调研中发现,大多数村民认可现行的租种模式,但依然有部分村民认为租金较高、相关操作不够透明,倾向于以前的承包模式。在调查过程中,调研团队还发现如下两个问题。

一是农村空心化问题。在访谈时,调研团队着重了解了受访者子女/父母的工作、生活情况。随机选取的受访者中,50岁以上的受访者居多,鲜有青年人。在访谈过程中,调研团队了解到,绝大多数年轻人不愿意回村生活,而其主要的就业方式是外出租地和进城务工。在劳动力大量流失的情况下,养护梨树的人也逐渐减少。

二是农业用水的匮乏。问及为何不在当地种地而要外出租地,有受访者向调研团队介绍,该村缺水较严重,种地多"靠天吃饭",收成极不稳定。因此,即便是选择种地,村民也愿意外出租地。在采访农家乐"有个院子"的经营者时,调研团队得知其主打的"生态菜"采自外地,"舍近求远"是因为当地蔬菜的品质不佳。村委相关人员告诉调研团队,万溪冲村正是因万溪交汇于此而得名。在20世纪七八十年代时,该村仍水源充足,然而在多种因素影响下水源逐渐减少,近年来万溪湖水库濒临枯竭更是让当地种植业雪上加霜。

(2) 第二产业——农产品加工。

经过实地调研,调研团队发现万溪冲村当地销售的主要是梨醋、梨膏、梨冰棒这三种产品,基本属于农户家中小作坊生产,多为三无产品。这既不利于提升梨产品品牌知名度,也存在食品安全方面的问题。针对这些问题,调研团队与村委会相关负责人进行了交流。据介绍,村里发展第二产业已在筹备阶段,因农产品加工涉及产房建设、资质审批、产品研发等流程,建设较为缓慢。综合分析可知,延长产业链有以下几个益处。

一是拓宽销路。目前,该村仍采用传统的销售方式,即通过路边摆摊、游客采摘来出售宝珠梨,少部分农户能够联系到批发商进行大批量收购。这样的模式极其依赖人流量,近两年来,受疫情影响,游客大幅减少,当地宝珠梨的销售更是艰难。在此背景下,延长产业链能为村民提供稳定的采购量,提升宝珠梨销售的稳定性。

二是提供就业岗位,吸引人口回流。在访谈中调研团队了解到,由于梨树照管并不算复杂,耗时不多,因此农户在农闲时会选择在附近打零工增加收入。对于这一部分人来说,加工产业可以为其提供打工的岗位,而不必外出寻工。同时,加工厂的建设、生产、经营也可在一定程度上缓解劳动力流失,改善空心化问题。

三是壮大集体经济,扩大集体资产。通过集体企业控股或与其他企业合营的方式经营加工厂,可以壮大村集体经济,扩大集体资产。

(3) 第三产业——乡村旅游。

发展初期,万溪冲村将"春赏花,秋摘梨"作为爆点,以此提升自身知名度,吸引大量游客,但季节性的旅游无法带来持续、稳定的收益。2022年3月,因云南疫情防控压力较大,梨花节未能举办,旅游收入大幅减少。为了填补空窗期,万溪冲村开始尝试旅游项目的多元化发展。尝试主要分为两方面:通过建设登山步道、自行车道发展体育休闲产业;依托农业基础发展生态农业和特色观光农业。以下从总体建设思路、项目具体建设情况两方面进行分析。

一是总体建设思路。目前,万溪冲村的旅游建设以单个项目建设为主,空间、功能等方面的联系不够紧密。一方面,空间上分散的项目给游客的游玩带来不便;另一方面,孤立的景观易造成割裂感。从陈英瑾提出的"乡村景观特征评估与规划"[①]来看,城市边缘区的乡村在发展乡村旅游时应从农业斑块、绿地景观、建筑风貌三个角度综合考量,最终将田园风光与城市需求结合,创造出多样性的功能。乡村旅游建设的思路应是综合地改造乡村景观,实现生产种植、生态涵养、观光休闲、农业教育多种功能的结合。

---

① 陈英瑾.乡村景观特征评估与规划[D].北京:清华大学,2012.

二是项目具体建设情况。在具体的游玩体验上,该村旅游项目建设的重点不突出、特色不鲜明,与其原定的目标尚有较大差距。部分旅游项目建设情况如表1所示。

表1 部分旅游项目建设情况

考察方向	登山步道	自行车道	观光农业	商业步行街
旅游基础设施	不够完善	不够完善	设施比较完善,项目介绍不清晰	比较完善,但店铺类型比较单一
旅游服务	无游客中心,指引不明确	指向较为明确	工作人员比较充足	不同店铺服务质量参差不齐,总体较好
景区占地面积	较大	较大	较小	较大

2. 集体经济

(1)万溪冲村集体经济发展情况。

万溪冲村现有2家乡村集体企业和1个集体经济合作社,分别为万茂农业科技发展有限公司(下称万贸公司)、万小溪乡村旅游开发有限公司(下称万小溪公司)、万溪冲村果蔬专业合作社。其中,万贸公司主要负责村庄市政工程建设和农副产品加工,万小溪公司主要负责旅游项目开发。由于万溪冲村的集体经济仍处于初级阶段,具有产权结构单一、股权设置简单的特征。经营的产业也不复杂,主要是针对小型土方工程、小型旅游项目。就公司管理而言,据村委会相关负责人介绍,集体企业的股东、监事基本来自村"两委"班子,即将"两委"人员"平移"至集体公司之中。因此,在充分吸收村民、引入专业管理人才等方面仍须加强。

(2)理论基础与分析。

发展模式的选择。我国比较成熟、有代表性的集体经济发展模式主要有四种:打造区域性服务联盟的"姜堰模式"、以工业产业发展为基础的"永联模式"、抱团发展与互助合作的"吴中模式"、与国有资本混合经营的"江宁模式"。[①] 万溪冲村在产业领域上与"江宁模式"(见表2)极为相似,在产权结构和发展路径方面可借鉴"江宁模式"。

---

① 高强.农村集体经济发展的历史方位、典型模式与路径辨析[J].经济纵横,2020(7):42-51.

表 2 "江宁模式"特点

类别	村企关系	产业领域	发展路径	产权结构	收益风险	发展评价
江宁模式	村企合作	乡村旅游、三产融合	统筹开发、全域整合	产权混合、国资主导地位	收益平均、风险较低	产业前景较好，适合一定地区推广

借鉴这一模式，万溪冲村可以通过引入国有资本，弥补自身在食品加工、旅游开发方面缺少资质、缺乏经验、资金不足的劣势。与国有资本、社会资本合作可以为万溪冲村的发展提供起步的动力，进一步实现跨越式发展。届时，村内建设公益设施、开发项目的资金过于依靠村民自筹、企业捐赠的情况可得到大幅缓解。此外，万溪冲村作为"都市驱动型乡村振兴创新实验区"，在招商引资方面具备优势，更容易吸引国有企业入资。

就万溪冲村的具体情况而言，乡村集体企业已经按照现代企业的治理结构设置了股东会、董事会、监事会，但很难说组织管理模式发生了实质性的变化。如前文所述，村级管理组织结构被"平移"到乡村集体企业中，董事会和监事会的负责人仍由主要村干部兼任，这导致部分村民对乡村集体企业的情况不甚了解。在访谈中，调研团队发现村民对集体经济的发展知之甚少，大多停留在"村里把地都收回去了""那些房子、基地都是村里统一建的"这样的浅层认知上。调研团队发现万溪冲村在组织管理模式上走进了"循环套"，重复以前的发展经营模式，没有充分地发挥现代企业的决策、管理优势。

3. 政策支撑及专家指导

目前万溪冲村获得的政策支撑和专家指导可分为两类，一类是指导性政策/方案，另一类是普惠金融性政策。前者主要有昆明市就"都市驱动型乡村振兴创新实验区"提出的配套政策，如《云南呈贡宝珠梨复合生态系统保护与发展规划》《昆明市都市驱动型乡村振兴创新实验区建设工作方案》。该类政策和方案为万溪冲村的产业发展提供了指导性意见。村党支部第一书记周云波向调研团队介绍，在昆明市下发的工作方案的基础上，中国农业大学的李小云教授到村工作、开会研讨时又提出了改进意见，调整了一些项目。后者则以乡村振兴"整村授信"为代表，授信金额为1.1亿元，重点解决万溪冲村农户产业发展小微信贷问题。这一政策能够保障居民"评上级、授到信、贷到款"，享受到现代金融实惠。

4. SWOT 分析

如表 3 所示,万溪冲村在产业发展上应充分借助其宝珠梨品质品牌优势,依托政策支持加快建成以"万溪梨镇"为品牌的乡村旅游产业。但因宝珠梨具有很强的季节性,只依靠宝珠梨建成的第三产业难以发展。因此,要继续丰富产业结构,促进产业间的关联,形成产业链条。

表 3 万溪冲村产业振兴发展 SWOT 分析表

strength(优势)	①宝珠梨种植历史悠久,名气较大;②交通便利,容易吸引游客
weakness(劣势)	①旅游配套设施不成熟;②旅游服务、集体经济组织模式创新性不足
opportunity(机遇)	①被列为"都市驱动型乡村振兴创新实验区",得到政策支撑、专家指导;②乡村旅游市场较大,有发展前景
threat(威胁)	①昆明市郊发展旅游业的村镇较多,部分地区在文化底蕴、自然风光上更有优势,乡村旅游面临同质化严重的问题;②周边工程项目造成一定程度上的环境问题

(二)人才振兴

1. 校地共建,引进高校人才:"志愿服务+科普教育"——设立云南中医药大学"千年健康加油站"志愿服务点

万溪冲村"空心化"严重,青壮年人口大多在外务工,村里老人和小孩占比较大。60 岁以上的老人占到整村人口的 50%。为应对社区人口老龄化、留守儿童较多等问题,万溪冲村与云南中医药大学展开合作,借助高校资源,更好地践行关爱老人、服务孩童的宗旨。

一是邀请高校组建"金樱子"中医药文化宣传教育志愿服务队,每月组织师生到万溪冲村居家养老服务中心、万溪冲村小学、万溪冲村幼儿园等地开展健康义诊、健康咨询、中医推拿按摩等医疗志愿服务,努力让村民"不出社区看名中医"。

二是面向社区传播中医药文化,科普中医药知识,提升居民中医药健康素养,引导居民在社区就可以做到"我学中医,自治未病"。让云南中医药大学的大学生

到基地开展实践活动,不仅为居民提供便利、提升居民的医学素养,更引导了社区居民做文化自信的践行者和传播者。

2. "志愿服务+价值引领"——附近高校学子共建"四点半课堂"

万溪冲村与附近高校共建"四点半课堂",为社区有需求的儿童和外来租住的农民工子女提供课业辅导、良习养成、课外实践、心理调适等专设课堂。利用"四点半课堂"引导社区青年主动参与乡村振兴工作,加强农村移风易俗教育,反对铺张浪费、婚丧嫁娶大操大办、早婚早育等陈规陋习,引导树立文明新风,让良好生态成为乡村振兴支撑点。

调研团队在与村党委第一党支部书记周云波的访谈中了解到,由于疫情原因,"四点半课堂"不便再来万溪冲村开展活动,已经暂停了大约半年的时间。当调研团队问及能否改为线上授课时,书记表示村里没有足够多的电子设备进行个性化教学,且线上授课的效果比不上面对面讲授,所以没有继续开展"四点半课堂"。

3. "艺术文化+乡村特色"——与云南艺术学院共建乡村振兴艺术社区基地

万溪冲村与云南艺术学院签署合作协议,合作培养乡建乡创人才,打造乡村特色文化传承保护机制,因村制宜保护农耕文化、传统文化、民族文化等乡土特色文化,大力发展乡村旅游、美丽经济。为美化村容村貌,加强万溪冲村对游客的吸引力,云南艺术学院学生利用其专业知识为万溪冲村打造艺术范儿网红墙。通过树枝和云南方言组成的特色文化墙,无论是当地游客还是外来游客,都能感受到云南民俗的独特魅力。

4. 依托项目,引进企业人才

社区引进何永群[①]人才团队,其采用农耕文化和劳动实践相结合的方式,为教育实践、集体团建、亲子活动、游客打卡提供了"场地+策划+餐饮"的一条龙服务,盘活了万溪冲村闲置土地200余亩,带动社区200余人就业。万溪冲村还和昆

---

① 何永群:云南香格里拉人,被评为"全国民族团结进步模范个人""农村青年致富带头人"。她返乡创业,并创建了"小猪豪豪"品牌,主营豪猪养殖、销售、回收及深加工,从而带动了3411户贫困户通过养殖豪猪脱贫增收。

明仟磬文化传播有限公司签订万溪冲村乡村旅游的开发、运营协议。双方共同筹备成立昆明万小溪乡村旅游开发有限公司,负责昆明市呈贡区万溪冲村乡村旅游的开发、运营,将万溪冲村1.5千米的村街改造成一个以梨文化为主要符号的商业步行街,并通过商业街带动餐饮(包括咖啡吧、茶室等)、博物馆、庙宇、环宝珠梨园自行车道等不同的项目,使"万溪梨镇"对接城市功能,并在将来形成新的综合性业态。

5. 聘请乡村CEO,开启乡村CEO种子计划

"方针规划+实地指导"——设立中国农业大学昆明市乡村振兴教授工作站。中国农业大学李小云教授、唐丽霞教授在万溪冲村建立了云南省专家基层科研工作站,积极发挥中国农业大学在培养农业经营、农村治理等领域的专业人才上的优势,并依托昆明"都市驱动型乡村振兴创新实验区"开展的不同模式的创新性实践,探索乡村职业经理人的培养机制,为实现共同富裕提供人才保障。乡村CEO们在确定了"万溪梨镇"的构想后,将进一步完善万溪冲村的基础设施等硬件,盘活社区集体经济、集体资产、闲置资产,强化探索软件机制建设,挖掘优化资源价值,打通城市和乡村间要素的连接,让城市的资本、信息、理念、人才都能融入乡村振兴的建设中来。

(三)文化振兴

1. 公共文化设施

万溪冲村建设了文体活动中心、休闲小广场、老年活动室、妇女之家、儿童之家等众多公共文化设施。这些场所为丰富村民的文化娱乐生活搭建了可靠的平台。调研团队参观了"禾下"乡村书屋。此项目是该村重点实验项目之一,由吴家营街道牵头,万溪冲村主建,云南艺术学院乡村实践工作群承建和运营。此项目创造性地利用社区闲置公房进行改造提升,将其建设为"咖啡吧+书屋"模式,集休闲、学习、交流、经济发展于一体,一举多得。但"禾下"乡村书屋的经营也有不足之处,比如看书、休息的多是游客,鲜有村民,这与原本定位为乡村书屋的公益文化空间尚有距离。除了做好"供给端",更要充分了解"需求端",以村民的实际

需求为导向,才能更好地服务村民,提升乡村文化氛围。

2. 文体娱乐活动

万溪冲村的文化娱乐活动丰富。据社区主任介绍,每逢节假日,社区的老年人会聚在一起,在文体活动中心进行乐器演奏、唱戏、节目表演等。对于社区的年轻人,也有自行车比赛满足他们的需求。此外,社区建设了长达9.5千米的彩色跑道供村民慢跑、散步,丰富村民的日常休闲生活。

3. 打造文化品牌

万溪冲村也致力于文化特色品牌的打造。宝珠梨作为农耕文化的"活历史",不仅有经济价值、景观价值,还具有文化历史价值。万溪冲村加强宝珠梨保护工作,对社区内4206株树龄300年以上的古梨树和5230株树龄100年以上的古梨树进行树树挂牌、树树保护,种植方式由粗放逐渐转向精细。凭借宝珠梨这一独特优势,万溪冲村每年都会定期举办各种文化特色活动。三月的梨花节和九月的采摘节最具影响力,赏梨花、摘宝珠梨的盛宴吸引着无数游客前来游玩。自2013年举办第一届万溪梨花节和万溪宝珠梨采摘节以来,截至2022年底,已连续成功举办了十届。社区在梨花节展区规划出最佳观赏点,效仿古人游玩时的"琴赏""茗赏""诗赏""图赏"等赏花名目,搭建了与环境融合的艺术装置。与此同时,万溪冲村还通过活动品牌和产品孵化打造了旅游产品线,展现出一条文化产业链。依托宝珠梨,社区打造出了宝珠梨T恤、宝珠梨钥匙扣、宝珠梨明信片、宝珠梨便利贴等不同种类的共50多种宝珠梨系列文创产品。可以看到,万溪冲村的村文化特色鲜明,艺术主题明确,保证了万溪冲村的可持续发展。

但万溪冲村的文化建设方面依然存在不足之处。首先,公共文化服务体系仍须完善,公共文化服务设施仍须增设。在调研中发现,万溪冲村的公共文化设施主要针对老人和小孩,而针对中间年龄段人群的设施比较少。社区可推动广播电视设施、数字电影院、阅报栏全覆盖等,还可以利用日常晚上、传统节日、农闲季节举办各种文艺演出、读书交流会等。其次是旅游基础设施和公共服务设施不完善,旅游产品形式比较单一。万溪冲村举办了不少大型活动,具有一定的特色,但由于旅游基础设施和公共服务设施方面的不足,游客在当地停留的时间普遍较短。

（四）生态振兴

1. 环境保护

在环境保护方面，万溪冲村在原有道路的基础上建设发展，最大限度地保留村落原有风貌地貌，避免伐树取道、破坏耕地林地。例如，在充分保护现有林地资源、补齐森林防灭火应急保障短板的前提下，将森林防火道改建成登山步道。此举将亲近自然、森林防火、登山健身等功能充分融合，以生态振兴带动旅游产业发展。此外，调研团队在调研过程中发现，该村有一支由熟悉山况的本地村民组成的护林队，会定期上山巡查，检查安全隐患及预防生态问题。登山步道入口设有智能警报器，在每年3月15日至6月15日及9月15日至11月15日期间，禁止外来人员进入该山，严格落地森林防火期政策，保护该山丰富的林地资源。

2. 污染治理

在污染治理方面，万溪冲村抓好环境卫生整治，开展村庄绿化美化亮化工作，在街道两旁设有多个垃圾投放点，并派遣专人负责回收垃圾并管理投放点卫生，每天清晨都有环卫工人忙碌的身影。在"厕所革命"的号召下，万溪冲村新建立起多个公共厕所，并有专人打扫，保持环境干净、设施完备。通过调研发现，在评选"靓丽门庭奖"的激励下，家家户户门前不仅都打扫得干净整洁，且多种有绿植，鲜花、多肉盆栽次第摆放，生趣盎然。但是，随着城市化建设不断推进，万溪冲村周边建起产业园区，并有黄马高速和福宜高速穿过万溪冲村，这些工程占去了万溪冲村不少的耕地林地，并且给村庄带来了一定程度的环境保护压力。

3. 生态农业建设

在生态农业建设方面，万溪冲村人作为宝珠梨的守林人，将保护果树写入村规民约，禁止私自砍伐梨树，禁止将废液、废水、废气排入果林，若土地被征用，土地上的梨树必须移栽。将护梨规章化，将种梨规模化，将卖梨产业化——这是万溪冲村独有的生态振兴。因此，在驶入万溪冲村的道路两旁，可以看到整齐茂盛、被移栽的百年梨树，成为入村的第一道亮丽的风景线。不少村民尝试了林下种植,如在梨树下种植薄荷、玉米、向日葵、大豆,在梨园套种酸木瓜,多样化的作物不仅能够提高经济效益,还能增强果园生态系统的稳定性,促进梨树开枝散叶、开花结果,进一步增加宝珠梨产量。

万溪冲村之例可见,要建成一个生态宜居、风景优美、干净整洁、守护绿水青山的现代化生态乡村,需要做到:领导者重视环境保护、生物保护,将其明确写入村规民约,以制度约束村民,倡导村民爱护生态环境;村民遵守村规民约,自觉建设美丽生态乡村,面对游客的不文明行为要及时劝导;坚持节约和保护农业资源的理念,紧紧守住耕地淡水资源红线和基本农田、粮田的底线。万溪冲村在此方面也面临着一些困难。例如福宜高速在开山建造隧道时破坏了万溪湖的地下水通道,水流在隧道处溢出,导致万溪湖日渐干涸,这不仅给万溪冲村的水资源和生态环境造成了较大损害,还导致村民们引水灌溉难上加难,只能靠天吃饭,农作物及蔬果产量严重受损。

此外,由于大量土地被征用,除去现有林地,万溪冲村民们可以耕作的土地、田地大大减少。这也警示人们,在大力发展、振兴乡村的同时,应当顾及当地村民的感受,尽可能地保留乡土气息和原始风貌,为步入城市的游子保存一份"乡愁"。

(五)组织振兴

1. 健全组织,充分发挥战斗堡垒作用

村级党员队伍是连接党组织和广大人民群众的重要纽带。调研发现,村委对当地群众的生活生产状况有较深的了解,与人民群众联系紧密。在健全组织方面,主要有以下几项举措:一是创设新农人、新乡贤、新村民培育机制。从全区选派优秀人员成立昆明市呈贡区"都市驱动型乡村振兴创新实验区"建设工作专班及驻村工作队,助力实验村建设;二是依照《呈贡区专职社区工作者管理办法》,开展"干部回乡规划乡村振兴行动",选派领导干部担任第一书记;三是开展"万名人才兴万村"项目,在全省范围内选派专业人才团队参与到社区发展中;四是建立花卉专家工作站、宝珠梨专家基层工作站、万溪冲村艺术社区建设专家工作站、青年双创协会等。

2. 建强队伍,充分发挥先锋模范作用

万溪冲村有不少资历深厚且拥有丰富的乡村振兴经验的党员,在组织队伍建设的过程中,万溪冲村不断引进人才,强化组织队伍,使其能带领村民更好地发展。为加强党员的学习教育,万溪冲村利用微信公众号、"云岭先锋"App等科技手段,创新学习方式。

3. 开展活动,充分发挥团队协作作用

万溪冲村委会定期组织党员深入学习习近平总书记的重要讲话,不断提升党员的思想觉悟。村委会组织社区青春行动等多项活动。针对社区"三五"成员,每周开一次"三五会",研究社区工作,通报上周工作,制订计划,安排下一周的工作;针对社区干部、居民小组长,每月召开一次工作例会,通报整个月社区工作开展情况,安排下一步的工作。每季度召开一次居民代表大会,通报社区重大事情,研究乡村振兴项目开展计划。万溪冲村创建了"5＋4＋X"工作模式,即在抓牢"5＋X"主题党日的基础上,又增加了政治生日制度、讲微党课、党员联系群众、发展党员等四项工作,促进社区事务公开透明,畅通群众诉求渠道,形成了"党总支—党支部—党小组—党员—群众"的体系。

4. 完善制度,充分发挥组织管理作用

万溪冲村制定了完善的村规民约,对党员以及村委中工作人员的行为进行了规范,保证组织机构工作的高效有序。如建立了"两个通报",即社区工作向群众通报、为民服务事项向群众通报。"两个通报"是社区工作开展的灵魂,正如吴家营街道组织委员所说:"只有将社区工作公开透明地置于老百姓眼皮下、全心全意为群众服务才能获得群众的支持,社区工作才能顺利开展。"

5. 落实保障,充分发挥解决问题作用

万溪冲村落实农村基层党组织"三重"保障,加强基层党建工作的人力、物力、财力支撑。充分发挥流动党支部政策宣传、协调解决困难、维护群众利益的作用,

组织外出租地党员群众学习农业知识、惠农政策,传达社区工作动态,及时向社区党总支反映外出租地群众遇到的困难问题,有力维护租地群众的合法权益。在完善管理服务方面,万溪冲村建设了社区为民服务站、党员教育活动室、团员之家等活动场所。由此可见,村党组织真正发挥了解决问题的作用,居民生活水平和生活质量显著提升。

三、万溪冲村乡村振兴调研结论

(一)"都市驱动型"发展路径初显成效

1. 依托高校资源,加强人才培养

万溪冲村发挥毗邻高校的地理位置优势,通过校地共建、高校调研工作站等方式,吸收高校的优质资源,加强自身人才队伍的建设。依托劳动教育实践基地、中国农业大学专家工作站、写生基地、医疗服务中心等项目,万溪冲村引进了云南中医药大学、云南师范大学、中国农业大学、云南艺术学院等高校的人才资源,弥补了自身的不足。"扶贫先扶智",乡村振兴也是如此。无论是城市还是乡村,青年人都是发展必需的"新鲜血液",青年人在受教育程度、发展思路方面都有较大的优势。而在青年人口流失较大的背景下,万溪冲村通过引入高校资源这一"活水",有效地解决了人才问题。

2. 面向广阔市场,延长产业链条

城市为乡村的发展提供了广阔的市场。面向昆明市,万溪冲村一二三产业所生产、提供的产品、服务拥有巨大的市场。万溪冲村将宝珠梨"赏花+采摘"项目打造为旅游爆款,提升旅游知名度并逐步向延长产业链方向发展。因距离市场较近,万溪冲村没有"养在深闺人未识"的尴尬,在打造品牌、产品营销、交通运输等

方面都有着巨大的优势。在农产品及其加工品的加工、销售方面,万溪冲村可以依靠昆明市的市场,解决生产端的劳动力问题和销售端的客源问题。但在具体实施上,仍有一定困难。在旅游方面,则可通过梨花节和采摘节大量吸引游客,在空窗期则可将登山、观光农业等作为卖点。

(二)乡村旅游发展仍处起步阶段,存在诸多不足

1. 自身定位不够明确,受众群体不清晰

乡村旅游,其具体的发展模式也经历了多次迭代、更新,从家庭经营式的、主打钓鱼、棋牌、饮食的农家乐,到集聚发展的主打某一特色的旅游乡村,再到引入旅游公司整体开发打造具有城乡结合气息的新旅游乡村。显而易见的是,当下乡村旅游的市场竞争异常激烈。激烈的竞争促进了市场细分,同为乡村旅游,也分为不同的赛道:民宿、康养、劳动教育、传统文化、餐饮等。依据自身原始禀赋,因地制宜发展出符合自身条件、具有一定特色的旅游模式,成为现阶段乡村旅游开发需要牵住的"牛鼻子"。

首先,受众群体不清晰。就近而言,万溪冲村毗邻信息产业园和大学城,在此居住的工人、学生是万溪冲村的服务对象;同时,该村背靠昆明市,也是城市居民短途旅游的"后花园"。不同人群的需求差异明显。当前,万溪冲村在客户画像方面所下功夫不足,混淆了各类消费群体的需求。附近居民的需求主要是餐饮、日常休闲,而城市居民驱车来此,除餐饮外,还有对特色景观、特色项目的需求。在具体建设过程中,万溪冲村既未针对不同需求提供针对性强的服务,也没能统一规划、尝试整合不同需求。

其次,万溪冲村的定位不明确、特色不突出。万溪冲村为发展乡村旅游打造的项目有商业步行街、登山步道、劳动实践基地等,这些项目涵盖了乡村旅游的不同面向,虽说种类比较丰富,但也存在定位不够明确的问题。登山步道沿途景观特色不明显,劳动实践基地占地面积较小、项目种类不多。赛道细分的背景下,乡村旅游的开发需要"专而精",而非"大杂烩,一锅炖"。此外,宝珠梨受其季节性所限,可成为爆点,但难以成为特点。

2. 配套设施建设不完善，部分项目设计不合理

从前期的需求分析转向具体的设施建设，实践调研团队发现万溪冲村在配套设施、相关服务等方面存在较大的不足。如指示牌不明确、登山步道阶梯跨度、高度不符合标准等问题极大地影响了游客体验。做好游览项目的规划和建设是吸引并留住游客的关键。就客观条件而言，受旅游建设起步晚、资金来源单一等因素影响，万溪冲村打造游客体验上乘的旅游项目力有不逮也情有可原。

（三）村民生活幸福感提升明显，部分环节有改进空间

1. 人居环境改造效果突出，村庄"颜值"明显提升

万溪冲村自2014年开始整村改造，迄今已经取得明显的成效。住房方面，村委会对层数、外墙做了统一规划，有预见性地规避了住宅修建杂乱无章的问题；交通方面，先后规划、改造万溪大道以及村庄内部的三条主干道，让村民出行和游客游玩更加方便、安全。除统一改造外，该村还组织村民美化门庭环境，鼓励门前种植花卉，进一步美化、绿化、亮化乡村环境。同时，万溪冲村积极响应"厕所革命"，改造农村厕所和修建公共厕所双管齐下，打造干净卫生的美丽新乡村。一系列措施的出台和实施让万溪冲村焕然一新，"颜值"提升。

2. 服务体系较为完备，部分环节仍有不足

公共服务建设体系是乡村振兴的重要保障。在教育、医疗、养老等方面，万溪冲村设施完备，建有小学、村卫生院、养老服务中心和老年活动中心等，基本满足村民对公共服务的需求。但部分公共资源的利用效率不够高，主要原因有：设施配备与村民需求不能吻合、宣传引导不到位、设施配备与村民住所距离较远等。在福利政策方面，万溪冲村通过校地共建的课后服务、义务问诊、老年人食堂用餐优惠等切实提高了村民生活的满意度、幸福感。但也有不少村民提到医疗方面的不足，由于村卫生院不能刷医保卡且收费较高，大多数村民会外出看病，十分不便。

四、万溪冲村乡村振兴发展建议

（一）继续丰富"都市驱动型"发展路径的内涵

乡村振兴单靠村庄自身积累的资金、经验，难以实现可持续发展。引入国有资本、社会资本，能够有效地拓宽万溪冲村用于开发建设的资金来源，同时避免单一资本结构带来的风险。与旅游开发公司合作则可以弥补开发经验的欠缺，提升旅游设施、配套服务品质，从而改善游客的实际体验，有利于乡村旅游的持续发展。"都市驱动"的内涵不应局限于人才、人流，更要朝着丰富资金来源、吸纳职业管理人才、引入新型发展思路等方面拓展。探索"都市驱动型"乡村振兴发展模式，需要全方位地实现资源的有效对接。

（二）加快打造特色旅游品牌，提升自身吸引力

万溪冲村正着力打造"万溪梨镇"品牌。调研发现，梨因为具有较强的季节性，仅在三月开花和九月结果时能够吸引游客，容易成为爆点，但长期的空窗期使其无法成为特点。因此，"万溪梨镇"虽以梨闻名，但其发展的根本思路不可局限在"梨"上。挖掘梨种植文化，进一步拓展农耕文化、劳动文化教育；或是聚焦产业融合，做大做强第二产业，走上致富路；又或是发展特色餐饮，形成产业集聚，打造成为有名的餐饮小镇。前车可鉴，乡村旅游的模式有很多，也都有成功的案例。打造特色旅游品牌的关键在于因地制宜，做出特色。

（三）生态涵养功能要扮演重要角色

习近平总书记指出"绿水青山就是金山银山"，村庄发展过程中，生态保护、生态涵养应该始终扮演重要角色。发展要着眼大局，统一规划景观建设，使乡村不仅可以供游客游览、休闲，还要具有生态涵养的功能。近年来，有的村落进行生态

湿地修复,涵养、净化水质的同时形成了湿地公园这一旅游副产品。万溪冲村在景观规划方面仍有待改进,未来需要加强乡村景观与自然的和谐统一,使农业斑块、绿地景观具有生态涵养的功能。

(四)把握好"农民成为受益主体"的根本要求

乡村振兴服务的是农民。李小云教授提出:"以工业化和城市化为主导的现代化不能建立在牺牲农民利益、消耗乡村资源的基础之上。为此,必须尊重农民主体性,构建有利于发挥农民主体性的乡村建设机制。"①要充分吸纳农民的意见,广泛听取农民的需要,解决好如何建设的问题,要"发挥农民在乡村建设中的主体作用,构建农民、政府和社会多种力量共同建设机制,解决谁来建的问题"。实现资源对接的同时,要保证农民始终是受益的主体,不能成为"资本下乡",确保农民始终是受益的主体。

指导教师评语

自党的十九大提出实施乡村振兴战略,中共中央、国务院印发《关于实施乡村振兴战略的意见》以来,全国涌现出许多乡村振兴的成功案例。该调研团队从乡村振兴发展路径的角度,以"都市驱动型"乡村发展模式为研究主题,利用暑假时间前往云南省昆明市万溪冲村进行实地调研,深入了解当地在乡村振兴战略驱动下取得的成就,探讨其在实现城市与乡村资源有效对接方面的不足和解决方案。

调研团队的同学走进乡村,更好地认识社情民意,加深了对我国乡村振兴事业的理解。他们还从所学专业的角度出发,尝试着提出一些对乡村振兴发展路径的有益思考,这是难能可贵的。此次调研,同学们选取科学的研究方法,进行了深入的实地考察,最终形成的调研报告内容丰富而深刻、逻辑清晰,具有较好的现实意义。

(刘炜　华中科技大学管理学院副教授)

---

① 李小云,马阳.中国现代化语境下乡村振兴的实现路径[J].理论与改革,2022(2):136-144.

第四部分

技术治理

中国居民生活能源消费总体特征和地方差异化的调查研究

——基于全国 16 个典型城市相关数据的分析①

摘 要

中国作为人口大国,居民家庭能源消费的需求量历年居高不下,居民家庭能源消费已成为区域碳增长的重要来源。为采取有效措施推动居民完成生活低碳转型,协调经济、环境、能源三者的关系,助力实现 2060 碳中和目标,本研究采用三阶分层区域(二相)方法调研,通过对全国各个典型城市的实地调研,得到中国居民生活能源消费的相关数据,并对其进行分析计算。得出的主要结论如下:①在照明方面,多数家庭都是使用电力进行照明;②在炊事方面,多数家庭使用天然气、电力和液化气烹饪,与此对应,居民家庭中天然气灶、电磁炉使用得最多;③在取暖方面,分户自供暖的占比最大,进一步区分地区,发现黄河中游及东北地区多采用集中供暖,长江中游及东部沿海地区多采用分户自供暖;④在交通方面,目前家庭的主流交通工具为轿车,其次是电动车,大部分家庭基本上都只拥有一种类型的交通工具;⑤根据统计的家庭支出来看,食品、衣着和居住的支出占比较大。针对上述研究成果,本文从制定激励举措、注重引导疏通、加强实践研究三方面提出了意见建议。

关键词

居民生活;能源消费;能源结构;碳排放

---

① **社会实践团队名称**:华中科技大学能源与动力工程学院"双碳赋能,绿色生活"居民生活能源消费调研实践队。
团队成员:贝雷、高雨雯、王安妮、唐轲、杜宇航、王丽坤。
报告执笔人:高雨雯、贝雷、王安妮。

一、研究背景及意义

（一）研究背景

随着人类社会发展的进程不断加快，诸多环境气候问题如全球气候变暖、极端气候灾害现象也日益严重，这些问题的产生主要源于温室气体的排放。对世界各个国家而言，减少温室气体的排放、发展低碳经济已是共同的选择。2019年中国CO_2排放量占全球总排放量的28%[①]，2020年，习近平总书记在联合国大会上提出"双碳"目标[②]，即力争在2030年前实现碳达峰，争取在2060年前实现碳中和。由此可见，实行碳减排已是我们国家战略发展的重要需求。

目前，伴随着我国经济的快速增长与城市化进程的不断加快，我国在工业领域的提高能效、降低能耗、减少碳排放等方面做出了极大改善，而对居民生活领域的减碳工作的研究则相对较少。近些年来，居民的日常生活有了较大改善，主要体现在居民家电使用类型和数量、汽车购买量、人均消费支出等方面。居民在进行照明、炊事、交通等用能行为时，不仅产生了直接能源，还在购买产品或服务时进行能源间接消费，这一系列因素造成如今的家庭部门成为继工业部门后第二大能源消费部门[③]，居民生活能耗产生的碳排放也成为碳排放的重要增长点。因此，居民能源消费的碳减排将是中国实现整体节能减排的重要一环。我国亦将居民生活低碳消费提上日程。2022年1月18日，国家发改委等七部门印发《促进绿色消费实施方案》，要求面向碳达峰、碳中和目标，大力发展绿色消费，增强全民节约意识，推进消费结构绿色转型升级。

目前关于碳减排领域的研究大多聚焦于工业部门，缺少居民家庭部门的能源消费研究。工业部门作为生产端，其生产的最终目的就是满足居民消费端的需

[①] Pierre F, Michael O, Jones M W, et al. Global Carbon Budget 2020[J]. Earth System Science Data, 2020, 12(4): 3269-3340.

[②] 一平. 实现"碳达峰、碳中和"要坚持系统观念[N]. 浙江日报, 2021-03-10.

[③] Lin B Q, Yan G F, Liu X. A Study of the Rebound Effect on China's Current Energy Conservation and Emissions Reduction: Measures and Policy Choices[J]. Energy, 2013(58): 330-339.

求。因此除去工业部门对碳减排的促进作用,居民消费端的碳减排也不可或缺。作为能源消费终端,家庭部门已是除工业部门外第二大碳排放部门,具有较大的碳减排潜力,对居民能源消费进行整体与局部的、微观与宏观的深入研究具有深刻的现实意义。

(二) 研究意义

近些年来,中国经济快速发展,城市化进程不断加快,居民生活水平逐渐提升,进而也导致了能耗的增加,此外,由于各区域间发展水平及家庭能源消费结构的不同,居民能耗也有较大差异。虽然从全球范围来看,中国居民的能源消费量低于世界平均水平,仅为美国的三分之一、英国的二分之一[①],但随着我国经济的不断发展和人民生活水平的不断提高,我国的居民能源消费也会不断增加,进而导致居民消费端能耗将有较大的增长空间。因此,本调查研究具有以下几点重大意义。

(1) 调查、了解和掌握中国居民能源消费情况、特征与规律,能够从区域角度反映不同地区居民生活碳排放水平差异,提供中国居民及家庭的基本情况与收支水平,从而为政府科学决策提供资料参考。

(2) 构建中国居民生活能源消费碳排放量和居民间接能源消费碳排放量测算模型,阐明我国居民生活能源需求及其内驱力,有益于挖掘居民生活能源消费侧减排潜力,降低居民能源消费和控制碳排放,加快居民消费结构绿色转型升级。

(3) 通过对中国居民生活能源消费的预测,可以为中国实现"双碳"目标提供数据支撑与理论依据,为中国 2060 碳中和路径规划提供指导。

(三) 国内外研究现状

很多学者调研了居民生活消费情况,如一份 1450 户的居民能源消费入户调

---

① 郑新业,魏楚,虞义华,等.2016 中国家庭能源消费研究报告[M].北京:科学出版社,2017.

查发现制冷、取暖、炊事等是能耗消耗占比最大的生活活动。[①] Lin 和 Liu[②] 等人认为居民生活习惯、经济水平、能源价格显著影响了居民能耗。2015 年一项 4964 户调研显示城镇化率提高、家庭规模减小以及住房面积增大都会提高家庭能源消费。另外,还有许多学者专注于研究居民交通能源消费。

在居民能源消费计算方法方面,Weber[③]、Kok[④]、Reinders[⑤]、张艳[⑥]、冯玲[⑦]等利用碳排放系数法计算居民交通产生的碳排放。万文玉等[⑧]也利用了碳排放系数法、泰尔指数、空间自相关等方法进行研究。

在对居民碳排放影响因素的研究中,很多学者探讨了居民碳排放的驱动因素及空间异质性。如胡宇娜等[⑨]首次运用 GWR 模型与 GIS 空间表达相结合的方法研究碳排放的影响因素以及异质性;陈志建等[⑩]将视角扩大到全国范围,在空间上利用地理加权回归方法进行影响因素分析。袁长伟等[⑪]针对交通碳排放进行影响

---

① Zheng X C, Qin W P, et al. Characteristics of Residential Energy Consumption in China: Findings from a Household Survey[J]. Energy Policy, 2014(75): 126-135.

② Lin B, Liu H. China's Building Energy Efficiency and Urbanization[J]. Energy and Buildings, 2015(86): 356-365.

③ Weber C, Perrel S A. Modelling Lifestyle Effects on Energy Demand and Related Emissions[J]. Energy Policy, 2000, 28(8): 549-566.

④ Kok R, Benders R M J, Moll H C. Measuring the Environmental Load of Household Consumption Using Some Methods Based on Input-Output Energy Analysis: a Comparison of Methods and a Discussion of Results[J]. Energy Policy, 2006, 34(17): 2744-2761.

⑤ Reinders A H, Vringer K, Blok K. The Direct and Indirect Energy Requirement of Households in the European Union[J]. Energy Policy, 2003, 31(2): 139-153.

⑥ Zhang Y, Qin Y C. Research Progress on the Factors Affecting Carbon Emission of Household Direct Energy Consumption[J]. Economic Geography, 2011, 31(2): 284-288, 293.

⑦ Feng L, Lin T, Zhao Q J. Analysis on Dynamic Characteristics of Energy Consumption and Carbon Emission of Urban Residents[J]. Population Resources and Environment in China, 2011, 21(5): 93-100.

⑧ Wan W Y, Zhao X Y, Wang W J, et al. Spatial and Temporal Patterns of Energy and Carbon Emissions from Urban Residents in China and Their Influencing Factors[J]. Journal of Environmental Science, 2016, 36(9): 3445-3455.

⑨ Hu Y N, Mei L. Spatial Differentiation and Dynamic Mechanism Analysis of Regional Travel Agency Efficiency in China Based on GWR Model[J]. Geography Science, 2018, 38(1): 107-113.

⑩ Chen Z J, Wang Z. Provincial Differences of Pressure Drivers for Carbon Abatement by Local Governments in China Based on STIRPAT Model[J]. Resource Science, 2012, 34(4): 718-724.

⑪ Yuan C W, Rui X L, Wu D Y, et al. Carbon Emission Reduction Pressure Index of China's Provincial Transport Sector Based on Geographical Weighted Regression Model[J]. China Journal of Highway, 2016, 29(6): 262-270.

因素分析，刘亚丽等[1]利用 STIRPAT 模型分析人均家庭碳排放的影响因素及空间差异性分析。

中国居民碳排放预测是目前学者们的研究热点，STIRPAT 模型、灰色预测模型和 ARIMA 模型是主要的预测方法。如 Weber 和 Perrels 等[2]从消费者的角度出发研究居民生活对能源消费及碳排放的影响。邓荣荣等[3]基于灰色预测模型 GM(1,1)和情景分析法研究湖南省的达峰时间，并对其达峰路径进行建议。常亮等[4]利用 ARIMA 模型研究电力系统碳排放，在此基础上进行预测分析。肖枝洪和王明浩[5]模拟仿真研究中国碳排放，并对未来的碳排放走势进行了预测。

二、研究内容

（一）问卷设计

为保证问卷设计的科学性，调研前期通过 Web of Science、Elsevier、Scopus、中国知网等权威学术数据库，查阅"居民生活能源消费"相关文献，借阅相关书籍，对调研类文献进行重点研读，掌握居民生活能源消费的基本影响因素，包括但不限于地理因素、气候因素、人口因素、经济因素、技术因素和生活方式。综合考虑问卷受体接受程度及实际调研需求，针对学术性较强的问题予以弱化，通过居民耳熟能详的问题加以引导。结合调研城市经济发展和资源禀赋，通过统计学方法设置专项调研问卷，让调研工作有据可依。

本项目问卷的设计思路如图 1 所示，问卷总共分为三部分。第一部分为基本

---

[1] Liu Y L, Qu J S, Huang Y S, et al. Analysis of Regional Differences and Influencing Factors of Domestic Carbon Emission in China[J]. Journal of Natural Resources. 2016,31(8):1364-1377.
[2] Weber C, Perrels A. Modelling Lifestyle Effects on Energy Demandand Related Emissions[J]. Energy Policy,2000,28(8):549-566.
[3] 邓荣荣.惯性发展情境下湖南省能否实现2020年减碳目标——基于GM(1,1)模型预测[J].资源开发与市场,2017,33(7):802-806.
[4] 常亮.基于时间序列分析的 ARIMA 模型分析及预测[J].计算机时代,2011(2):8-10.
[5] 肖枝洪,王明浩.中国碳排放量的组合模型及预测[J].重庆工商大学学报(自然科学版),2016(1):9-15.

信息调研,主要涉及受访者家庭的地理位置、人口数量、房屋结构、消费水平。这些信息将作为后续研究居民能源消费的重要组成部分。第二部分为居民生活总体能源消费情况调研,主要涉及居民能源消费种类、用能设备概况及间接能源消费情况,其中用能设备主要包括照明设备、炊事设备、制冷设备、取暖设备和交通设备。第三部分则结合受访者的用能设备概况,针对居民用能设备使用情况进行深入调研。综合考虑受访者接受程度,将该部分问题均匀拆分成三卷,受访者将随机抽取一卷进行回答。此外,各部分问卷均设有指引、注解,引导居民查看能效标识、电器铭牌,提升数据收集可靠性。问卷的设计兼具科学性和普适性,为本项目的高质量开展奠定了坚实的基础。

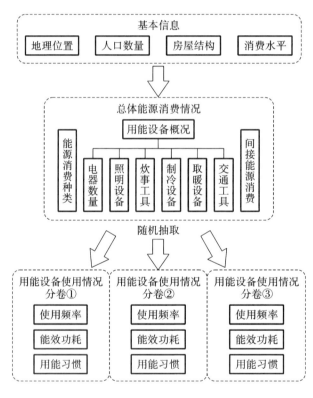

图 1　问卷设计

(二)典型城市居民能源消费调研

为得到中国居民能源消费分布,本项目通过统计学方法,选取 16 个典型城市,重点开展实地调研,具体方案如下。

1. 查阅年鉴数据,遴选典型城市

为确保调研数据代表性,项目前期参考国务院发展研究中心所发表的报告,根据不同地区经济发展状况及资源禀赋,将中国大陆划分为八大经济区域,分别为东北地区(辽宁、吉林、黑龙江)、北部沿海地区(山东、河北、北京、天津)、东部沿海地区(上海、江苏、浙江)、南部沿海地区(广东、福建、海南)、长江中游地区(湖南、湖北、江西、安徽)、黄河中游地区(陕西、河南、山西、内蒙古)、大西南地区(广西、云南、贵州、四川、重庆)、大西北地区(甘肃、青海、宁夏、西藏、新疆)。根据《中国统计年鉴2021》,2020年全国共有地级行政区333个,县级行政区2844个,全国总户数为522689264户。为精确掌握中国能源消费分布趋势,本项目采用三阶分层区域(二相)方法确定全国样本抽取分配方案,控制抽样精度为3%,确定总样本量为3500。根据全国人口分布情况,规划各经济区域抽样样本指标,如表1所示。通过科学的统计学方法进行顶层设计,不仅有助于指导本专项有序开展工作,也保证了调研结果的代表性和可靠性。

表1　全国样本抽取分配方案

经济区	地级行政区	县级行政区	居民户数
东北地区	1	5	280
北部沿海地区	2	9	522
东部沿海地区	2	8	464
南部沿海地区	2	8	437
长江中游地区	3	10	553
黄河中游地区	2	9	479
大西南地区	3	11	608
大西北地区	1	3	157

2. 依托校院平台,组建过硬队伍

本项目依托校团委"三下乡"和"返家乡"活动,以及能源与动力工程学院筑梦基层团平台开展居民生活能源消费"入户访谈+问卷调研"。

首先,充分动员能源与动力工程学院"三下乡"筑梦基层团实践队,结合实践

地点分布情况,鼓励"三下乡"实践队在完成既定实践任务的基础上,开展居民生活能源消费调研。一方面,丰富拓展实践队原有的实践内容;另一方面,通过居民生活能源消费调研,引导实践队成员深刻理解能源学科在当下环境的深刻内涵与使命责任,树立能源专业学子学科自信。同时,充分发挥能源学科优势,将"绿色消费"理念带进家家户户。

其次,招募居民生活能源消费专项调研队员,结合前期"三下乡"筑梦基层团实践地点分布情况,组织专项实践队,对上述未覆盖地区开展调研,以确保调研数据的代表性。

为保证数据调研的可靠性,2022年6月23日,能源与动力工程学院团委组织实践队成员专项培训,主要内容包括问卷讲解、调研方案、调研技巧、安全保障、疾病预防等,引导实践队成员熟悉调研内容,为实践队成员明晰调研任务和重心。各实践队的调研工作在院系团委的组织下有序进行,学院为每一位学生购买了中国平安短期出行意外险,同时发放介绍信、旗帜、文化衫等相关物资。各队伍均设置安全员,实践期间每日一报备,切实保障各实践队伍实践安全。

为保障本调研项目有序推进,本项目由学院团委全面布局指导,以学院博士、硕士研究生以及学生骨干为项目组核心骨干,对各实践队实践活动予以指导,对本项目的推进程度与完成质量进行有力把关。

(三)数据处理

以中国的调查数据为基础,采用排放因子法和投入产出法,将各家庭炊事、电器及照明、供暖、制冷、热水、交通几类消费支出分解到投入产出表上各产业部门,然后再根据各行业能源消费强度计算得出居民生活能源消费碳排放量。居民能源消费可以分为直接能源消费与间接能源消费。直接能源消费指居民日常生活中直接使用或消耗的能源,而通过消费支出购买商品或第三方服务造成各生产部门中间投入变化而导致的能耗增加称为间接能源消费。[①]

(四)技术路线

本项目的技术路线如图2所示。首先,通过"中国各地区居民能源消费调研"

---

① 张馨.能源消费转型及其社会、经济和环境影响研究[J].新西部,2018(19):91.

和"华中科技大学大学生家庭能源消费调研"两个阶段,获取居民生活能源消费关键信息数据,两个阶段相辅相成。"中国各地区居民能源消费调研"重在体现区域代表性,使获得的数据分布合理,能体现全国居民生活能源消费特征;"华中科技大学大学生家庭能源消费调研"则重在数据的专业性,更侧重于对居民用能设备能耗、功率的调研。两者同步进行,互相补足其局限性。通过两者的综合分析,以期探明全国居民能源消费分布规律。其次,通过查阅统计年鉴,进行文献归纳,对全国居民生活能源消费情况总体特征予以了解;通过问卷分析,把握居民生活能源消费地方差异及驱动因素,如地理因素、气候因素、人口因素、经济因素、技术因素、生活方式等,深刻把握全国居民能源消费整体与局部的关系。

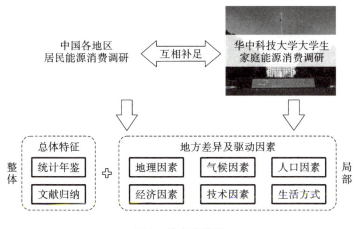

图 2 技术路线图

三、结果分析

(一)问卷回收总体情况

本次专项队伍累计回收有效问卷 2543 份,各地问卷回收分布情况如图 3 所示。其中,受疫情影响,大西北地区和南部沿海地区问卷回收数量较少,分别为 16 份和 60 份。相关地区将在之后予以新一轮调研。

由于大西北地区和南部沿海地区数据缺失,为抵消其对全国居民生活能源消

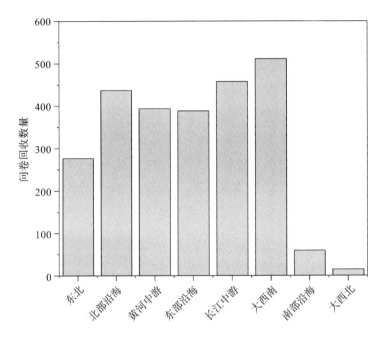

图 3　各地问卷回收分布情况

费总体特征的影响,将大西北地区和南部沿海地区的数据按一定比例进行扩充,直至两地区数据量占比和项目规划占比一致。后文在分析全国居民能源消费情况时,将以扩充后的数据作为研究对象。经换算,本项目的有效样本数为 2928 户。在此基础之上,本报告选取两个北方地区(东北地区、黄河中游地区)和两个南方地区(东部沿海地区、长江中游地区)作为研究对象,分析区域性居民能源消费差异。

(二)家庭特征

图 4 展示了调研家庭中,城镇家庭与农村家庭的占比情况。在所接受调研的家庭中,城镇家庭占比较大,达到 1936 户,占有效样本的 66.12%;农村家庭为 996 户,占有效样本的 33.88%。

在本次调查的家庭中,家庭常住人口为 3 人的最为常见,共有 1087 户,约占调研总数的 37%。其次为 4 口之家,共 736 户,约占样本数量的 25%。人口数量为 2 人或 5 人的家庭占比较少,分别约为 14% 和 13%。1 人及 6 人以上人口的家庭比较罕见,均不到样本的 10%。总体情况如图 5 所示。

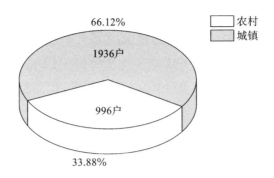

图 4　城镇家庭与农村家庭占比

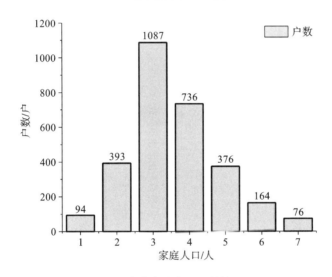

图 5　家庭常住人口总数情况

（三）居民家庭能源使用总体情况

本次调研统计了炊事、取暖、照明以及交通四个方面的居民用能情况。如图 6 所示。

针对炊事用能行为，可以发现使用天然气和电力的居民居多，其次是液化气。在炊事行为方面，天然气和电力多用于城镇，而液化气则多存在于农村或餐馆。随着一些地区纷纷启动用天然气替代液化石油气的工程（如杭州地区推进"瓶改管"的工程，力争让所有使用瓶装液化石油气的餐饮场所改用管道天然气），液化气的使用逐渐减少。由于本文调研对象主体为城镇居民，液化气占比相对较小。

在取暖方面,所调研的多数家庭均使用电力,这与居民所使用的取暖设备有关。由于调研主体为城镇居民,多用空调、热水器等家用电器作为取暖设备,使用薪柴取暖的比例相对较低。

在照明用能行为中,使用电力照明的家庭占比近90%,与实际情况相符;使用太阳能照明的家庭相对较少。

在交通方面,汽油是使用得最多的能源,其次是电力。这说明新能源汽车在近些年的普及率逐渐提高,很多家庭选择了购买新能源汽车出行。

纵览全图,根据样本情况,目前中国居民的能源消费类别主要为电能。为此,如要加快居民生活侧能源消费的碳减排,一方面需要加速电力生产"清洁化",减少电力生产端的碳排放;另一方面,需要提升居民用电设备的能效等级,提高用电设备的用能效率,即购置"节能高效产品"。

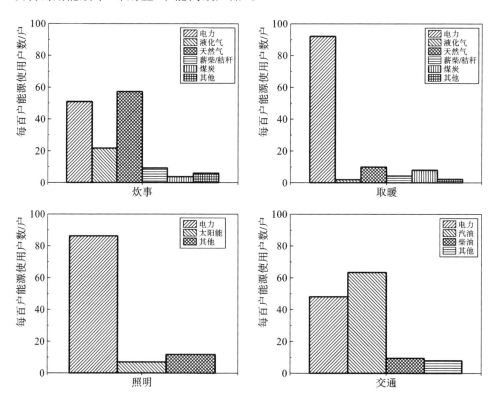

图6 居民家庭能源使用情况

（四）家用电器拥有情况

图 7 统计了全国及四个地区中每户家庭电器的平均拥有量，可以看出，各地区家用电器拥有情况的趋势基本相同。对空调而言，东部沿海地区的平均空调数量明显高于全国平均水平（2.5 台/户），一方面是由于东部沿海地区夏季较为炎热，且冬天没有暖气；另一方面，东部沿海地区的人均消费水平较高。而东北地区的空调拥有量最低，每户平均约 1.75 台空调，这是因为东北地区大部分家庭在冬季使用地暖供暖，且夏季炎热的时节较少。

长江中游地区的电风扇和空调拥有量也高于全国平均水平，平均每户家庭拥有 2.3 台电风扇、2.2 台空调。此外，该地区的抽油烟机、烤箱、空气净化器、微波炉和电视机的家庭平均拥有量是四个地区中最低的，都低于全国平均水平。

相较而言，黄河中游地区为中国南北城市的交界处，每户家庭的平均电器保有量最接近全国平均水平，因此该地区的数据兼顾南方、北方特征，较为平均。

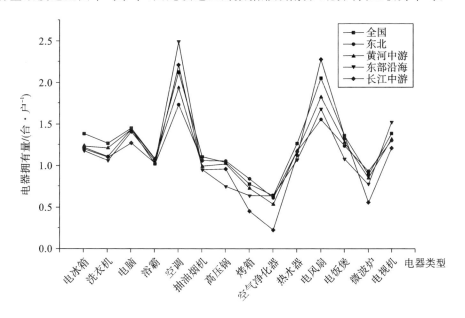

图 7　全国及各地区平均电器拥有量

（五）炊事行为

根据研究样本，在2928户家庭中，共有4777个灶头，平均每户人家拥有1.6个灶头。如图8所示，就烹饪的主要设备类型来看，有39.29%的家庭使用天然气灶。电磁炉使用率居于第二位，占总数的24.12%。其后依次为煤气灶、柴火炉/土灶、油炉、蜂窝煤炉。沼气灶和太阳能灶的收集数据很少，使用率均低于0.5%，可忽略不计。该规律与居民炊事用能种类情况基本一致，间接证明了调研成果的真实性、有效性。

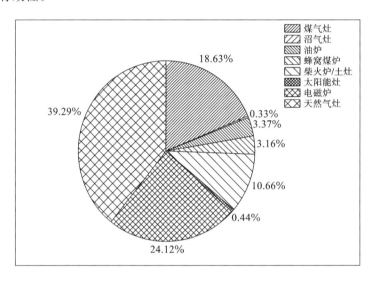

图8　各种炉灶所占百分比

（六）取暖情况

住宅的采暖系统主要分为两种：一种是集中供暖，将集中的热源通过管网传送给用户；二是分户式采暖，主要包括管道采暖、电采暖等。本文针对全国采暖用户的采暖情况开展调查，结果如图9所示。调研结果显示，在全国范围内，分户自供暖的家庭占比最大，达到50.38%；集中供暖第二，占42.07%；混合供暖占比较低，只有7.55%。由于本次调研数据主要以南方地区为主，南方城市无集中供暖，冬天均为自供暖，因此在本次调研样本范围内，分户自供暖占比最高，其次为集中供暖。

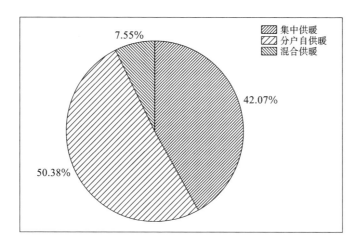

图 9 全国供暖情况

图 10 所示为四个地区的供暖情况。可以发现,东北地区和黄河中游地区的供暖以集中供暖为主,分别占各自总数的 61.2% 和 53.1%,长江中游地区和东部沿海地区的供暖以分户自供暖为主,分别为 71.76% 和 74.28%。这也体现出由于四个地区的纬度差异,主要的供暖方式也存在差异。

如图 11 所示,全国四个地区的采暖月份大多集中在 1、2、3、11、12 月。可以看出,东北地区的采暖时长要略长于黄河中游地区的采暖时长,其后是东部沿海地区和长江中游地区。这也和四个地区的纬度分布成正相关。

(七)照明

在照明方面,根据结果统计,在所有 2928 户居民中,总共有 17716 盏灯泡,平均每个家庭约有 6 盏灯泡。如图 12 所示,其中,节能灯占比最大,达到 73.3%,说明居民存在一定的节能减排意识,清楚应该采购何种灯具。其次是白炽灯,占比为 24.16%。卤素灯的拥有情况较少,只占 2.53%。

(八)交通工具

居民交通工具拥有情况如图 13 所示。根据调研结果,从全国范围来看,电动车的每百户拥有量最高,其次是自行车,而燃油车的每百户家庭拥有量也达到了

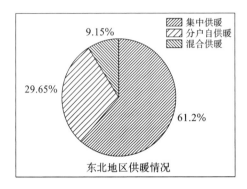
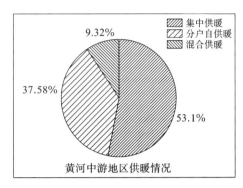
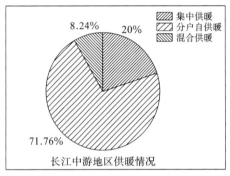
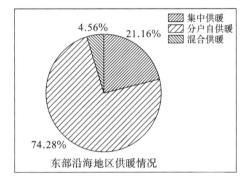

图 10 四个地区供暖情况

47 辆/每百户。对于各地区而言,三个沿海发达地区的燃油车每百户拥有量较高,电动车的拥有量也接近 100 辆/每百户。大西南地区的自行车拥有量相比其他地区要低得多,这可能由于西南地区尤其是重庆市地形复杂,选用自行车作为出行工具不太方便。东北和大西北地区的燃油车拥有量较低,其中,西北地区作为经济欠发达地区,其自行车拥有量明显高于燃油车与电动车拥有量。

（九）家庭间接能源消费支出情况

图 14 展示了全国家庭间接能源消费支出占比情况。从全国家庭支出结构而言,食品和烟酒、衣物购置、居住消费和其他消费的支出占比较大,分别为 19.23%、14.01%、13.14% 和 12.43%,正好与居民日常生活衣食住行的"食""衣""住"相对应。用于文教娱乐和家庭设备及用品的支出占比差别较小,分别占 11.58% 和 11.22%。交通通信和医疗保健的占比相对较小,分别为 9.6% 和 8.79%。

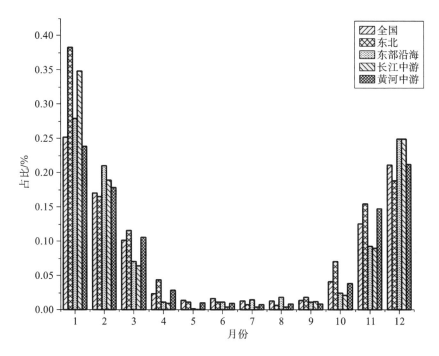

图 11 全国及四个地区供暖月份的家庭数量占比

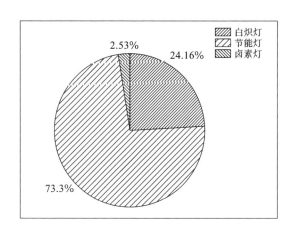

图 12 居民家庭灯泡使用情况

针对长江中游地区、黄河中游地区、东部沿海地区和东北地区的居民家庭间接能源消费支出情况,本文亦进行了对比分析,如图 15 所示。从长江中游、东北、东部沿海和黄河中游四个地区来看,除了东部沿海之外的三个地区都是食品和烟酒、衣物购置和居住消费的支出占比最高,东部沿海地区的食品和烟酒、衣物购置和其他消费的支出占比最大,居住的支出稍低于其他消费的支出占比。此外,在

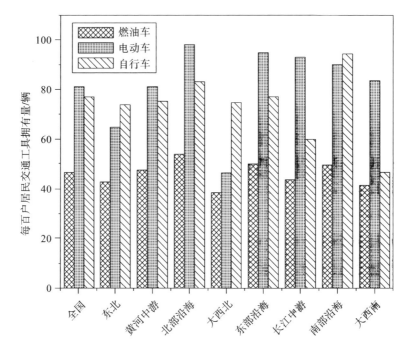

图 13　居民家庭交通工具拥有数量占比情况

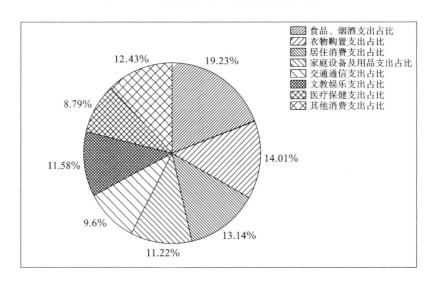

图 14　全国家庭间接能源消费支出占比情况

文教娱乐支出占比方面,长江中游地区的支出情况比其余三个地区均高出至少 1 个百分点,这与长江中游地区教育娱乐资源较为集中的情况相符。总体对照来看,长江中游地区的食品和烟酒的支出占比最大,达到 21.86%,东部沿海地区的食品和烟酒的支出占比位居第二,为 19.44%,黄河中游地区与东北地区的食品和烟酒的支出占比很相近,分别为 18.82% 和 18.35%。

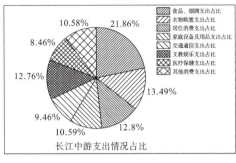
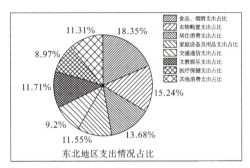
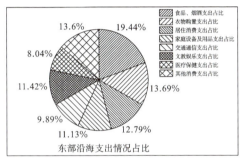
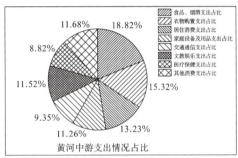

图 15　四个地区居民家庭支出占比情况

四、调研小结

(一) 结论

本次调研首先采用三阶分层区域(二相)方法,确定全国样本抽取分配方案,并借助校院平台组建实践队伍,累计回收有效问卷 2543 份。经数据处理,对全国及东北地区、黄河中游地区、长江中游地区及东部沿海地区的居民生活能源消费情况予以分析,主要涉及能源使用种类、四大终端能源消费情况(炊事、取暖、照明、交通)和家庭间接能源消费支出情况,得到的主要结论如下。

(1) 在炊事方面,大部分家庭使用天然气、电力和液化气等能源烹饪,其他能源使用较少，与此对应，居民家庭中天然气灶、电磁炉使用得最多。

（2）在取暖方面，分户自供暖的占比最多，其次是集中供暖。进一步区分地区，发现黄河中游地区及东北地区多采用集中供暖，长江中游地区及东部沿海地区多采用分户自供暖，这主要受地区纬度影响。

（3）在照明方面，大部分的家庭都是使用电力进行照明，并且节能灯的使用最广，说明大部分居民节能减排意识较强。

（4）在交通方面，有轿车的家庭户数较多，其次是电动车和摩托车，并且大部分家庭基本上都只拥有一种类型的交通工具。

（5）在家庭间接能源消费支出方面，食品和烟酒、衣物购置和居住消费的支出占比普遍较大。四大地区都是食品和烟酒以及衣物购置的支出的占比最大。其中，长江中游地区的食品和烟酒支出占比最大，东部沿海地区次之，这说明了这两个地区的经济发展水平较高。

（二）居民生活侧能源消费碳减排的意见和建议

减少居民生活能源消费是一项系统性工程，其涉及方方面面，主要可以分为内在因素（居民经济情况、人口数量、文化水平等）和外在促因（如科技发展程度、政府宣传力度、奖惩手段等）。本节综合考虑上述分析结果，提出以下建议。

（1）制定激励举措。家用电器是居民生活碳排放的主要来源之一，其主要受居民用能行为和能效等级的影响。为此，建议国家因地制宜建立相应政策措施，如可提高居民家用电器能效标准，并倡导居民培养良好的用能习惯。

（2）注重引导疏通。引导居民平衡好生活舒适度和节能减排间的矛盾，倡导居民养成"绿色消费、适度消费"的理念，以减缓居民因消费支出增加而带来的居民间接碳排放增长的趋势。

（3）加强实践研究。可从微观视角出发，重视关注对居民家庭碳排放及驱动因素的研究。目前家庭小型化趋势不可避免，根据这一现状，可针对不同家庭规模群体提出合理的消费措施。

指导教师评语

本项目积极响应国家"双碳"目标的背景，充分发挥能源学科特色以及"实践育人"功效，组织学生进行实地调研，引导广大学生聚焦国家重大需要和能源战略，关心国家能源安全。基于调研数据，实践队从多角度对居民用能进行分析，整理出交通工具拥有量、电器碳排放、炊事用能、集中供暖等用能行为的区域、城乡及南北差异，并对其形成原因进行溯源分析。本研究数据有效填补了目前中国居民消费侧碳排放数据缺口。同时本研究现实意义深刻，对降低居民能源消费、加快居民消费结构绿色转型升级具有较强的参考意义。

（孙路石　华中科技大学能源与动力工程学院教授）

随着人类社会的不断发展，能源、环境、气候变化等问题日渐突出，碳减排已成为我国环境整治中一项紧迫而艰巨的任务。作为能源消耗终端，家庭部门已成为仅次于工业部门的第二大碳排放部门，具有极大的碳减排潜力。为探究居民消费侧碳排放特点及碳减排潜力，贝雷等同学组织200余名学生前赴基层，采用问卷发放、线下调研、入户访谈等方式多渠道收集全国八大经济区居民能源消费情况，并对不同地区的家庭能源消费情况的地域差异性进行分析。调研报告内容完整、逻辑清晰、现实意义深刻，是一篇优秀的调研报告。

（许霁　华中科技大学能源与动力工程学院辅导员）

智能驾驶技术的社会效益发展最大化路径分析

——基于对东风汽车集团有限公司的调研

--- 摘　要 ---

智能驾驶技术是近年来汽车行业发展的新兴热点名词，包含自动驾驶技术、智能座舱技术、智能网联技术等技术领域，其本质是人工智能和信息技术在汽车产业中的应用。智能驾驶技术无疑将带来许多正向的社会效益，但同时也有一系列大众顾虑的社会问题。推动智能驾驶技术在技术层面进一步发展的同时实现社会效益最大化，是解决智能驾驶技术发展中所引发的社会问题的关键。本研究以东风汽车集团有限公司（以下简称东风公司）智能驾驶技术的产业发展情况，以及华中科技大学学生对智能驾驶技术的认知与顾虑为切入点，运用实地观察法、文献调查法、深入访谈法和问卷调查法等方式，深入车企开展实地调研，收集相关经验材料。通过对相关材料进行分析，总结出智能驾驶技术对社会效益、产业经济发展等不同方面带来的影响，剖析智能驾驶在产业人才建设、社会法制建设、安全保障机制、特定用户需求等方面面临的产业困境，并据此设计助推路径，促进智能驾驶社会效益发展最大化，实现用户需求导向型的产业可持续性健康发展。

--- 关键词 ---

智能驾驶技术；智能座舱；社会效益；产业困境

一、调研背景及意义

汽车行业的发展关乎国计民生，一个国家汽车行业的发展在一定程度上可以

---

① **社会实践团队名称**：华中科技大学人工智能与自动化学院赴湖北武汉东风公司"智在千里"暑期社会实践队。
团队成员：韩轶凡、周天翼、宓呈祥、吴浩东、缪磊、林祖耀。
报告执笔人：韩轶凡、周天翼、宓呈祥、吴浩东、缪磊、林祖耀。

代表这个国家总的工业发展水平。

在2017年之前我国汽车行业发展迅猛,达到顶峰,近几年却隐隐有下降的趋势。根据国家统计局对汽车行业的调查,我国2022年一至四月规模以上工业增加值同比实际增长4.0%,但是四月份,汽车制造业增加值却同比下降31.8%。[①]这是因为近几年来机车市场环境急剧变化,对我国汽车行业的发展提出了新的挑战。汽车行业要不断地适应市场变化,寻找新的市场机会和利润增长点,从而获得长足的发展。我国很多企业都在积极地研究新方向、新技术,其中对智能驾驶技术方面尤为重视。在中汽协2022年5月12日发布的《中国汽车工业协会2021年重点工作及2022年工作要点》中,将智能座舱、自动驾驶等与智能驾驶概念相关的技术列为工作重点。其中有必要强调的是,智能驾驶技术,不只是机器辅助人进行驾驶,以及在指定情况下完全取代人进行驾驶的技术,也包含通过智能屏幕来替代原先旧控制域下的诸多按键进行操作,以及通过人工智能收集驾驶者感官信息,根据用户需求进行主动调整和人机交互等的综合性技术。而智能座舱技术则是智能驾驶技术的重要一部分,不仅体现在车内智能系统(智能AI、智能屏幕等)对整车的控制,还在于通过车内饰品的设计使车内空间走向功能多样化。[②]

当前传统汽车行业面临着发展瓶颈,仅仅靠一味地提高汽车发动机性能之类的"硬"指标已经不能满足行业后续的发展,以互联网技术为代表的新技术已经为汽车赋予了"软"的附加值。而作为当前技术前沿的智能驾驶技术是技术争夺的主要阵地之一。国外一个比较先进的企业是特斯拉,其对自动驾驶技术、智能座舱的研究以及对"域融合"概念的践行是当前企业值得学习借鉴的地方,目前我国在这方面的研究仍处于跟跑的地位。

为了调查我国智能驾驶技术的研究情况以及其未来对我国汽车行业转型和我国居民出行情况的影响,实践团队前往东风公司在武汉的两个研究所东风商用车技术中心和东风延锋汽车座舱系统有限公司技术中心(以下简称东风延锋技术中心)进行了实地调研。东风商用车技术中心坐落于湖北省武汉市蔡甸区珠山湖大道上,主要从事东风商用车的产品研究、设计开发、试验、试制及检测分析。东风延锋技术开发中心则位于全力三路与珠山湖大道交叉口,主要是对智能座舱技

---

① 2022年6月汽车工业经济运行情况[J].现代制造技术与装备,2022,58(7):3.
② 闵志刚.基于智能驾驶需求的汽车智能座舱设计发展现状及未来趋势探究[J].时代汽车,2022(15):127-129.

术的研究。

实践团队通过走访东风公司和开展问卷调查的方式,首先,意在探究智能驾驶技术在我国的发展状况,并了解我国现在发展该技术的有利条件以及主要面临的问题;其次,探究智能驾驶技术的落地时间,以及其对我国汽车行业转型升级的影响;最后,探究智能驾驶技术落地对我国居民出行效率与舒适度(直接效益),以及对我国民生、经济产生的间接社会效益。

二、调研目标及方法

(一)调研目标

本次实践活动的首要目标是走访东风公司的生产研发部门,通过进行问卷调查,了解我国智能驾驶技术的发展现状、发展方向以及人们对该技术的认识和态度。同时,实践团队通过与技术人员进行交谈,了解汽车行业中自动化技术的前沿技术创新,以及东风公司的主要研究方向,并借此对人工智能技术在汽车行业中的前景进行展望。这次深度走访对实践团队来说也是一次重要的经历,通过了解专业知识在实际生产中的应用,了解当前先进的生产方式,倾听在岗的研究人员对相关专业学子的建议,帮助相关专业学子在未来的大学生活中明确学习和研究方向,不断进行自我提升。

(二)调研方法

1. 实地观察法

实践团队的六名成员一起参观了东风公司旗下的东风商用车技术中心和东风延锋技术中心,真实地看到东风汽车的发展现状和智能座舱技术在汽车上的具体应用,了解到智能座舱技术的巨大优势和战略意义,以及目前存在的不足之处,从而进一步分析智能座舱技术在推动汽车行业变革中产生的巨大作用。

2. 文献调查法

实践团队查阅了东风公司提供的关于智能座舱技术的参考资料,以及从其他途径获得的有关该技术的专业资料,由此了解到目前智能座舱技术的应用市场和技术发展趋势,这有助于实践团队分析智能座舱技术在推动汽车行业变革中起到的重要作用。

3. 深入访谈法

深入访谈法具有真实性、深入性及灵活性等优点。访谈时,由研究者事先确定访谈的提纲和地点,不仅可以灵活地安排访谈的内容、时间及提问的次序,有效避免其他因素的干扰,而且有利于被访者客观地回答问题。在实地调研的过程中,实践团队对东风公司的多位技术骨干或管理人员进行了访谈,通过这些访谈,实践团队对智能座舱技术有了更深层次的了解。

4. 问卷调查法

问卷调查法具有高效率、客观性、统一性及广泛性等优点。实践团队在调查过程中采用了问卷调查法,为问题的进一步解决提供了充足的数据支持,有助于得出更加准确的结论。实践团队设计了一份围绕智能技术在汽车领域上的应用的调查问卷,并通过各种渠道分发给相关群众,并对收回的问卷进行数据分析与整理,为最终的调研结论提供了重要的数据支撑。

三、发展现状及问题

作为调研的主体部分之一,实践团队对东风商用车技术中心和东风延锋进行了走访调查,对两个调研地的调研重点主要在智能座舱系统和自动驾驶技术等方面。

(一)智能座舱技术调研结果

随着人们生活水平的提高,人们对车辆的期望从单纯的代步工具转变为舒适安全的"第三生活空间",这对智能座舱技术的发展提出了考验。

实践团队第一站参观的是东风商用车技术中心。东风商用车技术中心电控中心陈科长讲解了关于智能座舱的基本概念,阐述了世界汽车领域目前的一个重要发展方向,即完成域与域之间的融合,也就是如何让车辆的控制更加智能化。[①]实践团队了解到,控制域的融合可以为车主驾驶汽车提供更多的便利,并使车辆的维护更具便捷化。域融合使汽车更加智能,是智能座舱技术的一个重要支持。之后实践团队前往测试科参观了正在测试的新车座舱结构,该座舱结构在外貌上更加简洁美观,在功能上更加亲民和人性化。

下一站实践团队参观了东风延锋技术中心。该中心主要研究座舱内饰品以及座舱内的人性化设计。在东风延锋技术中心,团队成员参观了制作车门的工厂,了解到发泡、热、弱化等各项流程,流程均遵循了保证座舱内车主的安全与舒适这一中心主题。技术中心皮部长表示,座舱的智能化过程是以顾客的需求为导向的,我国消费者的供给侧需求很高,这直接推动了我国智能座舱技术的发展。当然,汽车公司不可能满足每个人的需求,也不可能一味地在座舱内添加功能,这会导致座舱内大部分功能冗余,操作过于复杂,且造成资源浪费。所以目前智能座舱需要做的是既要满足大部分用户的需求,又要做到功能按键的简洁化。这需要前期大量的调查,并以此为基础设计车内座舱的框架与逻辑。

智能座舱的用户需求主要分为:颜值、功能、乐趣、情绪感知和个性空间。[②] 颜值方面,通过氛围灯、车内装饰色等进行渲染。功能方面,做到功能的人性化,满足人们对车内空间的主要需求,例如东风公司所做的车内小冰箱、可移动扶手箱等实用部件就很好地满足了大部分的用户需求。乐趣方面,皮部长介绍表示,智能座舱既要满足车主在车内的驾驶乐趣,但又不能设计出可能会影响车主注意力的功能。目前最主流的方式就是利用音乐和氛围灯的互动,来营造欢乐的、沉浸式的驾驶氛围,以及传统的利用广播来添加驾驶乐趣。如何在不影响行车安全的情况下为车主增添驾驶乐趣是目前汽车行业的一个重大课题,行业呼声较高的"用软件去定义汽车"也有一部分出于这个原因。情绪感知方面目前涉及的较少,

---

① 赵斌良,蒋国琛.域控制技术在新能源专用车上的应用开发与技术研究[J].专用汽车,2022(7):52-57.

② 张震,尤伟强,肖利华,等.基于CANFD的智能汽车域控制器软件升级系统设计[J].中北大学学报(自然科学版),2022,43(4):321-326,334.

有公司制出能够识别人脸表情并做出一定响应的系统,但尚未广泛应用。个性空间方面是面向未来所设定的,有些用户有将汽车打造成"第三生活空间"的期望[①],这个空间将会赋予车不同的意义。现在传统的车辆大多只被视为一种代步工具,但是通过车内饰品的综合作用及自动驾驶技术,可以让座舱变为会议室、办公室、卧室等功能化空间,实现车辆意义上的丰富。国内包括东风公司在内的企业都有这样一种概念,也都在往这个方面努力。除此之外,智能座舱还包括对车主安全的关注。实践团队了解到,目前东风公司对座舱的主要测试和研究方向是在极端环境下对车内空气有害物质的检测、安全气囊的有效释放等。

通过对智能座舱技术的重点走访结果,实践团队了解到,智能座舱技术的发展一方面会对汽车行业的整体发展赋能,另一方面又会对消费者未来的驾驶观产生深远的影响,更加追求舒适、安全的驾驶体验。车内智能座舱技术的发展会使"第三生活空间"的概念不断深入人心,成为人们心中与居家空间等同的地位,汽车行业也会因此摆脱以往的瓶颈,以车辆性能为核心转变为以舒适安全为核心,甚至可能会使车辆本身成为一个"大号手机",使车辆形成自己的软件生态。而这种变化,不仅会对未来汽车行业的发展起到重要的推动作用,催生车辆软件开发领域,倒逼车企转型,还会使人们的出行方式产生很大的改变。出行将不再是一个枯燥的开车过程,而是一个使用"大号手机"的充满乐趣的过程。

智能座舱技术在我国的发展势头迅猛,这可能会成为我国车企弯道超车的一个重要机遇,但应该看到的是,我国的技术相比于国外的先进技术水平仍然有一定的差距,智能座舱理念仍然比较模糊,不同汽车领域之间的交流不够通畅。以东风公司为例,公司各个部门对智能座舱的理解也不同,很难组合成一个完整的智能座舱实体,因此国内智能座舱技术仍有一段很长的路要走。[②]

在调研过程中,实践团队查阅了智能驾驶技术相关的行业发展报告,如IHS Markit机构发布的《智能座舱市场与技术发展趋势研究》,以及东方证券发布的《加快智能座舱及智能驾驶核心零部件的布局》等。以下是对行业发展报告及相关文献的分析。

智能座舱主要涵盖座舱内饰和电子领域联动,是拥抱汽车行业发展的新兴技术趋势,从消费者应用场景角度出发而构建的人机交互(HMI)体系。智能座舱技

---

① 牛存有.以"第三生活空间"打造车载广播的市场价值[J].中国广播,2018(4):51-54.
② 王海燕."芯片荒"或将加速汽车芯片国产化进程[J].时代汽车,2022(7):19-21.

术主要体现在智能电子与智能内饰两个方面。其中,智能电子是指用户在车内使用的电子系统,包含液晶屏、语音控制、音乐系统、生物识别、应用软件等。而智能内饰是指座舱内饰逐渐向智能化发展,用户可以对其所有功能进行控制。智能座舱集成了智能化和网联化技术软件和硬件,并能够通过不断学习和迭代实现对座舱空间进行智慧感知和智能决策的硅基生命综合体。与机械化座舱、电子化座舱的不同之处在于,智能座舱能够更加高效、更加智能地感知座舱环境,并被赋予更多的人格特性与具象存在。随着相关技术的日益成熟,目前汽车座舱的智能化水平已经有了巨大的提升,极大地改善了人们的乘车体验,并且不断影响着人们的出行方式。实际上,智能座舱技术和自动驾驶技术构成了智能汽车发展的两条主线,推动汽车成为个人电脑和智能手机之后的最重要的智能化终端产品。

智能座舱技术作为一项引领智能汽车新未来的重大技术,其诞生和发展与多种因素密切相关。在技术层面,智能网联技术快速发展,打破了传统消费电子、家居、汽车等行业划分,让这些领域都关联起来,造车新势力的强势介入引发座舱全新定义;数字化技术让消费者场景化、个性化的体验需求成为可能,推动座舱从交互、环境、空间、控制、数据五大方向进行智能化的变革。在市场层面,汽车供给侧需求发生逆转,消费者需求驱动取代过去供给端的产品和技术驱动。汽车行业的高度成熟必然推动汽车市场由卖方市场向买方市场深度转变,同时,汽车行业快速演变的主要驱动力也由过去供给端的产品和技术驱动逐步转换为不断提高的用户需求驱动。并且用户对汽车的价值理解也从出行工具向"第三生活空间"转变,而座舱则是实现空间塑造的核心载体。因此,在5G、AI、大数据、人机交互、芯片与操作系统的革新的推动下,汽车座舱沿着"本地化—网联化—智能化"三个阶段不断升级发展。

(二) 自动驾驶技术调研结果

随着时代的发展,人们对于出行工具的便捷性与舒适度有了更高的要求,不仅为自动驾驶技术提供了广阔的前景,同时为自动驾驶技术的发展提供了市场基础。20世纪90年代以来,随着通信技术、控制技术和网络技术的发展,人们已经可以在车地之间实现大容量、双向的信息传输,为高密度、大运量的地铁系统成为真正意义上的自动驾驶系统提供了技术层面的可能。

实践团队通过对东风商用车技术中心和东风延锋技术中心进行调研，深入了解到自动驾驶技术的应用场景、发展前景以及目前技术层面上的困难。自动驾驶技术是应当前发展趋势所产生的。在商用车领域，由于社会经济变化，城市对乡村的人口虹吸效应，愿意从事商用车驾驶工作的人越来越少，目前商用车物流领域面临严重的人力资源不足的问题，因此，商用车自动驾驶技术的发展显得尤为重要。而在乘用车领域，人们对汽车的需求从交通工具逐渐转向移动的"第三生活空间"，对汽车舒适度、便捷性的要求越来越高，因此，自动驾驶技术具有广阔的市场与应用前景。

在技术层面，自动驾驶系统采用先进的通信技术、计算机技术、网络技术和控制技术，对列车实现实时、连续控制。采用现代通信手段，直接面对列车，可实现车地间的双向数据通信，传输速率快，信息量大，后续追踪列车和控制中心可以及时获知前行列车的确切位置，使得运行管理更加灵活，控制更为有效，更加适应列车自动驾驶的需求。毋庸置疑，自动驾驶已成为人类发明汽车以来的一大颠覆性创新，其影响不止体现在汽车行业，对社会发展、出行体系都产生了巨大影响。在自动驾驶实践方面，国内外汽车企业都在趋势到来前努力寻找到自己的一席之地，锚定可预见的未来。在国内，车企纷纷成立技术创新中心，自动驾驶、车联网和 AI 技术正逐步迈入新阶段。这意味着，中国智能汽车产业链正发生深刻的结构性变革。无论是乘用车自动驾驶技术已经覆盖到 L3 级别，可以实现自动超车、限速调节、最优车道选择等，抑或是无人配送车、自动驾驶货车都已进入规模化量产阶段，都将加快道路智能化建设，重塑出行方式。东风公司相关人员向实践团队介绍道，目前东风公司下一阶段目标是实现 L3 级别半自动驾驶技术的突破与应用。同时，在"用软件去定义汽车"的背景下，大数据、网联等技术在实现自动驾驶技术方面显得尤为重要。

然而，自动驾驶技术的发展过程中仍存在许多问题。以东风公司为例，在自动驾驶技术发展过程中，由于国内自动驾驶技术起步较晚，相较于国外而言，自动驾驶技术研发方面基础设施存在不足，相关技术人员缺失，导致自动驾驶技术研发缓慢。同时，国内自动驾驶相关领域法律未成体系，如 L3 级别半自动驾驶技术法律界定不清，比较经典的问题便是责任判决方面，这就导致 L3 级别半自动驾驶技术无法应用于实践。另外，大数据、网联等技术应用过程中，难免存在隐私泄露、网络攻击等隐患，导致用户安全受到威胁。同时，自动驾驶技术是新兴技术，公众对于自动驾驶技术的安全性仍存在忧虑,以至于自动驾驶技术的普及受到限制。综上所述,自动驾驶技术的发展仍存在许多问题,国内汽车企业自动驾驶技术仍须改进。在人们对于汽车的需求逐渐多样化的当下,当今汽车市场的趋势便是自动驾驶汽车,国内外诸多汽车公司都在发展自动驾驶技术,希望占据当今汽车市场的上游,但由于技术受限及法律体系的不健全,导致自动驾驶技术的发展受到限制。目前,各大汽车企业都在自动驾驶技术的赛道上角逐,相信在未来,自动驾驶技术会逐渐成熟,汽车也将成为真正的"第三生活空间",在满足用户对于不同场景需求的同时,使用户的驾驶体验更加舒适便捷,实现汽车发展历程中的一大飞跃。

四、调研结果与结论

(一)智能驾驶技术具有多方面的社会效益

汽车智能驾驶技术具备保障安全、提升效率、缓解驾驶压力等优点,是未来汽车发展的方向。[①] 智能驾驶技术包含自动驾驶技术、智能座舱技术、智能网联技术等技术领域,其本质是人工智能和信息技术在汽车产业中的应用。智能驾驶技术对于居民出行、行业发展以及国民经济都可能产生深远的影响。

1. 智能驾驶技术将重新定义出行

智能驾驶技术目前最主要体现在高级辅助驾驶(ADAS)方面,能够显著提高驾驶的安全性,保障驾驶员和乘客的生命安全。自动驾驶技术使汽车向"第三生活空间"转变成为可能。驾驶员可以在车内继续办公或休息,节省交通中的时间成本。此外,智能座舱技术也是智能驾驶领域的发展重点之一。通过实现汽车各功能区域控制器的融合,智能座舱能将人机交互方式从传统的分离式按键变为集成的中控屏幕和语音助手。随着人工智能技术的发展,汽车有可能感知驾驶者的

---

① 于瀚.汽车智能驾驶技术将走向何方?[J].汽车与配件,2022(9):40-41.

偏好和表情,创造出更为安全和舒适的驾驶环境。

2. 智能驾驶技术将引发产业变革

智能驾驶技术的逐渐普及,给汽车产业带来了前所未有的变革。HIS Markit机构在2021年对中国市场的调研显示,超过80%的用户对座舱智能配置表现出了购买意愿(含"非常需要"与"比较需要")。从额外付出购买成本的结构来看,用户在娱乐、中控大屏与空中下载技术(OTA)三大领域愿意付出的额外成本相对偏高。这些变化表明,越来越多的消费者将智能化水平作为评价汽车的新指标。为了适应这种趋势,汽车厂商更加关注汽车智能座舱和网联技术。汽车智能座舱的实现需要车企在整车电控、语音控制等技术领域加大研发力度。汽车智能网联技术将带动OTA技术的普及,通过下载更新即可提升车辆性能。因此,车企不仅需要强大的硬件研发能力,还需要更强的软件研发能力。这也正是汽车行业中提出"用软件定义汽车"的含义。这些变化同时也在促进车企加快研发速度,改革人才结构,改变研发方向。汽车行业是关系经济发展、人民安全的重工业领域。无论汽车行业最终会何去何从,都必将对经济民生产生重大影响。

3. 智能驾驶技术或将影响中外汽车市场格局

在对东风延锋技术中心的走访中,实践团队发现,东风公司技术人员普遍认为国内汽车的智能座舱技术发展速度很快,并且正在领跑全球市场。其中的原因包括两个方面:一是5G等技术使得国内有更适合智能座舱技术发展的技术土壤;二是国内消费者对智能座舱技术的需求更大。因此,包括智能座舱在内的智能驾驶技术或将成为中国车企进一步拓展海外市场的重要方式之一。根据IHS Markit的预测,国内智能座舱市场增速领先全球,2030年智能座舱规模全球占比将从2021年20%左右上升至37%。这一变革有助于中国车以不同的方式走出国门,向中国智造的方向进一步转型。

(二)答卷人群对智能驾驶技术持积极态度

关于此次的调查问卷,实践团队对以下几个方面进行调研。

实践团队在问卷中询问调查对象是否开过车,如图1所示,47.00%的调查对象没有开过车,53.00%的调查对象则有驾驶经验,没开过车的和开过车的人数比例接近1∶1。实践团队可以通过问卷了解到未开过车的新手对于智能驾驶的预期和展望。此外,会开车的调查对象因为有过真实的驾驶体验,所以对驾驶有更加切实的理解,这一部分调查对象能更直观地反映出车主对车辆的要求。

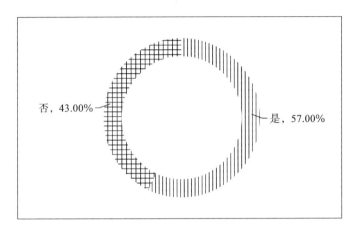

图 1　是否开过车

智能驾驶是一个比较新颖的名词,如图 2 所示,相当一部分调查对象没有过多接触过智能驾驶技术,53.97%的人仅仅只是在网络上或者他人口中了解过智能驾驶技术,还有 28.57%的人对这一领域基本不了解但有自己的设想,仅有 6.35%的人乘坐过装载有智能驾驶系统的车。

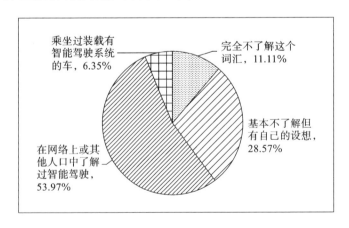

图 2　对智能驾驶的接触程度

关于人们对于智能驾驶的认知,如图 3 所示,47.62%的调查对象认为智能驾驶技术就是机器帮助人进行驾驶,以及在特殊情况下完全取代人驾驶的技术。

26.98%的调查对象认为智能驾驶技术等同于无人驾驶技术,还有25.40%的调查对象认为智能驾驶技术是机器与人协同驾驶的技术。由此可见,大多数调查对象对智能驾驶技术的看法还是比较保守的,大部分调查对象认为,智能驾驶不能在任何场合完全替代人工,这一认知符合现在的实际。

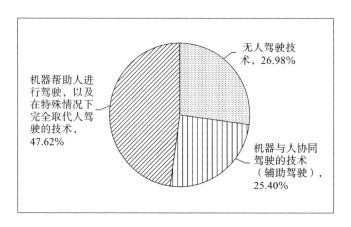

图3 对智能驾驶的认知

如图4所示,当问及智能驾驶未来是否可以完全代替人工,有10.32%的调查对象认为不可能,而有30.16%的人认为智能驾驶将完全代替人工驾驶,剩余约六成的人则认为人工驾驶和智能驾驶会两者并存。事实上,目前智能驾驶技术确实只有在特定的场合中替代人工。

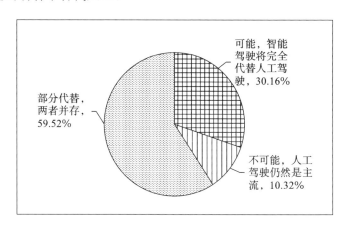

图4 智能驾驶未来是否可以完全代替人工

如图5所示,关于是否有倾向购买智能驾驶车辆以及对购买智能驾驶车辆的态度,可以看出调查对象对智能驾驶车辆的购买意愿和需求还是比较大的,分别占了 74.60% 和 34.13%。

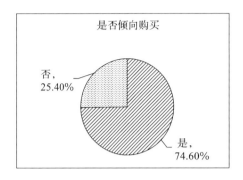
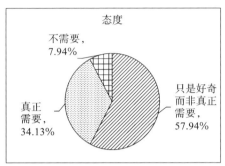

图 5　是否倾向购买及是否刚需

在上述问题基础上,问卷设置了一个更加深入且具体的问题:如果你是驾驶员,更看重哪个部分? 调查结果显示,安全舒适性占据了第一位,占比高达 81.75%(见图 6)。智能驾驶的智能性也体现在可以通过算法将驾驶者所处的路况信息更加具体地反映给驾驶员,并且给出驾驶建议,还可以主动干预驾驶操作。这些功能都为了保证驾驶员的行车安全,在首要保证安全问题后,就会重点考虑营造舒适的驾驶环境。

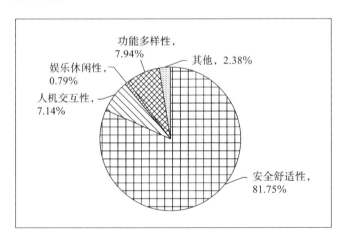

图 6　作为驾驶员更看重的部分

如图 7 所示,关于"技术成熟后,是否倾向于完全的智能驾驶"的问题上,72.00%的调查对象选择了"是",在问及选择"是"或"否"的原因,结果显示,选择了"否"的调查对象中有六成表示不太信任人工智能的决策,怕出问题,更相信自己的决策。

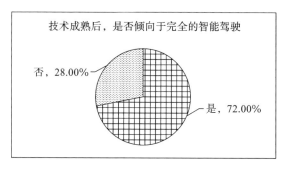
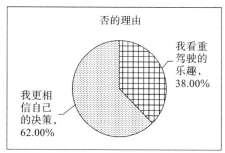
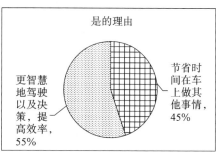

图 7　技术成熟后,是否倾向于完全的智能驾驶及各自理由

问及对智能驾驶的顾虑,调查结果如图 8 所示。从结果中不难看出,40.00%以上的人担心的问题都是技术方面(主要包括算法技术与系统技术方面)的问题,很大一部分调查对象害怕技术不够完善,不能够保障自身的安全。还有 12.00%的调查对象担心,在开车的过程中智能驾驶会影响人的决策——使驾驶员分心,

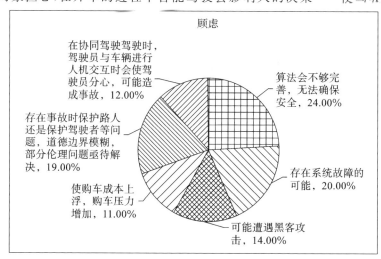

图 8　驾驶人对智能驾驶的顾虑

才导致危险的发生,而这个顾虑也是合理的。同时还有对政策方面的担忧也是合理的,因为智能驾驶的算法误判导致的事故,归咎和责任都是要商榷好的。

问卷的最后,关于智能驾驶的展望和发展,如图9所示,除了11.11%的调查对象认为智能驾驶不会对现在或未来的生活产生什么影响外,大部分调查对象都认为智能驾驶很有发展前景,但其中65.87%的人认为这项技术的重要性目前尚未显现,但会在未来产生巨大的影响。

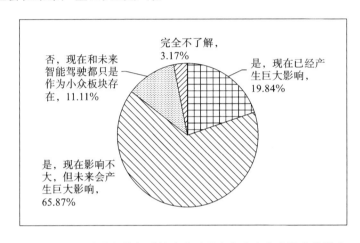

图9 你是否认为智能驾驶技术会对现在和未来产生巨大的影响

关于"未来车辆是否会具备更多功能"的问题,大多数调查对象持有积极乐观态度,八成以上的人相信未来智能驾驶技术的发展空间十分广阔(见图10)。

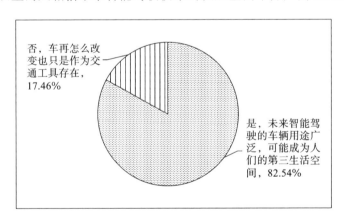

图10 未来车辆是否会具备更多功能

五、问题与建议

（一）问题

1. 材料与芯片核心技术不足，核心领域混合型人才缺失

智能驾驶是以用户需求为导向的辅助驾驶技术，不同用户往往有着不同需求，可能存在需要在不同时间或场景采用不同的车辆喷漆外饰风格，这是我国目前的基础材料领域难以达成的。同样，智能驾驶中自动驾驶技术对路况的分析并不是仅仅分析一次，而是根据路况每间隔10毫秒甚至更短时间内就进行一次分析，并在系统数据库中做出决策，因此车载芯片需要大量算力。目前国产芯片也在被西方国家"卡脖子"，面临着算力不足的困境。

智能驾驶是一项多领域融合的技术，往往存在编写算法的计算机工作者对电控领域不够了解的情况，电控领域同样对其他领域不够了解，最后在多方位统筹决策时难免有失偏颇。混合型人才在类似智能驾驶这种多域融合技术板块显得弥足珍贵，且当下混合型人才存在较大的人才缺口。

2. 智能驾驶中自动驾驶的相关法律法规不够健全，同时道德伦理问题亟待解决

据实践团队的调查问卷显示，部分调查对象认为"存在事故时保护路人还是保护驾驶者等问题，道德边界模糊，部分伦理问题亟待解决"是制约智能驾驶前行的重要顾虑。

《新能源汽车产业发展规划（2021—2035年）》提出，到2025年，高度自动驾驶汽车实现限定区域和特定场景商业化应用；到2035年，高度自动驾驶汽车实现规模化应用。但时至今日，自动驾驶相关的法律保障体系尚未健全。

西南政法大学人工智能法律研究院自动驾驶法律研究中心主任郑志峰副教授表示："自动驾驶与传统机动车最大的区别在于，汽车运行到底是人支配还是机器支配。现有的道路交通安全法、民法典中的机动车交通事故责任是以人类驾驶员的驾驶行为和驾驶过错为基础构建的,自动驾驶取代人工驾驶后,现有的责任规则很难继续适用。"

正因未得到法律法规的"许可",现在智能驾驶车辆仅能在限定路段"试运营",同时车内必须配备有安全员,全国现在仅深圳部分路段存在实验点。我国自动驾驶已进入落地关键期,但我国高等级自动驾驶汽车的发展仍面临诸多问题,需要进一步突破与技术、产业发展不相适应的政策瓶颈,激发自动驾驶领域创新能力。

智能驾驶汽车在承担司机角色的同时,自然也要承担司机的责任。在不可避免的事故中,自动驾驶系统需要自行应对道德选择。为了规范自动驾驶汽车的道德行为,最大限度地保护人类生命、财产安全,近年来业内企业、行业专家和监管部门都在考虑制定一套社会普遍接受的道德准则。

此前,研究人员曾进行过一项实验,设定了一个无法避免的智能驾驶汽车事故场景,让参与实验的人选择救谁。结果显示,很多回答都有偏向性,或选择人类而牺牲宠物,或选择年轻人而放弃老年人,或选择多数人而牺牲少数人……此外,不同文化人群之间还有选择的差异性,例如一些人甚至会考虑社会地位等。

当然,要想在实际情况下做出这样的抉择并不容易,特别是对智能驾驶系统来说,如果要基于人类的性别、年龄、社会地位等因素来判断其生命价值,这在技术上是很大的挑战,至少在短期内难以实现。

3. 智能驾驶可能过度屏幕化

据调查问卷显示,81.75%的调查对象认为智能驾驶中最重要的是安全舒适性,而人机交互性、休闲娱乐性、功能多样性加起来仅占15.87%。还有部分调查对象认为"算法不够完善,无法确保安全",说明驾驶者十分关心的是系统自身算法的开发而非其余附加功能,当下的智能驾驶研发却进入了误区。

松下发布的AR抬头显示系统可将仪表板图像全息投影到驾驶员的挡风玻璃上,并通过眼动追踪技术,根据视线调整投影位置,减少驾驶员因低头看仪表板造成的注意力分散,从而提高道路安全性。车上还配有新一代车载信息娱乐系统SPYDER,采用单一计算平台,可支持全车11个不同区域的显示设备共享内容,包含仪表盘、中控显示屏(双屏)、后视镜、抬头显示器、后排娱乐信息系统等,不同交互终端可独立运行。

这些新概念似乎在体现人们对"未来汽车"的期许：汽车不再是单纯的交通工具，而是集休闲、娱乐、办公等多媒体功能于一体的智能空间。实际上，当车载屏幕逐渐在"大"和"多"的道路上一去不复返，以实现智能驾驶的娱乐功能为主要目的时，智能驾驶似乎陷入了为屏幕而屏幕的误区。

现在的车载 OS 中，为了保障应用生态的多元，用于 IVI 系统的底层技术大多为 Android，其系统稳定性能否长时间持续支持较多较大的屏幕和交互功能，似乎还有待验证。且在自动驾驶技术尚未诞生的情况下，司机无法转移注意力开展娱乐活动，升降大屏、多屏联动功能使用场景极其有限，只会徒增成本，半升起的大型屏幕还可能形成驾驶视线死角。这些以娱乐为主的屏幕，并不符合当前智能座舱的需求。对于当前未完全实现自动驾驶的智能座舱而言，屏幕的面积、数量和交互娱乐功能并非首要解决的问题，其所需要的应是一个能与车载 OS 系统稳定连接、实时体现车辆状况、操作简单便利的屏幕。

同时工作重心的偏离会在不远的未来，智能驾驶初步普及时，L3 级别半自动驾驶技术的智能驾驶车辆的额外购车成本大幅上升，从而增加用户购车压力与经济负担，不利于智能驾驶长期发展。

用户在驾驶时，需要进行一些如座椅位置的调整行为，在智能驾驶系统下，可能需要对屏幕进行一定的操作，此时驾驶员的注意力可能会出现一段时间的分散，因为需要用手对屏幕进行一定的操作而使之离开方向盘。经过实践团队的调查，大部分时间驾驶员普遍倾向开启智能驾驶的辅助驾驶功能而非完全自动驾驶，但是在智能驾驶的辅助驾驶模式下，驾驶员受屏幕影响产生的认知偏差，可能会使驾驶员短暂失去对路况的判断，从而导致事故风险上升。

▫ 4. 智能驾驶识别模式固化，网络安全存在隐患

在当下，可以通过身体动作来对智能驾驶车辆输入指令，但识别模式固化，弹性空间不足，如一个点头动作，需要极大幅度地上下摆头，且识别点头的框框被限制在较小的空间内，导致用户难以在该空间内进行符合机器识别的动作。这个例子反映出智能驾驶的传感器识别功能尚且存在一定的不足，同时机器学习的数据库中学习的例子不够具有普适性，为了智能而智能，最终导致原本一个按钮可以解决的事情变得更加复杂，违背了智能驾驶的初衷。

从问卷调查中可以看出，部分调查对象认为网络安全会成为智能驾驶的重大安全隐患。需要联网进行的操作终归存在安全隐患，在不法分子的手中，智能驾驶很可能会成为一个新的牟利点，不仅窃取用户基本信息，甚至可以黑入用户车辆，使驾驶员失去对车辆的基本控制，这将会对驾驶员的人身和财产安全造成极大的威胁，同时也对公众安全秩序产生冲击。

5. 汽车实现全域一体化控制，仍存在很多挑战

有的调查对象的主要顾虑是智能驾驶的系统故障问题，而全域一体化控制能否做到尽善尽美，成为能否解决这一问题的关键。

虽然目前智能座舱技术发展迅速，更多的功能被集成到中控屏上，使得驾驶体验更加智能和便捷，但是所涉及的方面目前多数局限在无关驾驶安全的领域中，如内饰和空调等，而无法做到汽车全域控制的融合统一。除了安全性考虑外，最主要的问题在于很多传统车辆使用的控制器在系统底层无法实现兼容。因此想要做到全车的智能控制，并进一步实现智能驾驶乃至自动驾驶，就需要对汽车的全部构件做统一的规划和生产，而这需要大量技术储备的支持。

6. 智能驾驶浪潮中，传统造车企业受到冲击

智能驾驶技术的发展给传统车企带来了很大的挑战。由于新兴的电动车品牌往往有更多计算机相关的技术储备，在发展汽车自动驾驶方面更具开创性，加之电动车浪潮的兴起，传统车企在内燃机动力系统方面的技术优势几乎被抹平。这些变化迫使传统汽车品牌挖掘相关技术领域的技术人才，成立新的研发部门，努力缩小与造车新势力在智能驾驶和新能源领域的技术差距。

（二）建议

1. 加强基础工科建设，完善混合型人才成长激励机制

（1）加大对基础工科的支持。对于传统基础工科如材料等，需要加大资金投入力度，提高基础材料技术人员的薪酬，这在提高员工劳动积极性的同时可以促使大量人才进入传统工科领域发光发热，在人才层面推动基础材料与芯片层面的

研究。

（2）优化基础研究布局。促使高校及研究所基础工科围绕科技前沿"卡脖子"的重大难题和国家重大需求科学问题进行超前部署,优化国家科技计划基础研究体系,优化基础研究布局,推动国家重大科技基础设施建设。

（3）完善基础研究发展机制和环境。加强基础研究顶层设计和统筹协调,建立基础研究多元化投入机制,深化科研项目和经费管理改革,推动基础研究与应用研究融通,促进科技资源开放共享,完善符合基础研究特点和规律的评价机制,加强科研诚信建设,推动科普、弘扬科学精神与创新文化。

（4）实施激励措施。在混合型人才领域,国家和企业内部都应对多领域混合型人才实施相应的激励措施,企业内部也可以定期组织不同领域的员工共同商讨问题以栽培混合型人才。培养一批具有国际视野的战略人才和科技领军人才,加强中青年和后备科技人才的培养,稳定实验技术人才,组建高水平创新团队。

2. 加快政策创新助推规模化运用,以人为本,制定智能驾驶道德准则

各地方政府应积极探索自动驾驶"中国模式",可以适当效法深圳与北京。其中,北京积极推行商业化试点,开放了全国首个自动驾驶出行服务商业化试点;深圳从立法入手,尝试地方立法在智能网联汽车准入管理、事故责任认定等领域开展探索。

国家政府可以进一步加大对核心技术攻关的支持力度,通过专项资金扶持等方式,鼓励引导企业自主掌控操作系统、线控底盘等核心软硬件研发能力,加快形成行业标准,尽早实现自动驾驶产品技术规模化;地方政府可以出台配套政策,打造全自动无人驾驶汽车的载人运营政策先行区;加快智能驾驶道路交通安全法的修订和发布实施,从国家层面为加快自动驾驶汽车规模化商用、无人化奠定法律基础;在某些示范区可以适度超前建设智能交通基础设施,发挥5G远程控制优势,通过车路协同提升交通效率和安全性,带动汽车产业向智能化和网联化转型升级。

可以适当扩大自动驾驶道路测试范围,国家和地方之间统一测试标准,协同推进技术创新和落地。同时,建议在全国人大的统筹下,逐步开展部分代表性区域自动驾驶立法的先行先试,快速建立地方和行业技术标准和准入体系,并复制推广至其他城市,为政策法规的制定和完善提供补充和支撑。

在智能驾驶道德准则方面，德国的做法为我们提供了参考。2017 年，德国政府发布了关于自动驾驶技术的首套道德伦理准则。该标准体现了"以人为本"的精神，明确人类的安全必须始终优先于动物或其他财产。另外，该标准规定，当自动驾驶车辆发生不可避免的事故时，任何基于年龄、性别、种族、身体属性或任何其他区别因素的歧视判断都是不允许的。同时，该标准还提出，自动驾驶汽车应当保留由人类进行接管的功能。

可以看出，德国发布的自动驾驶道德伦理准则比较符合当代人类社会的道德观念，也较为全面，适合作为我国制定相关准则的参考标准。当然，自动驾驶道德伦理准则并非一成不变的，而是处于不断完善的过程中。随着道德伦理标准难题的逐步解决，自动驾驶汽车全面普及之路有望更加顺畅。我们可以以德国的准则作为参照，在未来几年间不断完善，从而确保自动驾驶技术开发沿着正确方向发展。

3. 调整开发重心，设立警报措施，完善智能驾驶系统对驾驶员的感应措施

在智能驾驶中的自动驾驶功能尚不能达到完全自动驾驶的情况下，应尽量减少对车载大屏幕娱乐功能的开发。据调查显示，购车者中最看重的车辆功能是安全舒适性，占比 81.75%，而看重娱乐休闲性和功能多样性的加起来仅占 8.73%，因此应着重投入完善核心算法，逐步优化人机交互。此举还可以减轻用户的购车成本，有效促进智能驾驶进一步发展。

在 L3 级别半自动驾驶的情况下，为了减轻认知偏差，可以拓宽智能驾驶系统对驾驶员的感知方式，而非单一智能大屏触碰，例如可以采用语音功能识别、视线识别、动作姿势识别等方式。此外，还可以在智能大屏的对应按钮上设置如盲文般特定的凸起，使驾驶员在有经验的基础上可以做到视线尽可能地少量停留在屏幕上就可以进行操作，这样可以有效减少妨碍驾驶员进行路况判断的情况发生，进一步完善驾驶员的行车体验。同时，警报措施的设立也是必要的，汽车可以设置传感器感知，如果驾驶员的手离开方向盘 250 毫秒以上，智能驾驶系统会自动向驾驶员发出警告，因为在 L3 级别半自动驾驶的情况下，需要驾驶者与智能驾驶系统协同进行路况分析。之所以特别强调 L3 级别半自动驾驶，是因为相对于完全的智能驾驶，半自动驾驶必然会先一步走入人们的生活，而半自动驾驶的相应问题与解决措施才是当下应该首要考虑的问题。

◻ **4. 深化机器学习,增加智能驾驶系统识别弹性,加大力度搭建网络安全平台**

用传感器来收集驾驶员的感官信号,最后由人工智能进行信息处理。想要拓宽智能驾驶系统识别弹性,真正做到让智能方便人们的驾驶,那么深度的机器学习是必不可少的,需要进一步完善深度学习模型,同时大量输入对应的基本模板,使得机器可以在一定误差范围内正确判断驾驶者想要表达的动作信息,收集用户的喜好信息并将其传递给企业,使企业更好地进行车型的改良,调整并额外假设一些功能,甚至可以根据用户喜好向用户提供个性化服务,有效地改善驾驶体验,增加社会效益。而这正是传统汽车行业目前亟待解决的问题。

随着智能驾驶的进一步发展,每一辆车的网络安全都不会成为单一的个体,否则防御机制疏松易攻破。因此各车企应统一搭建网络安全平台并加大投资力度,通过统一安全平台对旗下智能驾驶车辆进行安全管理,从单一的车辆个体上升到企业网络安全平台,车辆的网络安全才能受到进一步保护。同时,还需要政府出台相应的车辆网络安全法律法规,国家网络安全平台也可以加大对车企的扶持力度,进一步约束不法分子的行为,违法必究,从而有效保障驾驶员应对智能驾驶车辆的网络安全问题。

◻ **5. 传统车企抓住机遇实现智能化转型,同时保留传统汽车驾驶模式**

智能汽车正在成为汽车行业的新热点,热度持续提升,传统车企必须快速发展新的能力才能适应这一新变化。传统车企应尽快转变观念,通过大数据平台积极发掘客户内在需求,发展长期运营模式。传统厂商的企业运营是 TO B,车通过经销商卖出去,厂商跟用户接触很少,卖完车就基本结束了;智能汽车的互联网公司运营基本都是 TO C,公司与用户直接联系,卖出车是第一步,后续则要长期运营客户。同样地,汽车行业传统厂商百年来都是老大地位,而今互联网公司陆续入场,传统车企应摆正姿态,抓住机遇寻求发展而非故步自封。

鉴于智能化转型使汽车由硬件定义转化为由软件定义,有分析师甚至认为,未来特斯拉经常性软件收入价值可能会超过其硬件业务的价值。传统车企可以与互联网公司进行强强联合,将工作重心由硬件领域转向软件领域,传统车企应积极参与汽车行业的智能化和数字化进程,将各层级的能力上下贯通融合,输出包括智能座舱整体设计、智能网联车载操作系统、定制化语音及人工智能组件、大数据平台及分析系统、个性化应用及运营等全面的产品和服务，助力合作伙伴更快地实现数字化转型。

在未来智能网联时代，高可靠性、高性能的车规芯片是构建新型电子电气架构的硬件基础。传统车企应与芯片企业合作，将系统能力与芯片能力打通，为用户提供卓越的体验；不断尝试更多的创新合作形式，为主机厂合作伙伴提供更加灵活、更高适配性的智能网联解决方案。在数字化工具链的加持下，未来传统车企可以屏蔽硬件差异，在应用层进行改造，快速打造可融合互联网生态的智能网联汽车系统。

与此同时，值得注意的是，不能将传统汽车驾驶模式完全抛弃，据实践团队调查显示，有一部分驾驶员不喜爱智能驾驶的原因是他们更看重驾驶本身带来的乐趣，而此类群体并非少数，作为客户导向型产业，传统车企在发展自身实现智能化转型的同时也需要注意主流群体之外的需求。

指导教师评语

随着科技的不断发展和汽车产业的快速进步，智能驾驶技术正成为未来出行的主要趋势。在此背景下，通过深入了解智能驾驶技术的发展现状及其产生的社会效益，可以更好地把握其成长的逻辑和方向，探索应对未来交通需求的有效手段，为相关部门决策提供有力支撑。韩轶凡等同学对东风公司的智能驾驶技术及相关产业发展现状进行了实地观察、访谈和问卷调查，重点了解了智能座舱系统和自动驾驶技术的发展历程及面临的机遇和挑战，剖析了其社会效益、市场预期及产业困境等关键问题，并提出了一些有启示意义的建议，为智能驾驶技术的可持续健康发展提供了重要参考。这是一份非常出色的社会实践报告，内容丰富、逻辑顺畅、数据充分、分析透彻、结论清晰、形式规范，展示出实践团队在科技领域和社会问题方面具备较强的调研、学习、分析和解决问题的能力，以及高度的责任感和使命感。

（韩守东　华中科技大学人工智能与自动化学院副教授）

智能手机使用对农村儿童社会关系的影响分析

——基于吉安市城上乡、昆山市周庄镇和嘉兴市姚庄镇的调查①

——————— 摘　要 ———————

根据2022年2月发布的第49次《中国互联网络发展状况统计报告》,我国未成年网民已达1.83亿,农村未成年人互联网普及率达到94.7%。对于农村儿童群体来说,智能手机已然成为调节亲子关系、同伴关系等社会关系的有效工具。本次社会实践对三个省份部分地区农村儿童及其父母进行访谈,探究目前农村儿童的智能手机使用现状及这种现状对于其社交关系的介入和调节机制,思考智能手机作为媒介在农村儿童的社会关系之中起到的作用,关注其中存在的隐患和风险,并尝试探索正确引导农村儿童关于智能手机使用的可能方式。研究得出,智能手机为社交、娱乐途径相对贫乏的农村儿童提供了一片广阔的天地。但是,对于智能手机的依赖和沉迷,失当的监管与控制,也在一定程度上压缩了现实的社交机会。要解决智能手机使用对农村儿童带来的负面影响,这需要家庭的教育和引导,也需要社会各方力量的努力。

——————— 关键词 ———————

农村儿童;智能手机;社会关系

一、研究背景

如今,智能手机已经成为人们生活中必不可缺的工具,其在人们的日常生活

---

① **社会实践团队名称:**华中科技大学新闻与信息传播学院"寻访乡村,书写大地"探究新媒体使用对农村儿童的影响社会实践团队。
团队成员:王怡亭、戴梦婷、束焱、郁书妍、余迎佳、邹子璇、周苓睿。
报告执笔人:王怡亭、周苓睿、戴梦婷。

中发挥着无可取代的重要作用。从休闲娱乐到教育教学,从社会交往到信息获取,手机以其小巧便携、高效智能等独特优势成为最受青睐、使用最为广泛的新媒体产品。不仅成年人日常在工作、社交等场合中需要高频使用手机,儿童使用手机的情况也越来越多,儿童使用家长手机或是拥有个人手机的情况随处可见,手机作为媒介在儿童的日常生活中也扮演着重要角色。2022年2月发布的第49次《中国互联网络发展状况统计报告》指出,我国未成年网民规模已达到1.83亿,互联网普及率达到94.9%。其中,未成年网民拥有个人手机的比例达到65%。儿童通过使用手机获取信息、放松娱乐,同时也通过手机与家长沟通、与他人交往、与外界接触与联系,智能手机参与了调节、重构儿童的社会关系的进程。然而,儿童的心智尚未成熟,自控力和对信息的判断能力不强,长时间不合理地使用手机会对儿童的生理和心理都造成不良影响,影响其社会交往。

城市经济发展水平较高、生活条件较好,城市儿童使用手机的情况更为普遍,也得到了较多的关注,而农村儿童使用手机的整体状况常常被忽视。数据显示,农村未成年人互联网普及率达到94.7%,与城镇的普及率几乎持平。[1] 然而,农村经济发展水平较差、人均受教育程度较低,家长对儿童使用手机的态度、儿童对手机使用的认知等多方面因素都会与城镇有一定的差异,这些因素共同促使农村儿童手机使用表现出区别于城镇儿童手机使用的独特性。

基于此背景,本小组选取江西、江苏、浙江的乡镇作为调查地点,针对当地农村儿童的手机使用状况开展深度调查,研究智能手机对农村儿童社会关系的调节机制,探究其对农村儿童社会关系的影响程度与具体影响方式。

本小组分为江西分队、江浙分队两支队伍,在两个地区开展实地调查。江西分队的调查地点为江西省吉安市新干县城上乡。由新干县政府网站的公开信息可知,城上乡地处新干县东部边缘,距县城37千米。城上乡户籍人口约16000人,外出务工人员近8000人,几乎占据户籍人口的半数,长期留在本地的村民较少。[2] 江浙分队的调查地点分别是江苏省苏州市昆山市周庄镇和浙江省嘉兴市嘉善县姚庄镇。调查地点所在的昆山市与嘉善县都是"全国百强县市",第一二产业发展

---

[1] 中共中央网络安全和信息化委员会办公室,中华人民共和国国家互联网信息办公室. 第49次《中国互联网络发展状况统计报告》[EB/OL]. (2022-2-25)[2023-4-1]. https://www.cnnic.cn/n4/2022/0401/c88-1131.html.

[2] 新干县人民政府办公室. 城上乡简介[EB/OL]. (2021-4-22)[2023-4-1]. http://www.xingan.gov.cn/xxgk-show-10191560.html.

状况良好,旅游业发达,经济发展水平较高。两地相距约 40 千米,在经济发展水平、文化教育水平等方面都比较相近。①②

二、研究内容与方法

(一) 研究必要性及现状

1. 研究必要性

在当今社会,大众媒介飞速发展,智能手机在生活的方方面面发挥着不可或缺的作用,成为成年人的必备之物,这也潜移默化地影响着在信息时代成长起来的儿童。他们作为"互联网原住民",自出生起,各种媒介的陪伴便无处不在。尼尔·波兹曼曾提出,电子媒介时代下,信息在儿童与成人之间共享,二者的界限逐渐消失,"童年"正在消逝。即使是在农村,未成年人互联网普及率也已经达到94.7%,远超过成年人的互联网普及率。在这样的环境中,儿童不可避免地受到以智能手机为主的各种媒介的影响。其中,聊天软件、手机游戏、网络小组等多种沟通交流、休闲娱乐渠道的存在,使得智能手机不由自主地介入儿童的日常生活。手机不仅是开辟全新网络世界的一方屏幕,也作为开拓、形塑儿童社交空间的工具,影响着儿童的社交关系。他们从"网生代"的视角,通过智能手机塑造着不同于父辈、祖辈的社交方式与价值准则。

但是,儿童正处于成长成人的关键阶段,充满好奇心和求知欲,价值观尚不成熟。尤其是农村儿童,由于物质生活水平和成长环境的相对落后,他们对于冗杂信息更缺乏免疫力、批判力,更容易被智能手机中的各类信息引入歧途。因此,在缺乏引导的情况下,农村儿童使用智能手机往往存在着一定的风险,可能会陷入

---

① 昆山市人民政府办公室.周庄镇[EB/OL].(2022-3-24)[2023-4-1].http://www.ks.gov.cn/kss/zzz/201609/04858731bd8945ec9343ccc4ece918b7.shtml.

② 嘉兴市人民政府办公室.姚庄镇基本情况[EB/OL].(2022-11-30)[2023-4-1].http://www.jiashan.gov.cn/art/2022/11/30/art_1229199233_5031120.html.

手机成瘾、自我封闭的泥潭，滑入智能手机带来的迷失和彷徨，不利于其社交关系的长期良好发展。

故而，通过研究智能手机使用对于农村儿童社会关系的调节机制，思考如何在高度发展的信息社会给予农村儿童科学合理的指导，引领他们正确认识和使用智能手机，理性辨别社会真实与媒介真实，从而构建健康积极的社会关系，在当下尤为重要。

2. 研究现状

目前，对于儿童媒介使用及儿童的社会关系已得到了许多研究者的关注，也取得了一定的成果。但一方面，对于儿童媒介使用的研究往往没有细化到"智能手机"这一具体媒介，或是以电视、电脑为主；同时，鲜少有研究直接着眼于儿童媒介使用与其社会关系之间的直接作用关系，大多数研究关注的是儿童在媒介使用中被动受到的影响，例如电视、手机使用对于儿童认知能力、社会化过程的影响，将儿童作为媒介使用主体的研究还比较匮乏。而在儿童的社会关系方面，相关研究大多从儿童自身的心理、情感状况出发，围绕社会支持、幸福感、孤独感等因素进行探讨，对于智能手机等媒介在儿童社会关系中发挥的作用与影响缺少深入的研究。另一方面，目前关于儿童媒介使用的研究以量化研究为主，研究范式较为固定，并多将儿童作为一个整体进行分析，缺少对儿童差异化、个性化的剖析，对于儿童情感、心理健康上的讨论存在结论重复、创新不足的问题，因此，已有研究对问题背后原因的挖掘也欠缺深度。

（二）研究问题

基于以上内容，本研究通过深度访谈的方式，集中调查农村儿童的智能手机使用状况，并关注智能手机使用是如何在他们的社会关系形成、发展、变化中发挥作用，影响、塑造着"互联网原住民"一代的新型社交格局。从而，本研究试图进一步对以下问题开展研究：

（1）农村儿童智能手机的使用状况如何？

（2）智能手机如何调节农村儿童的社会关系，对儿童的社会关系产生了怎样的积极影响与消极影响？

其中，本次研究中的社会关系以亲子关系、同伴关系为重点，深入探讨智能手机对两种关系的积极影响与消极影响，得出全方位、多角度的结论。于亲子关系而言，手机一方面为孩子与父母之间架起了沟通的桥梁，另一方面也经常成为家庭矛盾爆发的源头；于同伴关系而言，线上虚拟空间的社交与线下面对面的交流相互影响，手机对于同伴关系的建立与发展具有双重作用。最后，在农村儿童手机使用情况的调查基础上，本文归纳分析其中的风险与问题，并总结出可行的解决方案和建议，对未来引导农村儿童合理地使用智能手机、有效降低智能手机带来的负面影响提供具有理论意义和现实意义的结论。

（三）概念界定

本次研究主要围绕智能手机对农村儿童的社会关系的调节机制展开，其中社会关系涉及亲子关系和同伴关系的研究，在此对以下三个概念做出界定。

1. 社会关系

社会关系，从广义上讲，指人与人之间的物质和精神上的一切关系，而从狭义上讲，社会关系就是人与人在交往过程中形成的心理关系。社会关系包括亲子关系、同伴关系、同事关系等。本研究关注的是儿童与其接触的其他社会个体之间的关系。

2. 亲子关系

亲子关系，即父母和子女之间的关系，包括父母与亲生子女、继子女、养子女之间的关系等。亲子关系是极为重要的社会关系之一，是儿童建立最早、保持时间最长的关系。良好的亲子关系对儿童的成长与身心健康尤为重要，父母对孩子的管教方式、与孩子的沟通频率、提供的成长环境与家庭氛围等多种因素都深刻影响着孩子的性格塑造与行为表现。

3. 同伴关系

同伴关系主要是指同龄人间或心理发展水平相当的个体间在交往过程中建

立和发展起来的一种人际关系①,一般同伴多为同学、邻居、亲戚朋友等。同伴关系是一种双方地位平等的水平关系,无地位上下之分。儿童的行为表现常会受到周围同伴的影响。

(四)研究方法

本研究主要采用了深度访谈法。小组分为江西分队与江浙分队开展行动,通过实地走访江西、江苏、浙江三地的部分乡镇,选取小区广场、博物馆、体育馆等儿童、家长活动较多的地点为主要访谈地点,在人流量较大的时间段随机抽取对象进行采访。共计35位儿童、26位家长接受采访,样本数量较为均衡。每次访谈在征求受访者许可后全程录音记录,随后对录音整理归纳形成文字稿,为后续的深入分析奠定基础。

三、亲子关系:陪伴与反哺

(一)提供跨时空的数字陪伴与情感支持

城乡二元结构所催生的留守儿童问题依旧普遍存在于中国农村地区。由于农村家长外出务工频率高,农村儿童往往由隔代亲属养育,父母在农村儿童成长过程中存在陪伴、交流不足的问题,长此以往在一定程度上造成父职与母职的缺位。而智能手机作为即时通信设备,具有传输视频、语音、图像等强大的功能,能够跨越物理时空,为亲子提供即时沟通交流的途径,有效弥合了亲子之间的时空距离。

受访者C10表示"当时我爸妈都因为工作去了外地,所以他们当时给我买了一个手机,方便跟我联系",并认为手机"让我们(我与父母)关系更加地密切",因为"可以跨越空间进行线上聊天"。

---

① 邹泓.同伴关系的发展功能及影响因素[J].心理发展与教育,1998(2):39-44.

受访者 C22 在谈及手机给亲子关系带来的正面作用时说道:"一般我都会和他们(父母)保持着固定的、定期的联系,自己出去跟朋友玩,会通过手机向父母报备,让他们放心,就是'我现在很安全''放心'这种话,报个平安。"

当谈及"如果爸爸妈妈现在送你一个礼物,你最想要什么时",作为留守儿童的受访者 C16 表示"想要一个电话手表,用来和爸爸妈妈联系"。当被问及:"那电话手表也可以玩游戏,可以干好多事情,你是最想用它来干嘛?"受访者 C16 回答"就是和我爸妈联系"。

可见对于留守儿童而言,手机等新媒体产品在亲子关系层面,可为其提供跨时空的数字陪伴与情感支撑,达成"联系的在场"。在外务工的父母倾向于为孩子配备手机,以便双方联系、沟通情感,能够更便捷地知晓孩子在老家的生活、学习情况;而留守在家的孩子也想要拥有能够与父母联系的设备,在缺乏父母在场陪伴的留守生活里能够与父母更多地交流,获取情感补偿。

(二) 文化反哺,弱化代际隔阂

"文化反哺"这一概念最早由学者周晓虹引入国内,他将文化反哺定义为"在急速的文化变迁时代所发生的年长一代向年轻一代进行广泛的文化吸收的过程"[①]。现如今,在数字信息技术、网络技术快速发展的背景下,文化跨地域、跨圈层交融,知识快速更新迭代,新媒体使用逐渐成为文化反哺最为显著的领域。

部分农村家长由于受教育程度低、年纪较大等,在智能手机的使用上往往有困难,难以跟上时代发展的步伐;而他们的孩子作为数字时代原住民,成长过程中不可避免地接触手机等新媒体产品,参与到网络世界当中。这使得子代有能力对亲代进行文化反哺,弱化社会快速发展造成的代际隔阂。

例如,在谈及亲子关系时,受访者 C14 表示手机让自己和父母之间更有共同话题了:"我妈有时候会问我这个词是什么意思,那个词是什么意思,然后我妈还会在那个抖音的直播间给我买衣服之类的。我会给妈妈解释一些网络上出现的一些新词。"受访者 P12 表示孩子会跟她说一些网络上的新词汇,亲子之间"互相问,互相学习"。

---

① 周晓虹.试论当代中国青年文化的反哺意义[J].青年研究,1988(11):22-26.

当谈及孩子通过手机接触网络世界之后对亲子关系造成的影响,受访者 P3 表示"她(孩子)看到好的视频告诉我,我也跟着她开心,会教我在手机上怎么退款",肯定了孩子对自己进行手机使用教学,能够帮自己更好地融入这个社会。

可见在农村亲子之间,家长处于信息劣势,孩子更易向家长进行文化反哺。在这个反哺的过程中,能够促成两代人的共同成长。在对父母进行智能手机使用的教学过程中,子女在家庭中的话语权增加,而不是单向地接受来自父母的教导与输出,由此子女在心理上产生"被需要"的价值,家长在时代发展的洪流中也不至于处于"孤立无援"的境地。文化反哺以一种新的双向的信息沟通方式,颠覆了传统代际关系,有效弥合了亲子之间的代际隔阂。[1] 两代人相互学习,相互理解,代际关系在一定程度上更加和谐。

四、同伴关系:发展与促进

智能手机作为目前最常见、最普及和最深入大众生活的一种智能终端,对农村儿童同伴关系的发展与促进发挥着不容忽视的作用。

(一) 线上与线下联动:社交需要的进一步满足

通过采访,实践团队了解到,目前农村儿童的同伴主要来源于学校的同学、住处附近的同龄人和亲戚中的同辈等。而除了住处附近的同龄人,农村儿童与其他同伴的相见都受到时间和空间的限制,比如同学大多在上学期间见面,亲戚家的同辈也是跟随家长拜访时才能得以相见。在采访中存在一种比较常见的情况,即儿童上学在县城、暑假返回乡村老家。这意味着在假期中,如果没有手机这样的通信工具辅助,农村儿童与同伴的往来几乎为零。在这种条件下,农村儿童线下的同伴关系停滞不前,同伴社交需求得不到满足。

根据访谈数据,超过 90% 的农村儿童会通过智能手机和同伴进行线上聊天,超过 55% 的农村儿童(这一数据在不同学段有着较大差异,在小学学段该数据大

---

[1] 周晓虹.从颠覆、成长走向共生与契洽——文化反哺的代际影响与社会意义[J].河北学刊,2015,35(3):104-110.

约为20%,在初高中学段大约为90%)使用手机联系最多的对象是朋友。有部分农村儿童表现出了使用手机联系朋友的迫切需要,受访者C5就格外反感家长对他使用手机的限制,"限制电视的话我可以赞同,但手机不赞同,我需要和朋友用手机聊天"。

此外,根据访谈,农村儿童对线下同伴社交的需求长期存在,只不过隐匿在日益流行的线上聊天之中,因此有不少人担忧着线上聊天会挤占儿童线下交友的空间。但事实是,当线下同伴社交需求难以满足之时,农村儿童们才将目光移至线上。且农村居住地较为集中,在同龄人相对聚集的情况下,农村儿童甚至对线上交友具有一定排斥性。

智能手机打破了传统线下同伴关系之间的时空阻隔,越来越多地成为农村儿童与同伴保持联系的快捷方式。在这一过程中,更为直接和频繁的同伴社交得以实现,缩短了同伴之间的交往距离。这在一定程度上填补了农村儿童匮乏的线下社交,并提供了一种特定的社会安全感。

(二)兴趣与圈子集合:虚拟世界中同伴关系的延伸

智能手机为农村儿童提供接触外部世界的通道,不仅在打破交往的时空限制、衍生新的交往情境中强化着农村儿童的既有社交关系,也为其建立新型交往关系提供了可能。

农村儿童的虚拟社交大多建立在自我认知与兴趣挖掘的基础之上。当在现实生活中难以遇见志趣相投的朋友时,手机提供的广阔网络世界就成了农村儿童兴趣交友的地点。受访者C4和受访者C15就因热爱打游戏而在游戏中结识了网友;受访者C21和网友因绘画结缘,这段友谊已经持续了四年,他们甚至会互寄礼物。现实世界中,农村儿童与同伴的交流主要围绕着生活学习等,而在爱好上或许与同伴难有共鸣。智能手机的普及为农村儿童加入兴趣圈子提供了契机,他们通过手机在网络上寻找志同道合的同伴,分享共同的兴趣爱好。

智能手机的使用使得农村儿童与更广泛的人群建立联系成为可能。当农村儿童在现实生活受挫时,线上建立起的社交关系可以为其提供精神支持和心灵慰藉。虚拟空间集合了兴趣圈子,农村儿童通过和圈内人群交往,延伸了同伴关系,有助于增加个体对于社交支持及自尊的感知,获得更大群体范围的归属感。

五、屏幕背后：阴影与担忧

（一）亲子关系

□ 1. 监管无奈，增加摩擦

智能手机不仅是联络沟通的设备，也是娱乐社交的重要载体。其提供的多样化娱乐、开辟的多元化空间，对于拥有强烈探索欲而缺少自控能力的儿童具有巨大的吸引力。于是，智能手机的使用权，成为农村儿童与父母争夺的对象，逐渐成为家庭中难以避免的话题。

事实上，在访谈中，超过半数的家长都不支持孩子使用智能手机，并认为智能手机对于儿童的影响弊大于利。家长们考虑的因素主要集中在两个方面，一是手机沉迷对学业的负面影响，二是担心由于儿童心智稚嫩、判断力不成熟，导致他们容易受到网络上不良风气影响，或是被别有用心的人引入歧途。因此，几乎所有家长都对孩子的手机使用有所限制，有的只是口头警告，有的直接强制断网、没收手机。

但是，这些以"为孩子着想"为出发点的监管并没有取得很好的效果。对于手机依赖程度较低、自我管理意识较强的部分儿童而言，在父母提出口头警告或是要求上交手机之后就会自觉离开手机。而对于大部分家庭来说，当家长提出不允许继续使用智能手机时，大多数儿童都会流露出消极负面的情感。有家长表示，"跟他说吃饭的时候手机不要放在边上，他会脸色不好看，有时候还会大声吼、摔东西，说他多两次就放碗不吃饭了"（受访者 P9），"想叫她做家务、做会作业、看会书，会发点脾气，有时候被她气到了就想什么都不管她"（受访者 P5）。

相比年纪较小的儿童，进入叛逆期的儿童对于家长的手机监管行为表现出了更显著的抗拒，而家长也更倾向于采取一些更为极端的干预行为，如藏匿手机甚至打砸手机之类。这些争执在父母和孩子之间反复拉扯，撕裂出越来越难以弥合的沟堑。

"你越是把她控制得严格,说不给她玩吧,她越是瞒着你偷偷地玩""她说就是因为你把我手机藏起来了,所以我要是找到了以后,我就要狂玩,让自己爽一下。她又说,如果被你找到了我又玩不到了。后来我就决定不要这样藏了,就让它放在那里"(受访者P11)。面对叛逆的孩子,许多家长无奈地藏起孩子的手机,但是这种藏匿反而激起了孩子的叛逆,正如受访者P11所说:"我藏,她找,我藏,她找,就进入了一个死循环。"在这种死循环之中,父母和孩子都觉得自己没有得到对方的理解,彼此被越推越远。

一位砸了儿子五部手机的父亲,无奈地描述了儿子争着要拿妈妈手机而出现的争吵场景,"第一次接触手机还是拿他妈妈的手机,我砸了五部手机,直接砸掉了,砸的是他妈妈的手机,刚开始的时候,我的手机他是不敢拿的。小的时候他拿妈妈的手机,搞得两个人争一部手机,我直接摔,几个小时不还手机,他妈妈拿他也不给,我直接砸了"。如今,这位父亲的孩子总是将房门反锁,独自在房内玩手机。他不知道还能如何监管孩子的手机使用,更不知道如何与孩子交流。

事实上,家长对于儿童手机使用的监管,往往存在着内容监管不足、干预方式单一粗暴、缺少沟通引导等问题。不恰当的监管使得压力与紧张的阴影笼罩在亲子关系之上,成为家长与儿童有效沟通、亲密交流的巨大阻碍。[1]

2. 扩大代际鸿沟

智能手机的出现,使得儿童所接触的信息来源不再只局限于周围的人、事、物,无数新鲜的、闻所未闻的事物通过一方屏幕出现在了儿童的眼前。比起成年人,由于社会经验、时代环境等因素的影响,儿童更容易通过手机关注小众圈层和亚文化,接受和使用网络热词。而家长,尤其是农村地区的家长,由于自身文化水平和传统价值观的限制,通常难以掌握互联网的新潮词汇,也难以理解"二次元"、追星、电子游戏等圈层文化,导致二者关于网络文化的共同话题有限,孩子们更倾向于通过智能手机在网络空间中与"同好"们交流。比如受访者C1坦言,他加入了许多骑行聊天群,这些群也是他在网上交流最多的地方;而受访者P1的女儿,曾被发现与网友聊天至凌晨两三点。他们将现实中难以倾诉或交流的话题转移到网络上,向屏幕另一端的网友诉说。尽管大多数家长并不赞同孩子通过手机认

---

[1] 陈青文.新媒体儿童与忧虑的父母——上海儿童的新媒体使用与家长介入访谈报告[J].新闻记者,2019(8):15-25.

识网友,但通过社交平台、游戏等方式结识朋友的儿童不在少数。一部分农村儿童认为,相比现实中的朋友,匿名的网友更容易让他们说出情感更为强烈的话语,进行更加奔放的互动。话题交集的缩小和话语形式的差异,使得农村儿童与家长之间的代际鸿沟进一步扩大。

(二) 同伴关系: 隐形门槛

根据访谈,通常在小学高年级阶段,农村儿童就已经普遍拥有自己的智能手机。智能手机在儿童群体中的广泛使用,使得围绕手机进行的一系列活动也成为他们沟通交往的重要内容。于是,智能手机似乎成为融入同龄群体的一道"隐形门槛"。首先,相比起上一代人,现在农村儿童居住地更加分散。如果没有手机的联系,离开学校就意味着与朋友"失联"。智能手机使得距离不再成为阻碍,交流的时间和内容也都得到了延展。那么,拥有智能手机开辟的虚拟社交空间的儿童,相较于只能在学校与同伴交流的儿童,有着更为广阔的社交天地。其次,智能手机具备的娱乐功能为农村儿童社交提供了更多话题。受访者C33表示,他常常和同伴约好一起"开黑"。这不仅是线上社交的延伸,也代表着共同话题的孕育和社交关系的强化。除了游戏,在互联网上进行的追星、追剧等活动,孵化着许多新鲜的词汇、新潮的话题。受访者P11就说,当时给孩子配备手机就是为了让孩子融入群体。"她就一直跟我抱怨,说'我们同班同学都有手机,大家都是在玩各种的游戏。如果说我没有手机,那我就融入不到他们其中去了'。她说下课放学,同学三五个一起聊这些东西,如果她不玩,就没法插入他们的话,就没有朋友了。她说她会感觉有一点(不合群)……"智能手机越来越成为儿童结交同伴的隐形门槛。

(三) 难以替代的真实在场

尽管孩子们会通过手机、平板和不在身边的父母进行交流,地理上的距离被无限缩小,但是电子屏幕构建的"虚拟在场"仍然无法替代真实的身心陪伴。一方面,通过微信、QQ等平台进行的交流,比起现实社交,对于即时性的要求更低。对于家长的信息,孩子晚回复甚至不回复,即使是电话,也可能遭到孩子的拒绝接听。及时有效的共在传播难以得到保证,这种不确定性使得智能手机架构的沟通桥梁并不稳固。另一方面,线上沟通往往缺乏表情、眼神、肢体的互动,孩子们可能并没有在屏幕前向家长们展示自己最真实的状态。

此外,通过智能手机构建的社交空间也可能意味着更深层次的孤独。受访者C10认为,有时候在长时间使用手机刷视频之后,会感到一种虚度光阴的空虚;受访者C32也表示,智能手机可能使他更加孤独、更加焦虑。半数以上的受访者都表示,比起线上的互动,他们更喜欢线下的交流;但由于农村经济较为落后,导致线下娱乐方式相对匮乏,他们不得不在智能手机上投入大量的时间。在没有家长管控的情况下,有的农村儿童在放假期间每天使用手机的时长甚至会达到10小时以上。当被问及没有了手机会怎么样时,被提到最多的关键词是"无聊""不知道做什么"。智能手机在不知不觉中蚕食着农村儿童的娱乐空间。被问到最希望爸爸妈妈送给自己一个什么礼物时,受访者C15说:"一个带了微信和电话号码的新型手机,适合打游戏那种型号,玩游戏性能比较好。"

有的农村儿童在手机上,通过构建新的社交关系寻找现实中无从觅得的情感宣泄口,而有的人只是将手机作为消磨时间的工具。不论何种动机,智能手机的过度使用以及对互联网的依赖都挤压着农村儿童现实社交互动的空间,减少了其和父母进行有效沟通的可能性,缩小了其和同伴社交的广度和深度。而且,以智能手机等电子设备为基础的虚拟社交,更难具有长久性和稳定性的保证。

六、讨论与结语

既有研究从多种角度研究数字时代下的农村儿童社交。有的研究具体调查了留守儿童家庭中的数字代偿现象,表明留守儿童的情感社会化存在原生性困境,其本身也推动留守儿童向数字世界迁移并寻求情感补偿[①];有的研究员以社交茧房为出发点,探讨智能手机与留守儿童之间的关系,指出智能手机的使用既为留守儿童的社会交往建立了新格局,也可能导致社交封闭,两者互动共存。[②] 本研

---

① 王清华,郑欣.数字代偿:智能手机与留守儿童的情感社会化研究[J].新闻界,2022(3):37-47,94.
② 郑欣,高倩.社交茧房:智能手机与留守儿童社会交往研究[J].江西师范大学学报(哲学社会科学版),2021,54(6):75-86.

究吸取多方经验，以访谈的形式，深入农村进行调研，从多个角度探究智能手机的使用对于农村儿童亲子关系及其同伴关系的影响。最终对所收集到的音像资料进行归纳与分析，发现智能手机在农村儿童的社交关系中产生着复杂的影响力。

智能手机为农村儿童社交关系的改善提供了机会。他们通过智能手机与在外忙碌的父母进行沟通、交流，与同学同伴在线上娱乐交游，与现实中素昧平生的网友谈天说地，为改善农村儿童单一的社交关系发挥着积极作用。但是，农村儿童对于智能手机的依赖和沉迷，由此导致家长失当的监管与控制，也在一定程度上压缩了现实的社交空间。

智能手机并不是引发农村儿童社会关系问题的罪魁祸首。即使是成年人，也会因为智能手机的使用而陷入种种社交困境，因此，智能手机只是作为一种媒介影响着儿童的社会关系。农村儿童智能手机的使用需要家庭的教育和引导，也需要社会各方力量的努力。总之，让智能手机更好地帮助农村儿童建立健康的社会关系，仍然任重而道远，需要更多的尝试和不断的探索。

指导教师评语

对于农村儿童来说，能够跨越时空阻隔的智能手机，是维护、巩固和调节包括亲子关系、同伴关系等在内的社会关系的有效工具。同时，家长对于农村儿童智能手机使用的管控与约束、虚拟社交与现实社交的交融，又对农村儿童的社会关系产生着不容忽视的影响。该社会实践队伍在江苏昆山、浙江嘉善、江西新干进行了实地调研，通过问卷和访谈了解目前农村中儿童的智能手机使用现状及这种现状对于其社交关系的介入和调节机制，思考智能手机作为媒介在农村儿童的社会关系之中起到的作用，并关注其中存在的隐患和风险。总体而言，这支队伍的实践成果丰富，调研报告内容完整、逻辑清晰，具有一定的现实意义。

（刘锐　华中科技大学新闻与信息传播学院副教授）

乡村振兴背景下数字乡村建设的可行路径研究

——基于重庆市恒合乡和大盛镇青龙村的调查①

---摘　要---

数字乡村建设是落实乡村振兴战略的重要措施,通过应用新一代信息技术,促进乡村治理、乡村产业、乡村居民生活全面发展。数字乡村建设既是乡村振兴的战略方向,也是建设数字中国的重要内容。然而,目前农村数字化建设出现了发展水平不均、乡村数字体系建设经验缺乏等问题。为了探索数字乡村建设的可行路径,本团队前往多个乡村了解当地人口组成、概念普及、设施建设、产业发展等情况,通过线下问卷调查、深度访谈、实地采访、查阅文献等方法,深度分析数字化建设中面临的困境和已取得的成就,把握典型地区数字乡村建设的真实情况。同时,报告选取目前乡村数字化发展中存在的典型问题,针对调查地区从数字宣传、产业融合、技术下沉、人才培育、动力激发等方面提出具体发展建议与策略,为各地乡村数字化建设提供借鉴与参考。

---关键词---

乡村振兴;数字乡村;数字经济;路径探究;信息技术

一、问题的提出

乡村振兴是一盘大棋,一定要把这盘大棋走好。十四五规划提出,应始终坚持农业农村优先发展,以全面深化农村改革为主线,以促进乡村产业振兴、人才振

---

① **社会实践团队名称**:华中科技大学计算机科学与技术学院赴重庆万州"喻行渝乡"——关于建设美丽乡村中"科学与自然共舞"路径探索社会实践队。
团队成员:罗理恒、陈奕龙、曾世鹏、王硕、宋易达、龙跃彰。
报告执笔人:罗理恒、陈奕龙、曾世鹏。

兴、生态振兴、文化振兴和组织振兴为重点,切实做好全面脱贫与乡村振兴的有效衔接,全面推进实施乡村振兴战略。

数字乡村建设是落实乡村振兴战略的重要措施,通过应用新一代信息技术,促进乡村治理、乡村产业、乡村居民生活全面发展。数字乡村建设既是乡村振兴的战略方向,也是建设数字中国的重要内容。信息技术,特别是以互联网、物联网和大数据等为主的新一代信息技术在乡村产业振兴、经济转型、乡村治理等领域的广泛运用,成为促进乡村高质高效发展的有力支撑。①

习近平总书记指出,乡村振兴,关键是产业要振兴。产业振兴是乡村全面振兴的基础和关键支撑,产业现代化是农业农村现代化的重要举措和必要路径。积极开展数字乡村建设,在培育乡村产业发展新优势、推动乡村产业结构升级、增强乡村产业创新活力等方面已发挥重要的支撑作用,为促进乡村产业振兴、构建现代化农业农村经济体系提供了全新动能与可行路径。②

2021年发布的《数字乡村建设指南1.0》中列举了若干可供参考的数字化应用场景。其中,发展智慧农业、推进乡村文化资源数字化、发展乡村旅游三种发展路径成为人们关注的重心。可以说,农业与旅游业作为乡村产业数字化的可行路径,同时也是乡村产业数字化的主要手段,其发展成为脱贫攻坚与乡村振兴的中坚力量。《"十四五"数字经济发展规划》指出,数字经济是继农业经济、工业经济之后的主要经济形态,是以数据资源为关键要素,以现代信息网络为主要载体,以信息通信技术融合应用、全要素数字化转型为重要推动力,促进公平与效率更加统一的新经济形态。数字经济赋能各个产业,正在推动生产生活方式、全球治理方式不断创新,逐渐成为全球要素资源重组、全球经济结构增长的核心竞争力。

数字产业化和产业数字化是数字经济的核心。数字产业化是将数字信息进行加工处理,把数据作为资产进行系统性的组织和应用。产业数字化是以数字技术作为核心生产力,培育新产业、新业态。在当今形态下,农村产业的发展必然离不开数字化转型。

《中国数字经济发展白皮书(2021)》显示,2020年我国数字经济规模已达39.2万亿元,占GDP比重提升至38.6%。在疫情冲击和全球经济下行叠加影响下,数字经济仍然保持高速增长,成为支撑经济增长的关键动力。我国产业数字化规模

---

① 翁良珠.乡村振兴下数字乡村建设思考[J].当代县域经济,2022(7):50-53.
② 宪世伟,汤凯.数字经济促进乡村产业振兴的机制与路径研究[J].中州学刊,2022(3):29-36.

已达31.7万亿元,产业数字化转型为数字经济发展提供了广阔的空间。然而,在三次产业数字化转型的浪潮中,不同产业之间的数字化程度呈现出显著差异。2020年,农业、工业、服务业的数字经济渗透率分别为8.9%、21.0%、40.7%,约为1∶2∶4,可见农业相较于其他产业与数字经济的融合程度较低,同时也反映出我国农业数字化发展前景的广阔。

为了积极响应习近平总书记的号召,深入了解乡村一线的发展状况,应用专业知识为数字乡村建设做出专业支撑,振兴数字乡村建设,是我辈青年的担当与使命。作为计算机专业学子,本实践团队始终立志于将论文写在祖国大地上,将奋斗融入民族复兴进程中。当前,数字乡村建设仍处于以地区试点、产业试点为主要形式的探索阶段,农村产业数字化转型也出现了产业数字基础设施不完善、产业要素协同运转不顺畅、产业空间分散狭窄等现实困境。本文立足于我国发展新的历史阶段,从学科视角分析我国发展程度不同的地区关于数字乡村发展的真实面貌,探索数字乡村建设面临的现实困境,利用专业知识为促进产业数字化转型、推进数字乡村建设建言献策。

二、调研地概况与资料的收集分析

(一)调研地概况

为深入了解国家数字乡村发展状况,调查研究数字乡村建设中存在的问题,实践团队选取了重庆市万州区恒合土家族乡与重庆市渝北区大盛镇青龙村两地作为调研地,开展调研活动。其中渝北区大盛镇青龙村作为2020年7月中央网信办等七部门联合印发的《关于开展国家数字乡村试点工作的通知》中确定的首批国家数字乡村试点地区,拥有丰富的数字乡村建设经验。

1. 万州区恒合土家族乡简介

恒合土家族乡(下简称为恒合乡)位于重庆市万州区东部,东接普子乡、白土镇,南邻湖北省利川市谋道镇,西与龙驹镇、北与梨树乡接壤,距万州主城区72千米。恒合乡作为万州区唯一一个少数民族乡，全乡辖区面积82平方千米，下辖13个村、1个社区，总人口28170余人，其中土家族人口15509人，占总人口的55.1%。2021年人均可支配收入达到15425元，收入增速领跑全市。

恒合乡目前主要的产业是旅游业和农业。旅游业发展方面，恒合乡境内山清水秀，四季常绿，土壤肥沃，蕴藏着十分丰富的动植物资源、森林资源和水能资源。恒合乡人杰地灵，土家族民族风情、土家族民族古建筑、茶园风光及各种土特产品构成了恒合乡丰富的人文旅游资源；民族风情、茶乡文化、高山平湖、避暑山庄、森林资源的完美结合，构成了恒合乡独具特色的旅游资源优势。近年来，恒合乡党委、政府大力调整产业结构，把旅游业作为继烟、茶、草食牲畜之后又一新兴支柱产业加以培育，倾力打造三峡恒合旅游度假区，整合全乡的旅游资源，以"枫香三峡，七耀土家"为主题，打造集避暑、观景、康养等为一体的综合旅游度假区。通过改善交通条件和基础设施建设，旅游业接待能力显著提高。

农业发展方面，恒合乡拥有大大小小的产业园基地30多个，采用"错位发展，因地制宜"的模式，通过土地集中整治加快规模化生产的步伐，全乡主要种植水稻、黄桃、李子、中医药材等农业作物，极大地带动了当地的就业。近年来，恒合乡不断进行数字农业的探索，与重庆三峡学院、重庆三峡医药高等专科学校等高校合作建立高水平中药材基地，与市农业科学院合作进行实时气象监测，并在农田里新设置了水肥一体化装置与自然灾害监测站。下一步，恒合乡将开始土地宜机化整治，建设一批高质量农田。

2. 大盛镇青龙村简介

大盛镇青龙村位于御临河边，是典型的丘陵地貌。过去，这里的土地较为分散，面积偏小，且很多地块高低弯曲不规则，这样的"先天条件"导致青龙村耕作条件极差。2017年前，因为农业效益极差，全村50岁以下的青壮年九成以上都选择外出务工，导致全村70%的土地处于撂荒状态，青龙村一度变成"空壳村"。

经过多次调研和外出学习考察，结合青龙村的丘陵地貌，渝北区决定依托全区的"双十万工程"，大力实施土地宜机化整治，探索创新生产经营模式。短短几年，经过土地宜机化整治，青龙村的可耕种土地由原来的1400亩增加到了2350亩，因地制宜，栽植了大雅、沃柑、血橙等优质晚熟柑橘品种。曾经的"鸡爪地""巴掌田"被改造为现代化高标准农田，这样的"黄金地"弥补了机械无法耕作的不足，大大提升了生产效率。

为进一步探索农业农村现代化道路,青龙村还打造了全国首个丘陵山地数字化无人果园。平台可开展果树长势 AI 诊断,实施果树肥水管护、病虫防治、中耕除草等管理措施。在市农业科学院的支持下,青龙村还搭建了 5G 基站,将 30 余台无人除草机、植保无人机等设备与基站连接后,可提前规划好线路,实现无人作业。

如今,青龙村种植晚熟柑橘 4 万余株,行间还套种大豆、荞麦、土豆等特色经济作物 1000 余亩,改变了以种植粮食作物为主的传统种植业产业模式。据统计,通过数字化无人果园建设,可节约用水 60% 以上,亩均节约化肥使用量 10 千克以上,过程管理费用降低 50% 以上,资源利用率和劳动生产率提升 80% 以上,一级果品率提高 40% 以上,果园亩均增收达 8000 元。

在土地宜机化整治、开展股份合作的基础上,青龙村将土地经营模式由零散耕种改为集体经营,成立大盛镇青龙村生产互助农业股份合作社,将果林收益的 90% 直接分红给农户,剩余的 10% 归集体;果园行间套种作物收益的 100% 归村集体,再以户籍股的方式直接分配给农民,既促进了集体和农户增收,也改变了村民"单打独斗"的局面。

恒合乡与青龙村虽同属于重庆市,但两者存在较大的差异。恒合乡地处山区,基础设施较为落后,并且远离重庆市区及万州市区,经济基础薄弱,但当地自然资源丰富,且近年来依托市区政府的资源、政策倾斜,发展速度较快,随着三峡恒合旅游度假区的建立,恒河乡的文旅资源正在被深度挖掘,再通过数字化转化,乡村旅游业势头正旺。同时,恒河乡也在探索自己的数字农业发展道路。可以说,恒合乡产业数字化潜力巨大,前景广阔。

而青龙村地处丘陵,地势较为平缓,距重庆市区近,交通便捷,且受到重庆市政府与市农业科学院政策的支持,物联网、大数据等技术同农业融合程度高,数字乡村建设成果显著,荣膺 2022 年重庆市数字乡村创新案例特别贡献案例。

恒合乡和青龙村两者分别代表了乡村中的欠发达地区和较发达地区,具有一定的代表性,调研的结论具有普适性意义。

（二）资料收集与分析方法

1. 问卷调查

为了解恒合乡旅游业的资源开发程度和品牌打造状况，实践队在恒合乡三峡古枫香园休闲度假风景区内对游客进行随机问卷调查。

2. 深度访谈

（1）为了解恒合乡农业生产水平和经营状况，实践队在石坪村村委会对村委会干部进行了深度访谈，力图摸清当地农业的基本状况和技术水平。

（2）为了从政府的角度了解恒合乡产业发展状况、遇到的问题和未来的规划，实践队对恒合乡政府相关部门工作人员进行了深度访谈，就上述问题进行了深入细致的探讨。

3. 实地采访

（1）为了解恒合乡政府大力发展农业的政策性扶持下农民的经济水平和生活状况，实践队在恒合乡石坪村走访了许多村民，进行了简单的交流与询问。

（2）为了解在青龙村发展的新科学技术、新经营模式下农民的适应状况和收入水平，实践队在青龙村走访了许多村民，进行了简单的交流与询问。同时实地考察当地设备的运行状况，并向设备运维人员进行询问。

4. 查阅文献

为了进一步了解恒合乡的基本概况和发展历程、青龙村的发展成果和优秀经验，实践队在网上查询了大量资料并总结成文。

三、数字化乡村建设的理论分析

（一）产业规模化筑牢发展基石

数字乡村建设的首要任务是产业规模化，规模化是数字化的前提。在数字农业领域，智能农机、农业物联网系统、无人机等设备必须依托大规模田地，才能最大限度地降低运营成本，提高生产效率，促进技术同农业生产的深度融合。传统的山区农业属于分散式小农经济，无法进行大规模的农业生产。只有将土地集中起来，才能进行规模化的生产。《第三次全国国土调查主要数据公报》显示，我国共有耕地12786.19万公顷，其中位于山地丘陵（坡度超过6度）的耕地占比为22.75%。据统计，我国农机化整体水平为66%，但丘陵地区只有不到40%。分析原因，一是丘陵山区农田基础设施状况和农机作业的需求不相适应，有些地方田间缺乏机耕道。二是地形坡度起伏较大，耕地比较分散，成片耕地较少，农机作业难度比较大，对机具要求很高。所以，要支持土地宜机化改造。通过采用工程技术措施，对不规整的田块进行"小并大、短变长、弯变直、陡变缓"改造，并完善田间道路及配套水系，使得农田适宜农机通过作业，将极大提升生产效率，为产业规模化铺平道路。依托数据技术，将规模化的土地、资源、信息等要素转变为现实生产力，可为乡村产业振兴提供更优质、更可行、更高效的技术、产品与服务。

在数字旅游领域，产业规模化与产品特色化相辅相成，通过规模化旅游建设，能够最大限度地将资源优势转换成经济优势，更好地适应旅游市场差异化需求。从自然风景、民俗民风、历史底蕴、生态保护等不同角度深入挖掘，开发当地旅游文化资源，综合交通、住宿等基础设施的接待能力，制定多条侧重点不同的精品旅游路线，满足旅游者自主化需求。加强文化和旅游业业态融合、农业和旅游业业态融合，相互促进，优势互补，形成发展合力，通过获取规模优势为乡村旅游业智慧转型提供可持续发展动力。

（二）产品特色化激发竞争优势

数字乡村建设的关键产品特色化。在品种筛选、技术选择、成本控制选择上要特色鲜明、适应市场需求，开发价值高、能够持续增收、条件基础好、有较强的市场竞争力的产品与开发模式。采取政府扶持与市场运作相结合的方式，产品特色化同产业数字化互促互补，在农业分支、种植面积、种植品种选择、文旅资源挖掘、文化底蕴、景区资源重构等方面，都需要根据当地的地理经济条件、资源开发年限、市场接受程度、产品资金的回流周期等进行综合考虑，坚持发展"一村一品、一县一业、一地一景"。产品特色化要求深度挖掘区域特色资源潜力，打造现代特色农业产业链和旅游开发区，形成特色农产品优势产区，培育特色农产品知名品牌与特色文旅品牌，拓展外地市场，实现农业增效、农民增收、企业增利、财政增税，打造品牌，扩大产品知名度和影响力。与此同时，上下游企业对农产品进行深加工精细处理，延长产业链，实现农旅产业融合发展，进一步提高经济效益。

（三）生产技术化促进科技下沉

数字乡村建设的核心是信息数据技术的应用。数字农业是利用计算机等现代信息技术实现数字化、网络化、自动化管理的现代农业模式，在应用中主要包含农业资源数据库、各类监测系统、农业模型、预决策系统、智能农机的建立和研发等内容。通过对这些技术的下沉应用，可以有效改善传统农业生产方式落后、规模小、可控程度低、精确程度低等弱点。《"十四五"全国农业农村信息化发展规划》提出，到2025年乡村智慧农业技术、产品初步实现产业化应用，农业生产信息化率达到27%。目前，全球定位技术、地理信息技术、遥感技术、数字模型技术等已经在农业应用领域有了一定规模的发展，兴起了一批出售数字农业相关系统设备，甚至定制设计数字农业系统方案的数字农业企业。例如，现在有数字农业企业将物联网传感器安置在农田中获取温度、振动、位置等信息，进行土地状态监测，通过智能灌溉系统，依据作物生长态势、天气变化灵活控制施肥量、补水量等量化数据，实现精确作业与导航。① 通过遥感监测、物联网测控、大数据分析等技术，提升墒情、苗情、虫情、灾情等"四情"监测能力和气象预测能力。通过生产技术科学化促进智慧农业发展，提升农业保障能力。

数字旅游是利用互联网、云计算等先进技术，通过便捷的移动终端，向旅游者提供旅游资源查询、酒店食宿、旅游门票等相关信息，让旅游者能够更加自由地安排旅游行程，制订符合自身需求的旅游计划的新型旅游模式。通过大数据系统对景区游客数量、游玩点流量统计、游客来源、游客消费构成等数据进行采集与分析，能够推动景区的管理，从主观判断向客观量化改变，帮助旅游景区改善经营，提升旅游景区竞争力，提高游客满意度。同时，旅游景区可以基于平台数据分析，了解和挖掘旅游者流量热点，引导和帮助景区开发符合市场需求、具有鲜明特殊性的旅游项目，并借助网络精准投放至目标客户群，提高旅游产品的营销效果和效率。②

（四）销售网络化拓展多元市场

数字乡村建设保障销售方式的网络化。传统的销售方式依赖本地市场，传统人工采摘、售卖方式效率低下，浪费大量的人力和时间成本，还会面临货物积压、产品附加值低等问题。并且，数字农业的规模化生产所提升的产量需要更稳定、更持久、更多元的销售网络来承接。针对这个问题，一方面，销售网络化模式是规范化经营形成销售网络化的供销和发展模式③，通过建立农副产品采摘、存储销售全流程管理系统，提升管理效率，降低管理成本，实现现代化管理。另一方面，销售网络化能够创新农产品交易方法，使交易更便捷，提升销售效率。同时，销售网络化能够形成闭合式的供销路径。这种管理模式的践行，可以减少假冒产品流入市场，提高企业的市场信誉，打造本土品牌。此外，村民参与电商等形式的网络销售可以提高互联网意识，促进乡村数字素养提升，助力数字乡村建设。

---

① 于志刚.信息技术在农业机械化生产的应用形式及作用[J].农机使用维修,2022(6):42-44.
② 郭又荣.智慧旅游何以更加"智慧"[J].人民论坛,2019(8):76-77.
③ 叶君豪.从发展市场经济的角度看销售网络化的意义[J].中国市场,2018(8):153,159.

四、社会实践发现

（一）万州区恒合乡数字化旅游建设取得的成就

1. 旅游产品与服务已初步实现数字化

据队员实地考察和询问当地工作人员得知,重庆市恒合乡三峡古枫香园休闲度假风景区内数字旅游基础设施初具规模,有智能导览平台、园区监控与车辆监控、游客人员统计等系统功能,线上还有全景云旅游、网络预约等服务。这些举措旨在实现乡村旅游的智慧创新转型。古枫香园景区不断完善旅游基础设施,落实配套服务,不断提升景区接待能力,在交通、餐饮等方面不断提升服务品质。同时,该景区借鉴其他景区优秀的管理经验和模式,改善自身管理和经营模式,因地制宜,打造本土化的服务策略。

2. 对产品创新价值重视程度提高

创新是乡村旅游高质量发展的驱动力,通过新业态以及信息技术的运用推动乡村旅游的发展。一方面,加强智慧旅游建设,充分运用大数据了解游客的偏好,进而优化旅游项目,加强旅游产品的吸引力。[①] 另一方面,提升旅游产品及服务的智能化水平,结合数字经济等新业态,开辟市场营销渠道。此外,深入挖掘产品价值,注重产品品质提升,不断满足游客多样化、多层次的需求。

当地政府高度重视园区内保存完好的古枫香森林群落,其年代久远、数量众多,进而打造了"枫叶旅游"特色 IP。现在,古枫香园景区是全国森林康养基地试点单位、三峡最美山岭、重庆避暑胜地,已形成"康养旅居""生态观光""休闲避暑"三大产品体系,打造了重庆市首个微旅游度假目的地。同时,园内已开放有枫香楼、中华枫香王、五子登科树、合家欢树、夫妻树、山色半岭等 30 余处景点,建有枫

---

① 明蕊,王庆生.乡村旅游高质量发展评价体系研究——以重庆市渝北区为例[J].环渤海经济瞭望,2022(2):31-34.

香里、枫香驿、枫香谣、枫香恋、枫香道、枫香意等枫香记全系列品质民宿,并举办了"映山红节""土家欢乐节""枫叶红了"等节会活动。通过这些举措,古枫香园景区充分实现了服务创新,增强了对游客的吸引力。

3. 智能交通系统服务便利

景区搭建智能交通平台,如线上查询和购票的公共交通服务,提高出行便捷度,降低游客计划安排的不确定性,为游客出行提供有效的交通信息。同时,智慧化实时交通监测能够实时处理交通信息,方便管理人员及时疏通拥堵路段。园区还着重解决了停车难的问题:首先,景区健全道路指引标识,增加停车位供给,建设立体停车场,以市场化的方式运营;其次,景区实行差别化停车收费,推进停车管理信息化、智慧化,全面提升游客的服务体验。

(二)渝北区大盛镇青龙村数字化农业建设取得的成就

1. 信息化基础建设不断完善

渝北区作为重庆市主城区唯一的乡村振兴综合试验示范区,已经对农业数字化发展做出了有效的探索。渝北区出台实施《渝北区农村通信基础设施提升三年规划》,规划农村新增通信光节点 4796 个,推进"信息乡村建设";运用大数据、云计算、物联网等新一代信息技术,助推镇村政务服务和民生服务能力的提升。目前,全区共 181 个行政村已经实现光纤全覆盖。同时,三大电信运营商和重庆有线加大了农村无线网络覆盖力度,移动建设农村 4G 基站宏站 389 个,场镇及风景区已实现网络全覆盖,农村行政村网络覆盖率达到 90%;电信完成场镇以及风景区实现 4G 全覆盖;重庆有线建成"智慧统景,美丽乡村",试点 700M 无线融合试验网。统景、兴隆、玉峰山等镇实施的互联网小镇试点项目与无线基站建设工作同步推进。①

---

① 贺雪娇,杨清清,邓洁.渝北区大力推进数字乡村建设 助力乡村全面振兴[J].农家科技,2019(6):11-13.

2. 智慧农业有序推进

渝北区已建成重庆市首个"1＋8＋18"的智慧农业框架体系，全力推进信息技术与农民生产生活、农村公共服务、农村社会管理的深度融合，实现了全区特色产业智慧化建设全覆盖。在智慧农业综合服务云平台上顺利接入八大农业产业基地和18家农业物联网企业，并积极拓展新功能，建立了智慧种植、智慧养殖、智能执法、智慧决策、智能配方施肥、智能监测灾情六个子系统。例如，接入动物屠宰监管、健全农产品溯源体系等智慧种植、智慧养殖系统功能，加快构建全流程可控可见的农产品生产加工体系，实现智慧农业多元化发展；智能执法应用全球定位系统，将全区渔业船舶停泊点、行动轨迹尽收眼底，为执法提供科学依据；开通专家指挥的智慧决策功能服务，专家与农户实时互动，提供有力的技术指导；利用智能配方施肥系统，可根据经度、纬度以及土质状况的不同进行智能配方，达到最佳施肥效果；通过智能监测灾情系统可实时监测病虫害发生数据，及时采取有力举措防灾减灾。

（三）数字农业建设面临的困境

1. 数字农业基础建设较为落后

农村地区经济条件相对落后，对于数字农业相关的基础设施的资金投入不足，自动化设备、信息化技术以及数字农业发展不充分，作为贫困乡的恒合乡更是如此。尽管在相关政策的帮扶下，恒合乡的数字化基础建设相对之前有所改善，但距离完成数字化发展的目标还有一定距离。并且，恒合乡地区山路较多，道路崎岖且狭窄，增加了农产品的物流运输成本，不利于当地农产品向外输出，在一定程度上抑制了当地经济的发展。

2. 数字技术相关人才缺失

数字农业，依托于数字技术，实现了从劳动力密集型生产方式到技术密集型生产方式的飞跃。与传统农业不同，数字农业对于智控温室、精准灌溉等智能技术的充分利用使得其对于从事相关工作的"新农业工作者"有了更高的要求。要充分利用数字化手段,必然迫切需要"懂技术、会应用、能提升"的数字农业人才。调研发现,恒合乡人口老龄化较为严重,缺乏具备信息化、智能化知识技能的农业人才,需要来自外界的人才输入以及创造留住相关人才的条件。

3. 农户经济发展内生动力缺失

由于恒合乡的发展规划,以及现代化农业高投入、长回报周期的发展特点,目前政府的资金在农业方面投入较少,更多地采用鼓励乡村致富带头人自行探索、吸引资金、带领村民创业并设置奖励机制的方式。而根据调查,现有的致富带头人较少,许多潜在的土地、劳动力资源还处于闲置状态,而许多有能力的农户也在期待政府牵头发展现代化农业,进一步扩大种植规模,采用更先进的生产技术。这体现出政府与致富带头人的期待之间存在落差,致富带头人缺乏内生动力。

4. 农产品附加价值低,市场销路受限

由于恒合乡农业所产出的农产品不经过任何加工,受季节和时间限制,收获的果实必须在短时间内迅速销售,所以不利于卖方市场的形成。同时,对农产品加工的缺位削弱了其附加价值,限制了其销售渠道,增加了产业链形成的难度。

(四) 数字旅游建设面临的困境

1. 旅游信息服务建设薄弱

乡村旅游的信息处理与宣传是必须解决的供给端重要问题。目前,游客习惯从网上获取各种信息,但大多数乡村旅游目的地未建设网站,通过主流媒体、旅游平台、自媒体等渠道查询到的相关旅游信息,仅能满足游客规划出游路线的基本需求,而缺少游客体验评价。这就造成乡村旅游目的地自身公共服务信息不对等与共享率低,无法使游客全面深入了解当地的旅游特色与资源,从而影响到旅游地的客流量与知名度运营。

2. 乡村旅游规划方式落后

渝北区当地大力发展乡村旅游业,希望以此带动经济发展,已经取得了一定

成效，但其在旅游业规划布局上还有一定的不足。首先，当地旅游业发展应立足于客观实际条件，循序渐进；其次，缺少对于乡村旅游精品项目的打造与投入，难以对游客形成较强的吸引力，渝北区当地的旅游业就缺少能影响全市的旅游品牌，不利于其旅游业长久发展。当地可以依托于重庆市的"网红城市效应"，以此为契机寻求突破，充分发展与挖掘乡村旅游项目，建立旅游精品景区，提升当地的旅游知名度。

3. 过度依赖政策资金支持

过度依赖政策资金支持是旅游企业数字化转型资金难的一大痛点。旅游企业数字化转型离不开金融的强力支持，但部分旅游企业存在发展惰性，不愿主动谋求实现自身数字化转型升级，而是等待政府出台优惠政策和资金的补贴。在此过程中，旅游企业忽略了从机构体制改革、产品创新发力的发展潜力，缺少主动发展的信心与行动力。

五、建议与讨论

（一）建议

对于数字乡村建设中目前面临的现实难题，本文结合恒合乡以及青龙村数字乡村建设的经验及调研成果，提出以下建议。

1. 多点齐发打造全媒体数字宣传矩阵

对恒合乡来讲，整合已有的宣传资源，依托互联网突破宣传推广的外部困境，理清各种传播渠道，形成个性化的宣传推广方式，打造优质旅游品牌，提升旅游区影响力是其当务之急。

各地可依托互联网扩展信息宣传渠道。恒合乡可以选择微信公众号、微博等社交平台，在一些具有纪念意义的日子进行相关信息的宣传推送，如三峡恒合旅游度假区建设三周年、举办旅游推介会等，通过社交平台发送推文或投放广告，向社会展示恒合乡的秀美风景与土家文化。同时，还可以在知乎、豆瓣等知识分享平台上发布优质翔实的旅游宣传推文；在美团、大众点评、小红书等生活分享平台上发布景区点评、优惠活动等信息，吸引潜在的游客；在抖音、快手等短视频平台上制作分享恒合乡的旅游、农业"快闪"视频，吸引年轻人的兴趣。

提升传统媒体的宣传影响力。政府相关部门可分析旅游景区的主要客源地以及目标客源地，精准选择电视台、电台等传统媒体进行宣传物料投放；可以与目标城市旅游企业及相关的旅游协会或社团进行合作，从而获得宣传流量支持。

构建新媒体宣传生态圈，提升宣传推广的有效性，扩大宣传推广的覆盖面。例如，可以构建恒合乡微信生态圈，定期更新恒合乡经济宣传、旅游业采风等贴近生活的视频推文，抓住用户喜好，还可以通过设置答题、抽奖等方式加强互动，提升用户黏性。恒合乡可以参考优秀宣传案例，学会"流量变现"，不断扩大"生人圈子"，打造恒合乡特色文旅品牌。[1]

2. 多元互促推进产业融合

目前恒合乡采用了"错位发展，因地制宜"的发展模式，如果能以农业为依托，旅游业为特色，村民为主题，实现"大农业"和"大旅游"有机结合，将为数字乡村的建设贡献新动力。

推出休闲农业旅游精品路线，大力打造一批以旅游观光为主、农业休闲兼具的山水风光游，以当地民俗文化体验为主的民俗风情游，以康养避暑为主的生态养生游，针对不同目标人群提供差异化旅游服务，将乡土种植、采摘场景同民俗、自然景观体验深度结合，丰富游客游玩体验，避免景区同质化困境。[2]

与当地政府以及知名教育机构合作开展农旅思政主题夏令营，打造青少年培养基地，吸引本地乃至万州区及重庆市的学子前来结营训练。开发体验农村生活、观光自然风景、锤炼意志品质等多元实践活动，丰富夏令营活动体验的层次感。

通过旅游景区的建设推动各农业产业园更新设备，积极开展农家乐、农副产

---

[1] 李伟海,林君暖,黄斯先,等.融媒体背景下广西德保县乡村旅游宣传推广路径探究[J].西部旅游,2022(1):10-12.

[2] 李维科.促进农业与旅游业融合发展的思考——以甘肃省临夏州为例[J].甘肃农业,2016(1):32-33.

品加工、农产品线上销售等旅游业配套产业,完善并延长农业产业链,提升农业的竞争力与附加值。

3. 多措并举加快技术下沉

产业数字化转型需要配套基础设施基本完备。可依托农村道路畅通工程,修建快速公路、高速公路等符合现代道路标准的公路,提升道路承载力;可在山地丘陵地区集中开展土地宜机化整治,为实现农业机械化、智慧化获取规模优势;推进农村有线宽带、网络电视、无线信号等信息网络建设,实现农村互联网体系全覆盖,进一步推广农村 5G 基站建设。

青龙村同市农业科学院展开合作,开展全域土地宜机化整治,与渝北联通公司合作开展数字农业应用实践,将先进的物联网、大数据设施应用到田间地头,建立无人化管理系统和信息实时监测系统,促进了当地智慧农业的发展。这种基于地方与企业合作共赢的数字化转型模式在全国数字乡村建设领域具有普适性意义。

加强同各地高校研究所、各地农业部门在数字农业领域相关技术方面展开合作,将涉农科技成果下沉到数字乡村建设一线,既有利于提升科研成果的转化率,也能为当地的数字化转型提供科研技术支撑。

同时,可以寻求与阿里、联通等在数字农业领域拥有丰富实践经验的涉农企业进行技术合作,特别是推动农业传感器、智能农机装备入田常态化,依托传感技术、遥感技术、云计算技术等加快建设乡级农业大数据系统,健全农产品长势数据采集、自然灾害检测与预警、农作物收成预测、农产品销售决策等数据系统应用场景;依托区块链畅通数据传输与分发,保证所有数据及时同步更新,实现生产管理销售全流程全链化。

4. "人才为本"培育本土人才

针对乡村振兴中普遍存在的乡村劳动力流失严重、引进人才困难的问题,青龙村通过鼓励劳动力返乡,以该村壮劳力为主要对象,组建了一支果园生产服务队,在接受培训后负责果园内智能农机的使用以及管理系统的维护。这种方式既降低了引进人才的高额成本,也保证了数字技术能够在农业生产中正常应用。

各地可以沿用"引进外来技术,培育本土人才"的发展思路,在技术上同外界先进的企业和机构合作,通过引入先进技术资源,重点包括智能农机设备的安装、调试、日常使用,传感器的数据分析,数据系统的维护与运营等,帮助本地劳动力成长为技术骨干人才。

推进培训资源本土化,在培训板块中增设更加适应于当地农业发展的内容。对于当地的特色农作物和新型智慧农机,要有针对性地增设教学课程。从实践看,要立足当地的土地地形、经济状况等具体条件,培训人员应带领培训者下田亲自操作,以实践促学习。

培养本地人才需要遵循科学方法。在专业层面,应进一步明确服务评价标准,定期进行专业知识水平的考核与验收;在不同方面树立服务典型,以优秀典型激发内生动力。在可持续发展层面,可以发展现代学徒制,通过知识技术和实际经验的分享,培育用得着、可持续的人才储备。

5. 根植信念激发内生动力

村民的内生动力是不断获得各类知识、技术技能,以及创新创业的自发意志、自愿行为,数字乡村的建设离不开村民内生动力的助推。

定期开展优秀案例分享会与宣讲会。通过宣讲数字乡村建设优秀案例,从乡风乡貌、人均收入、村民幸福感调查等多方面展现数字乡村建设为乡村生活带来的翻天覆地的改变,依托村民服务中心,开展使命信念教育、理论学习、发展成果展示等多元活动,让村民真切感受到乡村发展红利,坚定建设信心。

鼓励村民参与数字乡村建设,调动村民的自主意愿,让村民"动起来、干起来、学起来",让他们全过程参与本村数字乡村建设进程,如建设计划制订、发展规划实施、具体项目落地和监督等,通过在实践中学习本领,在实践中增强自信,促进村民提升自我发展能力;突显村民的主体性,倡导政府支持、专家参与、村民主导、社会协同的乡村发展模式,弱化政府和专家的主导作用,发挥村民的主体性,催生村民内生动力,使村民成为乡村建设发展真正的主体和骨干。

(二)讨论

1. 乡村振兴中数字化建设不能缺席

当前,信息技术浪潮袭来,催生了一系列新产品、新模式、新业态。数字乡村建设,是信息化、数字化和智能化融入农村经济发展的充分应用,也是乡村振兴新一轮的战略方向,在数字中国建设中具有战略地位。党中央高度重视数字乡村建设,自2018年中央一号文件首次提出"实施数字乡村战略",连续四年中央一号文件均对建设数字乡村提出了明确指示和部署。2019年5月,中共中央办公厅、国务院办公厅印发《数字乡村发展战略纲要》,明确了数字乡村建设的目标任务。党的十九届五中全会通过的《中华人民共和国国民经济和社会发展第十四个五年规划和2035年远景目标纲要》明确指出"推进数字乡村建设"。数字乡村建设为乡村振兴提供了新动力,其带来的普惠性增长,具有以下作用。

(1)提高农业生产效率。党的十八大以来,党中央高度重视发展数字经济,推动互联网、大数据、人工智能等技术与实体经济充分融合,建设数字中国、智慧社会,加快推动农业数字化、网络化、智能化。推进农业生产流程系统化、农业生产标准化,进而提升农业经营决策的准确性,为组织化和网络化的农业生产创造条件,提升生产效率,实现对传统农业的多位重塑。

(2)激活农村要素资源。如今,数据已经成为一种新型生产要素,与土地、劳动力等传统要素并列,被写入《中共中央国务院关于构建更加完善的要素市场化配置体制机制的意见》等文件中。数字乡村建设,应当充分重视数据要素在农村的积累,推动数据要素的发展。通过数字乡村建设,以信息流带动资金流、技术流、人才流、物资流等向农村集聚,使农村形成新的发展中心。数字乡村建设是一项系统工程,要以数据要素为切口,通过政府资金引导、社会资本广泛参与,加大对农村的资金投入,增加对农村信息技术的建设力度,吸引技能人才、管理人才投身数字乡村建设,畅通公共资源向农村投入的通道。

2. 统筹规划数字农业设施建设

推动农村数字农业产业设置的发展,首先需要强化顶层设计,基于整体,完善数字化建设的规划。具体而言,需要建立数字农业发展全过程如运行标准、建设验收等方面的相关产业规范和统一标准。其次,数字乡村建设须补齐数字基础设施短板,尤其是乡村数字服务基础设施,需要重点支持现有基础设施与基础服务的数字化改造,打造基础设施共建共享共治的建设格局。比如,加快布局5G网络,实现农村地区、偏远地区、贫困地区的高度覆盖,让每一户村民都"连上网络",为农民提供数字基础设施支持,从而实现更便捷的数字化管理。

统筹构建数字农业产业设施建设，必须激发农村创新创业活力，着力打造农业产业数字化转型体系，将数字农业设施建设打造成"一潭活水"。首先，政府相关主管部门应该积极建立培育农业农村数字化转型典型案例、产业数字化转型示范区，培养一批产业数字化建设龙头企业、农业数字化建设领军企业，为全面提升我国的农业数字化水平提供多元案例支撑和企业支持。其次，相关行业协会应当积极组织交流，通过开办研发会议、技术交流会议等方式，促进创新主体间的相互交流，协助企业研发，提升农业创新水平和创新活力。最后，相关立法部门需要制定数据资产保护的法律法规、规范条例，完善创新主体间的协作机制和利益分配，促使创新主体间互相信任，及时解决各利益主体间的矛盾，降低农业数字化转型协同创新风险，推动数字、金融、市场、人才等要素资源的协同创新与高效共享。

3. 实现乡村旅游的智慧转型

数字技术的应用，为乡村旅游产业带来了新的活力，实现了农村地区的消费升级，完成了数字化驱动等现代化技术的发展。为实现乡村旅游的智慧转型，景区可以采用线上预约平台、智能终端设备等数字化、网络化技术加强景区数字化建设，并通过线上平台与其他终端实现数据和资源的共享，利用直播等方式开展特色营销，充分吸引客流量。在此过程中，乡村旅游的数字化建设也将带动当地其他行业数字化发展，以点带面，培育数字人才，助力乡村振兴战略进一步落地。

指导教师评语

数字乡村是乡村振兴的战略方向之一，也是助力数字中国建设的必然选择。为探索数字乡村建设的路径，计算机科学与技术学院2021级的6位同学组成了"渝行喻乡"社会实践团队，赴重庆万州区恒合土家族乡、渝北区大盛镇青龙村两地开展调研。在实践过程中，团队通过问卷调研、深度访谈、实地采访等方式深入基层，充分了解数字乡村建设的真实情况，并查阅相关文献，结合计算机专业相关知识，以学科视角分析数字乡村建设的可行路径，明确建设过程中的着力点、关键点。团队还立足于当地实际发展情况,给出了具体而有针对性的方案,形成了提交政府的政策建议,助力当地数字乡村建设。通过这次社会实践,同学们锻炼了自身的能力,运用自己所学的专业知识助力乡村振兴战略落地,为现代化建设贡献了青春力量。

(毛紫昀　华中科技大学计算机科学与技术学院讲师)

第五部分

卫生健康

"互联网＋医疗"发展思路与建设差异化态势研究

——基于鄂、浙、陕、赣、皖、桂六省八地的比较分析[①]

摘　要

"互联网＋医疗"一直是医疗行业发展的关键词,《国务院办公厅关于促进"互联网＋医疗健康"发展的意见》等文件印发以来,"互联网＋医疗健康"发展取得了明显成效,特别在疫情防控期间,"互联网＋医疗"行业有了新的突破。本调查关注湖北、浙江、陕西、江西、安徽、广西六省份八地医疗卫生场所"互联网＋医疗"的发展情况,通过各地案例比较分析,发现各地发展思路的差异,运用实地观察法、访问调查法和问卷调查法并进行统计学分析,了解公众和医疗从业者对"互联网＋医疗"的看法、互联网医院的建设情况,以及互联网医疗各服务项目的使用情况。调查表明,我国互联网医院虽已形成普及态势,但不同地区互联网医院建设差异明显,互联网医院部分的业务开展受到医保等问题的制约,基层医疗呈现出极大的被动性。对此,建议互联网医院不断完善自身,做好宣传,各省医保系统发挥积极作用,监管部门积极推动,有关部门完善相关政策,厘清主体责任,共同推动"互联网＋医疗"的发展。

关键词

"互联网＋医疗";互联网医院;发展情况

[①] **社会实践团队名称**:华中科技大学"智慧连乡土,医心晓未来"社会实践团队。
团队成员:杨槟瑞、丁雅雯、李思琪、周楷然、徐思远、周师伟、贺彦云、周梦期。
报告执笔人:杨槟瑞、丁雅雯、李思琪。

一、调查目的

（一）了解各地区基层"互联网＋医疗"的发展情况

通过实践团队成员在各自家乡地区的走访调查，了解各地"互联网＋医疗"发展情况并进行比较，发现各地区之间发展的差异并总结其发展经验。

（二）调查公众对"互联网＋医疗"相关的使用场景和意愿

在深入社区或乡村等基层医院的同时，体察人们关于"互联网＋医疗"的使用场景，并了解他们的使用意愿和意见。

（三）了解"互联网＋医疗"发展存在的不足

在了解"互联网＋医疗"发展成果的同时，总结其发展中存在的不足，如企业发展方向与基层情况的差异，人们在"互联网＋医疗"使用场景中所遇到的困难等，并进行反思。

二、调查方法与内容

（一）调查方法

- 1. 实地观察法

实践团队分别前往江西省吉安市，湖北省武汉市、仙桃市，安徽省阜阳市，浙江省衢州市、杭州市，广西壮族自治区南宁市及陕西省韩城市的各医疗卫生场所，主动了解各医疗卫生场所"互联网＋医疗"的运用和发展情况。

2. 访问调查法

实践团队采访医疗从业者对"互联网＋医疗"的看法和建议，通过随机采访，了解群众对本地"互联网＋医疗"的认知情况和满意度。

3. 问卷调查法

实践团队在 2022 年 7 月 10 日至 25 日于线上收集问卷 604 份，并进行统计学分析，了解调查对象的分布情况、互联网医院的建设情况和互联网医疗各服务项目的使用情况。

（二）调查内容

1. 八市医疗场所"互联网＋医疗"发展情况

（1）江西省吉安市

①调查地点：江西省吉安市泰和县卫健委、中医院、人民医院和澄江镇卫生院。

②调查发现：泰和县卫健委和省医联体系统一直统筹推动"互联网＋医疗"建设，以互联网为依托，探索县级、镇级卫生服务新思路、新方法。

泰和县中医院和人民医院这类县三甲医院，已配备了小程序和互联网自助服务台，实现了从挂号缴费、报告查询到后期咨询及医保查询等一系列服务。在治疗层面，"互联网＋医疗"也有助于对患者进行病情管理和后期追踪随访。同时医院还配备有网络远程医疗会诊系统，通过互联网系统对其定点帮扶的某贫困县中医院进行远程帮扶指导。

但像以澄江镇卫生院为代表的社区卫生服务机构，其主要负责基础医疗服务工作和周边单位的日常医疗任务，"互联网＋医疗"并未得到很好的普及，目前仍使用处方文书系统，管理流程烦琐，已创立的分诊系统也尚未被医生熟练运用。

（2）湖北省武汉市

①调查地点:湖北省武汉市华中科技大学同济医学院附属同济医院(光谷院区)、华中科技大学校医院(主校区)。

②调查发现:在省会城市的三甲医院,"互联网+医疗"已得到较好的普及,并且逐步运用于每一个医疗环节之中,大大降低了经济和时间的成本。华中科技大学同济医学院附属同济医院互联网医院于2020年10月正式揭牌,是湖北省首批互联网医院,目前已逐步发展为智慧门诊、线上门诊、线上药房、慢病管理、健康管理、健康宣教、协同医疗、远程医疗八大服务板块。相比小型医院中互联网技术操作困难的问题,大型医院中存在的问题则聚焦于病人对新兴技术的不信任和利用互联网技术沟通中产生的困难,是更深层的医患沟通间的问题。

在一些非省会城市的医疗机构中,"互联网+医疗"的普及与使用仍然未能达到预期,可能更多地局限在医生之间的互联网沟通与交流中,暂时还未能利用互联网技术提供相关的便民服务,但互联网远程会议便捷、高效等优点仍被予以肯定。

此外,在采访过程中,一线医生反映了互联网技术操作的熟练度、信息的保密性以及诊断的准确性等问题,这些问题也都是在应用互联网技术时不可避免、亟须解决的核心问题。

(3)湖北省仙桃市

①调查地点:湖北省仙桃市第一人民医院、郑场镇卫生院、毛嘴镇卫生院等。

②调查发现:仙桃市第一人民医院已建成远程心电诊断中心,核酸检测手机开单及查询、电子社保卡、自助就医服务系统等也已投入使用,且群众使用情况较好。虽然建设远程心电诊断中心的初衷是将三甲医院优质的医疗资源下沉到基层,提高基层医疗机构的心电诊断水平,但实践团队成员对郑场镇和毛嘴镇的卫生院进行调查后发现,卫生院虽已收到赠送的远程心电图机,却并未投入使用,也没有落实相关人员的培训,其实际成效还有待考量。

其中仙桃市第一人民医院比较具有特色的是已经投入使用的血液透析信息化管理系统,具有预先接诊自助化、有序候诊透明化、数据采集智能化、移动医疗精准化和透析管理无纸化五大特点。患者获取血透排班、检验、血液透析充分性等信息更便捷,透析环境更有序,就医体验感得到极大改善。

(4)安徽省阜阳市

①调查地点:安徽省阜阳市人民医院、第五人民医院、妇幼保健院(第六人

民医院)。

②调查发现:总体来说,安徽省阜阳市各级医院推进"互联网＋医疗"的积极性较高,乐于开启并使用线上模式,为人们带来便利。在疫情防控的大背景下,"互联网＋医疗"愈发发挥出它的作用,核酸检测、社区健康情况普查等方面都有"互联网＋医疗"的身影。不仅如此,互联网医院的大众普及率相当可观,网上挂号、网上问诊、网上缴费等功能使用频次很高。实践团队成员也进行了亲身体验,认为互联网医院的使用过程方便简洁,而且院内每个楼层站点都有相关工作人员进行答疑解惑。

虽然开通互联网服务的医院数量不少,但仍存在未开通相关服务的乡镇卫生院。同时医生的总体参与度不高,群众接受度也有待提高,部分群众仍习惯于走人工缴费或挂号通道,并未主动学习使用线上程序,且存在质疑网上问诊的情况,因此乡镇地区线下就诊仍占绝对主导地位。

(5) 浙江省衢州市

①调查地点:浙江省衢州市人民医院。

②调查发现:南孔仁医App是浙江省衢州市人民医院自主研发的软件,目的是以互联网为媒介,扩大医院的影响力,并增加患者黏性。当前软件的主要功能分为四大板块——图文问诊、视频问诊、慢病续方和远程护理。

图文问诊以微信公众号为患者端,App为医生端,提供了简易快捷的医患沟通渠道,患者自选医生后则会被收取10～12元的问诊金额,线上问诊节省了患者求医路程上耽误的时间,医生端若24小时内未回复即退回问诊费用。视频问诊则以视频沟通为渠道,提供了更全面立体的线上问诊方式,但目前患者对视频沟通这一方式仍感到比较陌生与抗拒,此功能的使用频率长期不温不火。图文问诊和视频问诊功能的推进困难不只与患者体验有关,还源于激励机制和绩效评估方面的缺失,导致医生方面的积极性较低。慢病续方功能最受用户好评,很大程度上解决了慢性病患者提药的困难,然而由于省医保局的最新相关规定,线上无法再开设处方,因此慢病续方功能名存实亡。远程护理也是供需关系配合比较积极的一项功能,医院有专业的护理团队为出院患者、高龄或失能患者、康复期患者、残疾人和病末期患者等人群提供专业的上门居家护理服务。医院也会尽快设立互联网护理专科门诊,在线上为老年病、慢性病、特殊疾病等方面的患者提供医疗行为相关的护理指导和护理健康咨询等服务。

浙江省衢州市人民医院信息处处长南保云还提道:"医院自主研发 App 的关键是,一要将医保打通,如此才能使线上线下真正融合;二是人口基数的扩大,人口基数的差异也是此类 App 自上而下热度越来越低的原因。"衢州市下属县级市江山市的人民医院便放弃了自主研发 App,采取成本更低的微信公众号或小程序进行替代。

院内自助服务机主要解决的是结算问题(挂号、预约、打报告单等),目的是缓解人力资源的压力,解决医保卡的制约问题。投放自助服务机本身是一项很好的举措,然而却与医院收费员的利益相矛盾,抢了人工的饭碗,再加上机器维护成本逐渐提高,自助服务机整体数量也在逐渐减少。

衢州市人民医院曾积极与互联网公司寻求合作,以促进"互联网+医疗"相关领域发展。但互联网公司的根本出发点是营利,所以更多地着眼于公司自身平台发展,公司以出售自家产品(保险产品、保健用品及药品等)作为主要获利方式,以及通过与医院建立合作,从而借助权威的医生资源来吸引用户进行消费。而医院则希望互联网公司能够提供更多"互联网+医疗"相关服务,以此扩大医院自身的影响力。两者的根本诉求产生了不可调和的矛盾,致使相关合作没能真正落地。

除此之外,衢州市人民医院还进行了"互联网+医疗"的许多方面的尝试。如将以 5G 技术为基础的自动护理车投放在大型社区内,以此提供远程医疗服务;举办农村义诊活动,采取线上线下两种形式;搭建以物流网为基础的物流轨道,院内大楼的天花板上密布轨道,大量小车在轨道上自主工作,协助并逐渐代替人工的物资调配工作,目前已取代了 60% 左右的后勤运力;向人们普及第三方穿戴设备,如血糖、血压的实时监测手环等。

(6) 浙江省杭州市

①调查地点:浙江省杭州市小河湖墅街道社区卫生服务中心。

②调查发现:在浙江省,各大医院的线上预约都可以在"浙里办"App 上完成,杭州市率先采用了分时段预约的新方式,实现了精准预约,大大减少了病人的排队等待时间。

目前网络上的线上问诊平台种类繁多,病人可以非常方便地进行问诊、查疾病和找医生。在线问诊对于诊治一些比较轻微的疾病来说是非常方便的,但也存在信息良莠不齐的问题,因此要认准有官方认证的专业平台进行咨询。社区卫生服务中心是以解决社区主要卫生问题、满足基本卫生服务需求为目的,融预防、医疗、保健、康复、健康教育服务功能等为一体的基层卫生服务机构。小河湖墅街道社区卫生服务中心目前已实现了全国联网，并采用了电子病历系统。但因为社区卫生服务中心的服务群体以老人为主，所以仍主要以传统模式运行，这也给医务人员的工作效率造成了一定的影响。

（7）广西壮族自治区南宁市

①调查地点：广西壮族自治区南宁市第一人民医院、广西医科大学第一附属医院、青秀区建政社区卫生服务中心。

②调查发现：无论是南宁市统一建设的互联网医院"南宁云医院"，还是各医院自行建立的互联网医院，都为市民提供了在线健康咨询、预约护理上门服务等，不仅缩短了患者就医时间，还提高了医疗服务效率。但也存在在同一家医院就医，使用不同的功能时需要在多个公众号或小程序中来回切换操作，增加了使用难度。

电子健康卡是依据居民身份证及其他法定证件为城乡居民办理的统一标准、全国通用的就诊服务卡，以加密的二维码形式呈现，它是"互联网＋"新形势下居民健康卡的线上应用延伸与服务形态创新。电子健康卡系虚拟卡，注册电子健康卡无需任何费用，也不存在卡片损耗、丢失及重复办卡的情况。目前，南宁市二级以上公立医院的病历资料、检验检查结果已实现共享调阅，医生可以实时调阅患者的健康档案和在其他医院的就诊记录和检验检查结果，以方便开展诊疗服务；患者也减少了不必要的重复化验检查，不必带着纸质病历在不同医院间奔波。

预约护理上门服务是我国"互联网＋"医疗的新兴业态，对于应对人口老龄化有着重要意义。但目前只有个别大型医院提供了这一服务，且定价不一。如在"南宁云医院"平台上，预约护理上门服务的价格为200～300元不等，且不包含远距离服务费；而在广西医科大学第一附属医院，预约护理上门服务的价格在300～600元不等，上门服务费可达350元，患者就医成本较高。

（8）陕西省韩城市

①调查地点：陕西省韩城市卫生健康局、韩城矿务局总医院、韩城金城办卫生服务中心。

②调查发现：总体来说，我国卫生健康项目覆盖度广，政策推广力度大，医务工作者对于"互联网＋医疗"这一发展方向态度积极。互联网不仅为专科医生提供了线上交流学习的平台，而且在日常医疗培训、远程会诊中发挥了重要作用。通过点对点的定期指导、学习和分享，优质医疗资源下沉卓有成效。基层居民健

康普查、妇幼健康管理、职业健康体检体系完整,覆盖度高,对于不同群体的实际需求有很强的适应性和灵活性,针对部分群体的电子健康档案管理体系的成熟也指日可待。

根据在韩城矿务局总医院门诊部、金城办卫生服务中心的采访调研,实践团队了解到当前网上医疗平台、互联网医院各项功能在县级地区医疗机构的推广仍较为缓慢。首先,就诊者对互联网平台的接受度较低,部分互联网资源供给必要性不足。一方面,年龄段不同、文化层次不同的就诊者对互联网平台的接受度有一定的差异,这种差异对线上线下医疗资源的协调分配有一定的影响;另一方面,基层医疗机构运转压力相对较小,传统就诊模式信息咨询便捷,可靠性强。这些因素使得基层医院就诊、咨询体系呈现出一种以传统模式为主、网上平台为辅的过渡状态,导致医院的网上咨询预约平台推广缓慢,应用度、熟悉度低。

其次,"互联网+医疗"技术的应用在乡镇地区呈现出滞后性,且创新性低、应用场景有限。相比于大城市而言,县城医疗系统缺乏智能物联终端设备及大数据资源支撑,更缺乏能将这些技术应用于实际医疗诊断、病例分析、患者健康跟踪的专业人士。再加上当前乡镇基层"互联网+"的应用场景仅局限于信息管理、挂号缴费、健康宣传等方面,即仅能实现一个完整医疗过程的初始端和末端的流程简化,并未真正激发互联网及其相关技术的应用潜力。

三、调查结果与分析

(一)调查对象基本情况分析

表1反映了受访者年龄的分布情况,平均值代表了集中趋势。根据频率分析结果可以看出,共有604人参与了问卷调查,数据量较大;受访者年龄段分布较广,故调查结果具有一定的普遍性。其中41~50岁的受访者占比50.99%,该群体的抽样数据可重点反映我国中年群体在"互联网+医疗"环境中的行为和意愿。

表 1 受访者年龄频率分析

年 龄	频 数	百 分 比	平 均 值
18 岁以下	29	4.80%	
18~25 岁	100	16.56%	
26~30 岁	6	0.99%	
31~40 岁	71	11.75%	40.3
41~50 岁	308	50.99%	
51~60 岁	66	10.93%	
60 岁以上	24	3.97%	
总计	604	100%	

图 1 展示了受访者所在省份分布情况。本次问卷调查重点选取了浙江、湖北、广西、陕西、安徽五个省份的不同年龄阶段、不同身份的城乡居民作为调查对象,同时以线上问卷的形式使调查范围覆盖至全国二十五个省份,尽量保证了调查结果的客观性。

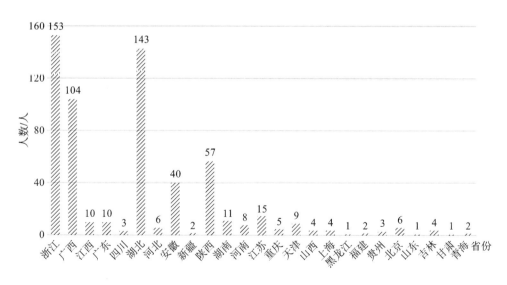

图 1 样本来源省份统计

图 2 反映了不同身份的受访者占比,本次问卷调查共有 604 人参与,其中 558

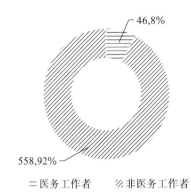

图 2 受访者身份分布图

人为非医务工作者,约占 92%;46 人为医务人员,约占 8%,样本数较为充分。这两类群体的调查结果可分别反映非医务工作者和医务工作者对当前我国"互联网+医疗"发展情况的认知和态度。

图 3 反映了非医务工作者常去的医疗机构,其中公立医院为将近 90% 的公众提供日常医疗服务,其次为占比 20.79% 的街道卫生院,可见公立医院为我国医疗系统的核心及主要场所,而街道卫生院、妇幼保健院、医务室等医疗机构在满足民众对于基层医疗的需求中也发挥着重要作用。

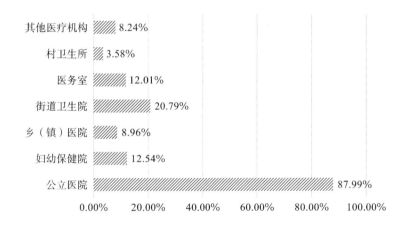

图 3 非医务工作者常去的医疗机构

(二)互联网医院建设情况分析

我国第一家互联网医院诞生于 2015 年,随着 2018 年之后"互联网医院""互联网诊疗""远程医疗"三方面管理规定的制定和落实,互联网医院作为医疗服务领域的新形态,在全国范围内得到充分推广。2014—2020 年我国已建互联网医院的数量如图 4 所示,根据国家远程医疗与互联网医学中心截至 2020 年末的调研,互联网医院建设已呈全面铺开之势,接近九成的实体医疗机构、互联网相关企业都在积极布局互联网医院的建设和发展,全国互联网医院数量累计已超千家。①

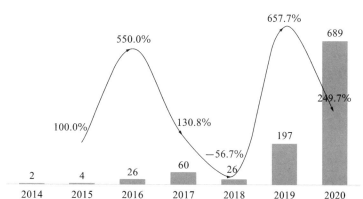

图4　2014—2020年中国已建互联网医院数量(N=1004)

在本次问卷调查中,约三分之二(66%)的医疗机构都已建立了自己的互联网医院(见图5)。互联网医院以实体医院为基础,以App、小程序等线上平台为载体。随着公众对这些网络服务平台熟悉度的提高,互联网医院一方面可作为医疗机构有效的宣传窗口,另一方面可简化基本的医院服务流程,并以远程网络技术等方面为专业医疗提供支撑。这些优势为互联网医院及其相关领域提供了可持续发展的潜能。

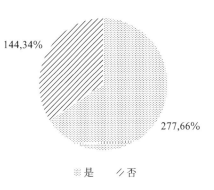

图5　医疗机构是否建立了自己的互联网医院

图6反映了不同省份互联网医院建立率的对比。总体而言,所调查的各省份互联网医院建立率均高于55%,逐渐形成普及态势。但我国东部、西南、西北、中部地区互联网医院建立率有一定差异,其中建立率最高的广西壮族自治区占比高达75%,比陕西省高出约19个百分点。在对基层医疗现状的调查中,我国不同地区互联网医院的应用情况、服务范围、运营效率、公众接受度等方面也存在明显

---

① 国家远程医疗与互联网医学中心,健康界.2021中国互联网医院发展报告[R/OL].(2021-05-21)[2022-08-23].https://docs.cn-healthcare.com/sharedoc/src_files/20210520/9ff40c6426f145f1b42c3bf207748cde.pdf.

差异。

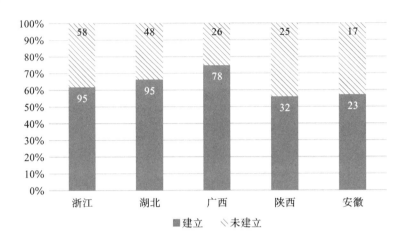

图 6　不同省份互联网医院建立率对比

对服务范围较广的各类医疗机构的互联网医院建立率做进一步分析,医院的互联网医院建立率最高,高于平均水平 8.9%,其他主要医疗机构互联网医院建立率均占比 50% 以上(见图 7),为"互联网+医疗"的进一步发展奠定了广泛的基础。

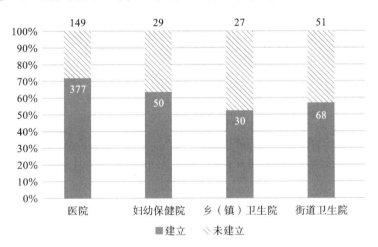

图 7　各类医疗机构互联网医院建立率对比

经调查统计,微信公众号、小程序等平台构成了互联网医院主要的呈现载体,此外约有三成互联网医院已建立了自己专属的 App 或依托地方统一的 App 与用户对接(见图 8)。在部分地区的医疗机构中,互联网医院还通过远程会诊平台、电子健康档案系统、智慧药房、智慧护理车、医院内部互联网设施等体现自身的功能全面,从而发挥良好的服务作用。

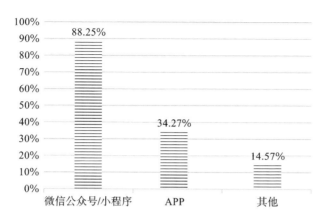

图 8 互联网医院的呈现载体

图 9 为《2021 中国互联网医院发展报告》中发布的 2021 年我国已建立互联网医院的业务范畴，对比可发现，医学咨询、健康科普等非核心医疗业务的建立率显著高于使用率，部分网络、信息资源处于"建而不用"的状态。这一结果一方面呈现了此类功能在运营中存在的问题，另一方面体现了服务供给与需求的匹配度差异。

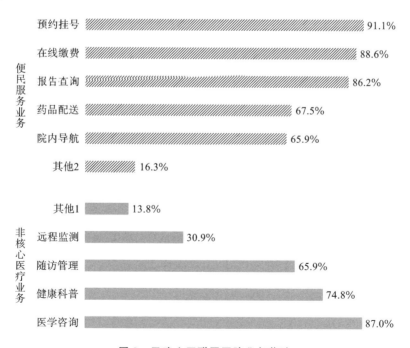

图 9 已建立互联网医院业务范畴

如图10所示,在常见的互联网医院功能中,预约/挂号、门诊缴费、报告查询等简化就诊、结算流程的基础服务使用率很高;药品、费用等医疗信息查询等扩展公众知情空间、提高医疗过程透明度的功能使用率较好,但相比于前三项推广率较低。线上咨询服务虽然属于互联网诊疗这一重点领域,但在实际应用中使用率不足40%,这一现象与相关监管规定,线上咨询本身的特征、运作模式、结果可信度与认可度、责任归属、公众对这一服务的认知等各方面因素均有密切关系。

整体而言,互联网医院的服务功能应用场景较为有限,且主要集中于医疗流程的初始端和末端,在专业度低、争议小、患者主动性弱的预约/挂号、门诊缴费、报告查询等领域普及率很高;而在涉及较多专业知识,需要医疗人员资源、专业信息投入的领域常用率明显较低。

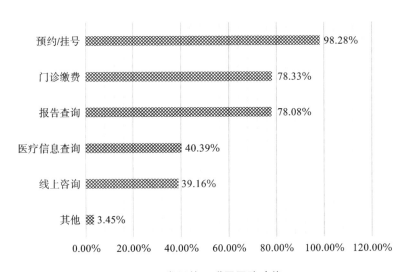

图 10 常用的互联网医院功能

通过表2可得知,医务工作者对互联网医院的满意度平均分值为3.89分,非医务工作者为4.10分,总平均分值为4.08分。通过分别统计,可得出公众对互联网医院满意度整体较高的结论,但互联网医院各项功能仍有较大的改进空间。相比于非医务工作者,约三成医务工作者的满意度评分集中于3分这一分值,群体性差异较显著。

表 2　两类群体对互联网医院的满意度

分值	医务工作者		非医务工作者	
	频数	百分比	频数	百分比
5(很满意)	13	35.14%	147	39.84%
4(满意)	10	27.03%	135	36.59%
3(一般)	12	32.43%	68	18.43%
2(不满意)	1	2.70%	15	4.07%
1(很不满意)	1	2.70%	4	1.08%
平均分值	3.89		4.10	

在实践团队收集到的改进意见中,医务工作者结合日常工作经验及患者实际需求,对于互联网医院公众平台提出了"多推广有趣的小科普""提高普及度""提高使用的方便程度""应该逐步实现老年人就医方便""提高平台之间的互通性"等整体性较强的建议。不同地区的非医务工作者则反馈了互联网医院公众平台在使用过程中所遇到的各种问题和针对性建议,主要包括以下几点。

①操作系统流程较为烦琐,大部分老年人在使用时需要别人指导,希望能够开发更多的便民功能,设计简单易用的常用功能版面,方便在就医时快速找到所需的功能。

②软件在使用时容易卡顿、崩溃,建议加大系统的维护力度。

③不同医院服务水平差别较大,应提高整体医疗服务水平。

④部分地区未将医保卡与互联网医院连接,应尽快完善全国联网报销制度,以及完善外地医保缴费查询等功能。

⑤各医院的诊疗信息不互通,线上信息更新不及时,部分地区尚未做到"多卡合一"。

⑥希望互联网医院能与社区医院互通,以解决就诊拥堵情形。

在核心及非核心医疗业务方面,非医务工作者们还提出了以下优化方向。

①应提高线上问诊回复效率及回复率,尽量避免回复不及时的情况。

②可利用互联网医院公众平台,加强医生与患者对病后健康恢复情况的线上交流,完善诊后随访功能。

③希望能够完善预约挂号分诊系统,智能辨别所需要就诊的科室。

④大多数预约系统仅限于科室挂号和核酸检测,希望血检、CT等检查也可在

手机上进行预约、缴费。

⑤建议医院精准调控预约人员数量,在挂号界面显示剩余挂号数量,避免排队一整天才能就诊的情况。

⑥建议完善挂号、咨询功能中的医生和科室信息。

⑦建议退费流程也能够在线上完成,而不是必须在线下服务中心完成。

(三)互联网医疗各服务项目使用情况

1. 电子健康卡

电子健康卡是由国家卫健委主导发行的覆盖全人群、全生命周期的虚拟健康身份证。推广应用电子健康卡是国家规划和顶层设计。2018年12月21日,国家卫健委发布了《关于加快推进电子健康卡普及应用工作的意见》[①],明确指出将加快推进电子健康卡普及应用工作,实现医疗健康服务"一卡(码)通",解决医疗卫生机构"多卡并存、互不通用"堵点问题,支撑全民健康信息平台互通共享,更好地发挥"互联网+医疗健康"便民惠民作用。

具体而言,居民通过电子健康卡这一入口,能顺畅连接家庭医生签约服务、预约挂号分时就医、电子健康档案授权调阅、互联网诊疗等各类医疗健康服务。同时,电子健康卡全面支持金融行业支付二维码标准,基于"多码聚合"创新机制,实现健康二维码、医保结算码、支付二维码等多码融合应用,方便居民享受医院就诊、医保结算、移动支付等"一站式"便捷就医服务。

经问卷统计,如图11所示,所调查地区居民电子健康卡注册使用率在64%以上,电子健康卡已较为广泛地应用于不同省份不同级别的医疗机构中,但仍有36%的居民表示平时就诊过程中未注册或不经常使用电子健康卡。经过对这一群体的进一步调查和统计,61.97%的居民表示对该服务并不熟悉,有30.23%的居民反映医疗机构并未引进、推广这一服务项目(见图12)。此类情况与周边医疗机构对"一卡(码)通"的落实程度、医疗机构自身公众平台与电子健康卡能否良好

---

① 国家卫生健康委员会规划发展与信息化司.关于加快推进电子健康卡普及应用工作的意见[EB/OL].(2018-12-21)[2022-08-23]. http://www.nhc.gov.cn/guihuaxxs/gongwen12/201812/7992d2ed74dc4603b51845977bfaed73.shtml.

对接、不同级别医疗机构在不同性质的责任履行中对这一服务的实际需求程度密切相关。例如在常去街道卫生院的群体中,仅有59.66%的受访者已注册并使用了电子健康卡,在常去乡镇卫生院的群体中,这一比例仅为52.63%,均低于平均水平。

根据表3对电子健康卡群体特异性统计,整

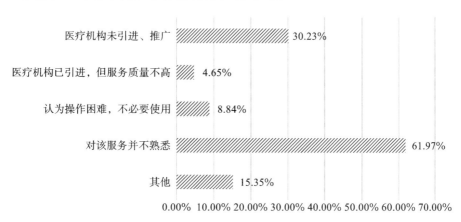

图11 电子健康卡注册率

图12 未使用电子健康卡的原因

体而言,医务工作者和非医务工作者对电子健康卡的满意度差异很小,平均值均在4.23以上,且超半数的受访者表示对电子健康卡的使用非常满意。针对电子健康卡系统的可优化之处,公众主要提出了以下建议。

表3 电子健康卡的满意度

分值	医务工作者		非医务工作者	
	频数	百分比	频数	百分比
5(很满意)	20	51.28%	177	50.57%
4(满意)	13	33.33%	106	30.29%
3(一般)	3	7.69%	57	16.29%
2(不满意)	1	2.56%	5	1.43%
1(很不满意)	2	5.13%	5	1.43%
平均分值	4.23		4.27	

①开发更便捷的实名认证方式,避免因不记得卡号而造成登录困难;优化电

子健康卡持有人信息显示界面,当前一个手机号绑定多人时不易辨认。

②提高充值系统的便捷性,解决各医院之间信息不互通的问题。

③希望能增加电子健康卡承载的信息,做到真正的"一码通"。

④优化操作界面,使其位置醒目,使用时方便打开。

⑤希望能直接线上认证激活开通,而非必须到线下服务台进行激活。

⑥当居民临时身处外地时,应与在本地时报销力度一样。

由此可见,电子健康卡系统统筹了就诊过程中的多项服务功能,部分医院尚未能实现一码通行,此外,操作平台的用户友好性提升空间仍然较大。

2. 远程医疗

根据国家卫健委2018年发布的《远程医疗服务管理规范(试行)》,远程医疗指由某医疗机构直接向其他医疗机构或通过第三方平台间接发出邀请,受邀方运用通信、计算机及网络技术等信息化技术,为邀请方患者诊疗提供技术支持的医疗活动。① 当前远程医疗会诊系统通常由视频通信、会诊软件、可视电话三大模块构成,用途包括远程诊断、专家会诊、信息服务、在线检查和远程交流等方面。本次实践中,实践团队对远程医疗的使用率、满意度、未使用原因分别进行了调研。

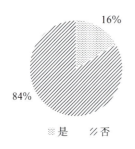

图 13 远程医疗使用率

如图 13 所示,当前远程医疗整体使用率较低,曾使用过远程医疗的受访者约占 16%。其中 30.43%的医务工作者有过使用经历,而非医务工作者群体仅有 15.05%。该服务使用率较低的主要原因有:熟悉度不高、暂无相关需求、医疗机构尚未引进并推广等(见图 14)。在使用过远程医疗的人群中,该服务满意度平均分值在 3.79~3.95 之间(见表 4)。医务工作者对于远程医疗的参与更为直接,所了解的问题和面临的挑战也更具现实性,受访者对于这一服务主要提出了以下几方面建议。

①远程医疗时间调整难度大,应提高就诊灵活性。

②专家库人员较少,专业人员资源有限。

③远程医疗服务大多为一次性服务,缺乏后续跟进措施,不便于患者诊后情

---

① 中华人民共和国中央人民政府.远程医疗服务管理规范(试行)[EB/OL].(2018-07-17)[2022-08-23]. https://www.gov.cn/gongbao/content/2019/content_5358684.htm.

况的长期持续观察。

④建议简化远程医疗申请流程,以提高老年人使用的便捷性,并提高该服务的普及率。

表 4 远程医疗的满意度

分值	医务工作者		非医务工作者	
	频数	百分比	频数	百分比
5(很满意)	5	35.71%	32	38.10%
4(满意)	3	21.43%	25	29.76%
3(一般)	5	35.71%	20	23.81%
2(不满意)	0	0.00%	5	5.95%
1(很不满意)	1	7.14%	2	2.38%
平均分值	3.79		3.95	

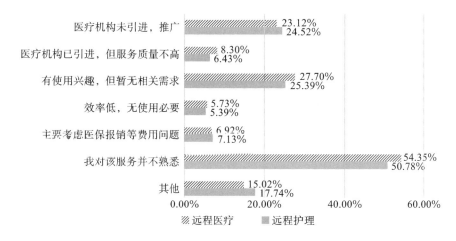

图 14 远程医疗、远程护理未使用原因

此外,部分医务工作者认为当前远程医疗系统整体较为完善,进一步改进、完善的必要性不强。

2020 年 12 月 8 日,《国家卫生健康委办公厅关于进一步推进"互联网＋护理服务"试点工作的通知》成文并发布,提出为积极应对人口老龄化,实施健康中国战略增加护理服务供给,进一步推进"互联网＋护理服务"试点工作,并制定了将"互联网＋护理服务"与家庭医生签约、家庭病床、延续性护理等服务有机结合,加

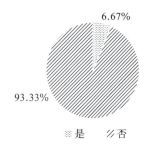

图 15　50 岁以上群体关于远程护理的使用情况

大护士培训力度等措施。①

如图 15 所示，本次调查中，50 岁以上群体远程护理使用率约为 6.67%，全年龄段使用率约为 4.80%，非医务工作者对该服务的满意度均值高达 4.54（见表 5）。这一服务属于互联网医疗行业新业态，在推动优质护理资源下沉方面富有潜力，但当今互联网护理专业人才方面缺口较大，远程护理仍处于创新与优化并进的试点阶段。

表 5　远程护理的满意度

分值	医务工作者		非医务工作者	
	频数	百分比	频数	百分比
5（很满意）	3	60.00%	15	62.50%
4（满意）	1	20.00%	7	29.17%
3（一般）	0	0.00%	2	8.33%
2（不满意）	0	0.00%	0	0.00%
1（很不满意）	1	20.00%	0	0.00%
平均分值	4.00		4.54	

四、结论与建议

（一）调查结论

□　1. 互联网医疗涉及跨机构的诊疗信息交互，数据信任问题突出

目前互联网医疗还处于以提高工作效率为主的"管理数字化"和单一业务系

---

①　国家卫生健康委员会.国家卫生健康办公厅关于进一步推进"互联网＋护理服务"试点工作的通知［EB/OL］．（2020-12-08）［2022-08-23］．http://www.gov.cn/zhengce/zhengceku/2020-12/16/content_5569982.htm．

统为主的"医疗数字化"发展的初始阶段,仅局限于信息管理、挂号缴费、健康宣传等方面的应用,即仅能实现一个完整医疗过程的初始端和末端的流程简化,尚未实现医疗数据真正意义上的互联互通和医疗资源整合开发的数字化创新应用,未激发互联网相关技术的应用潜力。同一地区,不归属同一医联体的医院之间、医院和社区医院之间的信息互通性均较低,不方便患者就医,且不利于医疗资源下沉。医联体间相互独立,具有一定的垄断性,平台、信息、系统均不统一,既不便于患者操作,也不利于信息化管理。"一码通""多卡合一"在部分医疗机构中并未完全实现,或未实现完全电子化,只能预先线下激活。

2. 基层居民在"互联网＋医疗"推进过程中主体性不足

当前地方医疗系统中互联网的使用群体主要为卫健局信息管理人员、医院医务工作者等,广大群众作为被服务对象,积极主动参与这一变化的机会较少。在对非医务人员的调查中,互联网医院的医学咨询、健康科普等对专业知识、专业人员要求较高的非医疗核心业务实际使用率不足40%,大量网络、信息资源处于"建而不用"的状态。这与部分互联网医院的公众平台用户友好性不佳,存在老年人操作困难、功能杂而不醒目、分诊系统不完善、医生科室信息不全等问题息息相关。

3. 互联网医院部分业务开展受到医保问题的制约

部分服务因无法打通医保而无法开展。部分互联网医院未开通线上医保支付功能,仍须线下支付,异地医保存在缴费不便、报销力度降低的情况,大部分省份尚未将远程会诊纳入医保,患者就医成本较高。

4. 基层医疗呈现极大被动性

（1）基层医疗机构"互联网＋医疗"推广缓慢。

基层医疗机构日常运转压力相对较小,传统就诊模式信息咨询便捷、可靠性强,使得基层医疗机构就诊、咨询体系呈现出一种以传统模式为主、网上平台为辅的过渡状态,导致基层医疗机构"互联网＋医疗"方面推广缓慢,应用度、熟悉度低。

（2）基层医疗机构信息封闭、相对独立。

基层医疗机构普遍独立管理，与其他医疗机构信息不互通，无法查询患者以往病情和检查结果，使得患者就医成本相对增加。

（3）基层医疗机构硬件、软件服务均不足。

县城医疗系统缺乏智能物联终端设备及大数据资源支撑，能提供的检查服务较少，更不用说线上预约护理的服务。基层医疗机构分担大型医院诊治压力的能力有限，更缺乏能将这些技术应用于实际医疗诊断、病例分析、患者健康跟踪的专业人士。

（二）对策建议

1. 建议

（1）监管平台推动。

根据2022年2月国家卫健委发布的《互联网诊疗监管细则（试行）》，互联网医院的监管主体为省级卫健部门建立的省级互联网医疗服务监管平台。监管平台须发挥自身作用，在保证当地互联网医院服务质量的前提下，推动互联网医院的普及。完善"一卡（码）通""多卡合一"，并落实统一的标准规范；以居民自主参与管理的电子健康档案等形式促进不同医疗机构间的信息互通；以不同级别医院之间定期、定点对接的方式确保远程医疗的实施，保证一定的远程会诊专家库注册率。

（2）完善相关政策，厘清主体责任。

在医学咨询、健康科普等需要专业知识、专业人员的非医疗核心业务方面，须不断完善相关政策，更新《中华人民共和国执业医师法》等相关法律法规，提高其适用性，降低互联网医疗的法律风险，减少医师的顾虑。同时厘清参与医疗过程中不同主体的法律责任，坚持线上问诊业务的"复诊原则"，构建互联网医疗合法、安全、有序的运行机制，促进互联网医疗政策稳步推进。

（3）医保系统发挥积极作用。

各省医保系统须在促进医疗资源合理分配、保障患者权益的前提下对互联网医疗的普及发挥一定的积极影响，优先解决异地医保报销问题等旧有症结，明确对互联网医院各项业务所适用的医保规定,汲取现有远程会诊医保报销试点地区的经验,提高互联网医院运营过程中部分线上业务的惠民程度。

(4)互联网医院应不断完善自身。

互联网医院应在科室资源管理、公众平台功能、医疗信息公开三方面不断完善自身。完善预约挂号分诊系统,精准调控每日的线上预约数量;优化信息管理系统以促进透明化的有序候诊,利用血压计等自助检测设备实现自助化预先接诊;针对线上操作有困难的老年群体,通过"云陪诊"系统使亲属能够线上参与老年人的就医流程,或设置专门的分诊台工作人员进行协助等。

2. 创新案例

(1)广西壮族自治区南宁市。

①院内慢性病管理服务系统全面完善,包括住院患者出院准备评估、延续居家护理咨询评估、老年人全方位综合评估服务、医联体成员单位预约转诊服务、"互联网+医疗健康"专科护理门诊、结账办理服务、一站式门诊综合服务中心养老机构及居家养老护理服务等。

②广西一心医药集团携手广西医保局共同打造的广西首家"互联网+医保24小时智慧药房",运用互联网和人工智能技术,接入本地在线诊疗,连接医保系统,提供视频在线问诊、自助购药、多渠道结算等24小时一站式便捷服务,药品种类齐全,基本满足消费者日常用药及慢性病用药需求,为急用药品夜间购买、慢性病处方购药及行动不便参保群众购药等问题提供全方位解决方案。

(2)陕西省韩城市。

①近年来,陕西省医疗保障局已逐渐完善了线上医保通办小程序"陕西医保",实现了全省医保系统的一体化管理,结合支付宝用户端,已基本实现了省内所有医院、药店、卫生服务中心医保支付的便捷化。

②基层居民健康普查、妇幼健康管理、职业健康体检体系完整,覆盖度高,"一人一档"旨在实现终身健康监控,对于不同群体的实际需求有很强的适应性和灵活性。社区为老年人提供免费的健康体检服务,体检者可持身份证直接在卫生办的自助一体机查询个人健康档案、既往体检报告、病史等,此种模式可满足老年居民的自我健康管理和健康监测需要;正规医疗机构专科医生与幼儿园对接,采取医生进入幼儿园的方式,对所有幼龄儿童进行健康体检,以筛查先天疾病,落实疫

苗接种;儿童健康体检数据向电子健康档案转型,按一人一档原则,将从儿童出生、幼儿阶段到中小学阶段的健康体检数据统一,在就诊、医疗咨询过程中可供县级二甲公立医院调用。

(3)浙江省衢州市。

①慢病续方功能很大程度上解决了慢性病患者提药的困难。

②医院现在的探索方向是第三方穿戴设备的上线,如血糖血压的实时监测手环等,正在与华为、小米等国内大厂家进行磋商合作,这样可以更加直接地提高用户黏性。

③搭建以物流网为基础的物流轨道。医院投入3000万～4000万元,在院内大楼的天花板上密布轨道,大量小车在轨道上自主工作,协助并逐渐代替人工的物资调配工作,目前已取代了60%左右的后勤运力。物流轨道目前已大规模使用,效果很好。

④后勤管理滴滴化。同样是以物联网技术为基础,将原本靠人力分配的后勤工作,移交给系统自动分配,寻找最佳方案,并逐渐变为抢单模式,在节省人力的同时也能调动人员积极性,提高效率。

以上三个地区的"互联网+医疗"成果既具有创新性,又体现了地方特色,对我国不同地区、不同规模医疗机构的"互联网+医疗"探索具有借鉴意义。现有互联网医院在不断完善自身、扩展功能的同时也须兼顾创新和效益,积极开拓"互联网+医疗"的全新应用场景;开发针对不同患者群体、满足不同医疗需求的智能服务,进一步激发互联网技术在医疗界的应用潜能。

指导教师评语

习近平总书记曾指出,要运用大数据促进保障和改善民生,推进"互联网+医疗"发展,此外,《国务院办公厅关于促进"互联网+医疗健康"发展的意见》等文件的相继印发,也体现了党和国家对"互联网+医疗"发展的高度重视。本实践团队成员对湖北、浙江、陕西、江西、安徽和广西六省份八地的医疗卫生场所进行了实地调研,在深入了解各地"互联网+医疗"发展情况的同时,调查了公众使用"互联网+医疗"的场景和意愿,并在总结各地发展经验的基础上,分析了目前存在的不足。总体上看,该调研报告收集问卷充分,统计数据准确,思路清晰,内容完整,分析较为深入,调研结果具有参考意义,是一份优秀的社会实践调研报告。

(邹旭怡　华中科技大学马克思主义学院教授)

健康乡村视野下基层医疗卫生机构信息化建设状况研究

——基于武汉、通辽、安庆地区心脑血管疾病防治情况的调查①

摘　要

为了探索构建"三点一线"的基层心脑血管疾病信息化防治与管理体系，推动"健康中国行动"发展战略，助力基层居民心脑血管健康，本文采用典例调查等方法，针对华中、华东、华北等地区的不同省份、不同层次的地级市区的基层医疗卫生机构进行实地调研，以社区卫生服务中心、社区卫生服务站、乡镇卫生院、村卫生室、基层居民和心脑血管疾病患者为调研对象，进行心脑血管健康知识宣教，展开定量和定性相结合的研究，探讨各地的心脑血管疾病信息化防治情况。调研发现，各地基层医疗卫生机构医疗卫生信息化建设不够完善，信息无法在各基层医疗卫生机构之间互通，基层医务人才流失严重。主要表现为各地信息化防治网络断联，没有发挥出社区卫生服务中心、乡镇卫生院等机构的应有功能。因此，需要进一步构建"三点一线"的基层心脑血管疾病信息化防治与管理体系，串联各基层医疗卫生机构，由点到线，再由政府、企业等维度辅助建设。第一，明确"核心—基础—前哨"的功能定位，构建心脑血管疾病三级纵向防治体系；第二，凝聚社会多方力量，以政府为核心，多主体共同构建心脑血管疾病横向防治体系；第三，以信息化发展为基础，多维联动，完善心脑血管疾病防治网络。

关键词

健康中国行动；基层医疗卫生机构；信息化防治；信息化建设；健康宣教

---

① **社会实践团队名称**：华中科技大学医药卫生管理学院赴鄂、蒙、皖三地"关爱基层心脑血管健康，助力健康乡村建设"社会实践团队。
团队成员：汪伦、刘佳琪、陈升亮、魏正然、顾贵良、辛杰、王晨、万赵普泽。
报告执笔人：汪伦、刘佳琪、陈升亮、魏正然、顾贵良、辛杰、王晨、万赵普泽。

一、背景介绍

（一）研究背景

随着社会和经济的不断发展，国民生活方式和生活习惯的改变，心脑血管疾病已经成为我国居民第一大死亡原因。2019年，农村、城市中心血管疾病（CVD）分别占居民死因的46.74%和44.26%。每5个死亡案例中就有2例死于心血管疾病[①]。当前我国正面临人口老龄化和代谢危险因素持续流行的双重压力，特别是在基层社区与农村地区，心脑血管疾病防治面临巨大压力。因此，如何有效地对基层心脑血管疾病进行防控，对心脑血管疾病患者进行健康管理是当前应对心脑血管疾病流行的重要前提。

在《"十四五"国民健康规划》（国办发〔2022〕11号）中提出，"扎实推进健康中国建设，启动实施健康中国行动，深入开展爱国卫生运动，持续完善国民健康政策""预防为主，强化基层。把预防摆在更加突出的位置，聚焦重大疾病、主要健康危险因素和重点人群健康，强化防治结合和医防融合"，进一步"推广应用人工智能、大数据、第五代移动通信（5G）、区块链、物联网等新兴信息技术，实现智能医疗服务、个人健康实时监测与评估、疾病预警、慢性病筛查等"。我国心脑血管疾病领域的信息化防治主要是基于"慢性病社区卫生服务机构—疾病预防控制中心—综合医疗机构"的"三位一体"的管理模式和"知己"健康管理模式。这些模式都依托于区域卫生信息平台，在合理用药的基础上，通过应用计算机技术和通信技术，结合生活方式指导和健康状况评价，对患者进行健康管理。信息化防治的开展使得心脑血管疾病知晓率、治疗率和控制率显著提高。居民不健康的生活方式和行为有不同程度的改变。但目前关于心脑血管疾病信息化防治体系和信息平台的建设主要集中在发达的城市地区，而在乡镇、乡村等欠发达基层地区，心脑血管疾病信息化防治的研究尚不多见，而且还存在基层信息化建设不完善、建设基础薄

---

① 《中国心血管健康与疾病报告》编写组.《中国心血管健康与疾病报告2021》概述[J].中国心血管病研究，2022,20(7):577-596.

弱,基层医护人员流失严重,心脑血管疾病患者健康素养水平较低等问题。因此,基层地区建立心脑血管疾病信息化防治与管理体系依然任重道远。

考察我国基层地区信息化建设情况,探索构建基层地区心脑血管疾病信息化防治与管理体系是我国降低心脑血管疾病发病风险、实现"健康中国2030"国家战略的必要措施。在华中科技大学医药卫生管理学院教师的带领下,信息管理与信息系统(医学信息)2020级8名本科生组成基层爱心小队,先后奔赴三地开展"关爱基层心脑血管健康,助力健康乡村建设"的调查研究,为实现"健康中国"贡献华中大力量。

(二)实践地点

1. 湖北省武汉市

湖北省武汉市位于我国华中地区,是我国长江经济带的核心城市,医疗资源丰富。据统计,武汉市心脑血管疾病患者人数近年来逐年上升,患者年龄集中在50岁以上人群,其中高血压患病率居首位,农村患者人数多于城市。2021年,武汉市开展"323"攻坚行动,主要针对居民死亡原因前三位的疾病加强预防监控,其中就包括心脑血管疾病。

2. 内蒙古自治区通辽市

内蒙古自治区通辽市位于我国华北地区,是我国蒙古族人口最多的城市。据2015年统计数据,通辽市脑血管疾病死亡率为238.4/10万。近年来,通辽市关于心脑血管疾病的防治政策逐渐从治病向预防转变。通辽市政府发布相关公告提倡居民定期健康体检,提高个人血压知晓率,鼓励、支持各医疗机构对居民开展心脑血管疾病预防、治疗、急救等知识的科普教育,推进"三高"共管,做好对高危人群的风险评估与干预指导。

3. 安徽省安庆市

安徽省安庆市位于我国华东地区,是我国历史文化名城。《健康安庆行动实施方案(征求意见稿)》显示,安庆市目前主要依托家庭医生签约服务和健康生活方式指导员团队,对高危人群和患者开展生活方式指导,18岁及以上成人定期自我监测血压,高血压患者学会自我健康管理。全面落实35岁以上人群首诊测血压制度,扩大高危人群筛查干预覆盖面。加强高血压、高血糖、血脂异常患者的指导和规范管理服务。

二、实践研究设计与开展

(一)方案设计

团队在阅读有关心脑血管疾病信息化防治相关文献的基础上,从供给方和需求方出发,进行方案设计。首先是访谈提纲的设计。团队针对不同的实践调研对象,编制了对应的访谈提纲。针对信息化保障体系、信息化基础设施、信息化建设与应用,以及心脑血管疾病信息化防治与管理情况等方面设计访谈问题。对于不同的访谈对象,团队根据其特点对访谈提纲进行调整,并积极吸纳各地区调研对象的修改意见,再做最后的修订。其次是问卷的设计。团队通过查阅文献、参考《国家基本公共卫生服务规范(第3版)》以及《国家基层高血压防治管理指南(2020版)》,编制了针对心脑血管健康及基层医疗卫生信息服务的调查问卷,问卷内容包括居民的个人基本信息情况、健康与生活状况、心脑血管健康素养水平、信息技术服务体验四个部分,涉及心脑血管疾病患者的饮食、运动、用药等情况,以及其对于心脑血管相关知识的了解程度等信息。此外,团队参考湖北省疾病预防控制中心发放的关于心脑血管疾病"323"攻坚战的宣传三折页,为心脑血管疾病患者以及普通群众设计了专属宣传三折页,用于心脑血管疾病知识的科普与宣传。

在调研地点的选择上,团队根据调研的必要性、可及性和便利性,综合评估选取了湖北省武汉市江夏区、安徽省安庆市太湖县、内蒙古自治区通辽市科尔沁区三地。因为三个地区分属华中、华东、华北地区,能够兼具实践调研的深度与广度。

（二）实践过程

团队成员相继走访了社区卫生服务中心、社区卫生服务站、乡镇卫生院及村卫生室等，面对面访谈了相关基层医疗机构的管理层人员、医务人员、信息系统管理人员，以及心脑血管疾病患者等。实践总历时14天（2022年7月18日至2022年7月31日），团队足迹涉及：湖北省武汉市江夏区纸坊街社区卫生服务中心、纸坊街齐心村与城关村村卫生室；安徽省安庆市太湖县新城区社区卫生服务中心、莲花居委会卫生室、龙山居委会卫生室；安徽省安庆市太湖县新仓镇中心卫生院、惠民村村卫生室；内蒙古自治区通辽市科尔沁区西六方乡镇卫生院、永清社区卫生服务中心。团队访谈了25位基层医疗卫生机构工作人员，其中江夏区8位，太湖县10位，科尔沁区7位；6位心脑血管疾病患者，其中江夏区2位，太湖县3位，科尔沁区1位。此外，共收集问卷167份，其中江夏区68份，太湖县47份，科尔沁区52份。

通过访谈、问卷调查等收集的信息数据，了解心脑血管疾病患者的健康与生活状况、医疗信息技术的使用情况，以及基层医疗卫生机构的心脑血管疾病防治与管理体系建设状况等，从中分析当前各地的基层医疗卫生机构信息化建设在心脑血管疾病防治中的优势与面临的困境，借鉴国内外的优秀典型案例，为基层心脑血管疾病患者构建专属的心脑血管疾病信息化防治与管理体系，为助力"健康中国行动"奉献华中大力量。

三、基层地区居民问卷分析

（一）基本信息情况

居民基本信息情况如表1所示。

表 1 居民基本信息情况

		江夏区		太湖县		科尔沁区	
		人数（人）	百分比（%）	人数（人）	百分比（%）	人数（人）	百分比（%）
年龄	20～29 岁	0	0	1	2.13	3	5.77
	30～39 岁	2	2.94	3	6.38	0	0
	40～49 岁	4	5.88	3	6.38	5	9.62
	50～59 岁	10	14.71	8	17.02	10	19.23
	60～69 岁	31	45.59	18	38.30	16	30.77
	70～79 岁	19	27.94	11	23.40	14	26.92
	80～89 岁	2	2.94	3	6.38	4	7.69
性别	男	27	39.71	28	59.57	31	59.62
	女	41	60.29	19	40.43	21	40.38
文化程度	小学及以下	28	41.18	19	40.43	22	42.31
	初中	21	30.88	19	40.43	11	21.15
	高中/中专/技校	16	23.53	3	6.38	10	19.23
	大专/本科及以上	3	4.41	6	12.77	9	17.31
婚姻状况	未婚	1	1.47	7	14.89	2	3.85
	已婚	49	72.06	30	63.83	42	80.77
	离异	0	0	0	0	0	0
	丧偶	18	26.47	10	21.28	8	15.38
	未说明	0	0	0	0	0	0
居住情况	独居	8	11.76	6	12.77	6	11.54
	与配偶居住	25	36.76	13	27.66	26	50.00
	与子女居住	18	26.47	8	17.02	10	19.23
	与子女、配偶一同居住	17	25.00	19	40.43	9	17.31
	其他	0	0	1	2.13	1	1.92
经济状况	1000 元以下	11	16.18	11	23.40	12	23.08
	1000～2000 元	20	29.41	15	31.91	9	17.31
	2001～5000 元	33	48.52	14	29.79	18	34.62
	5001～10000 元	2	2.94	6	12.77	11	21.15
	10000 元以上	2	2.94	1	2.13	2	3.85

续表

		江夏区		太湖县		科尔沁区	
		人数（人）	百分比（%）	人数（人）	百分比（%）	人数（人）	百分比（%）
经济来源	工资	8	11.76	18	38.30	18	34.62
	退休金	37	54.41	11	23.40	20	38.46
	家人	12	17.65	8	17.02	6	11.54
	养老金	11	16.18	10	21.28	8	15.38
既往病史（多选）	高血压	27	39.71	18	38.30	15	28.85
	冠心病	9	13.23	6	12.77	3	5.77
	脑卒中	6	8.82	1	2.13	0	0
	糖尿病	7	10.29	12	25.53	0	0
	肾脏病	0	0	0	0	0	0
	肺病	2	2.94	0	0	1	1.92
	心梗	3	4.41	2	4.26	0	0
	无	27	39.71	20	42.55	27	51.92
	其他	7	10.29	1	2.13	8	15.38
共计		68		47		52	

（二）健康与生活状况

通过调查发现，无论从生活习惯抑或是体检频率来看，大多数居民都有着较强的健康生活意识，健康生活水平都较高。如表2所示，在调研的三个地区中，不喝酒（包括现已戒酒）、不吸烟（包括现已戒烟）的人数占比都超过了一半，能反映出大多数居民都有较强的健康生活意识。

从运动情况看，三个地区不经常运动的人数占比都少于40%，超过半数的居民都保持一定的运动量。但安庆市太湖县的受访对象中将近40%的居民不经常运动，这与其他两个地区比例有一定差距。

饮食情况上，武汉市江夏区与安庆市太湖县超过50%的人饮食口味适中，但在通辽市科尔沁区只有40.38%的人选择了饮食口味适中。

在体检的频率上，三个地区的居民大多数都会定期体检，只有小部分的人选择从未体检。但体检的频率上,三个地区的差别较大,安庆市太湖县的情况最好,在47位受访者中只有一位表示从未体检,且有17.02%的人体检频率为半年一次。

表2 居民健康与生活状况

		江夏区		太湖县		科尔沁区	
		人数（人）	百分比（%）	人数（人）	百分比（%）	人数（人）	百分比（%）
是否饮酒	否	45	66.18	9	19.15	22	42.31
	是	12	17.65	22	46.81	21	40.38
	曾经饮酒,现已戒酒	11	16.18	16	34.04	9	17.31
过去一个月的饮酒情况	以前喝,但最近一个月没喝	2	2.94	6	12.77	5	9.62
	1～3天每月	2	2.94	2	4.26	2	3.85
	1～2天每周	1	1.47	1	2.13	5	9.62
	3～4天每周	2	2.94	5	10.64	4	7.69
	5～6天每周	1	1.47	5	10.64	3	5.77
	每天	4	5.88	3	6.38	2	3.85
	不饮酒	56	82.35	25	53.19	31	59.62
是否吸烟	否	43	63.24	8	17.02	29	55.77
	是	10	14.71	17	36.17	9	17.31
	曾经吸烟,现已戒烟	15	22.06	22	46.81	14	26.92
吸烟情况	小于5支每天	3	4.41	6	12.77	4	7.69
	5～10支每天	2	2.94	5	10.64	5	9.62
	11～20支每天	2	2.94	5	10.64	0	0
	20支以上每天	5	7.35	1	2.13	0	0
	不吸烟	56	82.35	30	63.83	43	82.69
运动情况	不经常运动	20	29.41	18	38.30	16	30.77
	每周运动1～2次	2	2.94	8	17.02	8	15.38
	每周运动3～5次	5	7.35	6	12.77	10	19.23
	每天运动	41	60.29	15	31.91	18	34.62

续表

		江夏区		太湖县		科尔沁区	
		人数（人）	百分比（％）	人数（人）	百分比（％）	人数（人）	百分比（％）
饮食口味（多选）	嗜盐	8	11.76	7	14.89	10	19.23
	嗜糖	4	5.88	2	4.26	5	9.61
	嗜油	2	2.94	1	2.13	3	5.77
	嗜辛辣	7	10.29	3	6.38	6	11.54
	适中	37	54.41	25	53.19	21	40.38
	清淡	14	20.59	11	23.40	12	23.08
饮食荤素情况	荤食为主	1	1.47	3	6.38	3	5.77
	荤素均衡	50	73.53	32	68.09	31	59.62
	素食为主	17	25.00	12	25.53	18	34.62
体检频率	半年一次	6	8.82	8	17.02	3	5.77
	一年一次	38	55.88	28	59.57	28	53.85
	两年及两年以上一次	17	25.00	10	21.28	21	40.38
	从未体检	7	10.29	1	2.13	0	0
体检费用情况	免费	48	70.59	29	61.70	40	76.92
	自费	15	22.06	17	36.17	10	19.23
	其他	5	7.35	1	2.13	2	3.85
自评身体健康状况	非常不健康	0	0	3	6.38	0	0
	不太健康	16	23.53	21	44.68	13	25.00
	一般健康	24	35.29	7	14.89	11	21.15
	比较健康	21	30.88	12	25.53	21	40.38
	非常健康	7	10.29	4	8.51	7	13.46
自评心理健康状况	非常不健康	1	1.47	3	6.38	0	0
	不太健康	13	19.12	19	40.43	11	21.15
	一般健康	12	17.65	10	21.28	15	28.85
	比较健康	28	41.18	5	10.64	21	40.38
	非常健康	14	20.59	10	21.28	5	9.62
共计		68		47		52	

在心脑血管疾病的治疗方面（见图1），三地心脑血管疾病患者用药的人数均

占绝大多数,其中江夏区和科尔沁区的患者用药比例相近(均为87%左右),太湖县的用药比例最高(为92.59%)。由此可见,基层患者比较重视药物对心脑血管疾病的防治,只有较少数患者选择不用药物治疗。用药占比表现了患者对心脑血管疾病的重视程度,也反映出了不同地区患者对慢性病知识的了解状况不同,一定程度上反映了当地居民的健康素养水平。

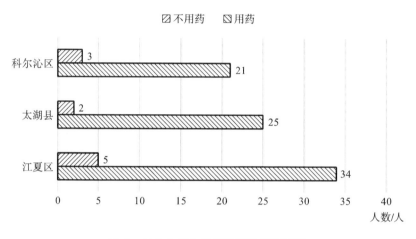

图1 三地心脑血管疾病患者用药情况

根据收集的问卷数据以及团队成员与各地居民访谈的结果(见图2),武汉市江夏区、安徽省太湖县和内蒙古自治区通辽市三地都有部分人群存在因经济困难而延误住院的情况。不过三地此类人群比例差异较大,其中太湖县因经济困难而延误住院的人群所占比例最高,为17.02%,江夏区次之,为14.71%,而通辽市仅有1人(1.92%)表示有出现此类情况。此类人群比例的高低与各地的经济水平、医疗水平,以及居民面对疾病的态度都存在密切关系。

团队在调查过程中发现(见图3),江夏区居民认为心脑血管疾病会带来经济上的困难的比例最高,68份问卷中有23人(33.82%)表示心脑血管疾病会给他们带来经济上的困难。与之相比,太湖县此类现象则比较少见,47份问卷中仅有5人(10.64%)表示会有经济压力,而有32人均不认为心脑血管疾病会给他们造成经济上的困扰。而科尔沁区的52份问卷中有13人(25%)认为心脑血管疾病会带来经济压力。

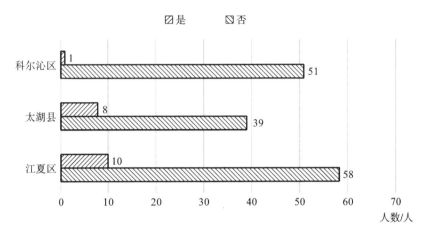

图 2　过去三年因经济困难而延误住院(心脑血管疾病)的统计情况

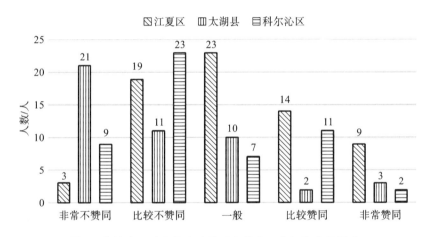

图 3　您认为心脑血管疾病是否会带来一些经济上的困难？

(三)心脑血管健康素养水平

从健康知识的掌握情况来看,居民对心脑血管疾病尤其是高血压的危险因素的了解程度非常高,如表 3 所示,其中科尔沁区对吸烟、过量饮酒,以及超重和肥胖的危险程度的认知水平非常高,均达到 90% 以上。

在患者的生活习惯方面,大多数患者会选择遵照医嘱改变生活方式,三地占比均达到了 80%,另外,三地均 80% 以上的患者愿意通过改变生活方式来预防心脑血管疾病,绝大多数的患者认真执行医护人员开出的医嘱。

但是调研结果也反映出了居民健康素养方面存在的不足,三地有按时监测血压习惯的患者仅在50%左右,这就给心脑血管疾病的早发现带来了阻碍。

团队还调查了患者关于医嘱的难易理解程度,结果显示,除了科尔沁区,其他两地半数以上患者在理解医嘱的过程中存在困难。这说明目前基层居民健康知识及医疗常识的普及程度有待提高。

表3 居民心脑血管健康素养水平

		江夏区		太湖县		科尔沁区	
		人数(人)	百分比(%)	人数(人)	百分比(%)	人数(人)	百分比(%)
是否了解高血压病的诊断标准	是	40	58.82	36	76.60	40	76.92
	否	28	41.18	11	23.40	12	23.08
是否知道吸烟是高血压病的危险因素	是	54	79.41	42	89.36	48	92.31
	否	14	20.59	5	10.64	4	7.69
是否知道过量饮酒是高血压病的危险因素	是	61	89.71	44	93.62	49	94.23
	否	7	10.29	3	6.38	3	5.77
是否知道超重和肥胖是心脑血管疾病的危险因素	是	60	88.24	42	89.36	51	97.08
	否	8	11.76	5	10.64	1	1.92
是否了解盐的摄入量与高血压患病的关系	是	59	86.76	32	68.09	35	67.31
	否	9	13.24	15	31.91	17	32.69
是否有自己定时监测血压的习惯	是	38	55.88	20	42.55	32	61.54
	否	30	44.12	27	57.45	20	38.46
是否会按照医嘱调整饮食作息	是	55	80.88	43	91.49	51	97.08
	否	13	19.12	4	8.51	1	1.92
是否会通过改变生活方式预防心脑血管疾病	是	58	85.29	41	87.23	49	94.23
	否	10	14.71	6	12.77	3	5.77
如果您确诊高血压后是否会戒烟、戒酒	是	55	80.88	38	80.85	44	84.62
	否	13	19.12	9	19.15	8	15.38
是否无法独立理解医嘱及用药方式	是	40	58.82	31	65.96	25	48.08
	否	28	41.18	16	34.04	27	51.92
是否会因为无法理解医嘱而无法了解身体状况	是	37	54.41	26	55.32	20	38.46
	否	31	45.59	21	44.68	32	61.54

续表

		江夏区		太湖县		科尔沁区	
		人数（人）	百分比（%）	人数（人）	百分比（%）	人数（人）	百分比（%）
是否定期去卫生室/社区医院监测身体指标	是	40	58.82	28	59.57	24	46.15
	否	28	41.18	19	40.43	28	53.85
是否会认真执行医护人员开出的医嘱	是	68	100	46	97.87	52	100
	否	0	0	1	2.13	0	0
共计		68		47		52	

（四）信息技术服务体验

在调查中发现，如表4所示，三个地区患者中接触过基层医疗卫生机构提供的信息技术服务的人数占比均低于未接触过基层医疗卫生机构提供的信息技术服务的人数占比，且呈华东地区＞华北地区＞华中地区的趋势。

表4 居民信息技术服务体验情况

		江夏区		太湖县		科尔沁区	
		人数（人）	百分比（%）	人数（人）	百分比（%）	人数（人）	百分比（%）
是否接触过基层医疗卫生机构提供的信息技术服务	是	18	26.47	16	34.04	16	30.77
	否	50	73.53	31	65.96	36	69.23
是否使用过县医院/乡镇卫生院/村卫生室的自主挂号系统	是	20	29.41	20	42.55	19	36.54
	否	48	70.59	27	57.45	33	63.46
日常就诊是使用电子病历还是纸质病历	电子病历	21	30.88	29	61.70	13	25.00
	纸质病历	43	63.24	15	31.91	32	61.54
	都使用	4	5.88	3	6.38	7	13.46

续表

		江夏区		太湖县		科尔沁区	
		人数（人）	百分比（%）	人数（人）	百分比（%）	人数（人）	百分比（%）
更喜欢使用哪一种病历	电子病历	21	30.88	6	12.77	5	9.62
	纸质病历	38	55.88	38	80.85	39	75.00
	相同	9	13.24	3	6.38	8	15.38
使用过哪些社区医院/乡镇卫生室网上诊疗的工具（多选）	App	1	1.47	2	4.26	1	1.92
	小程序	1	1.47	3	6.38	2	3.85
	公众号	5	7.35	4	8.51	7	13.46
	网页	0	0	1	2.13	1	1.92
	其他	4	5.88	0	0	2	3.85
	无	58	85.29	38	80.85	42	80.77
是否收到基层医疗卫生机构定期发送的信息	提醒检测血压、血脂等	14	20.59	16	34.04	9	17.31
	提醒按时吃药	1	1.47	0	0	0	0
	提醒运动锻炼	0	0	1	2.13	0	0
	其他	12	17.65	5	10.64	0	0
	没有收到任何消息	41	60.29	25	53.19	43	82.69
诊断心脑血管疾病以来医护人员主动联系的频率	半个月一次	4	5.88	0	0	0	0
	三个月一次	4	5.88	5	10.64	2	3.85
	半年一次	5	7.35	6	12.77	2	3.85
	一年一次	6	8.82	6	12.77	4	7.69
	从未	49	72.06	30	63.83	44	84.62
共计		68		47		52	

在电子病历的使用情况方面，太湖县患者的日常就诊使用电子病历的人数占比高于使用纸质病历的人数占比，而另外两地患者的日常就诊使用电子病历的人

数占比低于使用纸质病历的人数占比。

社区医院/乡镇卫生室网上诊疗工具的使用情况方面,首先,三地部分患者未使用过任何网上诊疗工具;其次,作为网上诊疗工具的公众号均受到三地相对较多的患者使用。

基层医疗卫生机构定期发送信息方面,首先,三地大部分患者没有收到任何消息;其次,三地有相当比例的患者收到提醒检测血压、血脂的相关信息。

医护人员主动联系心脑血管疾病患者方面,三地大部分患者从未收到医务人员的主动联系信息,各地的心脑血管疾病信息化防治现状不容乐观,暴露出信息化防治在该领域内仍然较薄弱的问题。

四、基层医疗卫生机构信息化防治分析

1. 信息化建设情况

（1）信息化保障体系。

①信息化责任部门设立。调研发现,武汉市江夏区纸坊街和通辽市的基层医疗卫生机构均已设立专门的信息科,并配置了专职的信息人员,而太湖县的基层医疗卫生机构信息岗位则主要由其他部门人员兼职担任,并未设置专门的责任部门或设有责任部门但并未配有相关编制,缺乏信息专业相关的技术人员。基层医疗卫生机构信息化责任部门的设立对提高其自身的信息化建设水平具有重要意义,也是数字乡村工程中不可或缺的一部分。然而,目前基层医疗卫生机构信息责任部门的设立仍存在不足。

②人力资源保障。在访谈中,三地基层医疗卫生机构均表示缺少信息专业技术人员,人力资源缺口较大,目前的人员配置对于完成日常工作仍有困难。例如,武汉市江夏区纸坊街社区卫生服务中心配有数名信息管理人员,但仅有1～2名专业的信息技术工程师;太湖县新城区社区卫生服务中心和新仓镇中心卫生院只有2～3名兼职的信息管理人员,并无专门的信息技术指导人员;而通辽市永清社区卫生服务中心有6名信息技术人员,均比较年轻,学历、资质都有一定专业水

准。与其他两地相比,太湖县基层医疗卫生机构的信息人员配置最为薄弱。

目前基层医疗卫生机构招人难、留人难,薪资水平和福利待遇又难以推动人力资源特别是优质人力资源下沉。同时,外出务工人员多,人口流失大,导致当地对基层医疗卫生机构提供的医疗服务的需求相对减少,这也在一定程度上影响到基层医疗卫生机构对信息化保障体系的建设。

③财政投入增加。财政投入方面,经济较为发达地区的基层医疗卫生机构对信息化的预算和投入都会更高。三地中武汉市基层医疗卫生机构投入相对最多,而太湖县和通辽市的投入相对较少。而太湖县新仓镇中心卫生院在信息化建设上的投入主要受限于第三方的服务价格,但投入正在逐年增加。

(2) 信息化基础设施。

①服务器。三地中武汉市基层医疗卫生机构的信息化基础设施配置情况最好,江夏区纸坊街社区卫生服务中心专门配有一台服务器,用于信息存储和数据管理。太湖县和通辽市的基层医疗卫生机构均未配有专门的服务器。太湖县基层医疗卫生机构的信息系统直接与卫健委的终端相连,相对单一;通辽市永清社区卫生服务中心则主要将数据存放于云端服务器,在满足日常工作需求的同时,也可以较好地保障信息安全。江夏区纸坊街社区卫生服务中心对于服务器的配置是由于武汉市人口密度较大,基层医疗卫生机构管理的数据量也较大,这也体现出当地信息化基础设施配置情况较好。

②设备配置。三地基层医疗卫生机构的人均计算机数均达到一台及以上,但配置情况存在不同。武汉市和太湖县的村卫生室除配置计算机外,还配有体检一体机,用于各种体检。但太湖县的村卫生室需自行购置计算机。太湖县村医一般配有一部平板电脑,用于外出体检筛查时进行数据录入,部分村医个人配置两台计算机,分别用于保障医疗和公共卫生的工作执行。与太湖县类似,通辽市的村卫生室也须自行购置计算机等设备。

(3) 信息化建设与应用。

①电子健康档案。三地基层医疗卫生机构均对辖区居民开展了电子建档,其中通辽市永清社区卫生服务中心的建档率达到了90%以上,基本实现全覆盖。

相比另外两地,太湖县基层医疗卫生机构的建档情况不容乐观,新城区社区卫生服务中心和新仓镇中心卫生院的建档率均只有60%左右。同时在要求建档的初期,迫于满足上级考核要求,卫生院中的建档过粗,存在档案遗漏、信息有误等现象。

②信息系统。三地的基本医疗卫生机构均配有专门的医疗服务信息系统和公共卫生服务信息系统。武汉市的健康武汉系统一体化程度较高,信息覆盖范围广,可对数据进行统计分析,实用程度高。太湖县使用的晶奇系统,由安徽省卫健委委托安徽晶奇网络科技股份有限公司研发,并在全省的基层医疗卫生机构进行配置,分设医疗、公卫、结算等多个子系统,依据操作人员的岗位不同,对其账号开放不同的权限,使用相应的子系统,操作简便,一体化程度非常高。通辽市各社区卫生服务中心都使用规定配置的公共卫生服务系统,其中包含了心脑血管疾病与慢性病防控的子模块。

2. 信息化应用

(1) 人群定时监测。

根据国家相关规定,需对65岁及以上老年人开展心脑血管相关方面的体检,三地均已落实实施。武汉市江夏区纸坊街社区卫生服务中心正逐步完善随访体检制度,目前,江夏区辖区内基本实现家庭医生签约全覆盖,由家庭医生和服务中心通知居民进行定期体检。同时体检数据将录入居民的电子健康档案,而社区卫生服务中心会根据体检结果对患者确定危急值,对出现异常情况的患者进行通知并建议复查,同时也会建议部分人群自购电子血压计定时自检。太湖县基层医疗卫生机构也会将体检数据录入健康档案,并对已登记的心脑血管疾病患者通过发送短信的方式提醒其定时测量血压。通辽市基层医疗卫生机构同样会将体检结果录入健康档案,对高风险人群重点观察并进行健康指导和干预。三地老年人体检的覆盖率均较高。

(2) 健康知识宣教。

健康宣教方面,武汉市江夏区纸坊街社区卫生服务中心主要通过微信公众号进行健康宣教,同时入村入院进行线下的健康知识科普宣传。通辽市永清社区卫生服务中心同样建立了公众号开展健康知识宣教,线上宣教情况较为乐观。与之相比,太湖县的基层医疗卫生机构并无专门的线上健康宣教平台,而是主要通过线下讲座、宣传栏等形式开展。三地均按上级规定落实线下的健康宣教,但线上健康宣教的积极性则主要与辖区内居民本身的信息素养和信息获取能力有关。

五、基层地区心脑血管疾病信息化防治与管理体系建立的优势与困境

(一)优势分析

1. 发挥基层"健康守门人"的作用,为心脑血管疾病患者保驾护航

调研发现,调研地的社区卫生服务中心和乡镇卫生室与基层群众人情联系紧密,其原因如表5所示。例如,在江夏区纸坊街,社区卫生服务中心在为社区老年人免费监测心脑血管疾病时,考虑到居民需要空腹体检,会在体检过后为体检居民提供早餐。

与大型医疗机构相比,基层医疗机构有自己独特的优势,如能够更好地实现精确到每一家每一人的医疗管理。因此,让基层医疗机构发挥"健康守门人"的作用,能在最大限度上管理控制心脑血管疾病患者,完善基层医疗管控措施,在源头为心脑血管患者保驾护航。

表 5 基层医疗机构与基层群众联系紧密的原因

1. 基层医疗机构的工作重心是基层群众,与群众联系紧密是基层医疗机构的职责所在
2. 基层医疗机构通常位于基层各个区域的中心,群众就地就医便捷
3. 基层医疗机构的医务人员有很大部分是本地人,和群众更有亲近感
4. 基层医疗机构设立的目的是为所在区域的居民提供医疗服务,因而往来密切,联系紧密

2. 医疗卫生信息化建设开展及时,便民服务模式发展成熟

实践队调研的三个地区开展医疗卫生信息化建设的时间都较早,其中武汉市江夏区在2003年开展医疗信息化建设,太湖县在2008年开展医疗信息化建设,通

辽市在 2011 年开展医疗信息化建设。截至目前,三地都已经建立较为完善的信息化保障体系,取得了一定的成果。

同时,信息化建设应用于心脑血管疾病防治也较为普及,主要是通过公共卫生服务项目进行的。如通辽市根据定期体检数据和个人健康档案进行心脑血管风险评估,对存在心脑血管疾病风险的居民与心脑血管疾病患者进行规范化管理;太湖县组织医生开展体检活动,为 35 岁以上的居民首诊提供测量血压服务,卫生院也会借助智医呼叫系统,为已登记的心脑血管疾病患者发送短信,提醒其定时测量血压等;武汉市江夏区逐步完善了随访体检制度,在辖区内基本实现了家庭医生签约制度。三地借助互联网平台的健康知识宣教也取得了一定成效,例如通过开展健康知识讲座、健康知识百科问答等进行心脑血管健康知识的科普,对社区居民中慢性病人群进行全面教育、重点指导和健康管理。上述便民服务模式成熟,能够为周边居民提供简单、优质的信息化服务,例如指导用药、健康干预、疾病咨询等。

(二) 困境分析

1. 供方困境

(1) 基层信息化人才缺失。

从信息化人才资源的基本情况不难看出基层医疗卫生机构信息化人才资源的现状——各地发展状况不一,信息化建设投入不同,信息人才资源数量也不均。基层医疗卫生机构待遇以及就业前景与其他领域有一定的差距是造成这一现状的重要原因(见表6)。

表 6　五家基层医疗卫生机构的信息化人才资源概况

基层医疗卫生机构	信息化人才资源基本概况
新城区社区卫生服务中心	未设立信息科,信息系统的搭建、运营维护都由外包企业负责,信息系统管理工作由其他岗位人员兼任
新仓镇中心卫生院	设有信息化责任部门,但并没有专职的信息管理人员,信息系统的搭建、运营维护都由外包企业负责,信息系统管理工作由其他岗位人员兼职

续表

基层医疗卫生机构	信息化人才资源基本概况
纸坊街社区卫生服务中心	设立了信息科,并没有专职信息岗位。信息科在职人员三人,两人负责基本信息系统管理,一人负责服务器的运行维护
永清社区卫生服务中心	设立了信息科,并设有专职信息技术岗位与信息系统管理岗位,但信息科职员人数较少
西六方卫生院	设立信息科和专职岗位,但职员人数较少

(2)医疗机构间信息交流阻碍较大,医共体建设举步维艰。

随着人们对医疗资源整合重要性的认知逐渐清晰,医共体建设成为医疗产业发展的焦点。而县域内医共体的建设,作为医联体的形式之一,则成为基层医疗卫生发展的重中之重。医共体的建设,核心是不同等级、不同专业医疗机构形成医共体内不同的功能定位,构成协同关系,并进行信息共享、资源共享。

信息交流互联互通是医共体建设稳步推进的关键。团队成员在三地五家卫生院的调研中发现,医疗机构间的信息交流阻碍较大,这使得医共体的建设举步维艰。以太湖县的新城区社区卫生服务中心与新仓镇中心卫生院为例,两家卫生院都是太湖县医共体的成员医院,但它们与牵头医院太湖县人民医院的信息交流却并不通畅。作为医共体核心机制之一的双向转诊,也因为信息互通受阻而导致诸多不便。此外,基层医疗卫生机构与牵头县人民医院的交流学习机会也很少,县人民医院很难发挥出牵头医院的作用。这反映出在医共体之间并没能建立起可行高效的交流学习平台,也未能探索出有效的交流渠道与方式,一位村医直言:"并没能感受到医共体带来了什么。"

(3)城镇化速度加快,优质卫生资源难下沉。

根据国家统计局数据统计,2021年末,我国城镇常住人口达到91425万,比2020年末增加1205万人,常住人口城镇化率为64.72%。我国城镇化快速推进,城镇化率的提高表明,我国经济社会发展取得了巨大成就,但也给我国的发展提出了新挑战。[①] 由于城镇化率的不断提高,越来越多的人口开始流向大城市,城市内的医疗卫生需求也随之增大,优质医疗卫生资源流向更高级的医疗机构。例如,武汉市江夏区纸坊街社区卫生服务中心同时承担着脑卒中防治站的职责,但

---

① 蔡继明.从65%的预期目标看"十四五"城镇化速度和质量[J].国际融资,2021(6):4-9.

其在相关方面的建设推进比较缓慢，难以真正发挥其理想作用。太湖县和通辽市两地在脑卒中防治站、胸痛救治单元等心脑血管疾病防治站方面的建设情况更加不乐观。究其原因，主要是城镇化速度加快，当地居民医疗服务需求增大，对医疗服务水平的要求随之提高。同时高人口密度产生的群聚效应也将带动高水平医疗机构的建设，优质医疗资源将被吸引到更高级的医疗卫生机构，而基层医疗卫生机构医疗资源更加缺乏。

2. 需方困境

（1）患者心脑血管健康素养需提高，疾病应从预防开始。

由于基层居民心脑血管健康素养不高，对心脑血管疾病的了解微乎其微，没有形成"预防为主，医疗为辅"的心脑血管健康理念，日常预防措施很少，出现某些心脑血管疾病的轻微症状，也不会引起基层居民的重视，往往在出现严重症状的时候，才会选择去看医生，这样就会造成很严重的后果。

提高居民的心脑血管健康素养可以从以下方面着手：首先，掌握基本的心脑血管防治、科学就医、合理用药等医学知识，不仅能提高个体自觉预防心脑血管疾病的能力，实现个体健康维护由被动到主动的转变，而且能够了解医学在健康维护中的局限性；其次，学习了解基本的急救知识和技能，能够在有人突发急病而医生到来之前立即进行现场施救，及时挽救他人的生命；最后，提升心脑血管健康素养，把关注和获取健康信息作为日常生活中的习惯，有助于更多地学习心脑血管保健知识和技能，提高人的心脑血管健康素养，从而减轻医疗机构的压力。

当然，提升基层居民心脑血管健康素养，更多的是基层医疗卫生机构的健康宣教作用。例如：武汉江夏区纸坊街社区卫生服务中心公共卫生科定期开展讲座；通辽市永清社区卫生服务中心家庭医生团队定期随访讲解心脑血管注意事项。

（2）固有观念相对严重，居民倾向于去大医院就诊。

随着生活水平的提高，人们对医疗卫生服务的需求日益增多且趋于多样化。年龄越大、文化程度越高的居民就越倾向于到大医院就诊。一般来说，老年人患有慢性病的比例较高，就诊次数较多，所以基于对就医成本的考虑，他们会更倾向于选择可以报销的公立医疗机构。且受传统观念的影响，年龄越大、学历越高的居民对大医院的信赖程度更高。①

年龄较大的居民倾向于到大医院就医的原因是：身体状况差的人对自身的健康状况更加敏感，为追求更高的健康水平，他们通常会选择医疗水平更高的大医院进行治疗，他们认为大医院能够提供更好的医疗服务，能够更好地提升自己的健康状况，而基层医疗卫生机构的服务是比不上大医院的。例如，江夏区纸坊街一位心脑血管患者表示，他虽然在本地社区卫生服务中心的服务范围内，但是在患病后仍首先前往市级三甲医院就诊，即便没有达到想象中的效果，但他仍然表示可能还是会倾向于去大型医院就诊。

在这种情况下，不仅打击了基层医疗卫生机构医务人员的积极性，而且心脑血管疾病无法在基层得到管控和管理，还使得医疗资源无法得到合理利用，造成医疗资源的浪费。

六、探索：构建"三点一线"多元化的基层心脑血管疾病信息化防治与管理体系

（一）明确"核心—基础—前哨"功能定位，构建心脑血管疾病三级纵向防治体系

三地基层医疗卫生机构均尝试过和其他大型医疗机构合作，以期在心脑血管疾病的防治工作中取得更大的成效，但由于各方面的阻碍，合作并未取得理想的效果。

要构建心脑血管三级纵向防治体系，要求各级机构明确自身功能定位。县级心脑血管疾病相关防治中心等机构具有相对更高的治疗技术和更好的医疗资源。一方面，其作为心脑血管疾病防治工作的主力，需要为心脑血管疾病患者提供良好的医疗服务；另一方面，也要发挥出牵头作用，将自身良好的技术和经验转递下去，带动区域的心脑血管疾病防治体系发展。而乡镇卫生院以及社区卫生服务中

---

① 杨倩，项莉.医疗机构分级诊疗对农村居民就医选择的影响[J].湖北农业科学，2021，60(8)：185-189.

心,作为基层医疗卫生服务中的领导机构,则要做好"承上启下"的衔接作用。对于村卫生室或社区卫生服务站,则要发挥好监督、管理作用,领导基层医疗卫生机构落实政策,满足居民的医疗卫生服务需求。同时,乡镇卫生院或社区卫生服务中心也已经具备相对完善的医疗服务体系,可以对一般症状进行治疗,缓解大型医疗机构的压力,可以针对重症进行必要的应急处理,避免耽误治疗时间。

村卫生室和社区卫生服务站作为最容易接触到群众的第一线组织,也是打通心脑血管疾病筛查防治"最后一公里"的关键点,需要承担起预防管理、宣传科普、筛查登记及提供基本医疗服务等一系列任务。在各个机构均明确自己的功能定位之后,再互通互联、相互协作,构建出以医共体建设为依托,以县级相关防治中心为核心,以基层心脑血管疾病防治为主体,以乡镇卫生院(社区卫生服务中心)为基础,以村卫生室(社区卫生服务站)为前哨的防治网络服务体系,开展"高、糖、脂、心、脑"全病种一体化健康管理,提供"防、筛、管、治、研"全流程一体化防治服务。

(二) 以政府为核心,凝聚多方力量共同构建心脑血管疾病横向防治体系

在构建完整的心脑血管疾病防治体系的过程中,不能仅仅将目光局限于心脑血管疾病相关医疗卫生服务机构,而应当凝聚社会多元力量,动员政府卫生机构、社区自治组织、医疗机构、企业机构、社会公益组织五大主体,以保障、促进居民心脑血管健康为共同目标,根据自身特点与优势发挥不同作用,相互促进,高效协同,构建心脑血管疾病横向防治体系。

其中,政府应当作为连接核心,搭建起医疗卫生机构和社会组织的合作桥梁。一方面,政府要了解各级医疗卫生机构的实际情况和迫切需求,并向企业寻求合作;另一方面,政府也可以通过一系列优惠政策,吸引其他主体共同构建起心脑血管疾病横向防治体系。

(三) 以信息化发展为基础,多维联动,完善心脑血管疾病防治网络

将"核心—基础—前哨"三点一线的纵向防治体系和以政府为核心多主体共

同构建的横向防治体系相结合,借助信息化技术迅速发展的时代助力,构建出完善的心脑血管疾病防治网络。在这个过程中,应当要注意到联动是大势所趋。各方应相互理解,诚恳相待,合作共赢。不同医疗机构之间,以及医疗机构和其他组织之间应该交流经验,取优补劣,抑或发挥各自功能特色,创建出一个系统的、整体的防治网络。然而,在实际情况中,不同组织、机构在寻求合作的时候依旧存在着许多阻力,导致联动难以推进。这一方面既需要各机构之间坦诚相待,另一方面也需要政府促进调和。

在调研过程中发现,随着硬件设施及软件应用的普及,大部分医疗卫生机构都实现了每个岗位配备一台信息上网设备,并且很多机构都应用上信息系统,这为医务人员的工作带来了很大便利。但在信息系统的维护和信息化发展中,很多机构都遭遇了困难。访谈发现,许多机构对信息化建设投入较少,信息管理人员缺乏,这一方面受到地域因素的影响,另一方面也反映出信息化建设不够受重视的现状。许多医疗机构都通过不同的合作方式,去带动区域内的健康发展,实现医疗资源利用最大化。基层心脑血管防治网络在内部联动的同时,也可以向外部拓展,构建出一个完整的心脑血管疾病防治网络。

七、对落实心脑血管疾病信息化防治与管理体系的建议

(一)加强人才培养下沉基层,提高基层服务质量与效率

当前,亟须解决基层医疗卫生机构医务人员"岗位缺、学历低、待遇少"的问题。一是要明确基层工作岗位职责,加大对基层医疗卫生机构的设备、技术支持。上级卫生院应增加在基层村卫生室的专业设备配备、专业人员培训方面的投入。同时增加对村卫生室的资金补助,调动医务人员的工作积极性。将心脑血管疾病的救治关口前移,提供一体化服务,不仅需要上级医疗机构的硬件支持,而且需要基层医疗机构的高水平人才配备。[①] 应呼吁广大优秀青年从事基层医疗服务,下

---

① 王建玺,刘冬梅,曾庆红,等.潍坊地区基层心脑血管疾病防治现状及体系研究[J].健康之友,2020(6):72.

基层，做实事，加大对其的福利补贴力度，为基层医疗卫生建设注入新鲜血液，提高基层医疗服务质量。

（二）加强医疗卫生信息化建设，打破信息割裂

《国务院办公厅关于推动公立医院高质量发展的意见》明确提出了要强化信息化的支撑作用，要求推进电子病历、智慧服务、智慧管理"三位一体"的智慧医院建设和医院信息标准化建设。① 基层医疗卫生机构科室设置与服务应在信息化建设的同时主动进行延伸，提高服务可及性。因此需要基层医疗卫生机构积极进行服务范围的拓展，并利用好基层医疗卫生机构与居民联系紧密的特点，充分发挥信息化的优势，使得其医疗服务能力与信息化建设水平相匹配，全面提升基层医疗卫生机构的服务能力，满足患者多样化的医疗服务需求。② 当前，各地区普遍存在县人民医院和基层的社区卫生服务中心、乡镇卫生院之间信息不互通，患者在基层的检查数据无法与上级医院共享的现象。在医共体模式下，应大力发展标准化的信息平台，同时推动电子健康档案与电子病历的普及，让各级医疗卫生机构共享患者信息，尽可能将患者就诊时做重复检查的次数降为0，提高医疗效率和患者满意度。此外，建立规范、适宜的卫生信息化培训机制，通过对口帮扶、远程教学、进修培训等多种方式，在基层医疗卫生机构形成稳定、连续的卫生信息化培训体系，全面提升基层卫生人才的信息素养，鼓励基层人才在工作当中积极运用信息技术提高服务效率与质量。③ 同时，可开展县域层面的基层卫生信息技术能力评估，"以评促建、以评促用"。④

---

① 赵梦莹,曹广,符凌嘉,等.三级医院医疗设备管理信息化成熟度评价指标体系构建研究[J].中国数字医学,2022,17(2):17-20,56.
② 方亚楠.健康医疗信息化复合型人才队伍建设探析[J].科技创业月刊,2018,31(12):144-146.
③ 原媛.关于新时期基层医疗卫生信息化人才队伍建设的现状与分析[J].饮食保健,2019,6(28):289.
④ 陈玲,吴颖敏,李家伟,等.民族地区基层医疗卫生机构信息化建设现状与效能研究[J].中国全科医学,2022,25(16):2003-2007,2020.

(三)推进心脑血管疾病基层救治站建设,把好心脑血管疾病诊疗第一关与最后一关

调研发现,基层医疗卫生机构在心脑血管疾病防治方面的工作并不平衡,受限于基层医疗水平以及患者对基层医疗卫生机构较低的信任度,基层医疗卫生机构在心脑血管疾病救治方面做得似乎并不多。因此,基层医疗卫生机构必须要加强自身心脑血管疾病诊治水平,如做好胸痛救治单元、脑卒中救治站等心脑血管疾病救治站建设,提升居民信任度,真正把好心脑血管疾病诊疗第一关。全面实施临床路径管理,规范诊疗行为,优化诊疗流程,努力缩短急性心脑血管疾病发病到就诊的有效处理时间。在武汉市江夏区纸坊街社区卫生服务中心,两位受访者都对卫生服务中心的康复治疗给予了高度评价,一位患脑梗的老爷爷认为"他家能在武汉市排前三"(指他在社区卫生服务中心所接受到的脑梗康复治疗)。可以看出,纸坊街社区卫生服务中心的疾病康复治疗水平较高,带给患者的就诊体验也很好。这同时也反映出,基层医疗卫生机构作为基层健康守门人,不仅仅要把好心脑血管疾病防治第一关,也要守好最后一关,提升康复治疗水平,引导居民走好走向健康的最后一步。

(四)注重心脑血管疾病知识宣教,融入"知己"健康管理模式

在基层心脑血管疾病信息化防治中融入"知己"健康管理模式是非常关键的,心脑血管疾病等慢性病的"互为因果"均比较多,而在其发生与发展过程中,不良生活方式对其的影响非常明显。因此,管理心脑血管疾病等慢性病的过程应为综合性的干预过程。[1] 通过"知己"健康管理模式,患者能够知道自己的健康危险因素,知道危险因素的严重程度及其后果,知道控制危险因素的方法,使用"知己"健康管理的技术,主动自我管理,积极配合,针对心脑血管疾病形成自然进程中的危险因素,通过饮食、运动量化管理,从而阻断心脑血管疾病形成的自然进程。[2] 因

---

[1] 严立群,方波."知己"健康管理模式在慢性病管理中的应用[J].中医药管理杂志,2018,26(1):168-170.

[2] 刘俊青.社区知己健康管理模式探讨[J].北京中医药,2009,28(8):661-663.

此，通过心脑血管健康知识科普宣传，融入"知己"健康管理模式，有利于帮助患者正确地认识不良生活习惯对疾病控制的影响，了解形成健康生活习惯的方法、技巧，主动管理自己的饮食、运动，逐渐形成健康的生活习惯。同时，采取以上措施有利于有效地控制病情，预防疾病的进展，提高患者的身体健康状况，提升日常生活质量。

指导教师评语

随着我国社会的不断发展，心脑血管疾病已成为我国居民的第一位死亡原因。尤其在基层地区，该类疾病给广大人民群众造成了巨大负担。自健康中国行动实施以来，全国已经广泛开展心脑血管疾病防治、健康知识普及等行动。习总书记在党的二十大报告中强调，要"推进健康中国建设"，提高基层防病治病和健康管理能力。但目前如何将信息化技术与心脑血管疾病防治有机结合，以完善健康服务仍是一道难题。汪伦等同学对湖北省武汉市江夏区、安徽省安庆市太湖县、内蒙古自治区通辽市科尔沁区等地进行实地调研和访谈，深入了解当地基层医疗卫生机构的信息化建设现况及心脑血管疾病患者的健康素养状况，分析梳理利用信息化技术建立心脑血管疾病防治与管理体系的困境，进而提出构建"三点一线"的多元化防治体系。

该社会实践团队社会调研问题意义重大，收集数据充分具体，调研方法应用得当。调研报告内容丰富完整，逻辑结构清晰，结论具有一定的可推广性。从整体上来说，这是一篇优秀的社会实践调研报告，该团队是一支优秀的社会实践队伍。

（沈丽宁　华中科技大学同济医学院医药卫生管理学院副教授）

分级诊疗制度的民众认知及影响因素分析

——基于武汉市江汉区、硚口区和武昌区的调查①

---- 摘 要 ----

自2009年我国启动新医改以来,特别是2016年《"十三五"深化医药卫生体制改革规划》实施后,我国基层医疗卫生事业实现了快速发展,城乡社区基本实现了基层医疗卫生服务中心全覆盖,但各地仍存在医疗资源利用不当的现象。为此,华中科技大学"调研基层社区,科普分级诊疗"社会实践团队以武汉市为对象开展了有关分级诊疗方面的研究。为了解分级诊疗改革在武汉市推行的具体情况,自2022年7月8日起,实践团队于武汉市开展了为期8天的关于分级诊疗制度推行现状和居民认知情况等方面的调研活动。实践团队通过走访社区和社区卫生服务中心,在此过程中面向居民发放问卷,并开展了关于分级诊疗制度的科普活动。实践团队基于访谈资料和问卷调查结果,全面了解到相关工作人员以及居民对分级诊疗推行的看法、推行现状及影响因素。调研发现,当前武汉市已初步建立了覆盖社区的医疗卫生体系,分级诊疗试点工作初见成效。然而分级诊疗服务体系与配套政策尚不完善,需要相关部门的政策引导以及群众意识的改变。

---- 关键词 ----

分级诊疗;基层医疗;社区首诊制;社区医院

---

① **社会实践团队名称**:华中科技大学公共卫生学院"调研基层社区,科普分级诊疗"社会实践团队。
团队成员:何明慧、刘康安、陆慧玲、洪司南、郑杭、熊梦霞、妮妮卓嘎、姜婉滢、杨妍丽、颜涵、王笑彦、张巧钰。
报告执笔人:何明慧、刘康安、陆慧玲、郑杭、洪司南、颜涵、姜婉滢、杨妍丽、熊梦霞、妮妮卓嘎、张巧钰、王笑彦。

一、调研背景与现状

(一) 调研背景

分级诊疗制度是指按照疾病的轻重缓急及治疗的难易程度进行分级,不同级别的医疗机构承担不同疾病的治疗,逐步实现从全科到专业化的医疗过程。改革开放以来,随着医疗卫生体制改革的深入,我国的医疗卫生服务体系发生了很大变化,不同医疗卫生服务机构的关系从分工协作走向相互竞争,医疗卫生资源分配不均衡的问题日益突出。优质医疗卫生资源向大医院集中,导致基层医疗机构无人问津,进而出现了老百姓"看病难""看病贵""看病累"的问题。在此背景下,我国政府高度重视分级诊疗制度建设,并陆续出台多个文件落实和推进分级诊疗制度建设。2009 年,《中共中央国务院关于深化医药卫生体制改革的意见》[①]提出要"引导一般诊疗下沉到基层,逐步实现社区首诊、分级医疗和双向转诊";2015 年,国务院办公厅印发的《关于推进分级诊疗制度建设的指导意见》[②]明确了"基层首诊、双向转诊、急慢分治、上下联动"的分级诊疗模式;2016 年,《"十三五"深化医药卫生体制改革规划》[③]再次强调,要建立符合国情的分级诊疗制度,形成"小病在基层、大病到医院、康复回基层"的新型医疗就诊格局。自 2009 年我国启动新医改以来,特别是 2016 年《"十三五"深化医药卫生体制改革规划》实施后,我国基层医疗卫生事业实现快速发展,城乡社区基本实现了基层医疗卫生服务中心全覆盖[④],但各地仍存在大型医院超负荷运转与大量基层医疗服务资源利用不足的现

---

① 中共中央、国务院关于深化医药卫生体制改革的意见[J].中华人民共和国卫生部公报,2009(5):1-10.

② 国务院办公厅关于推进分级诊疗制度建设的指导意见[J].中华人民共和国国务院公报,2015(27):27-31.

③ 国务院关于印发"十三五"深化医药卫生体制改革规划的通知[J].中华人民共和国国务院公报,2017(3):66-81.

④ 李丽清,王超,黄肖依,等.新医改以来我国分级医疗体系发展现状及成效分析[J].重庆医学,2021,50(16):2854-2856.

象,造成了基层医疗资源的空置和浪费。① 以武汉市为例,虽然医疗资源较为丰富,每万人医疗卫生机构床位数远高于新一线城市的平均水平,处于新一线城市前列,但仍不能满足武汉市居民的就诊需求,这与居民倾向于选择大医院就诊有着密切关联。② 学术界已有较多针对此类现象的研究,但关于武汉市的相关研究较少。因此,本次社会实践将以问卷调查、访谈法及实地调查法的形式,探索武汉市居民对分级诊疗制度的认知情况,针对分级诊疗制度的实施情况及其影响因素进行调研,并通过发放宣传材料、举办专题讲座等多种方式对分级诊疗加以宣传,从而为促进分级诊疗的实施、推动居民科学就医助力。

(二)我国分级诊疗施行现状

1. 医疗资源配置不平衡,影响患者就医流向格式待改

医疗资源过度集中于城市医院、综合医院,造成大型医院医疗技术水平较高,人满为患;而基层医疗机构资源匮乏,医疗技术提升力度有限,门可罗雀。同时,人们传统就医习惯使得基层医院病种病例较少,不利于医务人员临床经验的积累。中国青年报社会调查中心通过民意中国网和手机腾讯网联合发起的一项调查显示,41.7%的受访者平时看病会选择去大城市大医院(三甲),19.5%的受访者会选择去县市区级医院(二级),27.6%的受访者会选择去社区、乡镇等基层医院(一级)。造成这一现象的原因,65.5%的受访者认为是基层医院医生水平不高,28.2%的受访者认为是基层医院医疗资源少。③

2. 基层医疗机构软件缺乏,高层次人才匮乏

部分基层医疗机构工资待遇较差、工作环境较为恶劣、职业前景不乐观、医务人员"下不来、留不住"的问题愈发突出。截至2013年底,我国已培养(含在培)全科医生11万人,距离30万人的合理配置还有很大缺口。④ 2013年北京协和医学

---

① 田雅婷.医疗资源浪费触目惊心[N].光明日报,2013-02-23(001).
② 方伶俐,陈珍,赵振超,等.武汉市分级诊疗制度的实施现状、问题及对策研究[J].经济研究导刊,2020(11):181-185.
③ 孙震.分级诊疗如何实现? 68.3%受访者不信任社区医院[N].中国青年报,2014-04-15(7).
④ 王宁.分级诊疗体系构建求索[J].中国医院院长,2014(6):39-41.

院社会科学系开展的全国医务人员从业状况调查显示,50.1%的医务人员认为限制分级诊疗有效实施的主因是基层医疗人才紧缺。[①] 同时,基层医疗机构医师学历层次较低,多为本科、专科毕业,高学历人才紧缺,如一项对北京市 10 个远郊区县乡村医生医学专业学历调查显示,61.8%的乡村医生只有中专学历,另有 13.2%的乡村医生没有医学专业学历,25%的乡村医生具有大专及以上学历。[②] 可见基层医疗机构医师队伍整体素质不高,进一步加大了不同层次医院间的卫生服务能力的差距。

3. 不同级别医院医保衔接不完善,双向转诊渠道受阻

尽管医保的差别化报销比例切实为患者带来了福利,但医保制度对患者就医行为仍缺乏有效的约束机制。一方面,不同层级医院起付线不予累计的政策容易使适合向下转诊的患者因为医疗报销问题拒绝下转;另一方面,由于基本药物制度不够完善,基层医疗机构目录外药物种类少,许多被确诊的慢性病患者,本应到基层医疗机构就诊,但为了使用这些非基本药物,在后续治疗时,不得不挤向大医院。[③] 上下级医疗机构间药物品种不一致,使得基层的医疗服务能力受限[④],无法满足患者个性化就医需求,束缚了双向转诊的顺利推行。

4. 医联体协作平台使用过程中问题多,实际利用效率低下

分级诊疗的开展需要上下级医疗机构通力合作,同时也离不开信息互通。通过结果互认、资源共享,能够避免重复检查和时间拖延。但信息建设是个系统工程,对经济落后地区来说开发建设平台困难重重,且不同层级医院医师与患者面对面诊疗习惯的差异,在一定程度上影响了信息平台的普及,导致信息平台利用率低。部分地区的平台建成后,由于缺少对医务人员的宣传和培训,导致医师对平台操作不熟悉。同时,由于不同层级医院发现网络问题后反馈不及时,导致平台维护滞后,弱化了平台的协同作用。此外,大部分医联体是在行政干预下建立

---

① 范素芳,于永娟.加快推进分级诊疗制度建设的对策研究[J].中国农村卫生事业管理,2015,35(4):412-414.
② 首都医科大学"医改背景下的首都农村卫生人力资源配置研究"课题组.北京市村级卫生人力资源配置标图信息兜底调查报告[M].北京:北京出版社,2012.
③ 李银才.制度结构视角下的分级诊疗形成机制改革[J].现代经济探讨,2015(7):53-57.
④ 邢春利,彭明强.我国实施分级诊疗制度的现状及其思考[J].中国医疗管理科学,2015,5(2):9-13.

的,组织机构松散①,缺乏有效的利益机制,各方利益难以协商②③。

5. 不同区域和医院之间存在差异,分级诊疗制度推行困难

由于现实的种种原因,不同地区、不同层级的医院之间存在一定差异,导致分级诊疗制度推行困难。例如,政府对公立医院的补偿机制不完善,自负盈亏现象普遍存在;同地区、同层级医院之间存在直接竞争关系,医院对分享医疗技术、医疗资源存有芥蒂;部分患者追求优质医疗资源,不信任基层医院。④ 这些都为推行分级诊疗制度增加了难度。

二、调研基本思路与方法

(一)调研目的与任务

掌握武汉市居民对分级诊疗制度的认知情况,以及武汉市分级诊疗制度的实施情况及其影响因素;针对居民关于分级诊疗制度认知中的薄弱环节,制作宣传作品,通过发放宣传资料、举办专题讲座等多种方式加深居民对分级诊疗制度的认识;为武汉市进一步完善和落实分级诊疗制度提供参考依据,为促进我国分级诊疗的实施、推动居民科学就医提供合理建议。

(二)调研范围与对象

调研范围主要在湖北省武汉市的江汉区、硚口区和武昌区。为调研基层社

---

① 黄金玲,郭启勇,裴冬梅.我国医疗资源纵向整合的现状分析与对策研究[J].现代医院管理,2010,8(5):8-12.
② 林娟娟,陈小嫦.构建医疗联合体的关键问题分析及其对策建议[J].南京医科大学学报(社会科学报),2014,14(2):104-108.
③ 陈燕华,潘志明,李凯彦.我国分级诊疗的现状及思考[J].卫生软科学,2016,30(5):267-269.
④ 孙银屏,刘金民,张允岭,等.北京中医药大学东方医院推进分级诊疗的现状与思考[J].中国中医药现代远程教育,2019,17(20):135-136.

区、科普分级诊疗,实践团队首先在线上查阅了武汉市内社区卫生服务中心的基本信息,综合考虑其医疗资源与地理位置,并与地理位置便捷的社区卫生服务中心进行了线下的联系沟通,最终选择了江汉区万松街、前进街、满春街、硚口区荣华街、六角亭街及武昌区水果湖街的 6 个社区卫生服务中心作为访谈对象,并在前进街下属的燕马、任冬、济生 3 个社区和六角亭街下属的南巷社区进行群众调查和科普宣传。

调研对象是社区卫生服务中心的行政管理人员、医务工作人员和社区居民。

(三)调研方法

本次调研主要运用了问卷调查法、访谈法和实地调查法。实践团队调研了 6 个社区卫生服务中心的分级诊疗推行情况及面临的困难,并制作了调查问卷与访谈提纲,与社区卫生服务中心的工作人员进行了深入、详细的面对面交流,向社区居民发放了分级诊疗制度的认知情况调查问卷。

三、调研结果与分析

(一)问卷调查结果

在武汉市前进街的燕马、任冬、济生 3 个社区和六角亭街的南巷社区,实践团队通过发放问卷进行群众调查,共收集到有效问卷 191 份。

1. 样本概况

调研发现(见表 1),在被调查的 191 人中,男女比例基本持平。前进街社区样本数量占比 61.26%,年龄平均值为 52.86,标准差为 15.96,40 岁以上者占比最大(75.39%),半数以上(51.83%)居民的学历为初中及以下,89.01%的受访者有基本的医疗保险,医学相关职业/专业者仅占比 3.14%。除此之外,本次调查中,半数以上(66.49%)居民健康情况好,有健康体检经历者占比 64.92%,其中 43.98%

的居民健康体检间隔不超过一年。一半以上(62.3%)居民到社区医院的时间少于15分钟。

表 1 样本概况

名称	选项	频数	百分比(%)
性别	男性	92	48.17
	女性	99	51.83
地区	前进街社区	117	61.26
	六角亭街社区	74	38.74
年龄	≤40岁	47	24.60
	41~60岁	86	45.03
	>60岁	58	30.37
受教育水平	初中及以下	99	51.83
	初中以上	92	48.17
职业/专业类型	医学相关	6	3.14
	非医学相关	185	96.86
有无医疗保险	有	170	89.01
	无	21	10.99
自评健康状况	好	127	66.49
	一般及差	64	33.51
大概间隔多久进行一次健康体检	1年及以内	84	43.98
	1年以上	40	20.94
	从未	67	35.08
是否患有慢性病	是	124	64.92
	否	67	35.08
从家步行至最近的社区医院所需时间	不到15分钟	119	62.30
	超过15分钟	72	37.70

2. 分级诊疗认知与评价

(1) 分级诊疗制度认知情况

调研数据显示(见图1),参与问卷调查的191位社区居民中,大部分人(65.59%)都没有听说过分级诊疗制度,没有一个初步的认知,有关分级诊疗制度的宣传普及还有待加强。

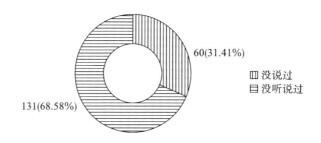

图 1　分级诊疗制度初步认知情况(68.59%)

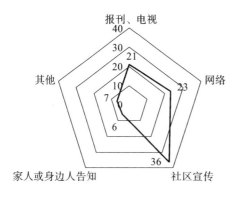

图 2　分级诊疗制度的了解途径

（2）分级诊疗制度的了解途径

调研数据显示（见图 2），听说过分级诊疗制度的居民主要是通过社区宣传途径了解到分级诊疗制度，其次是通过网络、报刊/电视、家人或身边人告知了解的。分级诊疗的不同宣传途径的效果有待提升，可以通过拓宽新的宣传途径来提升其宣传效果。

（3）居民对目前我国实施的分级诊疗制度的看法

调研数据显示（见图 3），对分级诊疗制度有初步认知的居民认为我国实施分级诊疗制度过程中存在的主要问题是居民信任度不够和基层医疗机构技术水平较低、设施不全。如果要更好地推行分级诊疗制度，还是要从提高居民对社区卫生服务中心的认可度和信任度着手，同时要完善基层医疗机构的硬件设施，提高医务人员的技术水平。

（4）居民对武汉市分级诊疗制度改革应当注重的方面的看法

调研数据显示（见图 4），对分级诊疗有初步认知的居民中，大部分人认为当前武汉市分级诊疗制度改革最应当注重的是节省就医花费时间和减少转诊中重复检查，而选择挂号难的居民较少。就医时间过长和转诊中重复检查大部分是发生在基层医疗机构向上级医疗机构转诊的过程中，由于基层医疗机构设施不完善、医疗水平不够，大医院里往往都会让病人重新检查，因此基层医院的就诊水平和认可度仍须提升，转诊的过程还可以进一步完善。

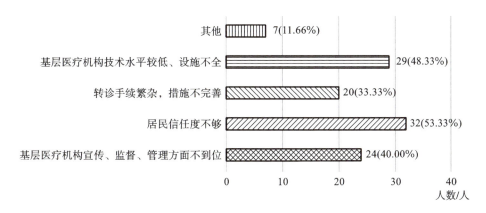

图3 对目前分级诊疗制度存在的问题的看法

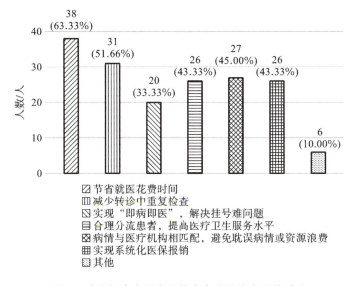

图4 对分级诊疗制度改革应当注重的方面的看法

3. 基层就医意愿及相关情况

在参加问卷调查的191人中,114人有过基层就医的经历,占比59.69%;77人没有过基层就医的经历,占比40.31%(见图5)。该数据表示大部分人会去往基层社区卫生服务中心进行就医,而少部分人更倾向于去三甲医院等大医院直

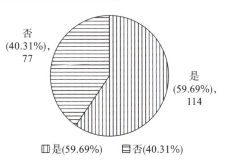

图5 基层就医经历情况分布

接进行就医。

(1) 基层医疗机构的医疗卫生服务使用情况

调研数据显示(见图6),在有过基层就医经历的居民中,使用较多的医疗卫生服务为常见病诊疗和预防接种,其次为购买常用药品和体检,可以看出,居民使用社区卫生服务中心的服务多为基础服务。

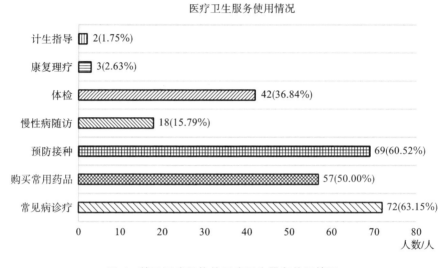

图6　基层医疗机构的医疗卫生服务使用情况

(2) 基层医疗机构的卫生服务满意程度

调研数据显示(见图7),有过基层就医经历的居民中,绝大多数居民对基层医疗服务比较满意,说明社区卫生服务中心的服务还是比较好的,但还需要提高居民对社区医院的信任度,从而让更多的居民选择社区首诊。

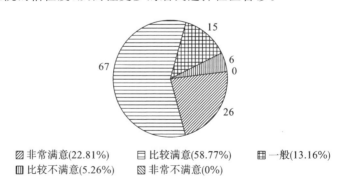

图7　基层医疗机构的卫生服务满意程度

（3）社区首诊意愿

社区首诊意愿如图8所示，一半以上（56.02%）的居民愿意选择社区首诊。

从图9中可以看出，愿意到社区首诊的107位居民主要是因为前往社区医院较为便利且社区医院基本医疗设备完善，社区医院医生态度好；同时可以得知社区医院在医疗保险报销方面还有待改善。

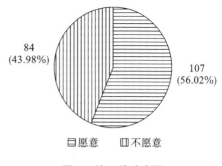

图8 社区首诊意愿

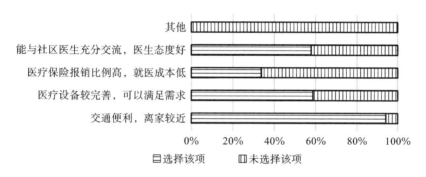

图9 愿意到社区首诊的原因

从图10中可以看出，在选择不愿意到社区首诊的84位居民当中，不愿意到社区首诊的原因主要是对社区医院的不信任以及对大医院的心理认同感高。

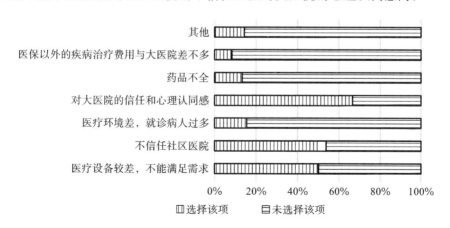

图10 不愿意到社区首诊的原因

因此想要推进分级诊疗的发展，需要从各个方面加强宣传，不仅要让更多的居民了解社区医院,还要完善社区医院的医疗设备,增强自身实力。

(4) 基层医疗服务需求

根据表 2 可以看出,基层医疗机构需要提升医护人员的技术水平,扩大常见病诊疗范围与药品供给范围,从而提升基层医疗机构总体实力。同时需要优化就医环境,从而获得更多居民的认可。而在医护人员服务态度方面,基层医疗机构尚有提升的空间。

表 2　基层医疗服务提升需求情况

	选 择 该 项	未选择该项
提升医护人员服务态度	21.47%	78.53%
提升医护人员技术水平	72.77%	27.23%
增加仪器设备	53.40%	46.60%
优化就医环境	43.46%	56.54%
扩大药品供给范围	48.69%	51.31%
扩大常见病等的诊疗范围	63.87%	36.13%

4. 转诊意愿及相关情况

(1) 有无转诊经历及满意度情况

根据图 11 和图 12 所示,在填写问卷的 191 位居民中,只有极少数(9.42%)居民经历过转诊,这可能与居民在社区卫生服务中心就诊时一般情况下病情较轻、用不着转诊有关,但是转诊制度的宣传力度仍需要增强。经历过转诊的居民对转诊过程的评价普遍较好,可以看出社区医院在转诊这一方面做得较好但仍有提升的空间。

(2) 对转诊过程的了解程度

根据图 13 所示,大多数居民对转诊过程不太清楚,这可能与居民转诊经历较少、对转诊关注度较低有关,而有所了解的居民大多数认为转诊过程还是比较方便的。可见转诊制度总体来说还是较为方便的,但是居民们对这一制度的了解程度很低,因此还需要加强宣传力度,让更多的居民能够了解转诊制度。

(3) 下转的意愿及原因

根据图 14 和图 15 所示,大多数居民在病情好转时是愿意向基层医疗机构下转的。而不愿意向基层医疗机构转诊的原因主要是不信任下级医疗机构以及认

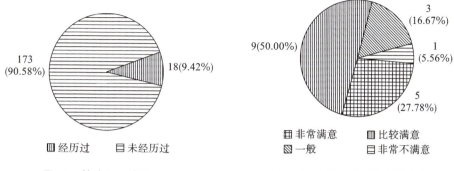

图 11 转诊经历情况分布

图 12 对转诊经历的满意程度分布

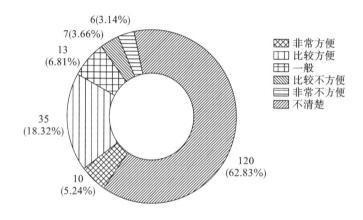

图 13 对转诊过程的了解程度分布

为麻烦。可以得知,想要更好地推行转诊制度,需要基层医疗机构加强宣传以获得更多居民的信任,同时增强转诊的便利度。而在避免重复检查和不必要的收费方面,基层医疗机构的做法能够让大多数居民满意但还有提升的空间。

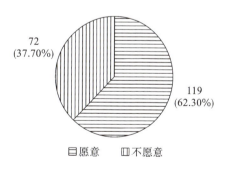

图 14 下转的意愿分布

- 5. 相关性分析

(1)分级诊疗了解程度影响因素

经卡方检验(见表3),$P<0.05$ 的包括受教育水平、职业/专业类型、有无医疗保险、是否患有慢性病,说明这些因素在是否听说过分级诊疗制度上的分布差异具有统计学意义。

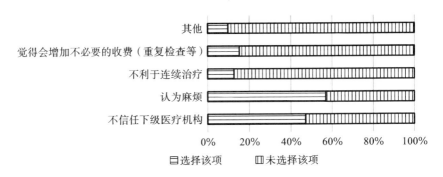

图 15 不愿意下转的原因

表 3 武汉市居民分级诊疗了解程度影响因素单因素分析

名　称	选　项	是否听说过分级诊疗制度		χ^2	P 值
		是	否		
性别	男性	30	62	0.118	0.732
	女性	30	69		
年龄	≤40 岁	19	28	3.197	0.202
	41～60 岁	27	59		
	>60 岁	14	44		
受教育水平	初中及以下	23	76	6.385	0.012
	初中以上	37	55		
职业/专业类型	医学相关	5	1	7.750	0.005
	非医学相关	55	130		
有无医疗保险	有	59	111	7.779	0.005
	无	1	20		
自评健康状况	好	39	88	0.087	0.767
	一般及差	21	43		
大概间隔多久进行一次健康体检	1 年及以内	15	52	3.942	0.139
	1 年以上	30	54		
	从未	15	25		
是否患有慢性病	是	45	79	3.902	0.048
	否	15	52		

续表

名　称	选　项	是否听说过分级诊疗制度		χ^2	P 值
		是	否		
从家步行至最近的社区医院所需时间	不到 15 分钟	42	77	2.206	0.137
	超过 15 分钟	18	54		

由表 4 可知"有医疗保险"（OR=0.107,P=0.036）、"有慢性病"（OR=0.40,P=0.033）是听说过分级诊疗制度的保护因素，"从家步行至最近的社区医院所需时间超过 15 分钟"（OR=2.33,P=0.026）是听说过分级诊疗制度的危险因素。

表 4　武汉市居民分级诊疗了解程度影响因素多因素分析

分　类	β	P 值	OR(95%CI)
性别（男性）			
女性	0.222	0.523	1.25(0.63,2.47)
年龄（≤40 岁）			
41~60 岁	0.043	0.928	1.04(0.41,2.65)
>60 岁	0.430	0.415	1.54(0.55,4.32)
受教育水平（初中及以下）			
初中以上	-0.411	0.260	0.66(0.32,1.36)
职业/专业类型（医学相关）			
非医学相关	2.264	0.058	9.62(0.93,100.03)
有无医疗保险（有）			
无	-2.237	0.036	0.107(0.01,0.86)
自评健康状况（好）			
一般及差	-0.204	0.598	0.82(0.38,1.74)
大概间隔多久进行一次健康体检（1 年及以内）			
1 年以上	-0.625	0.155	0.54(0.23,1.27)
从未	-0.458	0.355	0.63(0.24,1.67)
是否患有慢性病（是）			
否	-0.929	0.033	0.40(0.17,0.93)

续表

分 类	β	P值	OR(95%CI)
从家步行至最近的社区医院所需时间（不到15分钟）			
超过15分钟	0.844	0.026	2.33(1.10,4.90)

(2) 基层就诊经历影响因素

经卡方检验(见表5)，$P<0.05$的为职业/专业类型，说明职业/专业类型在是否有过基层就诊经历上的分布差异具有统计学意义。

表5 武汉市居民基层就诊经历影响因素单因素分析

名 称	选 项	是否有过基层就诊经历		χ^2	P值
		是	否		
性别	男性	58	34	0.832	0.362
	女性	56	43		
年龄	≤40岁	30	17	2.528	0.283
	41~60岁	46	40		
	>60岁	38	20		
受教育水平	初中及以下	53	46	3.231	0.072
	初中以上	61	31		
职业/专业类型	医学相关	6	0	4.184	0.041
	非医学相关	108	77		
有无医疗保险	有	102	68	0.063	0.801
	无	12	9		
自评健康状况	好	75	52	0.063	0.802
	一般及差	39	25		
大概间隔多久进行一次健康体检	1年及以内	33	34	4.863	0.088
	1年以上	56	28		
	从未	25	15		
是否患有慢性病	是	74	50	0.000	0.997
	否	40	27		

续表

名称	选项	是否有过基层就诊经历 是	是否有过基层就诊经历 否	χ^2	P 值
从家步行至最近的社区医院所需时间	不到 15 分钟	71	48	0.000	0.994
	超过 15 分钟	43	29		

（3）基层就诊意愿影响因素

经卡方检验（表6），$P<0.05$ 的为职业/专业类型，说明职业/专业类型在是否有基层就医意愿上的分布差异具有统计学差异。

表 6　武汉市居民基层就诊意愿影响因素单因素分析

名称	选项	是否有基层就诊意愿 是	是否有基层就诊意愿 否	χ^2	P 值
性别	男性	54	38	0.515	0.473
	女性	53	46		
年龄	≤40 岁	27	20	0.057	0.972
	41～60 岁	48	38		
	>60 岁	32	26		
受教育水平	初中及以下	55	44	0.018	0.893
	初中以上	52	40		
职业/专业类型	医学相关	6	0	4863	0.027
	非医学相关	101	84		
有无医疗保险	有	95	75	0.012	0.913
	无	12	9		
自评健康状况	好	75	52	1.416	0.234
	一般及差	32	32		
大概间隔多久进行一次健康体检	1 年及以内	36	31	0.400	0.819
	1 年以上	47	37		
	从未	24	16		
是否患有慢性病	是	73	51	1.165	0.280
	否	34	33		

续表

名　　称	选　　项	是否有基层就诊意愿		χ^2	P 值
		是	否		
从家步行至最近的社区医院所需时间	不到 15 分钟	72	47	2.575	0.109
	超过 15 分钟	35	37		

（二）访谈结果与分析

访谈原始资料来自 6 所社区卫生服务中心的 9 名受访者，其中包括 3 位社区医院行政人员、6 位社区医院全科医生，其中 3 位兼任行政事务。调研团队成员使用质性研究软件 Nvivo 对收集到的原始资料进行初步分析。本研究编码按照开放编码、主轴编码和选择性编码的顺序进行，先将访谈原始语句归纳形成概念，再将相似属性的概念形成范畴，进一步归纳形成主范畴，最后建立主范畴间关系，构建分级诊疗政策在社区推行情况影响因素的理论框架。

1. 数据分析与编码

（1）开放编码

把访谈中的每个原始语句进行对比分析，分析其中的相似性和差异性，之后对相似的语句进行标签化，并把这些标签抽象为一般概念。本文把访谈中得到的原始数据通过开放编码的方式进行比较整理，最后形成 14 个范畴，部分开放编码示例如表 7 所示。

表 7 部分开放编码过程

范　畴	初始概念	原始评论
制度含义	上下联动	上下级医院都要落实，要做到上下联动，三级医院和二级医院更应该去突出它的能动性
推行模式	家庭医生	有的城市家庭医生签约服务落实得很好，居民就会获得更多的好处
	医疗联合体	现在基本上社区医院会与一些三级医院合作达成医疗联合体，三甲医院的专家也会下社区问诊

续表

范　畴	初始概念	原　始　评　论
制度意义	针对治疗	优点是可以做到疾病早发现,对居民更方便,我们社区就可以针对性治疗
	预检分检	社区首诊只是一级中的一个环节,它的主要目的是做到预检分检,即对病人进行初筛,部分病人病情轻可在社区直接得到医治,这样就可以分散患者
	社区医生和居民	对社区和病人都有好处,在社区先进行一个检查,然后向上转诊,相当于我们也对病情起一个追踪的作用,包括它在整个治疗过程中出现的那些方案、疗效,等等,对我们社区医生来说也有一个参与学习的好处
社区推行情况	流于形式	现在框架已经拉起来了,那么具体的流程,具体的实施,分工是什么样子的,现在都不确定,我们现在分级诊疗这一块其实做得不是很理想
		其实整个还是流于形式,但是到底是怎么操作,流程是什么样的……都没有一个明确的指向
转诊流程	网上平台	现在卫生局有一个双向转诊平台,我们双边把病人的基本信息先记录了,主要是姓名、性别、年龄、电话号码、身份证号码和家庭住址,这几样是他的基本信息……我们会输到这个平台上面去,通过电话、短信的形式通知病人
政策与国情	不适用国情	家庭医生这一块……直至现在,它的一些知识、系统还停留在过去的阶段,并且有很多是照搬国外的模式,并不适合中国的国情,并且和中国国情有较大的差异
	政策不同	因为全国各地政策不同,家庭医生签约服务落实情况也不同
社会医疗资源	医疗市场不均衡	没有完全落实的一个很重要的原因就是医疗市场不好。医疗资源有限,不同医院间必然会有争夺,更不可能把资源让给社区医院

续表

范　畴	初始概念	原始评论
政策落实情况	保障政策不到位	社区医院按道理来说参照事业单位应该能得到政策保障，但这些政策还没有落实到位，因为各地的财政、医保政策落实情况也不同
	医保影响	我医保里面钱用完了，我再下来没钱了啊，统筹没有通过，可能对病人没有太大的影响，但是我们有可能倒贴钱……涉及我们的报销。我们跟医保之间的结账可能就会出现问题
社区卫生环境	硬件设备不足	分级诊疗中关于"康复回社区"这一步，一些急危重病人的康复需要较高的硬件水平、医生服务水平，同时还需要社区承担较高的医疗费用以及服务风险，这些目前社区医院都还没有承担的能力
疫情特殊时期	疫情住院部不开放	因为……疫情的影响，下级医院的住院部基本没开，没开的话就不存在住院转诊
	拒接发热病人	病状不在诊疗范围的，包括发热病人，社区都不能接诊，导致门诊量减少
医患关系	从医性不足	其实现在医患关系这一块还有可能从医性不是很强……所以我们有时候这一块很难开展，说实话很难。不光是医保啊，有时候我们给病人转上去，病人说我不愿意你给我转院，耽误了我病情了
居民认知程度	认知度不够	其次是居民的认知度不够。尤其年轻人可能对社区医院认识还不是很多，部分居民缺少对社区服务中心的认知和信任，也许一些小病例如咳嗽、感冒等愿意到社区治疗，但大问题上更倾向于去大医院
社区医院认可度	认可度不够	因为居民还是更愿意信赖大医院，对社区服务保持怀疑。但事实上社区卫生(中心)服务可以满足居民90%的需求
大医院虹吸现象	虹吸现象	大量门诊病人没有被分散到社区就诊，直接去大医院首诊

(2) 主轴编码

对上述初始概念进一步整合,对范畴相互之间的关系进行分析,建立范畴之间的关系和组合,最终得出主范畴。对 14 个范畴进行概括化和抽象化,进行主轴编码,得到 4 个主范畴,分别是制度内容、推行现状、社会因素和人为因素(见表 8)。

表 8 主轴编码过程

主范畴	范畴	范畴内涵
制度内容	制度含义	指社区医院人员理解的分级诊疗
	推行模式	家庭医生;医疗联合体
	制度意义	指分级诊疗的落实对居民、社区医生的益处
推行现状	社区推行情况	分级诊疗在社区的落实情况
	转诊流程	指转诊具体过程以及是否复杂
	政策与国情	分级诊疗是否得到国家政策的有效支持,是否切合国情
社会因素	社会医疗资源	医疗市场不均衡,社区医疗没有保障
	政策落实情况	保障政策不到位
	社区卫生环境	社区卫生服务有限
	疫情特殊时期	疫情影响下级医院的医疗服务范围,门诊量缩减
人为因素	医患关系	患者从医性不好
	居民认知程度	居民不了解社区卫生服务范围以及治疗水平
	社区医院认可度	居民对社区医院的综合服务能力是否认可,是否愿意信任社区医疗
	大医院虹吸现象	大量门诊病人没有被分散到社区就诊,直接去大医院首诊

(3) 选择性编码

选择性编码是扎根理论方法的第三步,这一步是在前两个步骤的基础上建立主范畴间关系。通过进一步的推理和归纳,建立影响分级诊疗推行情况的因素模型。本研究所确定的核心范畴是"分级诊疗制度的推行现状",它受两个要素影响:分级诊疗制度的内容和影响推行的因素。饱和性验证的研究结果发现,访谈原始语句没有分析出其他的范畴及关系,即证明"分级诊疗的影响因素的理论模型"已经通过了饱和性验证,具体的选择性编码过程如表 9 和图 16 所示。

表 9 选择性编码过程

影响路径	关系	关系分析
制度内容→分级诊疗	因果	制度内容影响了分级诊疗的推行
社会因素→分级诊疗	因果	社会因素影响了分级诊疗的推行
人为因素→分级诊疗	因果	人为因素影响了分级诊疗的推行
推行现状→分级诊疗	因果	推行现状影响了分级诊疗的推行
制度内容→社会因素	递进	制度内容对社会因素有一定的影响
制度内容→人为因素	递进	制度内容对人为因素有一定的影响
制度内容→推行现状	递进	制度内容对推行现状有一定的影响
社会因素→推行现状	因果	社会因素导致了推行现状
人为因素→推行现状	因果	人为因素导致了推行现状

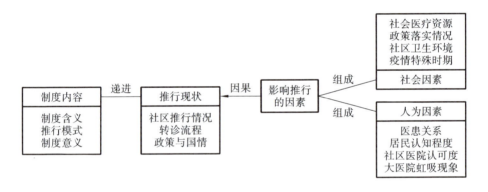

图 16 选择性编码过程

2. 研究结果与讨论

对访谈资料进行分析整理后,得到以下结果。

(1) 分级诊疗制度内容

分级诊疗含义为按照疾病的轻重缓急及治疗的难易程度进行分级,不同级别的医疗机构承担不同疾病的治疗,逐步实现从全科到专业化的医疗过程。分级诊疗最初被提出就是为了分散医患,其结构包括三个级别的医院:一级医院、二级医院(专科医院)以及三级医院(大型综合体医院)。其推行模式为家庭医生与医联体模式。此政策的发布具有积极意义,正如受访者提到的:分级诊疗是个很好的政策,对社区和病人都有益处,病人先在社区医院进行检查,然后向上转诊,这样社区医生就可以对病情进行追踪,并且在整个治疗过程中出现的方案及其疗效等也可以给社区医生提供学习的机会。

(2) 社区推行现状

本实践团队所走访的社区中分级诊疗制度总体推行情况效果不佳,部分社区推行情况尚可。目前相关政策推行时存在不适用我国国情、政策落实不到位等问题。关于采用的转诊流程,受访者表示:首先,双边医院把病人的基本信息(主要是姓名、性别、年龄、电话号码、身份证号码和家庭住址)及其所需就诊的科室记录到卫生局的双向转诊平台,然后医院医联体办公室会给病人发送短信,病人就可在规定时间内凭短信到相应医院,并在分诊台护士的帮助下就诊。病人病情比较紧急的情况下,医院会线上线下流程同时进行:一边在平台上记录,一边联系医联体办公室,从而让病人直接就诊。

(3) 影响推行成效的因素

影响分级诊疗推行成效的因素主要分为社会因素和人为因素两个方面。社会因素包括社会医疗资源、政策落实情况、社区卫生环境和疫情特殊时期。人为因素包括居民认知程度、社区医院认可度、医患关系、大医院虹吸现象。而且可以发现社会医疗资源是影响社区分级诊疗推行的最主要的社会因素,居民的认知程度则是最主要的人为因素。

① 社会因素

a. 社会医疗资源。当前看病难、看病贵的问题越来越突出,究其原因,主要是医疗资源不足和配置不合理。优质医疗资源过度集中在大城市、大医院以及周边发达地区,基层地区医疗资源不足和卫生服务能力不强。例如在武汉市,中心地带医疗资源丰富,周边地区的分级诊疗落实情况较好,居民就医选择很多,同等情况下居民更倾向于去大医院就诊,而对周边地区居民来说,社区医疗是最方便的就医途径。

b. 政策落实情况。分级诊疗的推行需要得到切实的政策保障,加强基层就医的优势,分散患者就诊。各地的财政、医保、就诊政策落实情况不同,社区医院获得的政策支持程度不同,导致各社区分级诊疗的推行情况也不尽相同。

c. 社区卫生环境。由于基层诊疗水平有限、服务能力不强,分级诊疗工作需要上下级医院联合推行,最主要是要提高基层医疗机构的医疗服务水平。但当前,社区基层医疗机构的服务能力相对薄弱,群众的信任度还不高,在一定程度上影响了分级诊疗工作的开展。硬件设施方面。首先,有些社区基层医疗机构医疗设备较差、仪器简陋,无法开展疾病诊治所需的常规检查,这也是导致群众没有选择社区首诊的原因之一。而有些社区虽然拥有较完备的常规检查设备,但对于一些急危重病人的康复理疗需要较高的硬件设施水平和医生服务水平,同时还需要社区承担较高的医疗费用和服务风险,而目前社区医院没有承担的能力。其次是转诊操作流程有待规范,转诊过程需要加强监督,转诊单流失情况较严重,上下转诊衔接难以保障。

d.疫情特殊时期。疫情期间,各医院普通门诊量减少,一些上级医院与基层医院由合作关系向竞争关系转变,导致下转的患者量减少,导致社区医疗机构的门诊量明显缩减。

②人为因素

a.居民认知程度。政策宣传不够到位,居民对分级诊疗制度的认知程度较低。调研中发现,影响分级诊疗制度推进的一个重要因素是多数群众并不知晓该项制度的实施,甚至根本没有听说过该项制度。分级诊疗的宣传方式不够多、力度不够大,导致广大群众对分级诊疗的目的和意义、具体操作流程、医保政策等内容了解度不够。虽然医护人员以及社区卫生服务中心的管理人员对该项政策的知晓率普遍较高,但仅限于自身了解,缺少在诊疗过程中对患者进行宣传。

b.社区医院认可度。居民对社区医院的认可度包括对社区基本医疗和基本公共卫生服务、社区医护人员服务等方面的满意度。部分居民缺乏对社区医疗水平的准确认知以及对大医院过高的心理认同感,自动认定社区医院无法满足自己的就医需求。

c.医患关系。目前中国的医患关系不是十分理想,患者的从医性不是很强,分级诊疗中上下转诊衔接很容易断裂,基层医疗机构对于需要下转的患者的治疗工作很难开展。

d.大医院虹吸效应。大医院规模扩张,对人才、患者、医保资金等方面的虹吸效应大幅度提升,人才难以下沉,患者涌进大医院就诊,大量门诊病人没有被分散到社区而选择直接去大医院首诊等因素影响到分级诊疗制度的推进。

四、政策建议

（一）强化基层服务能力建设

注重培养基层医疗机构人才队伍，定期实施人才招聘计划，面向社会公开招聘全日制大学专科及以上的医疗卫生专业毕业生，充实到乡镇卫生院和社区卫生服务中心，保证基层乡镇卫生院和社区卫生服务中心的医疗诊断水平稳步提升；在职称和待遇上，应当逐步向基层医院倾斜；同时大医院应加大对基层医疗机构的扶持力度，强化基层现有医务人员的培训、进修、考核工作，以及大医院对口支援和专科共建，从而提高基层医疗机构医师的诊治能力，丰富医疗资源，提高基层医疗机构医疗服务水平和能力，为合理有效的分级诊疗奠定基础。

加强基层医疗机构基础设施建设，建议国家、省、市、县四级财政加大资金投入，进一步加强乡镇卫生院和社区卫生服务中心建设，增强基层医疗机构自我造血功能，提高其服务能力，更好地为基层群众提供医疗保健服务。

（二）推进相关政策落实

通过完善财政补偿机制、深化医保制度改革来推进分级诊疗的施行。要发挥医保效用，提高基层就诊优势，吸引患者参与社区首诊，通过分散病患来缓解大医院的资源紧张问题。另可采用提高基层医院市内转诊患者的医保报销比例、去大医院就诊或医保报销前必须先去社区首诊等措施，强调社区首诊的必需性。

（三）提升社区服务能力

加强医疗设施建设，提高基层医疗机构服务能力，简化分级诊疗手续，进一步完善分级诊疗信息平台，从而实现在网络平台上完成分级诊疗手续，减轻患者负担。

（四）提高居民认知水平

开展健康教育，加强医疗政策宣推力度，提升居民对分级诊疗的认知水平，明确居民对各级各类医疗机构服务功能的定位，"小病去社区，大病去医院"。

（五）提升居民对社区医院的认可度

加强对社区医院的宣传力度，提高居民对社区医院医疗水平的认知，转变部分居民对社区医院的负面印象，进一步提升基层医疗机构服务水平，提升居民对社区医院的认可度。

（六）加快信息化建设

要加快构建区域卫生信息平台，实现各级各类医疗机构的互联互通，实现医疗、医保、公共卫生等系统之间的对接功能，从而提高基层医疗机构服务效率，保证分级诊疗的方便快捷。

指导教师评语

自新医改以来，我国基层医疗卫生事业实现了快速发展，城乡基本实现了基层医疗卫生服务中心的全覆盖，但"大医院人满为患、小医院门可罗雀"等医疗资源利用不当的现象时有发生，如何促进"基层首诊、双向转诊、急慢分治、上下联动"的分级诊疗制度落地仍是一道难题。为此，华中科技大学公共卫生学院"调研基层社区，科普分级诊疗"实践团队对武汉市6个社区卫生服务中心进行了实地调研，深入了解分级诊疗制度的推行现状和居民、医务人员对分级诊疗制度等方面的认知情况及现存问题，并据此提出了分级诊疗推行困境的破局之策。同时，在社区居民中开展了关于分级诊疗制度的科普活动，进一步提升了社会实践活动的意义。该实践团队在社会实践中深入挖掘，富有创新精神和实践精神，提出了有价值的见解和建议。从整体上看,该调研报告内容完整、逻辑清晰、书写规范,数据收集严谨、翔实,问题剖析较为深刻,是一篇优秀的社会实践报告。

(殷晓旭　华中科技大学公共卫生学院教授)

乡村振兴背景下中小学生"互联网+健康教育"的思考

——基于湖北、云南两省八地的实践调研[①]

---摘 要---

习近平总书记曾在重要讲话中指出"人民健康是社会文明进步的基础",这为医药卫生事业的发展指明了前进道路。然而,受限于现实条件,乡村地区在提升人民健康素养上存在不足,集中体现在乡村健康教育工作上:人群匹配度低、知识碎片化;形式相对单一,可操作性不强,且知识回顾不及时。而中小学生具备学习能力强、依从性高和接收渠道广等特点,是实现健康乡村、乡村振兴的良好抓手切入点。为适应新时代农村地区对健康教育知识的新需求,实践团队成员对前期收集的721份问卷及调研材料进行分析,结合云南省和湖北省八个地区的人群、地域特点,有针对性地开展了针对当地"互联网+健康教育"科普需求情况的调查。实践团队总结梳理了健康教育过程中有待解决的痛点和难点,搭建团队科普组织体系,开展科普作品创作,撰写了涵盖乡村常见病及常见癌症预防等方面内容的共25个章节的彩色科普先行手册,随书配备团队成员制作的科普视频。在此基础之上,实践团队还鼓励中小学生利用自身的优点,在健康教育中发挥对当地村民的引领带动作用,力求进一步优化乡村健康科普模式,探索健康教育创新发展道路,服务党的十九大提出的健康中国战略与乡村振兴战略大局。

---关键词---

"互联网+健康教育";中小学生;乡村振兴;科普;健康中国

[①] **社会实践团队名称**:华中科技大学第一临床学院"防癌护爱,云上医讲"暑期社会实践队。
团队成员:孙心仪、张琦敏、钟悦茹、余雅洁、王淦昕、熊程心子。
报告执笔人:孙心仪。

一、问题的提出

(一) 实践背景

1. 完善乡村健康教育是推进"健康乡村"建设的重要举措

党的十九大报告强调"人民健康是民族昌盛和国家富强的重要标志",没有全民健康,就没有全面小康;国家"十四五"规划纲要提出了"全面推进健康中国建设"的重大任务,而要完成这一重大任务,完善乡村健康教育必然是工作的重中之重。我国是农业大国,农村人口占比较大,由于城乡居民所处的地理环境、居住环境及受教育水平等多种条件存在差异,目前农村居民的健康素养较城市居民还有一定的差距。国家卫生健康委发布的数据显示,2020年我国城市居民健康素养水平为28.08%,农村居民为20.02%,城市居民健康素养水平略高于农村居民。用乡村健康科普的方式将健康知识、健康管理常识传递给基层群众,提升他们的健康素养,做到未病先防、及时就医,从而更好、更积极、更健康地投入工作和生活中,是推进健康乡村的重要举措之一。[①]

2. 中小学生是乡村健康知识传递结构中的良好桥梁

中小学生处于青少年时期,是培养各种习惯、观念的黄金阶段。作为中国社会的未来,他们的健康素养会影响到未来整个中国的国民素质。此外,在传统的农村家庭结构中,中小学生通常处于家庭的中心地位。义务教育使得他们更加方便地与乡村以外的世界形成联络,也能够有效地和乡村内部沟通自己的想法和观点,因为他们对知识的消化和传播能力不容小觑。因此在乡村健康知识传递结构中,可以以校园里的班级为单位,聚焦中小学生,从而使健康科普活动更加便捷、有秩序和高效地开展。

---

① 于英红,晏秋雨,谢娟.中国居民健康素养研究进展[J].中国慢性病预防与控制,2021,29(7):530-534.

3. 互联网是传播乡村健康教育知识的重要渠道

中国科学技术协会发布的第十一次中国公民科学素质抽样调查结果显示，超过六成的公民通过互联网及移动互联网获取科技信息。因此除了线下讲座外，做好面向中小学生的线上科普，实现"互联网＋健康教育"，在一定程度上有助于解决当前科普资源分布不均和科普经费地区差异较大的问题。

4. 优化乡村健康教育质量关乎国计民生

随着脱贫攻坚战取得全面胜利，健康扶贫工作逐渐从"以治病为中心"转向"以健康为中心"。① 习近平总书记在全国脱贫攻坚总结表彰大会上指出，要调动广大贫困群众积极性、主动性和创造性，激发脱贫内生动力。"看得起病"是健康扶贫的"兜底线"，"少生病"是健康扶贫的"预防针"。目前医疗帮扶重点解决的是贫困患者的经济脆弱性问题，而疾病预防和健康管理则能够直接缓解其健康脆弱性。② 因此，健康扶贫政策逐渐从"医疗帮扶"扩展到"疾病预防"，从被动接受救助转变为主动积极干预。

党的十九大报告中明确提出要"实施健康中国战略"。健康中国战略的实施与深入推进，要求我们必须积极主动顺应新时代的要求，对已有乡村健康科普进行优化。国务院2021年印发的《全民科学素质行动规划纲要（2021—2035年）》对科学教育提出了更具体的要求：面向世界科技强国和社会主义现代化强国建设，需要科学素质建设担当更加重要的使命。同时在2035年远景目标中提出，我国公民具备科学素质的比例达到25％，城乡、区域科学素质发展差距显著缩小，为进入创新型国家前列奠定坚实社会基础。

个人是健康的第一责任人，健康管理的重要性已经成为基本的社会共识。提升健康素养是国家可持续发展的必要前提，但部分农村居民对于个人健康管理存在意识淡薄、能力欠缺等问题。优化乡村健康教育质量，防范疾病风险，让农村居民"少生病、不生病"是团队调研的根本目的。

---

① 何文炯,张雪.基于共同富裕的健康扶贫政策优化[J].河北大学学报(哲学社会科学版),2022,47(1):1-9.

② 陈成文.牢牢扭住精准扶贫的"牛鼻子"——论习近平的健康扶贫观及其政策意义[J].湖南社会科学,2017(6):63-70.

（二）实践意义

健康中国的"守门人"应当是公民个人而不是某个机构或者群体，而实现个人自主健康意识的觉醒，提升群众整体健康素养，将疾病预防的主要责任下放到个人和家庭，激发个人预防保健的积极性，促进贫困人口基本健康水平的改善，则是普及健康教育的意义所在。为响应国家政策号召，实践团队成员长期致力于面向多层次人群的"互联网＋健康教育"。以往的健康科普对象大多是有一定教育背景的成年人，随着经济条件的改善和互联网的高速发展，针对成年人尤其是城镇居民群体的"互联网＋健康教育"逐渐呈现过饱和状态。城镇居民健康教育普及度越高，农村居民健康教育相对落后的短板就暴露得愈加明显。因此，实践团队将目光投向了更需要普及健康教育的对象——农村居民。但这一做法又面临着新的问题，比如最直接的沟通问题：许多农村居民听不懂普通话，更不会说普通话，很难参与到想要了解的健康话题讨论中。

受到研究生支教团（下简称研支团）的启发，本实践团队将实践对象的范围进一步缩窄至农村地区的中小学生。这类群体学习能力强，能够听懂普通话和方言，既是接受科普的合适对象，又是对农村其他居民进行"再科普"的良好讲师。团队借鉴了"互联网＋"模式，线上线下科普结合，展开全新的健康教育思路。实践团队吸纳了来自12个不同院系的成员，以第一临床学院为引领，彰显"医学＋"多学科特色，在进一步探索乡村健康教育新需求的同时，努力扮演好健康信息传递者、医疗卫生政策解读者、健康生活方式指导者和普及者的角色，推动健康科普教育在内容、形式和载体等诸多维度的转化，用简单易懂的语言、城乡受众易于接受的形式，做好内容转化，进而搭建起长效、稳定的健康教育体系。

二、实践地点与研究方法

（一）实践地简介

由于中小学假期时间和团队假期时间并不一致，为营造班级学习氛围，保证健康教育的效果，团队在前期主要以"互联网＋"模式开展活动，借助互联网远程连线云南省临沧市临翔区蚂蚁堆乡的研支团驻点成员，协助其进行健康教育设备的安装和操作；团队在后期将重心放在湖北省内，除了继续利用"互联网＋"模式进行创新外，团队以小分队形式与多个支教团队展开合作，下沉基层，先后将健康教育课堂引入随州市随县长岗镇和洪山镇、襄阳市谷城县、荆门市钟祥市丰乐镇、咸宁市崇阳县天城镇、恩施土家族苗族自治州建始县茅田乡、武汉市黄陂区以及孝感市大悟县金岭村七地的中小学。在此主要介绍云南省临沧市临翔区蚂蚁堆乡和湖北省孝感市大悟县金岭村的基本情况。

1. 云南省临沧市临翔区蚂蚁堆乡基本情况

蚂蚁堆乡隶属云南省临沧市临翔区，地处临翔区北部，东与云县大寨镇相连，南与忙畔街道、章驮乡为邻，西与云县幸福镇毗邻，北与云县茶房乡、爱华镇接壤。行政区域面积 348.21 平方千米。截至 2019 年末，蚂蚁堆乡户籍人口 36226 人，辖 14 个行政村。截至 2011 年末，蚂蚁堆乡有小学 7 所，在校生 2832 人，专任教师 170 人，小学适龄儿童入学率 99%；初中 1 所，在校生 1035 人，专任教师 79 人，初中适龄人口入学率 92%，小升初升学率 99%，九年义务教育覆盖率 100%。蚂蚁堆乡有各级各类医疗卫生机构 15 个，其中卫生院 1 所、卫生站 14 个；病床 30 张，固定资产总值 30 万元；专业卫生人员 18 人，其中执业医师 2 人。①

2. 湖北省孝感市大悟县金岭村基本情况

金岭村位于湖北省孝感市大悟县新城镇东北，大别山脉附近，是湖北省精准扶贫试点示范单位、湖北省新农村建设试点示范单位、湖北省绿色生态乡村旅游度假试点示范单位。截至 2016 年底，全村共有村民小组 13 个，545 户，总人口 1922 人，常年外出人口 827 人，党员 34 人。② 村级小学有教师 5 名，学生 56 名。有一至三年级加一个学前班，教室 5 间，其中电教室 1 间；四至五年级在新府小学上学；六年级在新城镇小学上学。金岭村在国家精准扶贫政策实施之前，卫生设

---

① 中华人民共和国民政部.中华人民共和国政区大典·云南省卷[M].北京：中国社会出版社，2016：1392-1393.

② 中共孝感市委党委.湖北大悟县金岭村：党建引领产业扶贫助力群众脱贫致富[EB/OL].(2022-12-22).http://dangjian.people.com.cn/n1/2022/1222/c441888-32591881.html.

施缺乏,村中无公厕、垃圾池、垃圾箱、垃圾桶,无集中垃圾回收点,无垃圾处理场。

(二) 研究方法

1. 文献研究法

调研过程中,实践团队主要从以下几个方面进行了文献的阅读研究:首先对我国现有的政策文件进行学习了解;其次对当下的一些科普模式和思路进行总体分析,遴选出适合团队操作的方案;再次,在准备科普内容时,团队还对云南省以及湖北省多个研支团驻地的疾病谱进行了详细的研究;最后,针对不太熟悉的中小学生调研对象的特点,团队开展了相关教育学文献的梳理学习,了解到调动启发性的重要性,并精进PPT制作等方面的技巧。

2. 问卷调查法

调研过程中,实践团队分别进行了两次问卷调查,调查形式以线上问卷为主。前期,团队对以往的科普对象进行了回顾性调查,从对健康的关注程度,到健康教育知识的掌握水平,再到健康教育知识获取渠道、内容,以及对科普的需求和意愿程度展开多维度评价,共收集721份有效问卷。后期,团队面向农村中小学生进行了健康教育知识关于科普形式、时间频率和内容等方面的科普需求的精准调查,共收集338份有效问卷。

3. 参与观察法

实践团队使用参与观察法获取了第一手体验资料。无论是听讲过程中科普对象表现出的神态,还是课堂结束后科普对象表现出的情绪感受,都为团队对中小学生关于健康知识的接受情况做出判断提供了现实依据。实践团队在科普过程中对每个环节的"较劲"、对选题的再三揣摩和对系统知识的铺陈都是对第一手材料的重要补充,可以使科普过程更加精准,获得更准确、更真实的调研资料。此外,实践团队从不同地域的人们的生活细节、处事态度中挖掘其背后潜藏的乡土习俗和道德文化因素,从他们的思维方式和行为动机中总结出其乡村健康素养形成的过程,揭示出乡村健康教育发展过程中面临的困境,从个案中窥见乡村健康教育的发展出路,从而为乡村健康教育发展道路提出一些可行的建议。

4. 统计学分析方法

调研后期,实践团队归纳整理了千余份问卷,采用了多种统计学分析方法对问卷结果进行归纳总结,将两次结果前后对照,与指导老师沟通修改相关细节,应用专业知识对其进行梳理,并提出相关政策性建议。

三、社会实践发现

(一)乡村健康教育面临的新需求

1. 内容多元化需求

健康是人类的一项基本需要。据目前统计,威胁人类健康的主要疾病有10%是由生物因素引起的,10%与遗传因素相关,30%源于环境因素,而50%则与不良生活方式有关。疾病发病条件的多样性要求为乡村人口提供更为普及的健康教育。例如,团队此次的实践地点大多位于大别山脉,黄陂、随州、咸宁和孝感等地均是夏季蜱虫叮咬的高发地区,因此需要为当地居民提供如蚊虫叮咬的防护和处理、有害动植物的辨认等以往常常被忽视的健康教育知识。

户外严峻的物理环境可能导致的疾病也不容小觑,处于高温高湿条件下的工作可能会给人们造成严重的健康后果。同时,一些错误的生活方式,如高盐饮食、缺乏科学依据的乡村偏方和习俗等也在危害着乡村人口的健康。中小学生作为生理和心理条件尚未成熟的个体,也更容易受到疾病的威胁,如手足口病、流行性腮腺炎等传染性疾病,以及可能遭遇的各种意外伤害。随着乡村医疗水平、乡村人口年龄组成、村民生活和工作方式的变化,乡村人口的疾病谱也在发生着变化。比如乡村卫生条件的改善、合理地使用抗生素以及疫苗的广泛应用,使得传染性及感染性疾病发生的比例下降。但是随着人口老龄化程度加深,心脑血管疾病、恶性肿瘤、呼吸和消化系统疾病等慢性非传染性疾病的患病率和死亡率在逐渐上升。

从实践团队的两次问卷调查结果中可以看到，农村居民对于各类科普知识的需求很广泛，除了已经作为科普重点的日常习惯，常见病、多发病预防，以及急救知识外，性教育、心理健康还有寄生虫病等不常被讨论的话题也引起越来越多乡村居民的关注。综上，为了应对疾病种类的多样性，以及疾病类型的动态变化，需要为乡村人口提供内容更加多元化和更与时俱进的健康教育（见图1）。

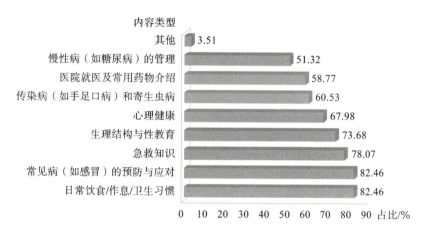

图1 中小学生希望了解的健康知识内容

2. 形式多样化需求

实践团队开展了线下的科普讲座和问卷调查，采取面对面的形式与村民进行了许多互动和交流，有助于了解其真实需求。除了线下讲座和问卷，团队还组织了入户探访，更加深入地了解村民的生活环境和生活方式。为了延长科普讲座、入户探访等健康科普的时效，团队将健康知识整理汇聚成册后分发给村民，因为纸媒可以随时翻看，还能更好地将这些健康知识保存并传播开来。同时，团队也借助新媒体的力量，通过互联网搭桥，为交通难以抵达的偏远地区开展线上讲座，进行健康科普（见图2）。

3. 对象多层次需求

不同年龄阶段的人群有不同的健康问题和健康需求，以及对于健康问题的不同关注程度（见图3）。因此需要考虑婴幼儿、青少年、中年和老年等不同年龄层次对象的健康教育需求。比如婴幼儿的正确喂养、疫苗接种和疾病预防，青少年的

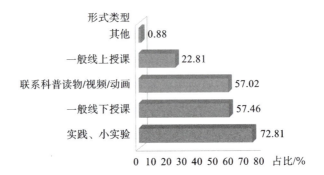

图 2　中小学生希望开展健康教育的形式

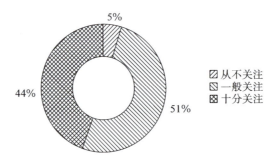

图 3　既往科普对象对健康问题的关注程度

青春期相关疾病的治疗和意外伤害的预防,老年人群的慢性非传染性疾病的控制等,这些都是具有鲜明年龄特点的健康问题,需要更有针对性地对不同需求的人群进行健康科普。

4. 趋势智慧化需求

随着乡村智慧化水平的提高,无线网络的广泛覆盖、电脑和智能手机的普及为健康教育打开了更多的思路。借助互联网搭建起的沟通桥梁,团队得以对不方便举行线下活动的地区进行科普宣讲;通过微信公众号、抖音小视频的运营和制作,团队整理的科普知识也能让人们在足不出户的条件下进行学习;借助互联网和计算机等工具对收集到的问卷信息进行汇总分析,也有助于团队更全面地了解村民的健康问题和健康需求,进而对健康科普的思路进行相应的改进(见图4、图5)。

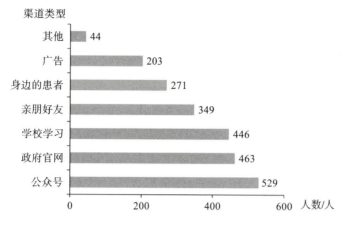

图 4 既往科普对象接受健康教育的渠道

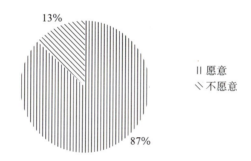

图 5 既往科普对象对"互联网＋健康教育"创新的接受意愿

（二）乡村健康教育实践做法

1. 初步完善健康科普体系

实践团队将理论与实践相结合，致力于在传播过程中形成专业医学科普共识，讨论行之有效的医学科普方法，努力实现节省医务人员时间、提高科普效率、节省政府资金等目标；致力于构建更加精准，更加具有可实施性、可持续性、可复制性的医疗科普体系；共同探讨新时期健康科普工作的新思路，从"医防融合"的角度提升健康科普工作的影响力，让老百姓精准获取实用、专业可靠的健康知识。

针对中小学生调研对象的人群特点和乡村多山地、医疗资源相对短缺的地域特点，实践团队对团队内部资源进行了解构和重组，除了成立线下进行宣教的科普小分队,还成立了负责组织专家研讨会、科普图文及视频制作、宣讲课件制作、线上/线下宣教和媒体宣发对接等相关方面的各小分队,充分调动各方资源,凝聚社会各界力量,提升团队的积极性和协作效率(见图6)。

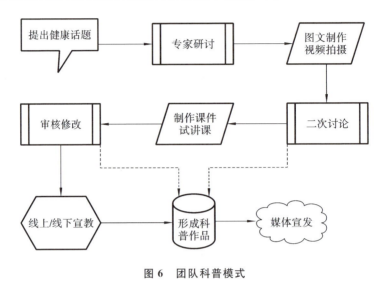

图6 团队科普模式

2. 组织专家指导服务

实践团队邀请了来自武汉市协和医院肿瘤、营养和儿童等多个科室的专家教授对健康科普内容进行审核纠错;邀请了专业科普人士分享健康科普经验;在活动前期了解"三下乡"相关政策,并与基层卫生教育人士沟通与交流心得体会;提前与科普对象所在地的研支团成员进行沟通,了解当地的疾病谱变化和群众最关注的健康问题,配备相关领域的科普人员,确保团队整体的专业性和良好的业务能力。有研究指出科学家在进行科普时容易存在一些共性问题,如不了解传播技巧及公众的科学素养等[1],实践团队对这些问题进行了针对性的改良。在媒体宣发方面,团队也和多个媒体平台深入合作,力求做到科普资源可持续利用,并及时跟进社会热点话题,充分发挥"互联网+"模式的优点,努力实现科普活动准确性、针对性和时效性三不误。

---

[1] 刘娟.科学传播主体与公众对话——中国科学家数字媒介素养调查[J].科普研究,2020,15(5):49-56,109.

3. 开展科普作品创作

在实践期间,实践团队围绕健康话题编撰形成了两本科普读物,其中一本出版社即将出版,另一本则制作为先行手册赠送(见图7)。先行手册共包括25个章节,除了手卫生、饮食卫生等日常健康注意事项外,还关注到中小学生常出现的换牙、蛀牙问题,并且聚焦时事热点。比如手册涵盖了在与云南省临沧市蚂蚁堆乡的研支团成员访谈中了解到当地中小学生多发手足口病、流行性腮腺炎等情况的预防,团队运用简洁有趣的语言和惟妙惟肖的图画,向中小学生科普了相对系统的、可阅读性与操作性强的健康知识。

图7 先行手册封面图

除此之外,团队还录制了互动性极强的科普视频,参与第三届南方健康科普大赛的5个科普作品全部获奖,其中一个作品由《健康报》刊出、健康中国公众号推送,另有一作品科普中国公众号推送。

4. 探索打造"健康科普进校园"云课堂

在调研中，实践团队发现乡镇学校的硬件设施已经足够支撑完成远程课堂连线，乡村中小学生对出现在屏幕里的陌生人也同样充满了新鲜感和热情。问卷调查结果显示，54%的乡村中小学生希望健康教育课堂的频率能够达到一周一次（见图8）。团队要做的其实就是实现健康教育的"软着陆"。调研期间，团队共开展了1次云课堂、8次实地健康科普宣教，为孩子们科普了许多健康知识，并形成了品牌效应，有利于扩大宣传面和后期推出更为优质的连续课堂。团队在宣教过程中试验性地在网络媒体平台同步直播或录制，使得健康科普的受众不再局限于线下的参与者，也扩展到线上广大的网民。此外，录制视频还方便了受众进行知识回顾，后期团队也可以回顾视频，针对宣教方式进行讨论并改进。

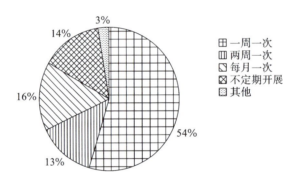

图8 中小学生希望接受健康教育课堂的频率

5. 与媒体合作进行乡村健康教育宣展

实践团队充分发挥"互联网＋"模式的优势，扩大健康教育覆盖面，利用新时代医学媒体，营造了科技志者弘扬科学精神和志愿精神的良好社会氛围。团队的实践经历已被《人民日报》、荆楚网、湖北日报客户端、《武汉科技报》、武汉科技报今日头条号、武汉协和医院官网、学习强国、长江网、新浪网、腾讯网、搜狐网、江汉区科协官微、《都市时报》（云南）、云上随州、云上咸宁、健康随州、青春黄陂、大学生快乐科普驿站今日头条号、襄阳网、《襄阳日报》、《襄阳晚报》、华中大理想青年公众号、第一临床学院官网等20多个平台、媒体报道超过40次（见图9）。

图 9　相关合作媒体

（三）"互联网＋健康教育"助力乡村振兴的路径

1. 延伸拓展乡村健康教育体系

（1）横向共推共享。

突出健康教育科普公益性，建立健康教育资源库，实现知识与信息的共享；培育科普信息集群，依托公众号等新媒体平台，打造健康科普品牌，构建健康科普创作平台和宣传展示平台，促进科普信息集成，让基层群众关注的健康科普问题能够得到及时解决，让健康教育走进千家万户。

（2）纵向联合联动。

激发医学相关院校、科研院所、企业、基层组织、社会团体等多级主体的健康科普热情，鼓励其承担起社会责任，以组织健康教育科普活动、开展科普志愿服务等活动为纽带，发挥不同参与主体的业务技术优势，形成科普合力，让每一次健康教育都发挥最大的作用。

（3）完善监督管理。

构建科普专家智库，凝聚和培养一批热心公益的科普专家，促进最新科技成果转化，助力创新技术发展，化解公众疑虑，为科普知识发布提供支持；立足健康科普工作实际需要，培养乡村科普专业人才，全面提升科普人员业务水平；依托"互联网＋"模式，建立健康教育相关的数据库、网站，促进乡村健康教育科普系统化、专业化和信息化。

2. 激励优化健康科普作品创作

科普作品创作是健康教育科普建设的重要内容，是开展科普工作的源头。创作科普作品要突出价值导向，创新组织动员机制，提高科普作品知识含量，满足乡村振兴和公民健康素养提升对科普作品的强劲需求。科普作品创作需要把握四个方面原则：首先是注重思想性，围绕卫生保健科学知识、乡村振兴战略和人民生命健康需求等方面，创作主题健康向上的科普作品；第二是注重科学性，围绕熟悉的专业领域创作科普作品，作品内容专业、客观、准确；第三是注重通俗性，充分考虑不同科普对象的特点和需求，使用通俗易懂的语言，贴近乡村生产生活实际情况；第四是注重艺术性，采用合适的创作手法、表现形式和语言体例，提升科普作品的普及效果。同时，在科普作品创作内容方面，发挥不同业务单位的人才优势，全方位普及卫生保健方面的先进理念和科学知识，畅通健康教育科普渠道，满足公众对卫生保健科学知识的需求。

3. 丰富完善线上线下科普形式

充分利用线上线下健康教育载体，深入基层开展指导服务，推进健康科普资源下沉、人才下沉、服务下沉。

（1）提升话题敏感度。

健康科普人员要及时了解疾病与诊疗技术的最新研究进展，如心肺复苏的步骤更新等；同时跟踪卫生保健科学研究的趋势与发展方向，鼓励科研机构人员结合科研任务进行健康科普，将科技资源下沉，及时将科研进展和科研成果传播给基层科普对象，让农村居民更好地爱科学、懂科学、用科学。同时，针对社会热点、焦点问题，健康科普人员要做到主动、及时、准确地发声。

（2）健康教育规范化、标准化。

依托更完善的健康教育体系，提供专业化指导，组织科普人员深入基层，科学助力农村居民健康素养的提升，针对不同地域和人群的特点组织开展健康教育科学知识普及，从农村居民的居住环境、生产生活和年龄层次等方面落实配套的健康科普，推广先进的卫生保健理念并组织人员具体实施。

（3）丰富健康教育形式。

在"互联网＋"的背景下，要利用好线上科普平台，常态化地推送科普文章、短视频、微讲座等科普内容;结合基层科普对象的特点,开展田间课堂、专家指导等实地科普活动;绘制编写直观、简洁、清晰的科普挂图、口袋书等科普读物;组织知识竞赛、有奖竞答、健康话题征集等互动性、体验性较强的科普活动,增强农村居民主动接触科学活动的参与感;推进乡村科普公共服务体系建设,促进卫生保健科普融入农村现代化发展,服务乡村文化建设,服务健康乡村建设。

4. 鼓励发挥中小学生带动作用

中小学生作为良好的科普对象,更应该帮助其尽可能多地获取科学技术知识,促进科学健康习惯的养成,在健康教育中起到引领示范作用,从而辐射更多的农村家庭,提升农村居民整体健康素养。因此,要针对中小学生重点开展健康科普,以生动形象的方式传递健康教育科学理念和先进的卫生保健科学技术。

5. 探索提升健康教育创新能力

探索提升健康教育创新能力,要整合现有设施和资源,与政府、社区、高校、企业、科研院所等主体共同努力,丰富科普作品展示和科普活动内容,增设人员储备雄厚、展示内容丰富、宣传载体新颖、活动组织有效的乡村健康文明示范窗口。除了报刊书籍等传统媒介,还可以尝试使用微信、微博、抖音等新兴媒介平台,以及VR、VI、虚拟仿真教学软件、全息投影等现代科技手段,满足不同受众的互动和体验需求,要让更多的农村居民"走得进""听得明""看得懂",有效发挥健康科普团队为公众服务的作用,吸引更多的群众接受健康教育知识普及,掌握正确的卫生保健方法,从而提升全民健康素养。

指导教师评语

"共建共享、全民健康",是建设健康中国的战略主题。过去十年,通过个人、家庭、政府和社会的共同努力,全国居民健康素养水平从8.8%稳步提升到25.4%,但上升空间依旧很大,城乡差距仍较为显著。乡村健康教育受限于地域、经济和文化水平等方面,是卫生健康工作的薄弱环节。要想实现《国务院关于实施健康中国行动的意见》中提出的"2030年全国居民健康素养水平达到30%的目标",就不能对乡村这块"短板"置之不理。孙心仪等同学结合所学临床专业知识,对云南和湖北两省八地展开了充分的调研工作,深入基层了解群众真实的健康需求,提出了由中小学生向父母等长辈进行知识覆盖的思路,直击乡村健康科普的痛点问题,并通过完善科普团队网络、线上线下结合等方式助推健康教育专业化、规模化和产业化。社会实践调研问题有难度,调研方法有新意,调研过程稳扎稳打、不投机取巧。调研的数据来源真实、广泛,实践中群众的声音倾听及时,不断对团队内部进行优化调整,深入思考解决方案,最终呈现出一份真诚、细致、有分量的报告。整体而言,这个以医学生为主的社会实践团队很好地传递了社会健康责任的接力棒。

（熊永洁　华中科技大学同济医学院附属协和医院副主任医师）
（吴艳　华中科技大学同济医学院附属协和医院临床营养科主管营养师）

后　　记

当代中国青年与新时代同向同行,青春之力是国家与社会发展的重要助推,而实践育人是高校思想政治教育的一个重要环节,是落实立德树人根本任务的重要抓手。因此,如何做好青年工作,引导青年朋友们上好这堂行走在祖国广阔山河的思政课,是我们不断思考并为之奋斗的内容,我们一直在用实际行动回答着实践育人"培养什么人、怎样培养人、为谁培养人"这个问题。

2022年4月,在多方支持下,《青春力行之国情观察——行走在乡村振兴一线的思政课堂》一书得以出版,该书记录了我校2021年暑期社会实践历程,获得了不错的社会反响。书中收录的19篇调研报告围绕产业振兴与发展、人才教育与文化、医疗卫生与健康和脱贫与可持续发展四方面展开,体现了我校学子对乡村振兴的深切关注,一定程度上反映了我校实践育人工作的阶段性成效。

2022年是极具意义的一年,华中科技大学结合校庆70周年工作部署,在上一阶段实践育人工作的扎实基础上,以"喜迎二十大、永远跟党走、奋进新征程"为主题,在全校范围内开展了暑期"三下乡"社会实践活动,广大师生积极参与,以实践调研感悟祖国发展,持续在基层治理一线绽放青春光芒。

本书为"青春力行"优秀社会实践调研报告系列丛书第二本,我们从暑期社会实践的众多成果中筛选了20篇富有代表性的调研报告支撑起乡村治理、产业发展、社会建设、技术治理、卫生健康五个板块进行汇编。实践团队成员覆盖各院系的本硕博学生,调研结合专业所长,体现了我校学子对社会发展的关注与思考。从后疫情时代的网格化管理到乡村振兴,以具体乡镇的调研实例,聚焦政府工作;从儿童成长、志愿服务到产业发展,大家关注社会问题,调研重点问题;从智能驾驶技术发展到数字化乡村建设,关注热点问题;从"互联网＋医疗"到分级诊疗,提出健康中国发展路径的可行性,群策群力……全书调研报告充分展现我校青年学子的使命担当。

  本书的成功出版是共青团华中科技大学委员会、马克思主义学院、华中科技大学出版社等多方共同努力的结果。郑启龙、汪晓荷等同学为文稿的修订付出了大量时间和精力,付雷孟娇、颜欣妍、周一航、邓娟、黄骏驰、刘林翼、李达志、李亚敏、陈单睿、孟阳、徐奇睿、苏琼玫、刘梓童、肖航、闫润邦、黄士娟、刘沐林、岑伯瀚、高文萱、付翔飞等同学在书稿的编辑过程中作出了积极贡献,郭仁辉、武清莹、吴悠、李好、陈远洋等同学在前期调研报告的征集过程中发挥了重要作用,感谢大家的辛勤付出,感谢华中科技大学出版社等单位给予的支持。

  宏伟蓝图激人奋进,青春使命无上光荣。我校青年将坚定理想信念,勇担时代重任,发扬斗争精神,保持奋斗激情,踔厉奋发,勇毅前行,为强国建设民族复兴伟业团结奋斗。

  桃李硕果,春华秋实,七十年来,华中科技大学始终以立德树人根本任务为指引,以学生发展为中心,守育人初心,担育人使命。以知促行,以行求知,探索实践育人之路,我们从未停歇。